复旦大学民商法学文库

主编 季立刚

日本新民法研究

Research on
the New Civil Code of Japan

班天可 著

法律出版社
LAW PRESS·CHINA
北京

图书在版编目(CIP)数据

日本新民法研究 / 班天可著. -- 北京 : 法律出版社, 2020(2024.8 重印)
ISBN 978 - 7 - 5197 - 5178 - 4

Ⅰ. ①日… Ⅱ. ①班… Ⅲ. ①民法-法典-研究-日本 Ⅳ. ①D931.33

中国版本图书馆 CIP 数据核字(2020)第 237921 号

日本新民法研究
RIBEN XINMINFA YANJIU

班天可　著

策划编辑 沈小英
责任编辑 刘晓萌
装帧设计 李　瞻

出版发行 法律出版社
编辑统筹 法治与经济出版分社
责任校对 王晓萍
责任印制 吕亚莉
经　　销 新华书店

开本 710 毫米×1000 毫米　1/16
印张 33　　**字数** 517 千
版本 2020 年 12 月第 1 版
印次 2024 年 8 月第 2 次印刷
印刷 北京虎彩文化传播有限公司

地址:北京市丰台区莲花池西里 7 号(100073)
网址:www. lawpress. com. cn
投稿邮箱:info@ lawpress. com. cn
举报盗版邮箱:jbwq@ lawpress. com. cn
销售电话:010 - 83938349
客服电话:010 - 83938350
咨询电话:010 - 63939796

书号:ISBN 978 - 7 - 5197 - 5178 - 4
定价:156. 00 元
凡购买本社图书,如有印装错误,我社负责退换。电话:010 - 83938349

总　序

复旦大学是我国最早开始法学教育的学校之一,1905 年立校之时就有法学课程讲习,1911 年《复旦公学章程》对法学课程的设立予以规范,1931 年复旦大学法学院获教育部备案和司法部特许成立,先后有王宠惠、梅汝璈、杨兆龙、向哲俊、卢峻、孙晓楼等一批法学大家在此开设罗马法、英美法、民法等课程。1949 年后,弥经历史大潮波澜起伏,复旦大学于 1981 年恢复法律学专业,2000 年成立单一学科的法学院。在我国法治建设历程中,复旦大学民商法学科师资团队不懈努力,在民商法基础理论、我国民商法史、比较民商法、民商部门法等研究领域屡得佳作,成果丰硕,若干领域开国内研究之先河。

"复旦大学民商法学文库"是复旦大学民商法学科团队以严谨的学术精神、开放的学术视野,努力探索中外、国际民商法治发展及其新兴法律问题的又一批研究著作。在本文库启航并将持续出版之际,我拟从以下维度谈谈自己对民商法范畴内几个问题的认识,忝以为序。

一、西方"民商法"的"源"与"流"

某一定义所表达的内容既是客观存在的,也包括人主观认识的结果,进行定义的目的有"确定本质""确定概念""确定术语符号""术语符号运用"等。[1] 虽

〔1〕 哈特在《法律的概念》中认为,"定义可以使导引我们使用该词语的原则变得清晰,并且可以同时展示出我们应用语词于其上的现象类型和其他现象间的关系"。参见[英]哈特:《法律的概念》,许家馨、李冠宜译,法律出版社 2006 年版,第 13 页;梁慧星:《民法解释学》,法律出版社 2015 年版,第 85 ~ 86 页。

然“民商法”不是精确的法律概念或定义,但其依然作为公知的范畴被使用着,[1]欲明晰认识西方“民法”“商法”范畴的含义,就不能不回溯其“源”与“流”。

首先,市民权、市民法是欧陆“民法”的历史源头。希腊、罗马城邦时期即存在事关市民权(jus civile)的市民法(ius civile),在罗马它曾是与万民法相对应的体系。在希腊、意大利城邦生活中,每个自由人具有双重角色:一是特定城邦的市民,他属于自己,是一个私人,谋求自己的利益;二是特定城邦的公民,他不属于自己而属于国家,是一个“公人”,须在必要时牺牲自己的个人利益去维护公益。[2] 依近现代法律观念,罗马市民法既有“私法”的内容,又有“公法”的内容。[3] 罗马私法中的“人格”有自由权、市民权和家长权三大要素,自由权决定法律上“人”和“物”的区别,市民权体现罗马人和外邦人(有无罗马公民身份)的区别,家长权确定自权人和他权人的区别。市民法早期仅适用于拥有市民权的城邦自由人,不仅决定其是否具有完全人格,还用以维持某些法律特权。在公权

---

〔1〕 范畴(category),是指人们对客观事物共同本质和关系的概括或抽象,与人的认识过程具有密切联系;范畴具有一般性与普遍性的特点,各范畴不是孤立存在的,而是有着紧密的内在逻辑关系,并形成一定的概念体系与范畴体系。范畴化是人类最重要、最基本的认知手段,体现为对事物的基本区分,而事物的性质也有本质与偶性之别。亚里士多德在其《范畴篇》中就提出反映客观事物不同方面内容的十个范畴;18 世纪后期至 19 世纪初,康德在理性批判的旗帜下,将范畴分为四对十二个,并把逻辑演绎引入范畴认知中,他认为范畴并不是简单的归纳总结、概念罗列,而是基于人们对事物的逻辑判断而形成的理性认识。18 世纪后期至 19 世纪中叶,黑格尔在其逻辑学体系中构建了严密的范畴体系。在我国,“宪法”“行政法”“经济法”“民商法”“国际法”“刑法”等均成为公认的范畴,具有部门法、学科等多重意义。

〔2〕 希腊、罗马早期是城市国家的典型。在希腊,有雅典、斯巴达、科林斯等数十个城邦;在意大利,有罗马、叙拉古、维爱等数十个城邦。在城市生活基础上,所有的自由人称为市民,产生了市民法;城市使市民法与政治发生密切联系,希腊人、罗马人皆为有政治生活的民族;就“民法为万法之母”之称而言,此“民法”当指“市民法”。参见徐国栋:《市民社会与市民法——民法的调整对象研究》,载《法学研究》1994 年第 4 期。关于罗马市民权的扩张适用,还可参阅史志磊:《论罗马市民权的观念和实践》,载《广西大学学报(哲学社会科学版)》2014 年第 6 期;赵立行:《罗马到中世纪市民权的演变》,载《历史教学问题》2016 年第 1 期;[意]洛伦佐·伽利雅迪:《〈授予市民权的优流斯法〉的颁布背景及其实施效果》,朱少龙译,载《苏州大学学报(法学版)》2018 年第 3 期。

〔3〕 Civile 是 Civis 的形容词,由动词 Ciere(“召集”“发动”)的直陈式完成时 civi 派生而来,意思是“被征召者”,为“军人”之意。古罗马实行民兵制,全民皆兵,所有的市民都是军人,Civis 是对市民军人属性的描述;Civis 的集合构成 Civitas(城邦或市民社会),它是“许多战士集合起来所组成的军队或战斗团体”,即市民共同体。Civis、Civitas、Ius Civile 根词具密切的联系:单个的 Civis 通过一定程序联合成了 Civitas,它的法就是 Ius Civile。这样的 Ius Civile 是一个 Civitas 的全部的法,而不是法之整体的一个部门,因为当时人们还没有部门法的观念。参见徐国栋:《“民法”变迁史考》,载《中国政法大学学报》2007 年第 2 期。

利方面，拥有市民权则可参与政治集会、进行投票、享有竞选和担任国家公职的权利，有起诉应诉、非经法庭审判不可定罪及为自己进行辩护等权利；在私权利方面，拥有市民权则可享有免于他人侵害其人身、财产的权利，可分得一块公有地，享有免税权（仍有缴纳赋税义务）等。[1] 市民权可因迁居外邦、犯罪等被剥夺或消减。市民权是罗马城邦自由人内部平等的权利，这种平等性基因成为罗马私法与若干制度被近代民法继受的重要原因。

在罗马，市民权的授予是一个复杂的“推广”、消弭过程。基于出生、对外邦人恩赐、“移入罗马”、奴隶解放等原因，出于增加兵员、财政、化解征服与被征服冲突等需要，市民权、市民法从适用于罗马城邦到适用于拉丁殖民地、罗马殖民地、罗马自治市、拉丁自治市等市民共同体，再到适用于同盟者。[2] 公元212年卡拉卡拉皇帝颁布的《安东尼努斯敕令》（又称《安敦尼敕令》）的内容有：“将所有事件之因归诸于神最为恰当，在如此困境中我得以幸存，我应感谢不朽的诸神。因此，如果我与已成为我臣民的外邦人以及我自己的人一起向诸神奉献，则能举行符合诸神之盛名的宏大而又谦恭的仪式。因此，我授予帝国全境内所有外邦人以罗马市民权。”[3] 这意味着无论人种、民族、宗教与文化，居住在罗马帝国境内的全体民众，都成了罗马市民权的拥有人，也使市民法和万民法二元体制在市民权不断扩张下演变为市民法一元体制。但值得注意的是，在《安东尼努斯敕令》后，市民权在实际适用中也不见得那么完美，帝国晚期文献中依然充满对性别、宗教、文化，尤其是民族等“身份”的讨论，在法律上表现为不同的身份类型，甚至有“野蛮人”之称。[4] 进入中世纪后（大约指公元476年西罗马帝国灭亡至公元1453年东罗马帝国灭亡），市民权基于城邦国家瓦解、等级依附制度形成、罗马法律被日耳曼习惯法取代、分封制及附庸采邑制下国家赋税已不存在

---

〔1〕 参见赵立行：《罗马到中世纪市民权的演变》，载《历史教学问题》2016年第1期。罗马从公元前167年起开始对罗马公民免税，此后意大利的罗马公民享受了400年的直接税的免税权。

〔2〕 参见［意］洛伦佐·伽利雅迪：《〈授予市民权的优流斯法〉的颁布背景及其实施效果》，朱少龙译，载《苏州大学学报（法学版）》2018年第3期。

〔3〕 See Johnson, Coleman-Norton & Bourne, *Ancient Roman Statutes*, *Austin*, 1961, p. 225 - 226. 转引自赵立行：《罗马到中世纪市民权的演变》，载《历史教学问题》2016年第1期。

〔4〕 See Ralph W. Mathisen. Peregrini, *Barbari*, *and Cives Romani*: *Concepts of Citizenship and the Legal Identity of Barbarians in the Later Roman Empire* ,The American Historical Review,2006(4). 转引自史志磊：《论罗马市民权的观念和实践》，载《广西大学学报（哲学社会科学版）》2014年第6期。

等原因而逐渐消弭。但经教会法沿袭、罗马法复兴运动,后世大陆法系国家以罗马法术语、概念、原则为基础,均沿用"市民法"的称谓,法语为"dorit civil",德语为"Bügerliches Recht",意大利语为"diritto civile",荷兰语为"Bugerlyk Regt",若直译都是"市民法"。[1]

其次,"市民法"向"民法"蜕变。西罗马帝国覆灭后罗马法逐渐失去昔日荣光,[2]直到11世纪起商业繁荣、城市兴起,对《学说汇纂》《伦巴第法文集》等古罗马法律文本的发掘和复原,形成帕维亚法学派、波伦亚注释法学派,开启罗马法复兴运动,另一种崭新的社会形态也在逐渐生成。在历史文献中尚未发现罗马法影响中世纪城市法形成的确切证据,与罗马、希腊形成对照的是,"11、12世纪在欧洲出现的这些城市和城镇既不是中央权力的行政中心,也不是自治的共和政体,它们介于两者中间"[3]。罗马法复兴运动从学理上塑造、解释了罗马法的架构和概念,而中世纪城市法则在实践中构建了自身地位和权利,培育、发展出第三阶层及市民的诉求,"中世纪的市民权更多地是自主建构,与罗马的市民权是两个有些类似但性质完全不同的东西"[4]。自文艺复兴运动始,随着人文主义彰显、宗教改革推进、理性主义与科学兴盛,逐渐区分了人与自然(人与神)两个世界,及至近代[5]"市民法包含的诸多内容被分离出来,形成由诸部门法构成的世俗法的整体",即宪法、民法、商法(或行政法)、刑法、刑诉法和民诉法六法体系,[6]这使"市民法"逐渐成为专指调整社会中私人利益的法,称为"私法",形成后世欧陆私法发展的基调。"ius civile"被翻译为"民法"源自日文,一

---

[1] 大陆法系国家的市民法在普通法国家一般称"私法"。为翻译大陆法国家著作,创造了 Civil Law 一词,兼指罗马法和大陆法系。

[2] 对罗马法体系化作出贡献而影响后世的五大法学家:盖尤斯(约130年~180年)、帕比尼安(约140年~212年)、乌尔比安(约170年~228年)、保罗(生年不详,卒约222年)、莫迪斯蒂努斯(生年不详,卒约244年)。他们的著作代表着古罗马法学发展的高峰,成为后期传承罗马法的宝贵资料,并构成东罗马优士丁尼皇帝(527年~565年在位)《学说汇纂》的主要内容。盖尤斯的《法学阶梯》因较为简要也大受欢迎。公元6世纪编成的《优士丁尼法典》《学说汇纂》《法学阶梯》《新律》,统称为《国法大全》,其内容丰富,集千年罗马法之大成。

[3] [美]伯尔曼:《法律与革命》,高鸿钧等译,法律出版社2018年版,第470页。

[4] 赵立行:《罗马到中世纪市民权的演变》,载《历史教学问题》2016年第1期。

[5] 近代是一个宽泛的时间范畴,自英国工业革命起算"近代"更具有社会变革的意义。有关"近世"或"近代"词语在中国的传播,参见方秋梅:《"近代"、"近世",历史分期与史学观念》,载《史学史》2004年第3期。

[6] 参见徐国栋:《"民法"变迁史考》,载《中国政法大学学报》2007年第2期。

说是佩里(Matthew Calbraith Perry,美国东印度舰队司令)叩关后,日本通过学习兰学(荷兰),由学者津田真道于1886年自荷兰语"Bugerlyk Regt"译为"民法";一说是由学者箕田麟祥自法语"dorit civil"译为"民法",较之于"市民法",或为误译,但歪打正着,倒更好地体现了"市民法"中的"私法"之义。欧陆国家18、19世纪加快法典化运动,并终于取得了《法国民法典》《德国民法典》等傲人成果,欧陆民法的法典化进程秉承近代以来的自然法思想,如天赋人权、人人平等、自由、反专制、财产保障、契约精神、公共福利等,同时又伴随数学、伦理学、认识论等智识的进步,相信"一种理性的社会生活秩序的基础,或许可以通过一种全面的法律规则的新秩序予以有目的的奠定"[1]。在某种程度上,民法法典化可被视为"自然法的法典化",[2]大陆法系国家的"民法"也主要就是指作为私法的"民法典"。无论是拿破仑引以自豪的因张扬人文主义精神、重塑法兰西公序良俗、赋予民众权利与自由而"永世长存、万古流芳"的《法国民法典》,[3]还是体系完整严密、表述精准、概念清晰、立法技术高超充满哲学智慧的《德国民法典》,[4]均在立法史上达到前所未有的高度,对大陆法系的形成与发展起到至关重要的作用。

几乎与欧陆法典化同时,普通法系也开始了曲折的民事领域法典编纂进程,如英国重述判例法的《合伙法》(1890年)、《货物买卖法》(1893年)、《财产法》(1922年)、《不动产法》(1925年);在英国殖民地,也有《继承法》(1865年)、《合同法》(1872年)、《财产转让法》(1882年)、《地役权法》(1882年)等多部"英印法典"编纂。[5] 在法律文化传统上,如同"判例制度从来都是法律制度中的命脉所在,在普通法中尤为重要,在现代民法体系中亦不逊色"一样,[6]虽在

---

[1] [德]K. 茨威格特、H. 克茨:《比较法总论》,潘汉典等译,法律出版社2003年版,第133页。

[2] 丹麦于1683年、瑞典与芬兰于1784年、挪威于1791年、法国于1804年、德国于1900年制定了《民法典》,瑞士于1907年制定了《民法典》(此前有1874年《婚姻法》、1881年《债务法典》)。这一时期,比利时、卢森堡、奥地利、西班牙等国家也相继编纂了《民法典》。

[3] 参见石佳友:《法国民法典制定的程序问题研究》,载《比较法研究》2015年第3期。

[4] 参见舒国滢:《19世纪德国学说汇纂体系的形成与发展——基于欧陆近代法学知识谱系的考察》,载《中外法学》2016年第1期。

[5] 参见封丽霞:《法典编纂论——一个比较法的视角》,清华大学出版社2002年版,第110~123页。

[6] 参见[英]丹尼斯·劳埃德:《法理学》,许章润译,法律出版社2007年版,第507页。

普通法系中从来不存在一个叫作“民法”的法律部门，也缺乏对“民法”一词进行考察的立法文件，[1]而且不同法域的范畴、概念间存在差异，[2]但基于人类社会生活及理性的共通性，通过制度比较、语言语境认知，并没有不可逾越的鸿沟。20世纪以来，民法的理念、内容已发生了重要变化，诚实信用、公序良俗、人格权与人格利益保护、信赖利益保护、防止权利滥用、契约自由滥用的限制、安全保障义务、消费者合法权益保护、绿色民法等原则与规则的确立，体现着民法在维护个人本位或权利本位基石上已繁衍出诸多的“公法化”及“社会性”因素。

最后，考察“商法”范畴的形成及演变。商事活动、商事规范并不是近世或近代才有的，物品互通有无是人类社会存在的客观需求，交易活动及其规范久已有之，埃及、腓尼基、巴比伦、希腊、罗马就存在商事规范的例证，乌尔比安在《法学阶梯》中将“Taberna instructa”定义为“为了执行营业的财产与人的集合”，罗马的商业形态、商事行为多样。[3] 公元9世纪后，阿拉伯人对欧洲的入侵告一段落，商业活动复苏、商队团体出现，集市贸易于12、13世纪发达，商人们试图与封建领地决裂，恢复城市与城镇，彰显了自身的存在。商人及其贸易与城市密不可分，城市间的条约使商人获得通商权利、保障财产与自由，商人们也开始拥有自己高效率裁判的商事法院（“泥腿法庭”“潮汐法庭”），[4]并创造及适用自己的法律。“对于商人们而言，商业惯例则是他们所共同拥有的知识（常识），是一个从事贸易的人所应当充分了解的，如同他应当了解他所买卖的商品一样。同时，商业惯例得以创造和维持的前提是它符合贸易的特性和商人们原有的知识框架，能够被他们普遍接受”[5]，法律是经过制定的规则，但善良风俗是更为神

---

[1] 《牛津法律指南》列举了“Civil Law”一词的10种含义，其与教会法、商法、国际公法等相对应。

[2] 这种差异在同一法系，甚至同一国家、同一部法律中也可能存在，如“purchase”不仅指买卖，也包括赠与等其他取得方式，“certificate of title”（产权证书）与“document of title”（所有权凭证）的含义完全不同。

[3] 参见徐国栋：《罗马商法及其与“民法”的合一——以优士丁尼〈法学阶梯〉为考察对象》，载《法制与社会发展》2017年第5期。

[4] 商事法院既排除封建法律与习惯，也排除经院法律家所阐述的规则，而由非专业法官按照良心和公平原则去处理案件；法庭由衡平观念支配，所谓良心与公平只是商人眼中的良心与公平，它既不是基督徒的或道德哲学家的，也不是封建领主或农奴的，而是严格限于商业上的诚实与公平。裁判追求效率，案件应在一个“潮汐”间迅速完成。

[5] 陈颐：《从中世纪商人法到近代民商法典——1000－1807年欧陆贸易史中的法律变迁》，华东政法大学2002年法学硕士学位论文。

圣、公平的规则,“于习惯存在之处,一切法律皆保持沉默”。无论是海上还是陆上商人法(*Lex Mercatoria*,Law Merchant),都是中世纪沿海自治城市的商事习惯法孕育的产物,它“在西方才第一次逐渐被人们看作是一种完整的不断发展的体系,看作是一种法律体系”,[1]取得与罗马法、教会法、世俗法相独立的地位,并与“市民法”体系相分离(尽管不是完全的割裂)。不过,也不能把中世纪商法“乌托邦”化,不同城市、地区的商人毕竟存在自己的规则,中世纪商法的普遍性、统一性以及商人自治能力不能被过度夸大,商人法庭裁决的执行很大程度上受制于“封建国家”,甚至是修道院;行会的主要功能是给本会商人提供保障,对不遵守规矩的商人进行联合抵制、加入黑名单,警示人们决定是否与其保持贸易关系;行会还偏袒本会商人,歧视会外商人。某种意义上,拿破仑积极推动制定《法国商法典》正是为了解决这些问题。

我们可以看到西方商法发展更详细的脉络:一是自大约 11、12 世纪起,不断有商事习惯法(尤其是海商法)问世,如《阿马尔菲表》(1010 年)、《特拉尼法令》(1063 年)、《比萨习惯法》(1160 年)、《耶路撒冷王国海商法》(1162 ~ 1173 年)、《巴伦西亚习惯法》(1250 年)、《巴塞罗那航行法》(1258 年)、《康梭拉多海法》(约 13 世纪中期),这一时期还有法国的《奥内隆法典》(13 世纪晚期)、波罗的港口的《维斯比法》(1350 年)、巴塞罗那的《海事法典》等,[2]这都属商事习惯法的范畴。二是 16、17 世纪,欧洲诸国将在各国商人之间普遍适用的、具有国际性的各种商事习惯、商事规范纳入国家制定法范畴。法国路易十四时期颁布的《商事条例》(1673 年)和《海事法令》(1681 年)成为最早的两部国家商事法

---

〔1〕［美］伯尔曼:《法律与革命》,高鸿钧等译,法律出版社 2018 年版,第 439 页。

〔2〕英格兰海事法院将《奥列隆案卷》作为法律(Law)接受,并收入海事法院使用的《海事黑皮书》。参见荚振坤:《中世纪欧洲海商法研究(11 至 15 世纪)》,华东政法大学 2013 年博士学位论文;［美］伯尔曼:《法律与革命》,高鸿钧等译,法律出版社 2018 年版,第 448 页。

令。[1] 三是具有历史意义的拿破仑1807年《法国商法典》问世,[2]它以商行为作为构建商法体系的中心,无论谁从事经纪、海商、票据等行为,无论是商人还是非商人,均受商法调整,改变了中世纪商人法浓厚的身份色彩,令每个人都有经商的权利,使从事商行为成为一种“天赋人权”,它是第一部真正意义上的近代商法。1900年《德国商法典》对1861年《德意志普通商法典》进行修订,以商人作为构建商法体系的中心,并调和民法典与商法典的关系,将原《德意志普通商法典》中存在的民事法内容移至同时生效的《德国民法典》。[3] 19世纪起的欧陆商法法典化使分散的商事习惯、规则以成文化、体系化的形式得以汇编、编纂,彰显了商法的独立性。究其原因,工业革命极大促进了经济、社会的发展,只有对传统自治性的商法体系作出革命性调整,才能适应商人群体政治地位的提高、商事活动的普遍化;只有取消或限制封建贵族所享有的各种特权,打破行会对于商人营业的管制和垄断,才能使商事主体平等、产权保障、营业自由、交易安全、自由竞争等目标得以实现。理性主义、实用主义哲学对商法发展产生了重要影响,民族国家的发展、主权理论的成熟,也为商法法典化提供了重要的立法资源。在英国,随着17世纪和18世纪国际贸易的扩展,普通法院法官摒弃了把商人法视为有别于普通法的独立法律体系的观念,商人法被逐渐地纳入普通法及普通法院管辖。1666年判决的伍德沃德诉罗维案(Woodward v. Rowe)中宣称,“商

---

〔1〕《法国商法典》的海商章节几乎原原本本地复制了《海事法令》。它还被英国人采用当作自己的海商法,现代美国和英国法院裁判中,《海事法令》仍被作为权威依据援引。参见芙振坤:《中世纪欧洲海商法研究(11至15世纪)》,华东政法大学2013年博士学位论文。

〔2〕该法典共4编648条,涉及陆上贸易401条。第一编“商事总则”,共9卷,包括商人,商业帐簿,公司,商业登记,商品交易所、证券经纪人、居间商,质押与行纪商,商行为的证据,汇票、本票,时效;第二编“海商”,共14卷,包括船舶、船舶抵押、船舶所有人、船长、海员、佣船契约、载货证券、租船契约、以船舶为抵押而设定的借贷、海上保险、海损、货物放弃、时效及拒诉;第三编“破产”,共3卷,包括财产转移、破产及复权;第四编“商事法院”,共4卷,包括商事法院的组织、管辖、诉讼及上诉程序等。

〔3〕1794年《普鲁士普通邦法》采用商人特别法观念制定,含营业规范。1857年,依据联邦代表大会的决议,在纽伦堡成立的委员会根据普鲁士和奥地利两份草案制定《德意志普通商法典》(旧商法典),于1861年施行,它是主观主义和客观主义的混合体。因当时德国缺乏统一的民法典,该法典存在大量属于民法的条款。1895年德国司法部制定新的商法草案,于1897年4月7日被帝国议会通过,即《德国商法典》(新商法典),与《德国民法典》于1900年1月1日同时生效;共4编31章905条,包括:第一编“总则”(8章),第二编“商事公司及隐名合伙”(5章),第三编“商行为”(7章)与第四编“海商”(11章)。《德国商法典》从一开始就没有把票据、保险、破产、商事法院等内容规定在商法典之内,另立单行法,但“海上保险”与《法国商法典》一样被列入海商编内。

人法是国内法”。[1]

据不完全统计,不包括英美法系样式的商法,如英国1882年《汇票法》(Bill of Exchange Act)、商事示范法(如《美国商法典》),全球制定商法典的国家与地区有60多个,其立法依年代大概分为三个时期:19世纪至20世纪初、20世纪中叶、20世纪晚期至今。[2] 前期是立法、立制阶段,后因经济社会发展、商事活动固有的国际性,商法不断经历着革命性变迁,原有法典内容中不适应新变化的部分被移除或废止,法典被“掏空”,几近空壳,经历了“去法典化”与“再法典化”进程。[3] 20世纪晚期至今,商法内容不断获得扩充,国内、国际商事规则一体化发展趋势迅猛、成果卓著,有国际商事条约,如《联合国国际货物销售合同公约》;有国际商事惯例,如商事担保、融资租赁、信用证、贸易术语、保理等统一惯例及其编纂;还有国际组织协定(如世界贸易组织),欧盟式联合体制定的规约、条例,新兴自由贸易区域性协定(如《区域全面经济伙伴关系协定》)等。在商法内容上,更关注“利益相关方”“社会责任”,强制性规范增加,体现出商法一定程度

---

〔1〕 参见黄进、胡永庆:《现代商人法论——历史和趋势》,载《比较法研究》1997年第2期。

〔2〕 第一个时期,法国(1807年制定、2006年作重要修订,以下纪年标注同)、卢森堡(1807年、2015年)、葡萄牙(1850年、2006年)、土耳其(1850年、2012年)、巴西(1850年、2016年)、马耳他(1857年、2009年)、希腊(1879年、2007年)、墨西哥(1889年、2014年)、日本(1895年、2015年)、德国(1900年、1998年)、秘鲁(1902年)、巴拉圭(1903年、1983年)、尼加拉瓜(1914年、2011年草案)、智利(1932年)、波多黎各(1932年)、伊朗(1932年);第二个时期,洪都拉斯(1950年)、巴布亚新几内亚《商业贸易说明法》(1952年)、阿富汗(1955年)、委内瑞拉(1955年)、厄瓜多尔(1960年)、埃塞俄比亚(1960年)、突尼斯(1960年)、韩国(1962年、2011年)、哥斯达黎加(1964年)、危地马拉(1970年)、萨尔瓦多(1970年)、哥伦比亚(1971年)、阿尔及利亚(1975年)、玻利维亚(1978年);第三个时期,斯洛伐克(1991年、2013年)、保加利亚(1991年、2012年)、布隆迪(1993年、2015年)、爱沙尼亚(1995年)、摩洛哥(1996年)、越南(1997年、2006年)、澳门(1999年、2009年)、马达加斯加(1999年)、埃及(1999年)、毛里塔尼亚(2000年)、拉脱维亚(2002年、2010年)、多米尼加(2002年)、莫桑比克(2005年)、安哥拉(2007年)、卡塔尔(2007年)、乌拉圭(2014年);在法语国家,贝宁、几内亚比绍、布基纳法索、赤道几内亚、喀麦隆、马里、中非、尼日尔、科摩罗、塞内加尔、刚果、乍得、加蓬、多哥、科特迪瓦制定了共同适用的《非洲普通商法统一法》(2010年)。参见蒋大兴、薛前强:《商法的世界地图》,载2017年“北大商法圆桌论坛”文集。

〔3〕 20世纪中叶后,法国相继在商事登记、公司法、证券法、破产法、保险法、支票法等领域制定单行法,形成以《法国商法典》及单行法共同构成的商法体系,2000年颁布《法国新商法》,2004年商法典中破产法部分又作修订。《德国商法典》自颁布后也经40余次修改,1937年股份公司法、股份两合公司法另立门户,公司法、票据法、保险法制定单行法。《日本商法典》的命运也是如此,20世纪30年代公司法、票据法单独立法。参见陈岳琴:《论商法的公法化》,中国人民大学出版社2015年版,第58、65、69页;王建文:《法国商法:法典化、去法典化与再法典化》,载《西部法学评论》2008年第2期;王建文:《德国商法法典化、去法典化与现代化:历史脉络与启示》,载《法学杂志》2008年第5期。

上的“公法化”倾向。[1] 这些都已超越了传统“西方商法”的范畴与界限,已进入“现代商人法”时代。[2]

二、我国固有“民法”“商法”及其移植、创新

我国拥有“立法修律”的悠久成文法传统,从传说中的“皋陶造律”、夏“作禹刑”、商“作汤刑”、周“作九刑”、“郑铸刑书”、“晋铸刑鼎”,到秦汉律简、《北齐律》及标志中华法系成熟“礼法结合”的唐律(律、令、格、式),乃至后朝各有创制、形式多样、体系完整、立法技术高超的法典法(成文法)、制定法(国家法)。清末修律前传统法形成“礼法结合”、“明德慎刑”、“君权至上”、“权遵于法”(民本思想)、“权利等差、义务本位”、“家族本位”、“执法原情”等精华与糟粕并存的内质。传统法民事规范与商事规范的“形”与“实”同当今“民法”与“商法”虽然都有不合之处,但并不影响人们以当今法学、法律“民法”与“商法”的范式与范畴去认识、解构传统法。如此一来,古代文献中“民法”“商法”的面相便鲜活起来,我国古代有无“民法”与“商法”,有什么形态与属性的“民法”与“商法”等疑问将得到回应。

先看“民法”。在宏观叙事上,传统国家立法层面在专制政治制约、自然经济抑制,以及儒家重义轻利观念、“礼”的宗法原则的约束下,没有独立的民法体系,民事法律责任与刑事责任密切联系,但绝非被误读的“民刑不分”,而是“诸法并存,民刑有分,重刑轻民”。[3] 我国古代法律对于实施民事不法行为的行为人,不仅对其课以民事责任,更课以刑责,民事责任与刑事责任是“有分”的。如《唐律·杂律》规定,“诸负债违契不偿,一疋以上,违二十日笞二十,二十日加一

---

〔1〕 2000 年《法国新商法》包括 9 卷,第一卷“商事总则”,第二卷“商业公司和经济利益集团”,第三卷“某些销售形式和排他性条款”,第四卷“价格和竞争自由”,第五卷“商业票据和担保”,第六卷“企业困境”,第七卷“商事裁判和商业组织”,第八卷“某些被规制的职业”,第九卷“适用于海外的规定”,可见商法典“公法化”抑或“经济法”化。

〔2〕 “现代商人法”概念由英国学者施米托夫和南斯拉夫学者哥尔德斯坦(Aleksandar Goldstajin)于 20 世纪五六十年代倡导。参见黄进、胡永庆:《现代商人法论——历史和趋势》,载《比较法研究》1997 年第 2 期。

〔3〕 较为全面的论述参见张晋藩:《中国法律的传统与近代转型》(第 3 版),法律出版社 2009 年版,第 247 ~ 277 页。

等，罪止杖六十；三十疋，加二等；百疋，又加三等。各令备偿”[1]；“亡失官私器物，各备偿。被强盗者，不偿。即失非强盗，仍合备之”[2]；“买奴婢、马牛、驼骡驴……立卷之后，有旧病者，三日内听悔，无病欺者市如法，违者笞四十”[3]。对行为人在父母丧期内进行嫁娶的，《唐律·户婚律》规定，“诸居父母及夫丧而嫁娶者，徒三年；妾减三等，各离之。知而共为婚姻者各减五等；不知者，不坐。若居期丧而嫁娶者，杖一百，卑幼减二等，妾不坐”[4]，即行为人不遵守丧期嫁娶规则，不仅婚姻无效，还要依亲疏尊卑等级承担相应刑事责任。

我国传统民事规范还呈现强烈的家族本位特征，如在财产关系中强调同居共财，家长支配，家产的所有权原则上归属家长；在借贷关系中认可“父债子偿”的家属连带责任，在买卖关系中亲族享有优先买受权；[5]在婚姻关系中则强调家族意志，婚姻的缔结、存续与消灭须严格遵循“六礼”“同姓不婚”“七出三不去”等礼俗；[6]在继承关系中则极为强调宗法礼制，嫡长子继承家长地位，财产诸子均分；[7]在家族伦理上遵循尊卑等级，法律允许亲属容隐，并对以尊犯卑、以卑犯尊的行为设置不同程度的民刑责任。[8]

在认识我国传统“民法”时不能忽略民间法、习惯法以及判例法。民间法与国家法对应，是由风俗习惯长期演变而来逐步制度化的规则，如调整族内秩序的对族人有普遍拘束力的宗规家法。习惯法与制定法对应，是社会生活长期实践形成的不成文民事行为规范。儒家的“礼”上升为道德规范，“礼俗”则发展成民间习惯，依靠“礼教”的力量予以维持。[9] 虽不能说我国传统法上存在当今语境

---

[1] 《唐律·杂律》卷二六律文。参见［唐］长孙无忌：《唐律疏议》，刘俊文点校，法律出版社1999年版，第522页。

[2] 《唐律疏议》卷二六疏文。参见［唐］长孙无忌：《唐律疏议》，刘俊文点校，法律出版社1999年版，第522页。

[3] 《唐律·杂律》卷二六律文。参见［唐］长孙无忌：《唐律疏议》，刘俊文点校，法律出版社1999年版，第538页。

[4] 《唐律·户婚律》卷二七律文。参见［唐］长孙无忌：《唐律疏议》，刘俊文点校，法律出版社1999年版，第280～281页。

[5] 参见［日］贺滋秀三：《中国家族法原理》，张建国、李力译，法律出版社2003年版，第236页。

[6] 参见郭建、姚荣涛、王志强：《中国法制史》（第2版），上海人民出版社2006年版，第161～176页。

[7] 参见［日］贺滋秀三：《中国家族法原理》，张建国、李力译，法律出版社2003年版，第100页。

[8] 参见郭建、姚荣涛、王志强：《中国法制史》（第2版），上海人民出版社2006年版，第157页。

[9] 参见叶孝信主编：《中国民法史》，复旦大学出版社2021年版，第6页。

下的判例法,也难称其为成文法与判例法的“混合法”,“在现代普通法意义上,无论是采用严格的英格兰式标准、还是相对宽松的美国式标准,在中国古代法的实践中,都难以找到完全相符的对应物”[1],但在我国传统法上并无法典法、制定法与判例(案例)运用对立的意识,且很早认识到“法之设文有限”[2],“有法者以法行,无法者以类举,听之尽也”[3]。在现有已知文献中,存在不少判例、案例运用的记载:秦有《法律答问》,可视为学理性案例解释;汉《奏谳书》记载了春秋至西汉初期的22个案例,其中“阑送南”案就援引了前案进行判决,而汉之“决事比”则兼具司法判例、行政先例与类推技术的属性,“若今律,其有断事,皆依旧事断之,其无条,取比类以决之”;北魏“每有断决,多为故事”;唐代虽对比照成例断案较为谨慎,防止“害律”,但未杜绝在经特别程序认可(如皇帝特批、形成“永格”)的情况下援引先例断案;[4]《唐律》《宋书》中就有许多“乞鞫”案例,宋代实行奏案制度,判例使用有所增加,南宋《折狱龟鉴》《名公书判清明集》记载了丰富多彩的案例。可以说,民间法、习惯法、判例法与律令均是我国传统“民法”的渊源。

我国“民法”的近代化历程始于清末。[5] 光绪三十年(公元1904年)设立修订法律馆后,任沈家本等为修律大臣;[6]光绪三十三年(公元1907年)清廷“参考各国成法,体察中国礼教民情”,“酌设二科,分任民律、商律、民事刑事诉讼之调查起草”。[7] 沈家本于次年十月奏请聘用日本法学家志田钾太郎、松冈

---

〔1〕 王志强:《中国法律史叙事中的“判例”》,载《中国社会科学》2010年第5期。

〔2〕 《春秋左传正义》卷四十三《昭公五年至六年》。参见[唐]孔颖达等:《春秋左传正义》,[晋]杜预注,上海古籍出版社1990年版,第750页。

〔3〕 《荀子·王制篇》。参见《荀子》,方勇、李波译注,中华书局2011年版,第116页。

〔4〕 参见刘笃才:《中国古代判例考》,载《中国社会科学》2007年第4期。

〔5〕 所谓法律制度近代化是一个动态的过程,是从传统人治型社会向现代法治型社会的历史变革过程。法制的近代化包括法律规则的近代化、法律观念的近代化、法律组织的近代化以及法律运作的近代化。其中,法律规则的近代化是法制近代化的前提条件;法律观念的近代化是法制近代化的内在动力;法律组织的近代化是法制近代化的权力后盾;法律运作的近代化是法制近代化的动态实践。法制近代化是社会变迁的一个构成要素;同时,社会变迁也为法制近代化提供了生存的土壤和动力,社会变迁与法制近代化相互作用、互相关联。还可以认为,法制近代化包括法律体系、法律观念、法律制度、法律原则、法律术语的近代化。

〔6〕 初为沈家本、伍廷芳,后为沈家本、俞廉三、英瑞(因病故未就任);宣统二年(1910年),沈家本去职,刘若曾接任。

〔7〕 参见李显冬:《从〈大清律例〉到〈民国民法典〉的转型》,中国人民公安大学出版社2003年版,第115页。

义正主编民律总则、债权、物权三编；亲属、继承二编因"关涉礼教"，由修订法律馆会同礼学馆编订；亲属法由章宗元、朱献文主编；继承法由高种和、陈箓主编；全稿于宣统三年（公元 1911 年）八月完成；[1]因清朝灭亡，未及颁行。尽管清末民事立法经历了激烈的"礼法之争"，仍留有不少封建痕迹，身份法的封建性尤甚，尚不能视为一部近代意义上的民事法律，但因其"参酌"德国、瑞士、日本等国成法，顾及民事习惯，将《大清律例》与《户部则例》民事法律部分整合（后被称为"现行律民事有效部分"），继承、分产、婚姻、典卖、田宅、钱债等不再适用刑事制裁，[2]该律公、私法分离的近代化倾向、欧陆民法的编纂体例对我国后续民事立法产生了深刻影响。

民国初年，"民国才定，法制未定"，"应仍照前清现行律中规定各条办理"。[3] 1914 年，设法律编查会，翌年编成民律亲属编草案。1918 年 7 月，设修订法律馆。基于收回领事裁判权的需要、自然人与法人民事主体"人"的观念渐被接受、家族法效用的减弱，修订法律馆以《大清民律草案》为蓝本，调查各省民、商事习惯，参照各国最新法例，于 1926 年编纂完成民法草案（"民律二草"）。[4] 草案纠正前清固有民法与继受民法的二元性冲突，起到承上启下的历史作用，虽未正式生效，但北洋政府司法部于 1926 年 11 月通令各级法院作为法理引用。[5]

及至南京国民政府时期，1927 年 6 月设法制局。民初民法总则、债权、物权各编及民事习惯、法院判例尚可维持社会所需，但亲属、继承制度因袭宗法旧制，与国民革命政纲、理念相悖，与世界潮流相逆，故先订亲属、继承两编。1928 年 12 月立法院成立，随即组织民法起草委员会。[6] 1929 年 5 月民法总则编成，10

---

〔1〕 参见叶孝信主编：《中国民法史》，复旦大学出版社 2021 年版，第 544 页。

〔2〕 参见李显冬：《从〈大清律例〉到〈民国民法典〉的转型》，中国人民公安大学出版社 2003 年版，第 127～130 页。

〔3〕 李显冬：《从〈大清律例〉到〈民国民法典〉的转型》，中国人民公安大学出版社 2003 年版，第 184 页。

〔4〕 总则编由大理院院长余棨昌负责起草，债编由修订法律馆副总裁应时、总纂梁敬錞主稿，物权编由北京大学教授黄右昌起草，亲属、继承二编由修订法律馆总纂高种和起草。

〔5〕 参见叶孝信主编：《中国民法史》，复旦大学出版社 2021 年版，第 546 页。

〔6〕 民法起草委员会委员有傅秉常、史尚宽、焦易堂、林彬、郑毓秀（后由王用宾继任），民法起草委员会顾问有王宠惠、戴传贤、宝道。

月实施;1929 年 11 月民法债编、物权编公布,1930 年 5 月实施;1930 年 12 月民法亲属编、继承编公布,1931 年 5 月实施。《中华民国民法》在体例上采用“潘德克顿”式五编制,在内容上确立男女平等、废除封建宗祧继承、私权保护与公益平衡;融合欧陆商法内容,将经理人及代办商、行纪、仓储、运输、承揽等“各种之债”编入债编,又将公司法、破产法、票据法、海商法、保险法等单独立法,实现民商的有限融合,在世界民商立法中独树一帜。

1949 年废除旧法统后,我国曾先后于 1954 年、1962 年与 1979 年三次启动民法典编纂工作,但因历史原因均未制定成正式法律。[1] 改革开放后,民事立法采单行立法模式,先后颁布《中华人民共和国民法通则》(1986 年),《中华人民共和国合同法》(1999 年),《中华人民共和国物权法》(2007 年)、《中华人民共和国侵权责任法》(2010 年)等。全国人大常委会曾于 2001 年启动第四次民法典编纂工作,但草案受到批评意见甚多而被搁置。直至 2014 年明确提出“加强市场法律制度建设、编纂民法典”的目标,第五次民法典编纂开启,《中华人民共和国民法典》于 2020 年 5 月 28 日由全国人大通过,2021 年 1 月 1 日实施,包含总则、物权、合同、人格权、婚姻家庭、继承与侵权责任七编。《中华人民共和国民法典》博采众长,构建起具有中国特色的民法制度,如人格权法独立成编,侵权法创设安全保障义务规范等等。

再看“商法”。据考古发现,我国“夏后以玄贝”,春秋后金属货币普遍使用,体现交易的逐渐发达,西周晚期《颂鼎》铭文“王曰:颂,命汝官司成周贾廿家”,呈现商事管理活动的印记。战国以降,中国封建社会长期延续:政治上,君主专制制度逐渐强化;经济上,以自给自足的自然经济为特色;思想上,以“礼”为核心的儒家思想成为统治思想。“重农抑商”政策经秦汉及后朝沿用、发展,及至晚清。不过,中国传统封建制度下自然经济与商品经济既有对立性,也有同一性,以自然经济为主体的农业经济中含有商品交易的成分,抑商政策主要是对商人政治、社会地位的限制;抑商政策的对象时而呈现“抑小不抑大”的特点,如吕不韦、胡雪岩者是。古代文学作品中留有商人、商业活动的多面“画像”。[2] 商

〔1〕 参见何勤华、李秀清、陈颐主编:《新中国民法典草案总览》,北京大学出版社 2017 年版,第 1 页。

〔2〕 参见姜革文:《商人·商业·唐诗》,复旦大学出版社 2007 年版。

人政策也屡经变化，如朱元璋采取伦理上歧视商人、经济上重视商业的政策，所谓“先王之教，其业有四，曰士、农、工、商。昔民从教，专守四业，人民大安”[1]；明中叶贯彻农商不偏、顺应时势的政策；及至清代，康、雍、乾三朝实施恤商政策。但总体上看，中国传统社会中商业是在农本主义夹缝中生长的，尤其清代海禁后，商业贸易更受打击，也正因如此，我国传统制定法中几乎不存在当今意义上平等主体间的商事规范，而国家管理规范（或在当下范畴内被称为“经济法”规范）比比皆是，如盐法、酒茶专卖、矿冶法、平准税法、市舶法等。[2]

清末，随着社会经济的转型、“商战”思想的兴起、“振兴工商”的倡导，制定商法成为朝野共识，在“先订商律”政策指导下，进行了具有开创性的商事立法活动，制定了诸如《钦定大清商律》（包括《商人通律》《公司律》，1904 年）、《破产律》（1906 年）、《大清商律草案》（1909 年）及《商律草案》（商会制定的《商法调查案》的官方版本，1909 年）等主要商事法律。至民初，政府颁布命令，与民律情形一样，在新法律未制定颁行前，清末颁行的商法可以援用，后在清末商法成果的基础上相继制定了《商人通例》（1914 年）、《公司条例》（1914 年）、《破产法草案》（1915 年）、《海船律案》（1925 年）、《票据法草案》及《保险法草案》等主要商事法律，为后期商事立法奠定了坚实的基础。

1928 年，南京国民政府成立，此时的经济政策及状况、立法制度与立法指导思想均与清末、民初相比发生了显著变化。经济政策上，以发展国有经济为重点，对私人资本亦加以扶持，从而迎来中国近代资本主义经济发展的“黄金十年”；在立法制度上，中国近代史上第一个专以立法为名的立法机构——立法院正式成立，一改清末民初非正式立法机构（如清末的商部、民初的农商部或修订法律馆）从事立法的局面；在立法指导思想上，以“立法原则”或“立法政策”为指引，[3]重“社会本位”，“凡是立法——尤其是私法——应极力采取最新的法例，

---

〔1〕《大浩续编·互知丁业第三》。参见钱伯城、魏同贤、马樟根主编：《全明文》，上海古籍出版社 1994 年版，第 624 页。

〔2〕参见郭建：《中国经济立法史》，新华出版社 2019 年版。

〔3〕立法原则可分为抽象与具体两类：抽象的立法原则是“立法院在平时或在战时、在训政中或在宪政中，行使立法权之使命所在也”；而具体的立法原则“则为训政时期特有之现象，系由中央将重要之议案发交立法院时，对于内容之要点认为不能变更者，列为原则，俾立法工作时有所遵循”。参见陈顾远：《立法要旨》，中国国民党中央执行委员会训练委员会 1942 年版，第 25 页。

而同时注重本国良好的习惯”,“以全国社会的公共利益为本位,处处以谋公共的幸福为前提”。[1] 在此背景下,大规模的商事立法活动得以展开,新的民商立法模式正式确立,建立了商法部门基本体系,基本完成了我国商事立法的近代化进程。

在《公司法》方面,其于 1929 年公布,1931 年施行,是中国近代第三次公司立法,也是一部“比较完整的现代中国公司立法”。[2] 它在民初公司法人性质的基础上强调公司的营利性质,并以德、日公司法为借鉴,采法定资本制,即公司成立时所有的资本额都必须得到认购与发行,若公司章程规定的注册资本在公司设立时未被一次认足,则公司不能成立,增设法人持股的规定,对股份有限公司的规定加以细化,借鉴同时代其他国家公司立法,又具自身特色。[3] 1946 年《公司法》创立有限责任公司制度。与民初《公司条例》比较,此时的公司立法有了更进一步发展。[4]

在《票据法》方面,民国初年虽有 5 部票据法草案,但终未颁行。国民政府立法者们参照民初修订法律馆第一次草案、第三次草案以及工商部送立法院审议的草案(第一案及第二案),效法德、日、英、美、法等国的法例,“不囿于一系之主义”,[5] 最终于 1929 年制定颁行了我国近代史上第一部正式的《票据法》(总则、汇票、本票、支票、附则 5 章,共 139 条),就票据的格式、背书、承兑、保证、期日、付款、追索权、拒绝证书、复本、誊本等内容进行了细致的规定,并确立了“三票合一”的立法体例。当时各国票据立法体例并不相同,如法国、德国的商法典“票据”章节仅包括汇票与本票,支票另行规定;英国 1882 年制定的《汇票法》、

---

〔1〕 参见胡汉民:《民法债编的精神》,载胡展堂、王养冲:《革命理论与革命工作》(第 3 辑),民智书局 1932 年版,第 854 页。

〔2〕 参见江平:《新编公司法教程》,法律出版社 1994 年版,第 15 页。

〔3〕 这种特色表现为:“在一特别法中规定各种公司制度,此种形式,与视公司法为商法典中之一部之德国、法国、日本等国之法制,即属有异;且与以公司法订于债权编内之瑞士、苏俄,以及以一种公司为独立单行法之英吉利等国之制度,亦复不同。其他划分股份有限公司为独立法典之国家,固或有之,而民国不援其例,仍以无限公司、两合公司、股份两合公司以及股份有限公司等法规冶于一炉,此不得不认非为本法之特殊者也。”参见[日]田中耕太郎:《中华民国公司法》,刘笃译,载《法律评论》1935 年第 12 卷第 47 号。

〔4〕 但 1946 年修正后的《公司法》放松了对大股东在公司股东会行使权力的限制,改变了 1929 年《公司法》的精神,“极端保护大股东之权益,置小股东之利害关系于不顾”,改变了此前立法中“节制资本”、保护小股东利益的价值取向。

〔5〕 参见《票据法草案说明书》,载《立法院公报》1929 年第 10 期。

美国 1893 年制定的《统一流通证券法》则是“合一”模式。国民政府在民初修订法律馆票据法草案基础上采“三票合一”立法模式，既借鉴两大法系已有票据立法经验，也吸收民初修订法律馆票据立法成果，先就汇票各种制度进行详细规定，本票与支票的相关内容则通过准用性条款援用汇票规定，大大精简了行文，体现了较高的立法水平，是立法中借鉴、继承、自我发展的重要表现。

在金融领域立法方面，1930 年国民政府立法院商法起草委员会在马寅初的主持下，“衡量本国商情，参酌他邦成例”，[1] 拟具《银行法草案》（共 51 条），经立法院通过而予以公布，[2] 涉及银行经营范围及主体、资本总额限制及其增减、银行事前和事后监督、银行出资入股的禁止、银行兼业的范围、银行的信托业务、分行制度的采用、外国银行的取缔等方面。由于业界的反对，该法被迫暂停施行，直至 1947 年修正后才得以正式施行，规定多种类型银行，内容大大丰富。[3] 受英美银行法及我国 1946 年《公司法》的影响，分别就银行、银行业务、付现准备金、保证准备金等用语进行界定，并照顾当时多种金融机构并存的状况，将银行分为商业银行、实业银行、储蓄银行、信托公司、钱庄等类型。在监管上严格核准制，规定保证准备金、付现准备金制度，通过防止贷款集中、关联贷款等措施降低金融风险，更值得一提的是首倡建立存款保险组织，反映出立法者对防范金融危机的谨慎态度。[4]

1929 年，国民政府工商部在民初（公元 1914 年）颁行的《证券交易所法》《物品交易所条例》的基础上参照各国先进的立法例，拟具《交易所法草案》，交立法院经济委员会及商法起草委员会审议通过，分设立、组织、经纪人及会员、职员、买卖、监督、罚则、附则等 8 章，共计 58 条。与民初的《证券交易所法》《物品

---

〔1〕 参见谢振民：《中华民国立法史》（下），张知本校订，中国政法大学出版社 2000 年版，第 852 页。

〔2〕 就银行立法而言，它发端于清末（1908 年）颁布的《银行通行则例》（共 16 条）。至民初，则先后公布了《兴华汇业银行则例》《中国银行则例》《交通银行则例》《劝业银行条例》等特种银行法规，以及《修正银行法（草案）》《银行法施行细则（草案）》《储蓄银行法（草案）》，但均未能提交国会议决。

〔3〕 该银行法分定义、通则、商业银行、实业银行、储蓄银行、信托公司、外国银行、银行之登记及特许、附则等 10 章，共 119 条。

〔4〕 1947 年《银行法》仍存在诸多不足，如银行接管、停业等方面鲜有规定。此外，该法规定银行可对农工、矿业或其他生产、公用事业或交通事业等公司进行投资，购买其股票，无疑有利于国家资本的垄断经营，因此也扩大了金融风险，使银行法有关风险控制制度的效用大打折扣。

交易所条例》相比,增加交易所缴纳保证金及买卖期限的规定,禁止内幕交易,强化主管机关的监管、加大处罚力度,在随后(公元1935年)修改中增加经纪人或会员不得受公务员之委托进行买空卖空交易,实为一大进步。

保险立法始自1910年由清末修订法律馆拟具的《保险业章程草案》,民初农商部与修订法律馆分别拟定《保险业法案》(1917年)、《保险契约法草案》(1927年,该草案参照了法、德、意、日、比、英、美等国的保险法律)。1929年,马寅初、戴修骏、卫挺生等拟具新的《保险契约法草案》,后以《保险法》之名公布。[1] 国民政府还于1935年公布《保险业法》《简易人寿保险法》《简易人寿保险章程》,初步构成了中国近代保险法律体系。

在破产立法方面,1935年《破产法》颁行前,国民政府曾先后拟定《破产法草案》(共333条)及《商人债务清理条例》(共68条),前者因"可议之点甚多"被束之高阁,后者因仅限于商人,且属暂行条例,内容不完备,"自不足以语正式之破产法典"[2]。鉴于此,国民政府民法起草委员会先"确定先决要点"[3]、"搜集参考资料"[4],并征询外籍顾问宝道、爱斯嘉拉、赖班亚、山顿等人意见,初稿确定后又约请司法院、司法行政部、各级法院、各省市商会、各地律师公会、各大学法学院等提供意见,兼听报纸杂志中评论,出炉了高水准的《破产法》[5]。一是

---

〔1〕 该法就保险契约(定义、生效、存续时间、形式要件)、财产损害保险、人寿保险、人身伤害保险、保险人义务及投保人义务等主要方面进行了规定。后因业界对该法多有不满,于是在1937年进行修正后再次公布,并增加了保险利益、特约条款、再保险等内容。

〔2〕 梅汝璈:《新破产法草案之特征与理论》,载《中华法学杂志》1935年第6卷第1期。

〔3〕 "确定先决要点"是指确定"遵守三民主义之立法精神、适应一般社会之实际需要、保存中国固有之优良习惯、采纳各国法典之优点"四点立法原则。参见谢振民:《中华民国立法史》(下),张知本校订,中国政法大学出版社2000年版,第845页。

〔4〕 立法院民法委员会除搜集中国前几次破产法案及现行法令中与和解或破产有关的条文外,还由立法院编译处翻译了多个国家与地区关于和解或破产的最新法令,如英国、加拿大、巴基斯坦、美国、菲律宾、法国、南斯拉夫、波斯、秘鲁、阿根廷、德国、日本等国的破产法,法国、日本的和解法,德国的和议法草案,意大利的商法草案等。参见傅秉常:《破产法之制定及其内容》,载立法院编译处:《各国破产法选编》,会文堂新记书局1936年版。

〔5〕 《破产法》分总则、和解、破产、罚则4章,共计159条。除第一章"总则"、第四章"罚则"外,第二章"和解"又分为法院和解、商会和解、和解及和解让步之撤销等3节;第三章"破产"分破产之宣告及效力、破产财团之构成及管理、破产债权、债权人会议、调协、破产财团之分配及破产之终结、复权等7节,涉及破产原因、破产管辖、和解条件及其限制、债务人的监督及其行为限制、债权人利益保护、破产宣告、破产财团、撤销权、别除权、抵销权、复权等方面。具体内容可参见1935年《破产法》,载立法院编译处:《各国破产法选编》,会文堂新记书局1936年版。

破产法适用上采一般破产主义(不分商人与非商人),破产原因上采概括主义,债务人或破产人财产确定采属地主义,破产宣告采声(申)请主义,破产财团采膨胀主义,经破产程序清偿后的债权采免责主义;二是吸纳确立和解制度,该制度为比利时首创(单独立法),因该制度与"我国和平、让步、息事、宁人之习尚隐相吻合",故直接将和解制度编入破产法中,在进行破产前,可向法院或商会申请和解。[1] 法例中的破产免责主义("视其未能偿还之债权为消灭")被称道为"各国罕有见例,他异日或被视为我国对于破产法学上之贡献,正亦未可逆料"。[2]

1929 年,国民政府公布《海商法》,随后公布《海商法施行法》(共 9 条),定于 1931 年施行。《海商法》分通则、船舶、海员、运送契约、船舶之碰撞、救助及捞救、共同海损、海上保险 8 章,共 174 条,此法"乃折衷英、美惯例,德、日成规而成"[3],与民初《海船律案》相比,扩大了调整范围,增加规定了船舶国籍、船舶优先权、船舶抵押权,采德国立法例对船舶所有人责任进行限制,契约形式改采要式主义,共同海损规定更明确。

总体而言,国民政府时期商事立法持较开放的态度:一方面,广泛参照外国先进的立法例,追求符合世界潮流的商法制度;另一方面,通过发掘本土资源,勇于创新,确立独特的民商立法模式,以求制定符合国情的商事制度体系,基本完成了商法的近代化。[4]

还须提及的是,我国在近代历次民商事立法过程中均进行了颇具规模的民商事习惯调查活动。早在光绪二十八年(公元 1902 年),刘坤一、张之洞、袁世凯等人在保荐沈家本、伍廷芳修订法律的奏折中即已关注"风土人情"对于立法

---

[1] 参见傅秉常:《破产法之制定及其内容》,载立法院编译处:《各国破产法选编》,会文堂新记书局 1936 年版。

[2] 梅汝璈:《新破产法草案之特征与理论》,载《中华法学杂志》1935 年第 6 卷第 1 期。

[3] 王效文:《中国海商法论》,上海法学编译社 1933 年版,第 11 页。

[4] 不可否认,此一阶段商事立法无论是立法本身还是法律运行均存在诸多不足与缺陷,如 1929 年《公司法》"或因规定过严,不易实行,遂不得不以削足裹履方法以符合条文,或因取缔困难,致一般公司视为具文,或因束缚过甚,反使守法者难于发展,全部中之能切实奉行者,不及三分之一";另如 1935 年《保险业法》因在半封建半殖民地的旧中国,执政当局对帝国主义的依赖性和它本身的软弱性,决定了有关限制外商权益的立法必然不可能获得施行,而《海商法》因脱离当时中国海运事业实际而几乎无法施行。参见夏维忠:《新公司法要义》,中国法学社 1946 年版,第 1 页;胡文柄:《船舶所有人有限责任之过去、现在及将来》,载《中华法学杂志》1931 年第 2 卷第 1 期。

的影响。[1] 光绪三十二年(公元1906年)制定《破产律》时更重"调查东西各国破产律,及各埠商会条陈、商人习惯,参酌考订"。[2] 光绪三十四年(公元1908年),修订法律大臣沈家本奏"谨拟法律馆谘议调查章程",力陈本国习惯对于制定民商各法的重要性,"惟各省地大物博,习尚不同,使非人情风俗织悉周知,恐创定民商各法,见诸实行必有窒碍"。[3] 为开展先行的商事习惯调查,修订法律馆特定《法律馆调查各省商习惯条例》。宣统二年(公元1910年),修订法律馆将调查重点由商事习惯转为民事习惯,为此特拟订《调查民事习惯章程十条》,调查内容包括"各处乡族规、家规,容有意美法良,堪资采用者",以及"各处婚书、合同、租券、借券、遗嘱等项"。[4] 清末的民商事习惯调查,从组织机构到具体的办事事宜都有较为周密的安排。

1917年10月,奉天省高等审判厅长沈家彝向北京政府司法部"呈请创设民商事习惯调查会",称"职司审判者,苟于本地各种之习惯不能尽知,则断案即难期允惬。习惯又各地不同,非平日详加调查,不足以期明确",[5]司法部接此呈文后随即批准商事习惯调查会设立,又于1918年1月令全国其他各省高等审判厅仿照奉天省做法设立民商事习惯调查会,"岂惟为将来编制法典之基础,即现在裁判案件亦复足资参考,是此项调查实为切要之图"。[6] 可见,此次民商事习惯调查的司法运用目的十足。从组织机构上看,民商事习惯调查会由北京政府司法部负总责,具体事务由修订法律馆承办。[7] 除政府主持的商事调查外,商会、同业工会也进行了商事调查活动,[8]如在上海,有钱业公会关于连保债务责任习惯的调查,上海县商会对保单印章责任、租船损害赔偿等习惯的调查,上海

---

[1] 参见季立刚:《民国商事立法研究》,复旦大学出版社2006年版,第246页。

[2] 季立刚:《民国商事立法研究》,复旦大学出版社2006年版,第247页。

[3] 季立刚:《民国商事立法研究》,复旦大学出版社2006年版,第248页注释。

[4] 《调查民事习惯章程十条》,载《大清宣统新法令》(第16册),上海商务印书馆清宣统二—三年(1910—1911)版;李贵连:《沈家本年谱长编》,张国华审订,台北成文出版社1992年版,第331页。

[5] 参见《司法公报》1927年第242期。

[6] 参见《司法部训令第六八号》,载《司法公报》1927年第242期。

[7] 参见季立刚:《民国商事立法研究》,复旦大学出版社2006年版,第257页。

[8] 天津商会的商业习惯调查内容就有华洋交易批货习惯、倒闭商家清理外欠习惯、商人与外客交易习惯、债权让与习惯、租房习惯、货栈习惯、商家为人担保债务习惯、买货卖货回佣习惯、租约习惯等。参见天津市档案馆:《天津商会档案汇编(1912—1928)》(下册),天津人民出版社1992年版;季立刚:《民国商事立法研究》,复旦大学出版社2006年版,第259页。

商人团体整理委员会对票据付款责任的调查等。民初《钱业月报》大量登载商事习惯调查内容，如追偿票据权利习惯、掉换本票后支票发票人责任习惯、钱庄解付支票责任习惯、汇票出票人及承兑人责任习惯、本票挂失习惯、代收庄票责任习惯、照票责任习惯、兑收汇票习惯、合伙商店停业后清算人选任习惯、钱庄经理脱卸责任习惯、商店伙友解雇习惯等。[1] 国民政府时期，商会和其他商人团体继续开展商事调查活动，是民初调查活动的延续，范围与民初基本相同。[2] 清末至民国的民商事调查，反映出各界对传统法律资源效用的深刻认识，取得了一定的成果，对民商事立法产生了一定的影响。[3]

1949 年后，中国完全废止国民政府的"六法"体系，新时期商事法规的宗旨和任务是逐渐对私有经济进行社会主义改造，建立公有计划经济。1950 年 12 月 29 日颁布《私营企业暂行条例》，规定无限公司、有限公司、两合公司、股份有限公司及股份两合公司，承认资本主义工商业原有组织形式和所有权表现形式。1954 年 9 月政务院通过《公私合营工业企业暂行条例》，是对资本主义工商企业进行社会主义改造的过渡性政策措施；1956 年实行全行业公私合营，企业内部形成国有或集体公有制生产关系；20 世纪 50 年代末至 70 年代末，中国实行纯粹的社会主义公有制经济。改革开放后，中国进入一个新的历史时期，商法日益健全、完善。1979 年颁布《中华人民共和国中外合资经营企业法》后又有《中华人民共和国会计法》(1985 年)、《中华人民共和国外资企业法》(1986 年)、《中外合作经营企业法》(1988 年)；1986 年《中华人民共和国民法通则》确认"民事活动应当遵循自愿、公平、等价有偿、诚实信用的原则。公民、法人的合法的民事

〔1〕 参见季立刚：《民国商事立法研究》，复旦大学出版社 2006 年版，第 259 ~ 260 页。

〔2〕 调查的有匹头定货习惯、华洋定货习惯、华洋商号交付货款习惯、定货迟到纠纷习惯、提单取货习惯、洋行提货习惯、取消部分定货习惯、办理押汇习惯、抵押货品习惯、掮客佣金与责任习惯、丝业定期买卖习惯、银钱业放款利率习惯、滚利作本习惯、期票使用习惯等，内容涉及定货、提货、退货、押汇、抵押、佣金、买卖、利率、票据、契约、推盘、保证、亏欠、伙友等诸多方面。参见季立刚：《民国商事立法研究》，复旦大学出版社 2006 年版，第 261 页。

〔3〕 参见季立刚：《民国商事立法研究》，复旦大学出版社 2006 年版，第 262 ~ 272 页。总体上，国民政府的立法者对民商事习惯采取了排斥的态度。究其原因，主要有以下几个方面：其一，在以自然经济为主、没有形成统一大市场的环境下，民商事习惯也不可能具有统一性、普遍性，这一方面影响了民商事习惯的效用，也给在国家立法中采纳民商事习惯带来一定困难；其二，近代中国民、商事立法是以制定法形态出现的，并不断向习惯法领域侵入，使民间习惯法的存在空间逐渐萎缩，制定法成为调整社会经济生活的主体，民间习惯法的作用逐渐被制定法所替代。同时，商事交易要求商事规范具有统一性，囿于一国强调习惯，无法适应国际商事交易的需求。

权益受法律保护,任何组织和个人不得侵犯”,成为民商事基本法,对改革开放作出伟大的历史贡献。1986 年《中华人民共和国破产法(试行)》颁布(1988 年实施),1992 年《中华人民共和国海商法》颁布,1993 年 12 月《中华人民共和国公司法》颁布。1995 年是我国商事立法的重要一年,《中华人民共和国商业银行法》《中华人民共和国票据法》《中华人民共和国保险法》相继颁布。1997 年颁布《中华人民共和国合伙企业法》,1999 年再颁《中华人民共和国个人独资企业法》,1998 年《中华人民共和国证券法》问世。须大书特书的 1999 年《中华人民共和国合同法》也是基本商行为法,它吸收 1980 年《联合国国际货物销售合同公约》内容,有关电子合同的规定领先世界潮流。进入 21 世纪,2003 年颁布《中华人民共和国证券投资基金法》,2018 年颁布《中华人民共和国电子商务法》。在商事管理方面,突出的是 2021 年国务院颁布《中华人民共和国市场主体登记管理条例》,为培育壮大市场主体和促进公平竞争提供法治保障。改革开放以来,我国商事法或立或修,我国建构起体系化、现代化、国际化商事法律制度。

三、如何认识“民商分立”抑或“民商合一”

将“民商分立”与“民商合一”立法模式争论视为一桩“公案”并不为过,它涉及立法体例、制度价值、司法适用,乃至学科分类、研究范畴等问题。通常意义上,将大陆法系某些国家分别编纂“民法典”与“商法典”两部法典的称为“民商分立”,而将另一些国家仅编纂“民法典”、无“商法典”的称为“民商合一”。其实,有关“民商分立”与“民商合一”的讨论范畴,仅涉及商事立法编纂形式问题,并非谈论商法性质、本源问题。

其一,“民商分立”与“民商合一”立法模式的形成具有历史性,“民商分立”是“民商合一”的逻辑前提。法律制度变革总是基于一定的政治、经济、社会土壤及法律观念、法律技术的进展,商法制度的变迁和体系调整同样遵循这一逻辑。大陆法系受罗马法形式理性的影响形成法典化传统,而商事规则又不能为民法典所一统包含,就有了“民法典”与“商法典”的并立。在“民法典”“商法典”分别编纂之前,民商并未形成定型化的分野,“民商合一”问题并不存在。

其二,各国“民商分立”与“民商合一”立法模式存在不同的历史特征。法国与德国虽为典型的民商分立国家,但两国立法标准和调整范围有较大差别。

《法国商法典》以客观主义为立法特征，区别商事行为与民事行为，任何主体从事商行为均受《法国商法典》调整，其由通则、海商、破产和商事法院 4 章构成。《德国商法典》以主观主义为立法特征，由商人、商事公司及隐名合伙、商行为、海商 4 章构成，以交易活动主体是否为商人来区分商事行为和民事行为。商法是规范从事商业贸易活动的商人的法律，一行为如商人或商人与非商人间为之，则受商法典调整，如非商人为之，则受民法典或者其他法律规范调整。

瑞士是 1848 年设立联邦委员会，成为联邦制国家，早期的瑞士联邦议会仅有民法典的立法权，商法典立法权还需要另行赋予。在民法典起草中，基于立法者将现实需要的、规范商事活动的规则规定于《瑞士联邦债法》中，后纳入《瑞士民法典》。1874 年瑞士联邦议会获得制定商法的权利，但此时瑞士认为没有必要再单独制定商法典，民商合一体例得以创立。瑞士学者施文策尔教授即明确指出："瑞士法在体例上的最大特点就是放弃了独立的商法典，没有像法国和德国那样去采二元体系，而是实行一元体系。"〔1〕这点明显体现在瑞士立法现状之中，其没有独立于民法典的商法典，而商法的大部分内容，如公司与合作社、商事登记、商号与商业账簿及有价证券则是分别规定在《瑞士债法》第三分编至第五分编中，而《瑞士债法》在整体上又是《瑞士民法典》的第五编，只是采取了单独编序的独立立法形式。瑞士属于典型的采用民商合一立法模式的国家。〔2〕《意大利民法典》制定于 1865 年，商事规范内容较少，为应对商事交易活动的需要，1882 年又制定《意大利商法典》，最初是民商分立模式。1942 年《意大利商法典》被废除，其内容被吸收至新修订的民法典中，公司、企业等内容被纳入民法典劳动编，债编也含有商事规范，民商合一立法体例延续至今。在沙俄时期，俄罗斯法哲学具有基督教、东正教传统，受黑格尔、康德法哲学影响，揉入民族性格，反对专制、倾向自由主义及个人主义，〔3〕在立法起草中经历了从民商分立到民商合一的转变；苏联时期，1926 年制定民法典后不另立商法典，而是以商事单

〔1〕 Ingeborg Schwenzer, Schweizerisches Obligationenrecht: Allgemeiner Teil, 6. Aufl., 2012, S. 6-7.

〔2〕 参见殷安军：《瑞士法上民商合一立法模式的形成——兼评"单一法典"理念》，载《中外法学》2014 年第 6 期。该论文还提供了瑞士商事立法与一般民事立法一样，各州分散立法并同样呈现多样化发展态势的资料，如瑞士西南部深受法国法，尤其是《法国商法典》影响。

〔3〕 参见杨心宇：《早期俄罗斯法哲学评述》，载《复旦学报》2000 年第 3 期。

行法调整商事活动；苏联解体后，俄罗斯承继了这种立法模式，1995 年制定的《俄罗斯联邦民法典》中几乎没有商事规范，而另订公司法、破产法、海商法、保险法、证券法等，这种立法模式被称为“折中主义”。

其三，形成“民商分立”与“民商合一”立法模式及其变迁的原因具有历史性。自罗马法到《法国民法典》，民法与私法几乎是同义语，仅有“民法典”的私法体系称为“一元化私法体系”，“民法典”和“商法典”并存的私法体系可称为“二元化私法体系”。二元化私法体系，既是民商分立的结果，也是民商分立的表现。欧洲大陆法系国家出现民商分立根源于特殊社会经济关系、商人阶层的存在和特殊利益，并随商人团体自治规则、商事惯例的累积而发展。从法典化进程与内容看，民法规范源于罗马私法，在近代资本主义商品经济下，民法规范平等地调整一切平等主体间所产生的财产关系和人身关系，而不是为了保护某一特殊阶层的利益；商法尽管与民法同属私法范畴，但它主要表现为商人阶层的法律，在中世纪商业关系中，“商法的自立及与民法的分立便成为一种自然的历史现象”[1]，“民商分立的一个更深入的理由是，在中世纪，易倾向于严格的特许主义，而且通常只有那些被赋予特权的社团里的成员，持许可执照从事这项活动”[2]。商法适用具有特殊性，不具有普遍性，这是民商分立的基础和条件。同时，民商分立也是近代法典化运动的产物。法国大革命时期，新兴的资产阶级对商人和商人团体的敌意态度，使民法典中不可能包括保护商人利益的特殊制度，也必然在民法典颁行后导致“疏漏了商法”，这恰恰为商事规范另辟了制定商法典的蹊径。

如同民商分立有其特定的历史因素一样，民商合一也有其形成的特定历史条件：一是民法所具有的基础地位和核心作用形成了它特有的扩张性和包容性；尽管随着时代变迁，各种具有新内容的财产关系、人身关系不断涌现，但民法的许多基本概念、基本原理仍然适用，并不断将这些新的关系纳入自己的调整范围。二是随着资本主义商品经济发展，参与经济活动的主体具有普遍性，从中世纪以来所形成的商人的特殊地位开始逐步消失，政治主体和经济主体要求地位

---

〔1〕 郭锋：《民商分立与民商合一的理论评析》，载《中国法学》1996 年第 5 期。

〔2〕 [美]艾伦·沃森：《民法法系的演变及形成》，李静冰等译，中国政法大学出版社 1992 年版，第 10 页。

平等,从而动摇了商法独立存在的基础。由此,仅编纂“民法典”的国家日多,如泰国、越南等。与此同时,商事活动所具有的创新性、革命性,经济关系日新月异可使商法典内容迅速陈旧老化,对商法典本身的改造和修补已无法满足需要,公司、票据、提单、专利、保险等单行商事法规出现,商法典逐渐支离破碎,从而呈现商法去法典化的“解构”取向。在日本,随着商法典若干内容的单独立法,商法典内容不断“减少”,“实质商法”的范围却在不断扩大,如公司法的统一规制。〔1〕 这种现象在法国、德国同样存在。〔2〕 由此可见,无论是“民商分立”还是“民商合一”的立法模式,都是各国历史发展的产物,并随历史发展进程、社会发展需要、法律技术的进步而变迁。

我国国民政府时期,受民国初年的民商合一论的影响,商法学者和立法者们认为中国的商事立法应实行民商合一模式,如胡汉民、林森等在立法提案中所言,“民商分编,始于法皇拿破仑法典。维时阶级区分,迹象未泯,商人有特殊之地位,势不得不另定法典,另设法庭以适应之……然查商法所规定者,仅为具有商业性质之契约,至法律上原则或一般之通则,仍须援用民法,而商法上最重要之买卖契约,且多在民法中规定。是所谓商法者,仅为补充民法之用而已”;随后又从历史关系、社会进步、世界交通、各国立法趋势、人民平等、编订标准、编订体例、民法与商法的关系八个方面对民商合一的合理性进行论证。〔3〕 尽管立法者们对于民商合一的理论论证存在不足,也没有获得一致的赞同,〔4〕但只立民法典,不另立商法典的立法模式最终被立法院采纳,中国自此走上了一条有特色的民商立法模式,即将“性质上能与民法合一规定”,如有关商法总则内容的委任、经理人及代办商,以及商行为部分的买卖、交互计算、赠与、租赁、雇佣、承揽、

---

〔1〕 参见[日]尾崎安央:《日本商法典的“解构”与日本民法的“商法化”现象》,张杨译,载《中国政法大学学报》2018 年第 1 期。

〔2〕 参见王建文:《法国商法:法典化、去法典化与再法典化》,载《西部法学评论》2008 年第 2 期;王建文:《德国商法法典化、去法典化与现代化:历史脉络与启示》,载《法学杂志》2008 年第 5 期。

〔3〕 参见《民商法划一提案审查报告书》,载立法院秘书处《立法专刊》1929 年 9 月第 1 辑;季立刚:《民国商事立法研究》,复旦大学出版社 2006 年版,第 136 ~ 140 页。

〔4〕 如日本学者我妻荣就针对《民商法划一提案审查报告书》所列民商合一的各项理由逐一进行反驳。参见季立刚:《民国商事立法研究》,复旦大学出版社 2006 年版,第 140 ~ 141 页。

居间与行纪、仓储、运送营业、合伙等均编入民法债编,[1]未能编入民法债编的商法总则部分的内容仍准援用民初颁布的《商人通例》;而“性质特异不能与民法合一规定者”,如公司、票据、海商、破产、保险等则另订单行法,商事单行法既与民法典保持体例上的统一性,又能充分规定各自调整的内容,并可随时根据实际的需要加以修改、扩充,增添了商事法律制度的灵活性与发展性,基本解决了民法稳定性与商法革命性之间的矛盾与冲突,使民商法律编纂体例具有较强的科学性与合理性。国民政府时期既不是民商分立,也不是民商合一,而是特殊的民商立法模式,是对民商立法模式的新探索,体现了近代中国立法者们在借鉴外来法律资源过程中的开放式思维,完成了对学习对象的超越。美国学者庞德对此给予了极高的评价:“以后中国的法律,不必再一意追求外国的最新学理,中国的法律已极完美,以后的问题,应当是如何阐发其精义,使之能适应中国的社会,而成为真正的中国法律。”[2]这种民商立法模式的创新是对世界民商立法的一个重要贡献。

1949年后,虽屡次启动民法典编纂,但屡遭挫折。改革开放后,我国民商立法逐渐完善、成熟,经历了从民法通则到民法典的民事法律法典化进程,直至2020年《中华人民共和国民法典》诞生。在商事立法方面,从开放之需的“三资企业法”到《中华人民共和国公司法》《中华人民共和国保险法》《中华人民共和国票据法》《中华人民共和国海商法》《中华人民共和国企业破产法》《中华人民共和国商业银行法》《中华人民共和国证券法》《中华人民共和国期货和衍生品法》等多部单行法逐渐制定,形成民商立法体系。究现行民商法律之特征:一是在《中华人民共和国民法典》“总则编”“提取公因式”,对民商事主体、民商事权利、法律行为效力、民商事法律责任作一般规定,引入商事组织法上的决议制度、职务代理制度及法人登记规则;二是在“物权编”规定具商事意义的浮动抵押、建设用地使用权抵押、权利质权;三是在“合同编”规定商事合同,如融资租赁合

〔1〕 清末民初分别制定并颁行了类似于商法总则的《商人通例》(由清末的9条发展至民初的73条),它构成清末民初民商分立立法模式的基础。民初的《商人通例》内容包括商人、商人能力、商业注册、商号、商业账簿、商业使用人及商业学徒、代理商等商法总则及商行为等方面的内容,其中包括买卖、租赁、制造、加工、水电煤气、出版印刷、银行业、劳务承揽、保险、运送、牙行、居间等商行为。此外,民初还制定了一部专门的商行为法——《商事条例》,但未颁行。

〔2〕 王伯琦:《近代法律思想与中国固有文化》,清华大学出版社2005年版,第77页。

同、保理合同、建设工程合同、运输合同、仓储合同、中介合同、行纪合同,这些合同均具有强烈的商事属性;四是实行有限的民商融合,《中华人民共和国民法典》从总体上仍坚守了"性质特异不能与民法合一规定者"不纳入的原则,公司、票据、海商、破产、保险、银行、基金等均另订单行法,体现出对民商立法模式的历史参照,形成"既非民商分立","亦非民商合一"的有中国特色的社会主义民商立法模式。

随着《中华人民共和国民法典》的颁行,有关我国民商立法模式的讨论更为务实,人们更多地关注商法规范续造中与民法典的协调、差异性制度安排以及技术路线问题。《中华人民共和国民法典》在处理民商关系上的"显现缺欠"与"隐形缺欠"是显而易见的,择其要者:一是民商法渊源体系规定与商事活动所需有所不合,《中华人民共和国民法典》第 10 条确立了民商法渊源顺位,习惯渊源位阶、适用顺位居于民法典之后,与大陆法系国家大都规定"商法—商事习惯—民法"的商法渊源位阶、适用体系相异,忽略商法渊源的多样性,未充分顾及商业习惯法在商法发展中的自治性地位。二是因民法所调整民事关系的偶发性、伦理性、民族性、稳定性与商法调整关系的惯常性、营利性、技术性、国际性、革命性等差异,无法形成规范民商事关系的共同基本原则,《中华人民共和国民法典》对体现商事活动需求的基本原则——营利性原则、维护交易安全原则、外观主义原则、便捷效率原则等无法充分纳入,涉商条款在法律解释上易导入民商混淆的偏颇。三是民法与商法虽均有任意性、强制性规范,但其意思自治强弱、解释适用等方面存在较大差异,尤其在金融商法领域存在较强的国家监管。四是在具体制度设置上同时存在体系不协调、规则过度或不充分的情形,如在民商行为体系上,法人与自然人因组织、生理机制不同,其意思形成、意思表达、意思效果机制等并不一致;因"合同编"容量有限,虽将融资租赁、保理合同纳入,其条款内容又远无《国际融资租赁公约》《国际保理公约》丰富,在适用中有供给不足之处;《中华人民共和国民法典》第 170 条"职务代理"条款较为简要,商事代理、商业使用人制度缺失。我们应结合对国内外民商立法模式的历史反思,基于我国法律体系构建的科学性、技术性、可行性,结合经济、社会发展的需求,超越"民商合一""民商分立"的旧有模式,探索我国民商事立法的应然、实然路径,择要有二:

第一,我国民商立法理念不应是"民商合一"或"民商分立"论,也不应是半斤八两式的“民商折中”论，而应确立“民商有别观”“民商有限融合观”。一方面，“民法的商法化”本质上应是指民事主体权利能力的扩展，不能改变民法应更多展现人本主义、人文主义和人道主义的内核，不能“过度商化”而应节制有度。这不是故步自封、观念陈旧，而是秉持民法满足人的生存性需要、确认民事主体权利义务、促进民事主体自由的基本目的，若违背该目的，将使民法的独立存在价值大打折扣、正当性基础受到减损，从而极大地破坏民法的伦理性、民族性基础。另一方面，“民商有别观”“民商有限融合观”可以促使审视民法典中商事规则设定过度、与民事规范不尽融合的现实，彰显商法的独立价值，以民法典之外的立法形式确定商事关系的内容，保障商事主体权利与义务的实现，促进商事交易便捷效率，维护交易安全，发挥商事司法功能。正所谓“凯撒的归凯撒，罗马的归罗马”。

第二，回应关于民商法立法模式绵延不绝的争论，建立我国现代化商事立法模式与制度规则。如今仍有人主张维护“民法典 + 商事单行法”现状，以民法典统领商事单行法，形成一般法与特别法关系和体系结构；也有人激烈地提出质疑：既然能有民法典，刑法、环境法都在追求法典化，为何不能编纂商法典？还有人“温和”地认为应选择第三条道路，编纂商法总则或商法通则（简要商法典），形成“商法总则（商法通则）+ 商事单行法”模式。以上观点中无论是实质上的“民商合一”观，还是激烈的“民商分立”论，均与我国所颁布《中华人民共和国民法典》作为一般私法已提取法律主体、权利客体、法律行为等公因式的立法现状不符，也未注意到近代以来我国具有特色的民商立法模式实践。基于历史经验与现实，我国商事立法模式可以是以下图景：一是私法共同法的一般规定，如《中华人民共和国民法典》中的“法人”规则、私法中可通用的法律行为规则（相异者除外，保留《中华人民共和国民法典》居间、仓储、运送等民商主体共用、与民法性质不相悖的合同性规范，将融资租赁、保理等典型商行为剥离）；二是制定简要商法典（商法总则或商事通则），规定商主体、商行为一般规范，保护商事权利、明确商事义务，确认符合“公序良俗”的商事习惯的优位效力；三是继续完善《中华人民共和国公司法》《中华人民共和国票据法》《中华人民共和国企业破产法》等传统商事单行法，健全符合商事活动发展的新型商事制度，以国际的视野，借鉴、识别成熟的域外商事立法、商事惯例，在总结国内外民商立法经验、科学运用立法技术、关注国情及经济社会发展中使我国的民商事立法及实践不断实现“良法善治”。

余论:新民商法学与新民商法发展观

回顾历史,不是仅使人们对往昔岁月存有记忆,而是为了领悟和回答现实问题,是在进行历史与现实、“故在”与“此在”间的对话与思考。在这个意义上,“一切真历史都是当代史”,“一切历史都是思想史”。[1] 法律是“历史中的法律”,“社会中的法律”,“是一个依实在法为主体的规则群体不断地、无限地向外扩展、延伸的文化场际,它是生长于、生活于社会之中并与其他社会关系发生互动的‘活法’”。[2] 在哲学、社会学层面,亚里士多德就关系范畴所提出的定义是,“关系指这样一些东西,它们指的是那些与他者有联系的东西”;[3] 诚如维特根斯坦(Wittgenstein)所言,基于事物的复杂性,范畴可具有“家族相似性”(family resemblance)特征,在范畴内部关系上并没有绝对固定的、明确的边界。[4]

由是观之,具体到新民商法学、新民商法范畴,科学技术革命、生产方式迭代,社会关系变革使民商法律关系具有了崭新内容,新型权利不断被确认,新规则不断被创设。法学理论研究既不应拘泥于传统教义学,也不应过多地受我国当下学科行政管理理性分割的桎梏,新民商法学的任务就是去发现新型社会关系的法律意义,去探索法律发展的内在逻辑,去不断审视法律理性与经验的关系,从而构建起合法理、顺时势、利实践的理论体系,实现民商法理论创新、制度创新、实践创新的互哺,促进法治文明价值的实现。

---

[1] 参见姚汉昌:《“一切真历史都是当代史”与“一切历史都是思想史”——克罗齐对柯林武德的影响》,载《学术研究》2023 年第 10 期。

[2] 参见尹伊君:《社会变迁的法律解释》,商务出版社 2003 年版,第 27 页。

[3] 参见[古希腊]亚里士多德:《范畴篇·解释篇》,方书春译,商务印书馆 1959 年版,第 25 页。经典范畴理论认为概念化范畴和语言学范畴有十分明确的界限,即任何一个事物要么就是属于这个范畴中,要么就是不属于,并不存在模糊现象;只有当这个事物在完全符合该范畴成员所具有的共同点时,它才能成为该范畴的一员。而在“家族相似性”论看来,就像一个大家族内部的成员一样,他们在不同地方和不同家庭的成员有着相似的地方,但在这个家族中某种特征并不是所有家庭成员所一致共有的。此外,关于范畴还有原型理论。

[4] 参见[英]路德维斯·维特根斯坦:《哲学研究》,陈嘉映译,上海人民出版社 2005 年版,第 38 页。

期待“复旦大学民商法学文库”的出版有助于提升我国民商法学研究的深度与广度，能够为促进我国法治建设添砖加瓦！

*

于复旦园

2020 年 12 月

* 复旦大学法学院教授。

前　言

日本民法典于1898年公布施行,至今已120余年。为使民法典适应新的社会情事和法学思想,日本民法学界于20世纪末开始酝酿大规模的改革。2009年11月,法务省法制审议会民法(债权关系)部会正式启动,并于2015年2月完成审议,历时5年有余。2017年5月《修改民法部分规定的法律》经国会审议通过(2017年法律第44号),并于2020年6月2日施行。

这是日本民法典自制定以来最大规模的修改,涉及4成左右的条文,修改内容以债权编(不包括法定之债)和总则编(包括法律行为、代理和时效等)的规定为主,同时也涉及物权编的相关规定。在此之后,关于成年年龄下调的《修改民法部分规定的法律》(2018年法律第59号)、关于继承法改革的《修改民法及家事案件程序法部分规定的法律》(2018年法律第72号)以及关于特别收养制度改革的《修改民法等部分规定的法律》(2019年法律第34号)陆续经国会审议通过。在本书成书之际,民法(亲子法制)部会和民法(不动产登记法)部会的审议还在进行之中,担保法制部会的审议即将开始。

日本民法典目前正处于变动期。这一时期过后,日本民法典或已不再是我国学界曾经熟知的那部民法典了。作为比较法研究的一环,本书旨在对上述修改(包括债权法、继承法、成年年龄以及特别收养制度)所涉条文进行逐条解说。解说内容包括新旧法的规定、修改的要点、学说及判例的状况、审议中的争议以及新法可能对实务带来的影响等。至于新法的实际运行效果,尚有待未来的追踪(关于本书对日本民法的称谓,勃瓦索纳多民法草案称为"旧民法",1898年施行的民法称为"明治民法"或"旧法",此次改革之后的民法称为"新民法"或"新法")。

本书能够作为"复旦大学民商法学文库"的第一本出版,笔者深感荣幸。本文库的推出有赖于季立刚教授的企划和组织以及复旦大学法学院的大力支持，也深蒙法律出版社法治与经济分社沈小英社长的积极推动和刘晓萌编辑的细致审校，在此深表谢意。本书的写作完成于复旦大学法学院植木哲文库，该文库藏有植木哲教授所赠的万余册日文法学书籍，本书从中受益匪浅，在此对植木哲教授以及为此牵线铺路的段匡教授、杜仪方教授表示感谢。此外，关于近期文献的收集整理，尤其是继承法修改方面，京都大学法学研究科叶周侠博士给予笔者很大的帮助。关于本书的文字校对等工作，韩勇、滕衍鹏、陈沐熙、张左婕、费菲和吕行同学多有辛劳，在此一并致谢。最后，特别感谢我的家人，在疫情肆虐之中，他们的付出和承担使本书得以顺利完稿。

班天可

2020 年 10 月 20 日于植木哲文库

目　录

序章　日本民法改革的脉络

一、勃瓦索纳多旧民法

1879年，日本政府委托法国学者勃瓦索纳多（G. E. Boissonade，1825～1910年）为日本起草民法典。当时，修改不平等条约并废除治外法权，是摆在日本政府面前的要务。制定近代化的民法典是其必要的举措。

勃瓦索纳多于1873年以“受雇外国专家”的身份来到日本，被委以治罪法（刑事诉讼法）的起草，工作完成后又负责起草民法典。勃瓦索纳多起初认为，有必要在民法典中加入日本固有的民事规则，并为此进行了民事习惯调查，但是未发现多少足以列入近代民法典的民事习惯，最终还是以法国民法为基础展开起草工作。值得注意的是，勃瓦索纳多的民法草案并未采用法国民法典的三编制，而是采用其独创的五编制（人事编、财产编、财产取得编、债权担保编和证据编），并且加入了体现新的法学思想的制度（如时效的法定证据说、承租权的物权化等）。此外，勃瓦索纳多考虑到日本民众对于民法典的接受程度，在草案中加入了大量的定义说明规范。整体而言，勃瓦索纳多草案并不是一部因循守旧之作，而是具有独创性的现代法典。[1]

在勃瓦索纳多起草法文草案的同时，日文草案的准备工作也在进行。所谓准备工作，就是对法文草案的翻译（亲属法和继承法的部分系由日本人起草）。按照准备工作规程，“无论法理的得失、实施的缓急、文字的当否，不得议论之”。之所以急于速成，是为了赶在1890年日本召开第一次国会之前通过民法典，否

---

〔1〕 星野英一「日本民法典及び日本民法学说におけるG・ボアソナードの遺产」加藤一郎先生古稀纪念『现代社会と民法学の动向（下）』（有斐閣，1992年）59頁以下参照。

则国会一旦召开，民法典的通过不知会延到何年何月。[1] 勃瓦索纳多草案经司法省审议，于 1890 年 4 月 21 日（法律第 28 号）和同年 10 月 7 日（法律第 98 号）分两批公布，预定 1893 年 1 月 1 日起实施（以下本书称为旧民法）。同年 11 月 25 日，日本第一次国会召开。

旧民法公布之后即发生了著名的法典论争。关于旧民法是否应当立即实施，分为断行派和延期派。政府方面的立场非常明确，即迅速接受以法国民法典为代表的西式法典，实现国家治理的近代化，而反对立场则主张重视日本的传统观念和习惯，不宜仓促制定法国式的民法典。法典论争的背后，除了上述立场冲突外，也有法国法学派和英国法学派之间以及司法省的立法官僚和新式学者之间的冲突。[2] 最终，延期派取得了法典论争的胜利，旧民法的施行被迫延期。

二、明治民法的立法过程

延期派的胜利是表面的，只是阻碍了勃瓦索纳多起草的旧民法的施行，并无法阻挡民法典的制定本身。在法典论争落幕后，日本政府转而采用由本国学者起草民法典的方针，加速制定民法典。

1893 年 2 月日本政府成立以伊藤博文为总裁的法典调查会，并任命穗积陈重（1856～1926 年）、富井政章（1858～1935 年）和梅谦次郎（1860～1910 年）三人为民法典的起草委员。三人都是日本第一代留学归国的学者，其中穗积陈重留学英国和德国，富井政章和梅谦次郎留学法国。

法典调查会起初由主查委员会和委员总会组成，所有决议必须经两个机构表决通过。之后，考虑双重机构的设置影响审议进度，法典调查会于次年 3 月将双重机构合并为单一机构。合并后的法典调查会的规模为委员 35 人以下（包括总裁、副总裁和 3 名起草委员）。委员人数的 1/3 以上出席即可表决，通过方式为多数决。按照法典调查规程，多数决程序的启动以反对动议为前提，若反对动议不成立，则起草委员提出的原案自动通过。而且反对动议不能仅停留于反对意见，必须满足以下两个条件：一是提出替代方案（可以是删除案）；二是至少另有一人赞同。

---

〔1〕 内田貴『民法改正』（ちくま新書，2011 年）84 頁以下参照。

〔2〕 大村敦志『民法改正を考える』（岩波新書，2011 年）35 頁参照。

上述调查规程决定了法典调查会高效、激烈的议事风格。一方面,在出席会议的委员中起草委员仅占少数,时刻面临着不能取得多数票,甚至被反对动议案取代的危险,所以为了说服其他委员,起草委员必须做到说理详尽,滴水不漏。另一方面,提出反对动议的委员也必须做好相应的准备,提出理由充足的替代方案(或删除案),才有可能获得多数票以取代起草委员提出的原案,准备不足的反对意见甚至连动议资格都没有。值得一提的是,法典调查会中有部分委员来自产业界,但是其发言皆秉持审议为公的立场,不存在出于各自业界的利益而妨碍法典起草的情况。[1] 当然,按照当时的法典调查规程,以私益为目的的反对动议是难以获得多数票的。

民法典的修改顺利推进,仅3年时间即完成审议工作。民法典的前三编(总则、物权、债权)于1896年4月27日公布(法律第89号),后两编于1898年6月21日公布(法律第9号),民法典整体于1898年7月16日施行(以下本书称为明治民法)。

三、学说继受及其批判

明治民法是被延期的旧民法的修正案。在编纂体例上,明治民法虽然改采德国式的潘德克顿编纂体例,但是在具体内容上,一半以上的条文脱胎于旧民法,其余部分主要参考德国民法典第一草案,个别条款也受英国、意大利等国法律的影响。整体而言,日本法是法国法和德国法的混合体。

与法、德两国的民法典相比,明治民法有一个显著特点,即条文数较少,仅有1044条(德、法两国的民法典都在2000条以上)。这是因为当时的日本正处于社会转型期,现有的社会规则不足以为法典提供成规,如果法典想要作出细致规定,就不得不全盘照搬外国法,而外国法在细部又各有不同,究竟何种规则更适合日本,仓促之间不能决定。所以当时的法典调查方针明确规定,法典不设置"细密的规定",不规定"原则、变则和有疑义的条文",并删除"定义、分类和列举"。[2] 这样,日本民法典就给人以删繁去冗、简洁明快的美感。

简洁的反面就是规则供给不足。自明治民法实施之日起,民法解释论就蓬

---

〔1〕 金山直樹『法典という近代:装置としての法』(勁草書房,2011年)96頁以下参照。

〔2〕 内田貴『民法改正』(ちくま新書,2011年)90頁以下参照。

勃发展起来。在立法初期的解释论竞争中，德国法取得了压倒性的优势。起草委员中留下体系性的解说书的是梅谦次郎和富井政章，前者留有《民法要义》，后者留有《民法原论》。其中，《民法原论》带有德国法色彩，可谓德国式解释论的发端。其后，川名兼四郎、石坂音四郎、鸠山秀夫等学者将德国式解释论推向鼎盛。大审院和最高裁判所的判例也相继在德国法的方向上展开。这样就形成了一个比较法上的奇观，即在本来并非来自德国法的条文上构建起德国式的解释论，学说和判例严重偏离条文，史称“学说继受”。其中，最为典型的例子就是对债务不履行的三分法（详见本书对新法第415条的解说）。对于初学者而言，法典中虽仅有只言片语，但教科书和注释书中却展开了庞大而精致的解释论，得出许多仅凭条文的阅读无论如何也读不出的结论，令人不由得赞叹民法的博大精深。然而，这并不是正常状态。这一状态的背后，是明治政府急于修约而刻意压缩法典的权宜之策，是起草委员以及后世的学者、法官、律师等法律专业人士的精英思维。也就是说，在民法典的内容和形式上，对外只要足以说服列强修约，对内只要专业人士之间理解即可，普通民众认识理解与否并不在考虑之列。

对于德国式解释论的批评在第二次世界大战（以下简称二战）前就存在，末弘严太郎就曾经讽刺鸠山秀夫的解释论只不过是“将横着写的德国法改成竖着写的日本法”。而学界的整体转向则始于20世纪60年代末北川善太郎对学说继受的反思，以及星野英一对旧民法和法国法的研究。[1] 自此，日本民法研究步入更为多元、开放的时代。尤其是来栖三郎提出“法解释的复数性”命题以及星野英一提出利益考量论之后，一般市民的视角得以重归民法的解释。理论上，一旦承认法解释的主观性，那么在利益衡量和价值判断的层面，法律人并不因其身份而具有特殊的权威。[2] 如何重塑一般市民在民法典中的地位，是日本民法必须直面的一个根本性问题。

---

〔1〕 北川善太郎『日本法学の歴史と理論——民法学を中心として』（日本評論社，1968年）；星野英一「日本民法典に与えたフランス民法の影響」同『民法論集（第一巻）』（有斐閣，1970年）69頁以下参照。

〔2〕 星野英一「民法解釈論序説」同『民法論集（第一巻）』（有斐閣，1970年）7頁参照。“一般民众是利益考量的主体”是星野英一提出利益考量论时抱有的信念。［廣瀬久和ほか「〔座談会〕星野英一先生を偲ぶ」論究ジュリスト7号（2013）134頁（内田貴発言）参照。］

四、民法改革的背景

二战后，自 1947 年的亲属法全面修改起至 2020 年为止，日本民法共经历了以下修改（不包括民事特别法的制定和修改，见表 1）。

表 1　日本民法的修改过程概览

序号	年份	修改内容
1	1947	亲属法全面修改、诚实信用原则和禁止权利滥用原则的明文化
2	1962	修改并新设死亡宣告、同时死亡推定等规定
3	1966	新设地下和空间地上权制度
4	1971	新设最高额抵押的规定
5	1976	新设离婚姓氏恢复的规定
6	1979	修改准禁治产人的范围，强化公益法人的监督
7	1980	修改法定继承份额，新设贡献份制度
8	1987	新设特别收养制度
9	1999	修改成年监护制度
10	2003	修改担保制度
11	2004	民法的现代语化（文言改口语），修改保证制度
12	2006	修改法人制度，并制定一般法人法
13	2011	修改亲权、未成年人监护等规定
14	2013	修改非婚生子女的法定继承份额
15	2016	修改成年监护制度
16	2016	修改女性的再婚禁止期间
17	2017	债权法全面修改
18	2018	修改成年年龄、适婚年龄等规定
19	2018	继承法全面修改
20	2019	修改特别收养中关于被收养人年龄的规定

可见，日本战后的民法修改大都集中于主体法（自然人和法人）、亲属法及担保制度，而以合同为代表的财产法部分未经历过大规模修改，仍保持着明治年间立法时的原样。尽管是 100 多年前的条文，但依然应对着现代社会中的种种

问题。这其中有多方面的原因:一方面,最高裁判所的判例有事实上的拘束力,庞大的判例体系支持着现代社会的运转;另一方面,债权法部分大多是任意规范,当事人可以通过约定来应对法律漏洞或不合时宜的规定。[1]

尽管如此,民法典的功能衰退仍是不争的事实。庞大的判例法理伏于民法典之侧,犹如民法典外的另一部民法,使法律规则晦暗不清,削弱了法典的意义。此外,很多判例是"学说继受"时期的产物,尽管学界已经转向,但是判例仍有很强的黏性,需要立法促使其变动。

当事人之间自然可以通过约定排除债权法的任意规范,但是"约定"本身是需要成本的,法典之外的判例法理的存在,强化了拥有法务部门的大企业的优势。将无异议的判例法理明文化,有助于为中小企业减少法务成本。即便是大企业之间的交易,在约定细致的合同条款的同时,也会约定准据法。日本企业和美国企业交易时往往约定纽约州法为准据法,这是因为日本民法典的信息量不足,而判例法理的透明度不高,欠缺可预见性,不适合作为国际交易的准据法。现有的民法典已经给日本的国际交易带来结构性的损失,弱化了国际竞争力。民法典的形态如何,并不是一个"只要自己人懂就万事大吉"的事情。[2]

随着全球化的推进,作为交易的法律基础设施的债权法也面临着同质化的趋势。作为日本法的两大母法,德国法在 2002 年完成了债务法的现代化,法国法的修改准备工作早已启动并于 2016 年完成。[3] 韩国自 1999 年开始民法修改工作,最终实现了部分修改。中国于 1999 年制定了与国际立法及示范法高度同质的合同法,此后物权法、侵权责任法等民事单行法陆续出台,并于 2014 年启动了中国民法典的编纂。这一系列国际立法动向对日本学界产生了很大的刺激。对于日本而言,债权法的根本性改革已经成了一个关涉日本法的国际形象的国家战略问题。[4]

---

〔1〕 中田裕康＝大村敦志＝道垣内弘人＝沖野眞已『講義債権法改正』(商事法務,2017 年)3 頁以下(中田裕康執筆)参照。

〔2〕 内田貴『民法改正』(ちくま新書,2011 年)216 頁以下参照。

〔3〕 关于法国的债法修改,参见李世刚:《中国债编体系构建中若干基础关系的协调——从法国重构债法体系的经验观察》,载《法学研究》2016 年第 5 期。

〔4〕 内田貴『債権法の新時代』(商事法務,2009 年)31 頁以下参照。

五、民法(债权法)改革的立法准备

日本的民法(债权法)改革的筹划工作始于20世纪90年代末,时值日本民法实施百年,当时星野英一任法制审议会民法部会长。1998年第62届日本私法学会举办了题为"民法百年与债权法修改的课题与方向"的研讨会。作为会议材料,商事法务研究会出版了同名研究报告,内含十大改革方向,即典型契约论、合同的成立、契约的内容规制、履行障碍、合同当事人论、财产权移转型合同、服务合同、团体型合同、复合合同和电子交易。[1] 此次私法学会的召开拉开了民法(债权关系)改革学术筹备工作的序幕。

2006年以镰田薰(早稻田大学教授,后为早稻田大学校长)为委员长、内田贵(东京大学教授)为事务局长,有大村敦志(东京大学教授)、中田裕康(东京大学教授)、山本敬三(京都大学教授)、潮见佳男(京都大学教授)等著名民法学者共同参与的学者组织民法(债权法)修改检讨委员会启动。次年,内田贵辞去东京大学的教职,以法务省民事局参事的身份投入立法准备工作中。2009年4月民法(债权法)修改检讨委员会公布了学者建议稿《债权法修改的基本方针》(以下简称《基本方针》)以及五卷本的《债权法修改的基本方针详解》。[2]

除了民法(债权法)改正检讨委员会外,以民法学者加藤雅信(上智大学教授,原名古屋大学教授)为代表的民法改正研究会和其他学者也就民法的整体或局部提出了各自的立法建议。[3]

随着学者建议稿的完成,立法条件已经成熟。2009年10月法务大臣千叶景子就债权法修改发出第88号咨问。咨问内容为:"关于作为民事基本法的民法中的债权关系的规定,为使其能够应对民法制定以来的社会经济变化,易于为一般国民所理解,有必要对与国民的日常生活或经济活动密切相关的合同及其

---

〔1〕 山本敬三ほか『債権法改正の課題と方向——民法100周年を契機として』別冊NBL 51号(商事法務研究会,1998年)3頁;日本私法学会『私法』第61号(有斐閣,1999年)4頁以下参照。

〔2〕 民法(債権法)改正検討委員会編『債権法改正の基本方針』別冊NBL 126号(2009);同『詳解債権法改正の基本方針Ⅰ～Ⅴ』(商事法務,2009～2010年)。

〔3〕 民法改正研究会編『民法改正　国民・法曹・学界有志案』法律時報増刊(2009年)112頁以下(该建议稿的总则部分有中文译本,参见民法改正研究会、[日]加藤雅信:《日本民法典修正案Ⅰ》(第一编总则),朱晔、张挺译,北京大学出版社2017年版);椿寿夫ほか編『民法改正を考える』法律時報増刊(2008年);金山直樹編『消滅時効の現状と改正提言』別冊NBL 122号(2008年)。

周边规定进行修改,请提示修改要纲。”

接受咨问后,法制审议会随即设立了民法(债权关系)部会(以下简称债权法部会),并于同年 11 月 24 日召开了第一次部会会议。这标志着此次民法(债权法)改革的审议工作正式启动。

六、民法(债权法)改革的立法进程

在第一次部会会议上,镰田薰被选为部会长。按照镰田薰的说法,虽然自己曾任民法(债权法)修改检讨委员会的委员长,但是《基本方针》只是学者建议稿之一,是吸收各方面意见的预案。法务省民事局民事法制管理官筒井健夫干事也强调“从一开始讨论”。[1] 实际上,初期的审议工作是以《基本方针》为基础展开的。[2]

债权法部会自 2009 年 11 月 24 日着手审议,至 2015 年 2 月 10 日制定《关于民法(债权关系)修改的要纲案》为止,历时 5 年。审议可以分为以下三个阶段。[3]

第一阶段为第 1 ~ 29 次会议(2009 年 11 月 24 日 ~ 2011 年 6 月 28 日),主要内容为整理待审议的修改事项。该阶段以《关于民法(债权关系)修改的中间论点整理》(以下简称《中间论点整理》)及其补足说明为总结性文件,并包括第一次公众意见程序。

第二阶段为第 30 ~ 73 次会议(2011 年 7 月 26 日 ~ 2013 年 6 月 18 日),主要内容为讨论修改事项并作取舍。该阶段以《关于民法(债权关系)修改的中间试案》(以下简称《中间试案》)及其补足说明为总结性文件,并包括第二次公共意见程序。

第三阶段为第 74 ~ 96 次会议(2013 年 7 月 16 日 ~ 2014 年 8 月 26 日),主要内容为确定实质性的修改内容。第三阶段以《关于民法(债权关系)修改的要纲草案》(以下简称《要纲草案》)及其补足说明为总结性文件。之后,部会又围

---

〔1〕『法制審議会民法(債権関係)部会第 1 回会議議事録』(2009. 11. 24)3 頁(鎌田薰、筒井健夫発言)参照。在第 2 次会议上,筒井健夫再次强调“从零开始讨论”。

〔2〕加藤雅信『民法(債権法)改正——民法典はどこにいくのか』(日本評論社,2011 年)7 頁以下参照。

〔3〕筒井健夫 = 村松秀樹『一問一答・民法(債権関係)改正』(商事法務,2018 年)5 頁以下参照。

绕着对立严重的格式条款问题继续展开讨论，最终于第 99 次会议（2015 年 2 月 10 日）上形成了《关于民法（债权关系）修改的要纲案》（以下简称《要纲案》）。至此，债权法部会的审议工作全部结束。

2015 年 2 月 24 日，法制审议会的第 174 次总会上通过了《要纲案》，并于会后以《要纲案》向法务大臣做了答申（对咨问的答复）。

2015 年 3 月 31 日，经过阁议，内阁向第 189 次国会提交了《民法部分修改的法案》（内阁提出法案第 63 号）和《关于民法部分修改法案施行相关法律整备的法案》（内阁提出法案第 64 号）。但是，因安保法案的审议占用大量资源，民法修正案一直未付诸国会审议程序，直至 2016 年 11 月审议才重启。2017 年 4 月 14 日，民法修正案经第 193 次国会审议通过，并于同年 5 月 26 日经参议院通过成为法律。新法于同年 6 月 2 日公布（法律第 44 号、第 45 号），并于 2020 年 6 月 2 日施行（以下，本书将此次改革之前的民法称为旧法，之后的民法称为新民法或新法）。

七、债权法部会的构成及审议方式

法制审议会是法务大臣的咨问机关，由不超过 20 人的委员构成。由于咨问内容涉及广泛，人数有限的法制审议会委员无法完成审议工作，所以法制审议会下设专业部会。在 2001 年之前，民法部会为常设部会，但是自 2001 年之后，法制审议会不再常设部会，而是按照议题设置不同的专业部会。债权法部会就是法制审议会为了此次债权法修改专门设置的。

在 2001 年改革之前，法制审议会委员中大学教授、法官和律师等法律专业人士占大多数；但是改革之后，行政官僚、经济界人士、民间团体代表的比例大幅增加。以债权法部会第一次会议的委员为例，在 19 名委员中，有学者 8 人、法官 2 人、律师 2 人、行政官僚 2 人、经济界人士 3 人、民间团体代表 2 人。这一构成仍然受到批评，被认为学者占比过高，忽视了一般国民的意见。实际上，所谓代表国民意见的部会委员和干事都是各个业界或相关省厅的代表，他们更重视所属业界和省厅的利益，不可能真正代表一般国民。[1] 债权法部会中业界人士的

---

〔1〕 大村敦志『民法改正を考える』（岩波書店，2011 年）129 頁参照。

高比重和异化的审议规程（过分强调“共识”）相结合，使这次改革遭遇了严重的挫折。

如前所述，在明治民法起草时，法典调查会的审议采多数决原则。然而，在现在的法制审议会中，尽管依照政令名义上仍然采多数决原则，但是负责民事关系的部会并不贯彻多数决原则，而是要求取得所有委员和干事的一致同意。这已成为审议的惯例。[1] 之所以演变成这种模式，是为了使法案看起来和党派的政治立场无关，是一个有权威性的共识。[2] 按照这一做法，只要有一位委员或干事明确反对某一项提案，那么该提案就不可能通过。如此一来，任何一项提案都必须妥协到与会的业界人士都不反对的程度。结果，部会中的业界人士越多，那么必须照顾的业界利益就越广，法案必须打的折扣就越大。在审议中，这被美其名曰“创造性妥协”。

这一弊端在此次审议中暴露得淋漓尽致。在审议的三个阶段中，增改事项不断减少。从《中间论点整理》到《中间试案》的第二阶段减少了一半的事项，从《中间试案》到《要纲案》的第三阶段又减少了15%。实际上，第三阶段的损失尤为惨重。本来普遍认为应当顺利增改的事项，因遭遇业界代表的反对而相继从《要纲案》的预案、草案原案、草案的第二次案和草案中消失。在审议过程中被迫搁浅的增改事项被称为“被搁置事项”。

八、被搁置事项

此次改革中的被搁置事项甚多，不能一一列举。其中的重要事项包括暴利行为、不实陈述、附随义务及保护义务、债权人代位权和债权人撤销权中的债权人的事实上的优先受偿效果的排除、保证人的责任限制、情事变更、不安抗辩权、恶意磋商、抗辩权延伸、减损规则、继续性契约、服务提供合同、融资租赁合同、特许经营合同，等等。其中，有些事项被搁置是由于增设了新规则或者改变了原有的判例法理，会对实务界产生冲击，而有些事项并未改变现状，但是经济界仍然对于规则的明文化抱有戒心。对于后者，以下介绍三个典型的例子。

---

〔1〕『法制審議会民法(債権関係)部会第64回会議議事録』(2012.12.4)3頁(深山卓也発言)参照。深山卓也为法务省民事局长，同时是债权法部会的委员。

〔2〕金山直樹『法典という近代:装置としての法』(勁草書房,2011年)100頁参照。

1. 暴利行为

暴利行为，是指一方当事人利用对方的窘迫、无经验、缺乏判断力或意志薄弱等情事，致使法律行为的对价显著不均衡，其效果为无效。日本法本来没有暴利行为的规定，但是大审院1934年判决在第90条(公序良俗)之下确立了暴利行为的法理，即“乘对方心理窘迫、经济窘迫、轻率、无知、无经验等情事，获得过大利益的行为无效”。〔1〕 此后，暴利行为的判例逐渐发展，多适用于代物清偿预约、损害赔偿额预定、违约金、身元保证等案件。审议过程中，《中间试案》1－2(2)曾经为暴利行为设置了单独条款，但是由于“产业界的担心”，部会中有少数委员持反对意见，难以达成共识。新法最终放弃了明文化。〔2〕

2. 不实陈述

不实陈述，是指相对人就足以影响缔约判断的事项作出不符合事实的陈述，而表意人误信了该陈述并因此作出意思表示。根据判例，动机错误的救济以表意人的动机表示和内容化为前提，但是当表意人的错误系因相对人提供的错误信息而诱发时，无论是否存在动机表示或内容化，表意人都可以主张错误。〔3〕 在审议初期，关于不实陈述备有单独的规定；在《中间试案》3－2(2)中，不实陈述被吸收进意思表示错误的条款，与动机错误的内容化并列为动机错误的救济事由。但是，有反对意见提出，企业之间经常有关于商品的表明保证(保证商品不侵害他人知识产权或适合出口海外等)，当商品内容不符合保证时，实务上通常以损害赔偿解决，当事人不会主张撤销合同。对此，潮见佳男教授多次指出，表明保证是合同约定的问题，与错误无关(合同就商品性质等已有约定，故不符合错误的要件)。〔4〕 此外，也有反对意见提出，不实陈述的规定会使某些当事人采取机会主义的行为。对此，山本敬三教授指出，这只是对现行判例的明文化，使规则更易于了解而已。〔5〕 即便如此，由于反对意见的存在，不实陈述也未能

---

〔1〕 大審院1934年5月1日判决，大審院民事判例集13巻875頁。

〔2〕 『法制審議会民法(債権関係)部会第92回会議議事録』(2014.6.24)2頁(大島博発言)；部会資料82－2，1頁参照。

〔3〕 最高裁判所2004年7月8日判决，判例時報1873号131頁。

〔4〕 『法制審議会民法(債権関係)部会第88回会議議事録』(2014.5.20)31頁以下(大島博、潮見佳男発言)参照。

〔5〕 『法制審議会民法(債権関係)部会第90回会議議事録』(2014.6.10)17頁(佐成実、山本敬三発言)参照。

明文化。[1]

3. 情事变更

情事变更，是指合同的基础情事发生显著变动时，受到不利的当事人可以请求解除或变更合同。日本法虽无情事变更的明文规定，但是学说和判例都承认该法理的存在。[2] 日本是灾害多发的国家，情事变更的适用场合并不少见，相应的制度整备是十分必要的。《中间试案》第32对情事变更作了专门规定，而且《中间试案的补足说明》中明确指出："有些论者对情事变更态度消极，试图通过使一般国民难以察知情事变更法理的存在而减少相应诉讼。这显然是不正当的观念。"[3]在审议的第三阶段，经济界的委员仍然以明文化会引发滥用为由坚持反对意见。[4] 由于无法达成共识，情事变更也成了被搁置事项。[5]

以上事项之所以被搁置，就是因为产业界担心相关条款被滥用。不过，如上所述，上述事项只是对现有的判例法理明文化，并未改变现状，而且规则的明文化只会使法律适用更清晰，反而会避免滥用。产业界的担心是没有道理的。这里产业界真正担心的，是普通民众因为法典新增了明文规定而意识到暴利行为、不实表示、情事变更等规则的存在，从而发起更多援用上述规则的诉讼。[6] 换言之，既然有人不知道这些规则，那么就不要无事生非，通过立法提醒他们。这是一种利用一般民众对于法律规则的不知而瞒天过海、"闷声发财"的心理。日语对此有一个贴切的表述，叫作"切莫唤醒睡着的孩子"（寝た子を起こすな）。在部会会议中，道垣内弘人教授曾经使用这个表述讽刺这种心理。[7]

从此次改革的目的而言，使民法"易于为一般国民所理解"，是改革的两大

---

〔1〕 部会資料83－2，3頁参照。

〔2〕 大審院昭和1944年12月6日判決，大審院民事判例集23卷613頁；最高裁判所1997年7月1日判決，最高裁判所民事判例集51卷6号2452頁；五十嵐清『契約と事情変更』（有斐閣，1969年）147頁以下参照。

〔3〕 法務省民事局参事官室編『民法改正中間試案の補足説明』（信山社，2013年）384頁。

〔4〕 『法制審議会民法（債権関係）部会第94回会議議事録』（2014.7.15）2頁以下（大島博、佐成実発言）参照。

〔5〕 部会資料82－2，10頁参照。

〔6〕 大村敦志＝道垣内弘人編『民法（債権法）改正のポイント』（有斐閣，2017年）501頁（大村敦志執筆）参照。

〔7〕 『法制審議会民法（債権関係）部会第3回会議議事録』（2010.1.26）31頁（道垣内弘人発言）参照。

目的之一(第88号咨问)。为了避免“诉讼多发”而阻碍规则明文化的做法,与改革的目的背道而驰。为了显示法案的权威性而强求全体部会委员和干事达成“共识”的审议惯例,更是为这种做法提供了关键的一票否决权。最终,很多本应明文化的规则被迫搁浅,白白错过了百年一遇的立法时机,令人扼腕。

第一章　民法总则

第一节　意思能力和行为能力

一、意思能力(新法第3条之2)

> **新法第3条之2**
>
> 法律行为的当事人于作出意思表示时无意思能力的,该法律行为无效。

本条系新增条款,规定了意思能力制度。

1. 意思能力和行为能力的关系

意思能力是行为能力的基础概念。意思能力指当事人对其行为的法律后果——权利义务的变动的辨识能力(“事理辨识能力”)。依传统理论,欠缺意思能力的法律行为无效。不过,一个具体的法律行为是否具备相应的意思能力必须根据个案判断。一方面,行为人为否定行为的有效性必须负举证责任,证明自己行为时欠缺意思能力,这是非常困难的;另一方面,由于意思能力欠缺公示方式,一旦行为人举证成功,相对人的信赖就会遭受损害。因此,意思能力需要一个能够在当事人意思和交易安全之间居中协调的制度,这就是行为能力。[1]

日本法上的行为能力制度采二分法,以18岁为界,分为成年人和未成年人(此次民法改革之前,明治民法所规定的成年年龄为20岁。参见次条的解说)。制度构造如下:(1)未成年人一体对待,从出生到18岁都是限制行为能力人,不区分限制行为能力人和无行为能力人。未成年人的法律行为须经法定代理人同

---

〔1〕 河上正二『民法総則講義』(日本評論社,2007年)42頁参照。

意，否则可撤销；仅在纯获利益行为、营业许可、结婚、法定代理人概括授权和未成年人诈术等例外的情形下，无须法定代理人的同意。需要注意的是，例外的情形中并不包含“行为符合行为人的年龄、辨识能力”。未成年人的行为能力取决于年龄本身，未成年人除年龄之外无须举证，相对人对于交易也有安定的预期。(2)成年的限制行为能力人分三种类型——被监护人（完全丧失辨识能力）、被保佐人（显著丧失辨识能力）和被辅助人（辨识能力不足）。无论何种，都以接受过限制行为能力的审判宣告并在法务省的“监护登记表”上登记为前提。即便是完全丧失辨识能力的成年人，未接受宣告和登记的，法律上不是限制行为能力人，不给予行为能力制度的保护（回归“意思能力”解决）。通过上述安排，日本法在减轻行为人举证责任和维护交易安全之间取得了平衡。

日本法的问题在于，“意思能力”这一基础概念未被明文化。对于明治民法的起草人而言，意思能力概念的存在是不言自明的道理，无须立法。[1] 但是，欠缺明文规定的状态给后世留下了疑虑的空间——意思能力真的是理念中必然存在的兜底概念，还是应当完全让位于行为能力制度？[2] 承认或不承认意思能力，在法律效果上有以下两点显著差别：(1)“二重效”问题。在行为人既欠缺意思能力，也受行为能力制度保护的情形（如6岁的孩子自己购买手机），会出现意思能力和行为能力的制度竞合。此时，即便绕过“无效行为的撤销”的方法论陷阱，也要面对无效和撤销之间的制度协调问题（尤其是无效的主张期限）。反之，如果不承认意思能力概念，“二重效”的问题就不会发生，所有问题都在“限制行为能力—可撤销”的框架下解决。(2)欠缺辨识能力的成年人，如醉酒者、吸毒者、未经审判登记的精神病患者等的行为。这些情形不为限制行为能力制度所覆盖，若无意思能力概念，则意味着放弃救济。比起“二重效”的问题，后者更有实践性，刺激了判例的发展。早在明治年间，大审院就在一起商事案件中明确表示“无意思能力者的行为无效，此为民法商法共通的原则”。[3] 战后，该立

---

〔1〕 梅謙次郎『民法要義巻之一総則編〔訂正増補第三十版〕』（有斐閣書房，1909年）13頁参照。

〔2〕 船橋諄一「意思能力、特にその行為能力との関係について」法政研究29巻1＝3号（1963）351頁以下参照。

〔3〕 大審院1905年5月11日判决，大審院民事判決録11輯706頁（该案中，行为人事理不清但未受禁治产宣告，在无意思能力的状态下开具支票）。

场为最高裁判所沿袭,成为稳固的判例法理。[1] 尤其近年来,随着日本社会的老龄化,以精神耗弱的老年人为对象的"擦边球"生意繁荣,以无意思能力为由主张行为无效的案件也在逐年增加。[2]

2. 意思能力的明文化

本条的立法目的是将"欠缺意思能力的法律行为无效"的判例法理明文化。在修改之前,有观点出于避免"二重效"的考虑,建议将无行为能力人的行为效果定为可撤销,但未被采纳。除了判例的立场明确外,也考虑对老年人的保护。如果采可撤销构成,则会有保护不足的问题。因为撤销有期间限制,而老年人往往没有监护人代为行使撤销权。在撤销之前行为仍然有效,相对人会趁机请求强制执行。仅赋予撤销权的立法会助长针对老年人的恶性经营。[3]

至于"无效"的性质和效果,立法没有直接表明立场:(1)关于无效的判断标准,有力说认为,无意思能力不是"一刀切"地判断,而应当结合行为的复杂程度。例如,一个思维有些糊涂的老年人在签订金融商品合同时是无意思能力人,但他叫出租车回家的行为则是有意思能力的。[4] (2)关于无效的主张权人的范围,通说认为是相对无效,无意思能力人一方的亲属也可以主张,这比可撤销构成要宽。(3)关于无效主张的时间限制,除了基于诚实信用原则的"权利失效"的限制外(第1条第2款),原则上没有时间上的限制。但是,如果法律行为已经履行,则不当得利返还请求权会受消灭时效的限制。[5] (4)关于无效的追认,当事人明知行为无效而为追认时,视为新的法律行为,不发生溯及的效果(第119条)。总体而言,本条是一个在老龄化社会的背景下,搁置"二重效"的问题,将判例的基本立场明文化的规定。

3. 意思能力规定的"潜在破坏力"

理论上,本条对"无意思能力的行为无效"的明文化,封住了通往"可撤销"的解释论。实务上,银行等相对人需要更加慎重地审查行为人的意思能力。

---

〔1〕 最高裁判所1954年6月11日判决,最高裁判所民事判例集8卷1055頁。

〔2〕 東京弁護士法友会全期会債権法改正特別委員会編『弁護士が弁護士のために説く債権法改正〔改訂増補版〕』(第一法規,2018年)3頁参照。

〔3〕 日本弁護士連合会編『実務解説改正債権法』(弘文堂,2017年)5頁参照。

〔4〕 『法制審議会民法(債権関係)部会第76回会議議事録』(2009.11.24),36－37頁参照。

〔5〕 日本法上,不当得利的消灭时效以法律上的行使可能的时点为起算点。

实际上,本条的冲击不止于此。由于意思能力是结合具体行为的复杂性和重大性对当事人的辨识能力进行的个案判断("状况依存性格"),一个在买烟或打车时有意思能力的人,在进行金融商品交易时就很有可能被认定为无意思能力。考虑本条背后的保护高龄人群的法政策,条款的新增无疑会刺激无意思能力的主张,法官给出保护性的判决时也更少犹豫。本来是在认定有意思能力的基础上由"金融交易的适合性原则"判断的问题可能会部分地移转到意思能力的概念下解决,制度功能的版图会因此而变动。大村敦志教授称之为"意思能力规定的潜在破坏力"。[1]

二、成年年龄(新法第4条)

新法第4条 以年满十八岁为成年。
旧法第4条 以年满二十岁为成年。

本条规定了成年年龄,将旧法规定的20岁下调为18岁。需要注意的是,本条以及亲属编的第731条(适婚年龄)、第740条(婚姻登记的受理)、第792条(养父母的年龄限制)等的修改,不是民法(债权关系)改正的一部分(2017年法律第44号),而是经由另外的法律改正(2018年法律第59号)。成年年龄的下调包括以下两个方面的原因。

1. 公法上的原因

促使成年年龄下调的直接原因是《日本国民投票法》(2007年法律第51号)的制定。该法将投票年龄从20岁降至18岁。[2] 该法附则第3条明确规定:"于本法实施之前的期间,为使18岁以上但未满20岁者能够参加国政选举,国家应当检讨公职选举法、民法等其他法律的相关规定,并采取法制上的必要措

〔1〕 中田裕康=大村敦志=道垣内弘人=沖野眞已『講義債権法改正』(商事法務,2017年)20頁(大村敦志執筆)参照。

〔2〕 法制審議会民法成年年齢部会第1回会議配布資料1(「国民投票法との関係について」),1頁参照。

施。”此后,《日本公职选举法》(2015 年法律第 43 号)作出修改,将选举年龄从 20 岁降至 18 岁。如果民法不作出修改,就会出现年满 18 岁的人可以投票和选举,却在民事上未成年,尚无民事行为能力的状况。

2. 民法自身的要求

明治民法以 20 岁为成年年龄,是出于一个折中的考虑。在江户时代,依武士阶层的惯例,男子 15 岁元服。中田薰称之为“德川时代的普通法”。[1] 但是在民法典编纂时,起草人参考了欧洲各国的规定。当时欧洲各国的成年年龄大都设定在 21 岁,这其中有欧洲重装骑兵的军事传统的原因。日本明治维新后,关于承担兵役、租税等公法义务,1876 年的太政官公告将“丁年”定为 20 岁。此后的勃瓦索纳多旧民法也承袭了这一年龄。这样,到了明治民法的起草人手中,可供选择的成年年龄的选项其实十分有限。梅谦次郎考虑到日本当时的平均年龄低于欧洲,于是将成年年龄定在 20 岁。[2]

20 岁的成年年龄本身并没有给民法的解释论带来很大的问题。问题实际上出在 20 岁以下的制度设计上。众所周知,人的精神和智识是渐进式发展的。对未成年人设置各种加速成年的可能,以及对甫及成年的人安排必要的“初成年”的辅助性制度,才更加符合人的渐进式发展的特征。[3] 但是,日本法上除了结婚和营业许可之外,没有其他的加速成年制度。出于确保交易安定性的考虑,日本法上也没有设置类似于我国法上的“与年龄、智力相适用的行为有效”的制度。这种非渐进式的行为能力制度降低了未成年人的社会参与度。

随着现代教育的发展,未成年人的认知能力有显著提高。20 岁的成年年龄进一步放大了立法缺陷,使日本的高中生和大学低年级学生处于一种智识上很“聪明”,却无意识地受到社会、家庭和学校的过度呵护,难以实现社会参与和精神自立的状态。这种状态下成长起来的人很容易陷入“自我同一性缓期”(identity moratorium)的心理问题,即智力上虽然达到足以做判断的年龄,却迟迟不能确定自己的价值观,长期欠缺人生定位。教育界也普遍反映,越来越多的毕业生在深造和工作之间犹豫不决,“走一步看一步”。下调民法上的成年年

〔1〕 中田薰『德川時代ノ文学ニ見エタル私法』(明治堂书店,1925 年)124 頁参照。

〔2〕 米倉明『民法講義総則(1)』(有斐閣,1984 年)108 – 109 頁参照。

〔3〕 大村敦志「民法 4 条をめぐる立法論的覚書」法曹時報 59 巻 9 号 2863 頁以下参照。

龄,虽然不是一个标本兼治的改革方案,但有助于改变“20 岁以下仍是孩子”的社会意识,让年轻人能够尽早意识到自己马上将要加入成年人的行列。[1]

三、需保佐人同意的行为等(新法第 13 条)

> **新法第 13 条**
>
> (一)被保佐人作出下列行为时,应取得其保佐人的同意。但是,第九条但书规定的行为,不在此限。
>
> (1 ~9 略)
>
> 10. 作为限制行为能力人(指未成年人、成年被监护人、被保佐人以及受第十七条第一款裁定的被辅助人。下同)的法定代理人所做出的前述各项所列行为。
>
> [(二)(三)(四)略]

本条规定了需保佐人同意的行为。新法新增了本条第 1 款第 10 项。这一修改反映了第 102 条(代理人的行为能力)但书的规定(详见第 102 条的解说)。

第二节　公序良俗(新法第 90 条)

> **新法第 90 条**
>
> 违反公共秩序或善良风俗的法律行为,无效。

> **旧法第 90 条**
>
> 以违反公共秩序或善良风俗的事项为内容的法律行为,无效。

本条规定了违反公序良俗的法律行为无效。关于公序良俗,此次改革有两大论点:第一,“动机的不法”,即法律行为的内容之外的动机的不法是否构成无效原因。新法采肯定立场,将“以……的事项为内容”一语删除。第二,“暴利行

---

〔1〕 法制審議会民法成年年齢部会第 14 回会議配布資料 46(「民法の成年年齢の引下げについての最終報告書(第 1 次案)」)7 頁以下参照。

为”,即暴利行为是否应从公序良俗中分离出来专设条款。新法最终放弃了对暴利行为的明文化。

1. 动机的不法

动机和内容的关系是个传统论题,在意思表示瑕疵上体现为动机错误,在法律行为有效性上体现为“动机的不法”。旧法第90条规定,公序良俗的违反仅在其成为法律行为的“内容”时才会影响其效力。据推测,这一立法是富井政章参考《德国民法典第一草案》的结果。[1] 尽管在《德国民法典第二草案》中上述措辞最终被修改,直接改为“违反公序良俗的法律行为无效”,但日本旧法第90条仍保持着《德国民法典第一草案》时的形态。

人们通常认为,为赌博而借钱、为杀人而买刀等情形,借款、买卖的效力不应受影响,并归结于一个高度抽象的规则——动机的不法不影响行为的效力。然而,在司法实践中,为了维持婚外情关系而借钱给对方的情形,以及明知借款人是为了赌博或支付赌债而借款但为了赚取高利故意出借资金的情形等,都被判为无效。[2] 评价的重心从不法的对象是动机还是内容,转移到违反公序良俗的意图是否“被表示出来”,或者相对人是否有“认识可能性”上。此后,甚至出现了不要求相对人有认识可能性的判决。[3] 对此通说认为,不法动机对法律行为效力的判断不应拘泥于动机的表示或认识可能性,而是应综合考量不法性的程度、不法动机和法律行为的牵连性以及交易安全等诸因素动态地判断。此外,在判断时点上,缔约时不违背公序良俗但履行时违背公序良俗的案例时而有之。[4] 合同缔结后当事人才了解动机不法的,也不妨碍其主张无效(如卖主知道买刀是为了杀人后可以拒绝履行买卖合同)。[5]

综上,旧法第90条中所称“内容”被不断扩张,日趋虚化。“以……的事项

〔1〕 山本敬三「民法90条(公序良俗違反の法律行為)」星野英一＝広中俊雄编『民法典の百年』(有斐閣,1998年)58頁以下参照。

〔2〕 大審院1934年10月23日判決,法律新聞3784号8頁;大審院1938年3月30日判決,最高裁判所民事判例集17巻578頁;最高裁判所1972年4月25日判決,判例時報669号60頁参照。

〔3〕 大審院1943年3月19日判決,最高裁判所民事判例集22巻185頁(为维持婚外性关系的遗赠)。

〔4〕 最高裁判所1997年9月4日判決,最高裁判所民事判例集51巻3619頁参照。

〔5〕 河上正二『民法総則講義』(日本評論社,2007年)278頁参照。

为内容"一语成为法律适用的干扰项,在此次改革中被删除。[1]

2. 暴利行为

暴利行为(Wucher)是德国法上的概念(《德国民法典》第138条第2款),系指一方当事人利用对方的窘迫、无经验、缺乏判断力或意志薄弱等情事,致使法律行为的对价显著不均衡,其效果为无效。日本法本来没有暴利行为的明文规定,但是大审院1934年判决在第90条(公序良俗)的框架下确立了暴利行为的法理,即"乘对方心理窘迫、经济窘迫、轻率、无知、无经验等情事,获得过大利益的行为无效"。[2] 此后,暴利行为的判例逐渐发展,多适用于代物清偿预约、损害赔偿额预定、违约金、身元保证等案件。这些案件中,当事人之间存在经济、信息和交涉能力上的差距,一方当事人"趁机""滥用"了优势地位(主观要件),获得了过大的利益(客观要件),法律行为因此被判无效。[3]

暴利行为是一个为了实现合同的实质正义,以"公序良俗"为名深刻介入当事人的等价性判断的法理,天然带有经济政策的色彩。在高龄化社会中,与意思能力的概念一样,暴利行为也承担着为高龄人群提供法律保障的功能。如果一个老年人在缔结不利的交易时未受限制行为能力人的审判,那么即便后来经审判成为限制行为能力人,也难以证明缔约当时是无意思能力的状态。此时,暴利行为提供了另一条救济途径。在审议过程中,《中间试案》1-2(2)曾经为暴利行为设置单独的条款,但是因"难以就确切的定义形成共识",法案最终放弃了单独规定,但这并不会成为日后判例法理发展的障碍。[4]

---

〔1〕 部会資料73A,24頁参照。

〔2〕 大審院1934年5月1日判决,最高裁判所民事判例集13卷875頁参照(某农民向金融公司借款,以其生命保险的保单价值作为担保,约定一旦不能清偿,金融公司直接取得生命保险的解约返还金额,而该金额是债权额的两倍)。

〔3〕 部会資料73B,12頁以下参照。

〔4〕 大村敦志=道垣内弘人編『民法(債権法)改正のポイント』(有斐閣,2017年)18-19頁(角田美穂子執筆)参照。

第三节　意思表示

一、心中保留(新法第 93 条)

新法第 93 条 (一)意思表示,于表意人明知非其真意而作出时,其效力亦不因此受妨碍。但是,相对人知道或应当知道该意思表示非表意人的真意时,该意思表示无效。 (二)前款但书规定的无效,不得对抗善意的第三人。
旧法第 93 条 意思表示,于表意人明知非其真意而作出时,其效力亦不因此受妨碍。但是,相对人知道或应当知道表意人的真意时,该意思表示无效。

本条规定了心中保留。新法对旧法第 93 条但书的表述作了修改,并新增了关于善意第三人保护的第 2 款。

1. 心中保留的要件(第 1 款)

心中保留,是指表意人自知的意思和表示的不一致。依意思主义的原理,表意人的内心效果意思和外部表示行为不一致时,意思表示无效,但是为了保护相对人的合理信赖,在表意人有心中保留的情形下,意思主义被修正,意思表示例外地有效;(旧法第 93 条本文)反之,倘若相对人知道或应当知道表示行为背后没有对应的效果意思,那么重归意思主义,此时意思表示无效(旧法第 93 条但书)。[1]

旧法第 93 条在立法构造上的特点是:一方面,不区分表意人的样态是狭义的心中保留,还是非真意表示(戏谑行为);另一方面,统一要求相对人的善意无过失。在这一构造下,尽管旧法第 93 条可以同时覆盖狭义的心中保留和非真意表示,但是无形中提高了狭义的心中保留的保护门槛,导致相对人保护不周。例

---

〔1〕 依立法的本意,旧法第 93 条的本文是例外,但书是原则。川島武宜 = 平井宜雄编『新版注释民法(3)』(有斐閣,2003 年)286 頁(稲本洋之助執筆)参照。

如,在表意人以欺骗的手段故意隐藏真意的情形,只要相对人有些许过失,意思表示就可能归于无效。尤其当本条被类推适用到代理权滥用的案件时,立法的不周会被放大(参见新法第102条的解说)。《基本方针》【1.5.11】曾经建议在维持旧法第93条的基础上,将非真意表示作为心中保留的基本型,而关于狭义的心中保留另设但书,但未被采纳。[1] 旧法第93条的本文在此次改革中被维持。

关于旧法第93条的但书,通说认为,只要相对人知道或应当知道表意人的外部表示并非其真意即可,无须了解到表意人的内心效果意思的确切内容。[2] 旧法第93条但书的措辞过窄,容易引发解释上的疑义,故此次改革予以修改。[3]

2. 心中保留的善意第三人保护(第2款)

旧法第93条中没有关于善意第三人保护的规定。鉴于心中保留与通谋虚伪表示在表意人的可归责程度上相通,判例和通说都认为应当类推适用第94条第2款,保护善意的第三人。[4] 在类推时,关于第94条第2款的"善意"的解释,判例仅要求善意,不要求无过失。[5] 此次改革予以明文化。

二、错误(新法第95条)

> **新法第95条**
>
> (一)基于下列错误的意思表示,该错误依法律行为的目的及交易上的社会通常观念有重要性的,可撤销。
>
> 1. 欠缺与意思表示对应的意思的错误;
>
> 2. 关于作为法律行为的基础的情事,表意人的认识与事实不符的错误。
>
> (二)依前款第二项的规定撤销意思表示的,仅限该情事作为法律行为的基础被表示出来时方可撤销。

---

〔1〕 民法(債権法)改正検討委員会編『債権法改正の基本方針』別冊NBL/No.126(2009)26頁以下参照。

〔2〕 我妻栄『新訂民法総則』(岩波書店,1965年)288頁参照。

〔3〕 部会資料66A,1頁参照。

〔4〕 最高裁判所1969年11月14日判決,最高裁判所民事判例集23巻11号2023頁。

〔5〕 大審院1937年8月10日判決,法律新聞4181号9頁。

（三）错误系因表意人的重过失所致的，除下列情形外，不得依第一款的规定而撤销意思表示。 1. 相对人知道表意人有错误，或因重过失而不知时； 2. 相对人与表意人陷入同一错误时。 （四）依第一款的规定撤销意思表示的，不得对抗善意且无过失的第三人。
旧法第 95 条 法律行为的要素有错误的，意思表示无效。但是，表意人有重过失的，不得自己主张其无效。

本条规定了意思表示的错误。本条对旧法第 95 条作了大幅的增补（条文中不再一一划线标注增补之处）。

1. 理论争议

旧法第 95 条的措辞十分简略。关于何为“要素”，大审院 1914 年判例的定义是“意思表示的内容的重要部分”。[1] 这一定义包含两个重要信息：第一，本条只适用于意思欠缺，而内容之外的动机的错误不在本条的救济范围内（意思欠缺构成）。第二，错误必须是重要的，即如果不存在错误，表意人就不会作出意思表示，而且一般人在表意人的位置上也不会作出该意思表示。关于错误的重要性，学说上无争议，理论分歧主要集中在旧法第 95 条的适用范围。认为动机错误不适用旧法第 95 条的，为二元论；认为动机错误和内容错误并无区分，都适用旧法第 95 条的，为一元论。[2]

按照意思欠缺构成，旧法第 95 条的适用范围很窄。最高裁判所 1954 年判例接受了我妻荣的学说，为动机错误纳入旧法第 95 条的适用范围的判断定下了基调——当动机被作为意思表示的内容向相对人表示出来时，也构成要素的错误（动机表示构成）。这一构成一直沿用至今。不过在理论上，如果动机能够因表示而成为意思表示的内容，那么意思和表示之间并无不一致，反而不是错误

〔1〕 大審院 1914 年 12 月 15 日判决，大審院民事判決録 20 辑 1101 頁。

〔2〕 关于日本法上的错误论的学说沿革，参见班天可：《日本民法中的错误论》，載易继明主编：《私法》（第 19 卷），华中科技大学出版社 2012 年版，第 211 页以下。

了。对此，川岛武宜认为，所谓“动机表示”，只是在考量相对人的信赖，如果相对人因动机表示而认识到表意人的错误，那么就没有值得保护的信赖；反之，如果相对人对错误没有认识可能性，那么表意人不得主张无效，无论是动机错误还是表示错误（认识可能性说）。这种不区分内容和动机，而是以相对人的信赖为唯一评价标准的理论，被称为表示主义一元论。表示主义一元论在小林一俊的理论中完成了定型，即在相对人陷入共通错误，或者相对人有认识可能性，或者相对人诱发了错误三种情形下，相对人无值得保护的信赖，表意人可以主张错误。

从最高裁判所 1954 年判例法理的构造来看，动机表示构成有“放”和“收”两个侧面：前者是“动机表示”，后者是“动机的内容化”。表示主义一元论只强调了前者，对判例欠缺完整的解释力。例如，在最高裁判所 1962 年判例中，当事人缔结房屋买卖合同，买受人错误地告诉出卖人该买卖无须缴纳让与所得税，引发了出卖人的错误。判例的立场是，“即便动机被表示出来，但如果在意思的解释上不构成法律行为的内容，该动机错误也不得使法律行为无效”。[1]

对此，须田晟雄指出，共通错误、认识可能性、错误的诱发等，只是应对不同错误类型的判断要素，并不是一元化的判断体系，错误的判断毋宁是类型化之下的多元判断。在个别并非实现型的案件中，即便相对人有认识可能性，甚至诱发了错误，行为也未必无效，除非相对人有信息提供义务（多元论）。矶村保认为，动机错误是意思形成过程中的问题，表意人应该以自身费用承担该过程中的风险，如果想把这一风险转嫁给相对人，仅仅把动机表示出来或使对方认识到可能性是远远不够的，必须通过双方的合意，以类似于条件或保证的形式把风险的分配提高到契约内容的层次（新二元论）。森田宏树认为，应当依照法律行为的类型，如有偿无偿、有因无因等，确定不同合同中关于错误风险分配的合意（合意主义一元论）。整体而言，近 30 年来的学说发展动向，是以“动机的内容化”为底色的。

近期，最高裁判所在动机错误的问题上也不再强调“动机表示”，而是强调“动机的内容化”，在否定表意人的错误无效的主张后，作为违反信息提供义务

〔1〕　最高裁判所 1962 年 12 月 25 日判决，訴訟月報 9 巻 1 号 38 頁。

来处理。[1] 在理论上，动机错误是信息收集失败的风险，当事人在这一风险层面所形成的合意，未必能够在传统的无效、条件成就、给付义务等效果上得到满意的回应，需要更有弹性的处理方式。日本法关于错误的研究已经转向相对人的信息提供义务、不实表示、错误和瑕疵担保责任甚至侵权行为之间的制度竞合等方面。面对不同合同中不同类型的信息收集失败的风险，如何合理地配置包括错误在内的各种救济方式，是未来的重要议题。[2]

综上，在日本法上，旧法第 95 条早已不是意思欠缺的专属制度，学说也走过了必须证成内容错误和动机错误的同质性，才能将动机错误塞进旧法第 95 条的适用范围的时代。在这样的背景下，新法在维持表示错误和动机错误的区分的前提下，将动机错误纳入本条的适用范围，并为其设置了单独的要件。

2. 意思表示错误的一般要件和效果（第 1 款）

在要件上，首先，意思表示的错误既包含表示错误，即意思和表示的不一致（本款第 1 项），也包含动机错误，即对事实的认识和事实不一致（本款第 2 项）。其次，无论何种错误，都必须有重要性，即如果不存在错误，表意人就不会做出该意思表示（主观上的因果关系），而且从法律行为的目的及交易上的社会通常观念的角度来看也不会作出该意思表示（客观上的重要性）。这是对大审院 1914 年判例的确认。

在效果上，新法将“无效”改为“可撤销”。在改革之前，通说对旧法第 95 条的解释是“相对无效”，即只有表意人才能主张。相对无效的效果和可撤销非常接近，但区别是，无效的主张没有期间限制。理论上，相对人可以基于诚实信用原则主张权利失效，但是判断标准有失明确。改为可撤销之后，错误和欺诈一样，都统一适用第 126 条规定的权利行使期限（自可追认时起 5 年，自行为时起 20 年）。

3. 动机错误的要件（第 2 款）

本条第 2 款为动机错误设置了单独的要件，即“该情事作为法律行为的基础

---

〔1〕 最高裁判所 2016 年 1 月 12 日判决，最高裁判所民事判例集 70 卷 1 号 1 頁。

〔2〕 山本敬三『契約法の現代化 I ——契約規制の現代化』（商事法務，2016 年）58 頁以下；中田裕康 = 大村敦志 = 道垣内弘人 = 沖野眞已『講義債権法改正』（商事法務，2017 年）22 頁（大村敦志執筆）参照。

被表示出来”。这里,新法使用了“法律行为的基础”这一具有德国法色彩的表述,但立法的本意只是对判例法理的确认。如前所述,最高裁判所 1954 年判例法理包含“动机表示”和“动机的内容化”两个侧面。新法的起草者对判例的理解是,“很多判例似乎重视动机的表示,但是这只是在说如果连动机的表示都没有,不可能成为意思表示的内容。就判例的总体而言,比起动机的表示,判例更重视错误事项是否被纳入法律行为的内容”。[1] 新法对“动机的内容化”的重视,和学说进展的方向是一致的。

在条文表述上,《基本方针》【1.5.13】的用语是“表意人对相关事实的认识被作为法律行为的内容”;《中间试案》3－2(2)的用语是“表意人对意思表示的前提事项的认识成为法律行为的内容”;《要纲原案(12)》1－2 的用语是“表意人表示过法律行为的效力取决于该事项的存在与否或内容”。在审议过程中,有意见提出,这样的表述会使人产生误解,即双方对错误事项的认识必须达到附条件的程度,而一旦错误事项成为条件之后,就不是错误的问题了。为了避免“内容化＝条件化”的误解,新法调整了表述方式,改用“法律行为的基础”。依照新法的立场,即便是动机错误,如果表意人以明示或默示的方式向相对人表达过,发生错误的事项是足以左右法律行为的效力的重要事项,相对人也以该认识为行为的前提时,该动机错误有撤销的可能。[2]

4. 表意人的重过失(第 3 款)

旧法第 95 条但书规定,有重过失的表意人不得主张错误。在修法之前,但书的适用例并不多,最高裁判所的判例大都是涉及公司、保险等的商事案件。此次修法将但书规定单独作为第 3 款,并限制其适用范围。依本款的规定,即便表意人有重过失,当相对人对表意人的错误有认识可能性,或者相对人也陷入共通错误的情形,重过失不妨碍表意人主张错误。这是对学说的明文化。[3]

5. 对第三人的保护(第 4 款)

本条第 4 款系新增规定,规定了对第三人的保护。旧法第 95 条未规定第三

---

〔1〕 法務省民事局参事官室編『民法改正中間試案の補足説明』(信山社,2013 年)18 頁(引用上述最高裁判所 1962 年判例)。

〔2〕 部会資料 83－2,2－3 頁参照。

〔3〕 石田穣『民法総則』(悠悠社,1992 年)348 頁;内田貴『民法Ⅰ　総則・物権総論〔第 4 版〕』(東京大学出版会,2008 年)68 頁参照。

人保护条款,是因为明治民法的起草人对错误的理解是意思欠缺,并认为陷入错误的表意人的应保护性高于受欺诈。但是,当错误的适用扩及动机错误后,引起了在第三人保护上的错误和欺诈的二重效的问题。本来,按照旧法第96条第3款的规定,受欺诈的表意人不得对抗善意的第三人。但是,由于欺诈在本质上是一种动机错误(相对人的欺瞒行为所导致),所以表意人可以转而主张错误,取得可以对抗善意第三人的地位。对此通说认为,在法律行为因错误而无效的情形下,可以类推适用旧法第96条第3款的规定,使错误和欺诈在第三人保护上一致化。[1]

在新法中,新法第96条第3款的第三人保护要件已从"善意"改为"善意无过失"。本款也规定了"善意无过失"。[2]

三、欺诈(新法第96条)

新法第96条

(一)因欺诈或强迫而作出的意思表示,可撤销。

(二)因第三人欺诈而对相对人作出意思表示的情形下,仅限相对人知道或应当知道该事实的,可以撤销其意思表示。

(三)依前两款的规定撤销因欺诈而作出的意思表示的,不得对抗善意且无过失的第三人。

旧法第96条

(一)因欺诈或强迫而作出的意思表示,可撤销。

(二)因第三人欺诈而对相对人作出意思表示的情形下,仅限相对人知道该事实的,可以撤销其意思表示。

(三)依前两款的规定撤销因欺诈而作出的意思表示的,不得对抗善意的第三人。

---

〔1〕 我妻栄『新訂民法総則』(岩波書店,1965年)303頁;内田貴『民法Ⅰ　総則・物権総論〔第4版〕』(東京大学出版会,2008年)86頁参照。

〔2〕 部会資料76A,6頁参照。

本条是关于欺诈和胁迫的规定。本条第1款无变动，第2款和第3款有部分修改。修改的部分都是关于欺诈的。

1. 第三人欺诈的扩张（第2款）

旧法第96条第2款规定，受第三人欺诈的意思表示，仅在相对人“恶意”时可撤销。新法将可撤销的情形扩展至相对人“恶意或有过失”。修改的原因是考虑到和心中保留的协调。依新法第93条但书的规定，相对人知道或应当知道意思表示非表意人的真意时，意思表示无效。也就是说，在表意人有心中保留的情形（可归责性程度高）下，只要能够证明相对人恶意或有过失，就可以主张意思表示无效。相比而言，在表意人受欺诈的情形（可归责性程度低）下，如果非得证明相对人恶意，才能主张意思表示可撤销，则与心中保留有失平衡。因此，新法在旧法第96条第2款的基础上，增加了相对人“应当知道”的情形。[1]

除了相对人有过失的情形外，《中间试案》3－3（2）曾经规定，在实施欺诈的第三人和相对人有一定关联时，如第三人为相对人的代理人或者受相对人委托而提供中介服务的人，无论相对人的主观样态如何，表意人都可以撤销其意思表示。但是，新法未采纳这一规定。法制审议会认为，这种情况可以由解释来处理，如果法律用一个抽象表述来规定，如“相对人应对其行为负责的第三人”，适用范围会失之过宽；如果法律明定了何为“和相对人有一定关联的第三人”，反而会限制解释论的展开。[2]

2. 对第三人的保护（第3款）

旧法第96条第3款规定，基于欺诈的撤销不得对抗善意的第三人。明治民法对错误和胁迫都未规定第三人保护条款，唯独对欺诈作了规定。这是因为欺诈不属于意思欠缺，而属于意思瑕疵。比起受胁迫而言，受欺诈的表意人的应保护程度更低。[3] 但是，之后的通说认为，欺诈的情形应当采“善意无过失说”。[4] 从权利外观法理的角度来看，对善意第三人的保护程度要视表意人的

---

〔1〕 部会資料66A，3頁参照。

〔2〕 部会資料66A，4頁参照。

〔3〕 四宮和夫＝能見善久『民法総則〔第8版〕』（弘文堂，2010年）235頁参照。

〔4〕 於保不二雄『民法総則講義』（有信堂，1970年）201頁；幾代通『民法総則〔第2版〕』（青林書院，1984年）284頁；石田穣『民法総則』（悠悠社，1992年）361頁；内田貴『民法Ⅰ　総則・物権総論〔第4版〕』（東京大学出版会，2008年）73頁参照。

可归责性而定。在心中保留或通谋虚伪表示的情形下,表意人的可归责性较高,因此在第三人保护要件上较为缓和,仅以“恶意”为标准,过失与否在所不论;反之,在欺诈的情形下,表意人的可归责性较低,和心中保留或通谋虚伪表示并非同一类型,在第三人保护要件上不能仅以“恶意”为标准,应当定为“善意无过失”。[1] 因此,新法将第三人保护要件修改为“善意无过失”,加强了对表意人的保护。

四、意思表示的生效时点(新法第97条)

新法第97条

(一)意思表示于其通知到达相对人之时生其效力。

(二)相对人无正当理由妨碍意思表示的通知到达的,该通知视为于通常可到达之时到达。

(三)意思表示的效力不因表意人于通知发出后死亡、丧失意思能力或受行为能力限制而受妨碍。

旧法第97条

(一)对隔地人的意思表示于其通知到达相对人之时生其效力。

(二)对隔地人的意思表示的效力不因表意人发出通知后死亡或丧失行为能力而受妨碍。

本条规定了意思表示的生效时点。新法对旧法第97条的两款都作了修改,并增添了新款(新法第97条第2款)。

1. 到达主义的扩张:不区分隔地和对话的意思表示(第1款)

旧法第97条规定了隔地的意思表示的生效时点。在意思表示的外化、发出、到达、了解四个阶段中,旧法第97条采用了到达主义。至于对话的意思表示,旧法第97条未予规定。原因是,在对话的情形中,意思表示的外化、发出、到达、了解会同时发生,通常不会出现无法确定生效时点的问题。但是,理论上的确存在意思表示到达但未被了解的情况,对其生效时点有必要予以明确。

[1] 部会資料66A,5頁参照。

关于对话的意思表示的生效时点，学说上认为可以类推适用隔地的意思表示的规则。[1] 至于隔地和对话的区分，传统上认为，“隔地”不是指物理区隔，而是时间间隔。例如，电话虽然相隔千里，但是仍属于对话方式。然而，随着现代通信技术的发展，能够被录音录像等方式保存的即时通信是否属于“对话”，颇有疑问。有力说认为，“隔地”关系的特质不在于时间间隔，而在于沟通的间接性，即通过载体传达信息。正因如此，意思表示有了保存和再现的可能性，从而确保了相对人的了解可能性。在新的通信技术下，更多的“对话”实际上是借助载体展开的，当事人之间的“对话”关系会转化成复杂多样的“隔地”关系。[2] 法制审议会认为，在新的交流方式不断出现的时代，严格区分隔地和对话的意思表示欠缺合理性。在新法中，“对隔地人的”这一限定语被删除。原先适用于隔地的意思表示的到达主义，现在扩展至所有的意思表示。[3]

所谓“到达”，是指意思表示以有了解可能性的方式进入相对人的支配领域。《中间试案》3－4(2)曾在定义条款界定何为“到达”，即除了相对人了解意思表示的情况外，“记载意思表示的书面文件被投递至相对人的住所、惯常居所、营业场所、事务所或其他相对人指定的场所，或者其他使相对人处于得以了解意思表示的状态的方式”。但是，由于表述内容过于抽象，法制审议会放弃了这一定义条款。[4]

2.“到达”的拟制(第2款)

本条第2款系新增，规定了相对人无正当理由妨碍意思表示的通知到达时，视为意思表示在通常能够到达的时点上已到达。这里所谓“妨碍意思表示的通知到达”，是指妨碍意思表示以有了解可能性的方式进入相对人的支配领域。这里的“无正当理由”，不限于拒绝受领，也包括收到邮政部门的无人签收通知后不去领取的情况。本款是对最高裁判所1998年判例的确认。该案中，特留份扣减请求权的通知以内容证明邮件的方式寄送到相对人住所时相对人不在家，邮递员留了一份无人签收通知，但是相对人未去领取也未要求再递送，邮件保管

〔1〕 石田穣『民法総則』(悠悠社，1992年)367頁参照。

〔2〕 参见内池慶四郎「民法九七・五二六条における基本的問題の設定：基本的問題の提起(基本的態度決定)」法学研究78巻10号(2005)12頁以下参照。

〔3〕 部会資料66A，7頁参照。

〔4〕 部会資料66A，7頁参照。

期过后被退回表意人处。最高裁判所考虑相对人完全可以推知邮件的内容，而且只要他想受领很容易就能受领等情事，判决意思表示在邮件的保管期届满的时点上到达。[1] 该判例指出的考量要素会继续影响本条的解释。

3. 意思表示发出后的权利能力等变动（第3款）

本条第3款规定，意思表示发出后，其效力不受权利能力、意思能力、行为能力等变动的影响。因新法新增了关于意思能力的新法第3条之2，本条相应地增添了“丧失意思能力”的情形，并将“丧失行为能力”的表述改为“受行为能力限制”。

五、意思表示的受领能力（新法第98条之2）

新法第98条之2 意思表示的相对人受领意思表示之时为未成年人或成年被监护人的，不得以该意思表示对抗该相对人。但是，下列之人知道该意思表示后，不在此限。 1. 相对人的法定代理人； 2. 恢复意思能力或取得行为能力的相对人。
旧法第98条之2 意思表示的相对人受领意思表示之时为未成年人或成年被监护人的，不得以该意思表示对抗该相对人。但是，其法定代理人知道该意思表示后，不在此限。

日本法要求意思表示的相对人须有受领能力。本条但书新增了“恢复意思能力或取得行为能力的相对人”的条项。也就是说，受领时无意思能力的相对人恢复意思能力之后知道该意思表示的，以及受领时意思表示受限制的相对人取得行为能力之后知道该意思表示的情形下，表意人仍得向相对人主张该意思表示的效力。立法上的明文化杜绝了对旧法第98条之2的但书进行反对解释的空间。

---

[1] 最高裁判所1998年6月11日判决，最高裁判所民事判例集52卷4号1034頁。

第四节　代　理

一、代理行为的瑕疵(新法第 101 条)

新法第 101 条
(一)代理人对相对人作出的意思表示的效力,因意思欠缺、错误、欺诈、胁迫或者知道某事或就其不知有过失而受影响的情形下,该事实的有无,就代理人而定。 (二)相对人对代理人作出的意思表示的效力,因受领意思表示的人知道某事或就其不知有过失而受影响的情形下,该事实的有无,就代理人而定。 (三)受委托而作出特定法律行为的代理人作出该行为的,本人不得就自己已知之事主张代理人不知。就本人因过失而不知之事,亦同。
旧法第 101 条 (一)意思表示的效力,可因意思欠缺、错误、欺诈、胁迫或者知道某事或就其不知有过失而受影响的情形,该事实的有无,就代理人而定。 (二)受委托而作出特定法律行为的情形下,代理人依本人的指示作出该行为时,本人不得就自己已知之事主张代理人不知。就本人因过失而不知之事,亦同。

本条规定了代理行为的瑕疵。新法将旧法第 101 条第 1 款的适用领域区分为两种情形分别予以规定(本条第 1 款、第 2 款),并对旧法第 101 条第 2 款作了修改(本条第 3 款)。

1. 区分代理人的意思表示和相对人的意思表示(第 1 款、第 2 款)

“代理行为的瑕疵”是一个概称,既包括代理人的意思表示的瑕疵,也包括相对人的意思表示的瑕疵。具体而言,可以分为以下四种情形:(1)代理人作出的意思表示,因意思欠缺、错误(旧法中为意思欠缺的一种)、欺诈、胁迫而效力受影响的情形,如代理人受相对人的欺诈而订立合同;(2)代理人作出的意思表示,因代理人知道某事或就不知某事有过失而效力受影响的情形,如代理人基于错误而作出意思表示,但代理人对此有重过失(依第95条的规定,重过失的表意人不得主张错误);(3)相对人作出的意思表示,因意思表示的受领人知道某事或就不知某事有过失而效力受影响的情形,如相对人受第三人欺诈而作出意思表示,而代理人知道第三人实施欺诈;(4)相对人作出的意思表示,因代理人的欺诈、胁迫等行为而效力受影响的情形。

按照旧法第101条的规定,上述四种情形的意思表示的效力,都以代理人的样态为判断标准。甚至在上述第四种情形下,如在代理人欺诈相对人的情形下,判例也适用了旧法第101条。[1] 实际上,依立法的预设,这种情形并不是第101条的适用场景。无论是代理人的欺诈还是本人的欺诈,直接适用第96条(欺诈或胁迫)即可。因此,新法将第四种情形从第101条中剔除,并分为两款规定了前三种情形。新法第101条第1款规定了第一种和第二种情形,第2款规定了第三种情形。[2]

2. 受委托而作出特定法律行为的情形(第3款)

代理权的授权范围越窄,就相对人的情事的知与不知,代理人的意思能够介入的余地越小。此时应以本人的样态为判断标准。旧法第101条第2款规定:"受委托作出特定法律行为的情形下,代理人依本人的指示作出该行为时,本人不得就自己已知之事主张代理人不知。就本人因过失而不知之事,亦同。"

不过,在条文的表述上,既然已经使用了"受委托而作出特定法律行为",那么再重复"依本人的指示",不免使人产生只有在代理人严格"依本人的指示"行为时,才以本人的样态为判断标准的误解。然而,倘若代理的授权范围窄到代理人完全没有决定的余地,那么这个意思表示实际上是本人自己作出的。此时就不是代理,而是使者了。[3] 判例也明确指出,有特定的法律行为的委托时,不再以"依本人的指示"为要件。[4] 对此新法予以确认。本条第3款在维持旧法第101条第2款的基础上,删去了"依本人的指示"一语。

---

〔1〕 大審院1906年3月31日判決,大審院民事判決録12辑492頁。

〔2〕 部会資料66A,12頁以下。

〔3〕 内田貴『民法Ⅰ　総則・物権総論〔第4版〕』(東京大学出版会,2008年)161頁参照。

〔4〕 大審院1908年6月10日判決,大審院民事判決録14辑665頁参照。

二、代理人的行为能力(新法第 102 条)

新法第 102 条 限制行为能力人作为代理人所作出的行为,不得因行为能力的限制而撤销。但是,限制行为能力人作为其他限制行为能力人的法定代理人所作出的行为,不在此限。
旧法第 102 条 代理人不要求为完全行为能力人。

本条规定了代理人的行为能力。新法修改了旧法第 102 条的表达方式,并添加了但书规定。

旧法第 102 条规定,代理人不要求为完全行为能力人。其含义为,即便代理人为限制行为能力人,其代理行为亦不得撤销。本条对此予以明确。

在限制行为能力人作为其他限制行为能力人的法定代理人作出代理行为时,本条的适用受到限制。因为其他限制行为能力人处于不能自己选择代理人的状态,如果不对代理人的行为能力提出要求,会损害其他限制行为能力人的利益,减损监护、保佐、辅助等制度的意义。因此,新法第 102 条设置了但书,规定限制行为能力人作为其他限制行为能力人的法定代理人所作的行为可撤销。

其他限制行为能力人的法定代理人自身是未成年人或成年被监护人的情形自不待言,适用新法第 102 条但书的规定。但是,上述法定代理人仅为被保佐人或被辅助人的情形,由于日本法上的被保佐人和被辅助人的行为能力并非一般性地受到限制,其法定代理行为的效力不当然适用新法第 102 条但书。在其他限制行为能力人的法定代理人为被保佐人的情形,新法新增了第 13 条第 1 款第 10 项,规定被保佐人作为其他限制行为能力人的法定代理人作出同款第 1 ~ 9 项的行为(借款、保证、处分不动产、诉讼等)时,须经保佐人的同意。被保佐人未经保佐人同意即作出上述法定代理行为时,该被保佐人(法定代理人)和保佐人都享有撤销权。[1]

〔1〕 部会資料 79 – 3,2 頁参照。

三、复代理人的选任(新法第105条,旧法第105条废止)

(一)选任复代理人的任意代理人的责任(旧法第105条废止)

旧法第105条

(一)代理人依前条的规定选任复代理人的,就其选任及监督,对本人负责。

(二)代理人依本人的指名而选任复代理人的,不负前款的责任。但是,该代理人明知复代理人不适任或不诚实,却怠于将此事通知本人或解任复代理人的,不在此限。

原则上,代理人有亲自执行代理事务的义务,仅在本人同意或有不得已的事由时可以选任复代理人(第104条)。旧法第105条规定,在第104条规定的代理人可以选任复代理人的上述情形,代理人的责任被减轻,对本人仅负选任和监督责任。然而,在承揽、委托等合同的履行中,债务人是否为自己选用的第三人的行为承担债务不履行责任,要结合合同的目的、债务人选用第三人的目的、债权人同意债务人选用第三人的目的等,判断债务人是否有可归责性。相应地,在任意代理人选任复代理人的情形,也应当按照债务不履行的一般原理做判断,没有必要一律减轻代理人的责任。故新法删除了旧法第105条。

(二)法定代理人选任复代理人(新法第105条)

新法第105条

法定代理人得以自己的责任选任复代理人。于此情形下,在有不得已的事由时,对本人仅负选任及监督的责任。

旧法第106条

法定代理人得以自己的责任选任复代理人。于此情形下,在有不得已的事由时,仅负前条第一款的责任。

由于旧法第105条被删除,条文号空出,旧法第106条上调为本条。条文实质内容无变化。在条文表述上,旧法第105条中的"前条第一款的责任"改为

“选任及监督的责任”。

四、复代理人的权限(新法第106条)

新法第106条 (一)复代理人,就其权限内之行为,代表本人。 (二)复代理人对本人及第三人,于其权限的范围内,享有与代理人相同的权利,负有相同的义务。
旧法第107条 (一)复代理人,就其权限内的行为,代表本人。 (二)复代理人对本人及第三人,享有与代理人相同的权利,负有相同的义务。

由于旧法第106条上调为新法第105条,第106条的条文号空出,旧法第107条上调为本条。本条规定了复代理人的权限。条文的实质内容无变化,只是在条文的表述上,就复代理人对本人和第三人的权利义务,新增了“于其权限的范围内”的限定语。

所谓复代理人的权限,包括以下三类关系:(1)复代理人和本代理人之间的关系。复代理人和本人之间是委托、雇佣等合同关系的问题,无须专门规定。(2)复代理人和相对人之间的关系。其中包含两个层面:一是复代理人的代理权。复代理权的范围是由本代理权的授权范围和复代理权的授权范围共同决定的(本条第1款)。二是代理权之外的复代理人和相对人的法律关系(此时称“第三人”)。依本条的规定,对外关系上,复代理权人和第三人处于同一地位(本条第2款)。(3)复代理人和本人之间的关系。理论上,本人和复代理人仅在代理权的层面有关,若无法律规定,则无其他内部法律关系。依本条的规定,在对内关系上,复代理权人也和本代理人处于同一地位(本条第2款)。新法新增了“于其权限的范围内”的限定语,明确了复代理人对本人的权利义务不超出本代理人对本人的权利义务和复代理人对本代理人的权利义务的重合范围。[1]

---

〔1〕 石田穣『民法総則』(悠悠社,1992年)415頁参照。

也就是说，复代理人和本人之间的关系会受到复代理人和本代理人之间的委托关系的影响。这一规定并不适于规定在民法总则。审议过程中曾经计划在委托合同的部分设置和本条第 2 款同样的规定，并将本条的适用范围限缩至法定代理。[1] 这是较为合理的立法，不过未获采纳。最终，委托合同的部分虽然新增了和本条第 2 款同样的规定（新法第 644 条之 2 第 2 款），但本条的适用范围并未变动。

五、代理权的滥用（新法第 107 条）

> **新法第 107 条**
>
> 代理人以为自己或为第三人谋取利益为目的，于代理权范围内作出代理行为的情形下，相对人知道或应当知道其目的的，视为无权代理人作出的行为。

由于旧法第 107 条上调为新法第 106 条，第 107 条的条文号空出，新增了本条。本条规定了代理权的滥用，是重要的新增条款。

1. 代理权滥用的要件

代理权滥用的前提是代理人的代理行为未超出代理权的授权范围，代理行为的效果原则上仍归属于本人。但是，在以下两个要件满足时，代理人的行为构成代理权滥用：(1)代理人的“背信的意图”，即代理人从事代理行为的目的是为自己或第三人谋取利益；(2)相对人的恶意或有过失，即相对人知道或应当知道其目的。此时，相对人对代理行为的效果归属缺乏合理信赖，不值得保护。依本条的规定，滥用代理权的行为视为无权代理。

2. 代理权滥用的效果

在改革之前，判例既已发展出代理权滥用的法理，上述两个要件就是对判例的确认。[2] 当时，判例采用的是“第 93 条但书类推说”，即类推适用心中保留的意思表示的相对人知道或应当知道心中保留的事实时的规则，以解决代理权滥

---

[1] 部会資料 72A，10 – 11 頁参照。

[2] 最高裁判所 1963 年 9 月 5 日判決，最高裁判所民事判例集 17 巻 8 号 909 頁参照。

用的问题。在代理权滥用的效果上,如果贯彻第 93 条但书的效果,那么代理权滥用行为的效果是一个“无效的有权代理”。一方面,从理论上来看,第 93 条处理的是意思表示的瑕疵(意思欠缺)的问题,而滥用代理权的行为本身并没有任何瑕疵;另一方面,由于滥用代理权的行为是作为有权代理行为无效的,第 113 条至第 117 条关于无权代理效果的弹性规则(本人的追认或拒绝追认、相对人的催告权和撤销权、无权代理人责任等)完全没有适用余地。[1] 因此,新法放弃了“第 93 条但书类推说”,而是采用“无权代理说”。也就是说,代理权的滥用在本质上不是代理行为的问题,而是代理权限的问题。在效果上,与其类推意思表示瑕疵的规则,不如直接视为一种“代理权超越型无权代理”,并适用效力待定的一系列规则。

六、自己代理、双方代理等利益相反行为(新法第 108 条)

新法第 108 条 (一)就同一法律行为,作为相对人的代理人或作为当事人双方的代理人所作出的行为,视为无权代理人作出的行为。但是,就债务的履行或本人事先许可的行为,不在此限。 (二)除前款本文中规定的事项外,就代理人与本人的利益相反的行为,视为无权代理人作出的行为。但是,本人事先许可的行为,不在此限。
旧法第 108 条 就同一法律行为,不得成为相对人的代理人,或成为当事人双方的代理人。但是,就债务的履行或本人事先许可的行为,不在此限。

本条规定了自己代理、双方代理以及其他的利益相反行为(亦称“利益冲突行为”)。新法对旧法第 108 条作了修改,并新增了第 2 款。

1. 自己代理、双方代理(第 1 款)

旧法第 108 条禁止自己代理或双方代理,但是没有明确违反行为的效果。

[1] 部会資料 66A,23 - 24 頁参照。

通说和判例认为,禁止自己代理或双方代理是为了保护本人的利益而对代理权限的限制,违反的效果和无权代理一样,为效力待定。[1] 本条第1款是对通说和判例的明文化。

2. 其他的利益相反行为(第2款)

有些情况,从形式上来看不视作自己代理或双方代理,但是与自己代理或双方代理有共同之处,即代理人和本人处于利益相反的状态。在这些情况中,有一种被法律明确规定了,并且直接使用了"利益相反行为"的术语,即法定代理人的利益相反行为(第826条、第860条),如法定代理人代理未成年人为自己所负的债务订立保证合同。从合同的类型和外形上来看,以牺牲未成年的利益为代价的保证合同应当评价为利益相反行为("外形说")。[2] 除此之外,关于其他的利益相反行为,法律未设规定。判例认为,自己代理和双方代理的规则也及于其他的利益相反行为。例如,租赁合同的出租人要求承租人提交一份空白委托书,并和承租人约定,在将来万一发生纠纷时,出租人有权替承租人选任订立和解合同的代理人。在这种情况下,承租人的代理人是由出租人选任的,和承租人处于利益相反状态,其代理行为适用自己代理或双方代理的规则,效果为无权代理(旧法第108条)。[3] 本条第2款即对判例法理的确认。本条第2款的表述和第1款基本一致,只不过但书中没有提到"债务的履行"。这是因为债务的履行不损害本人的利益,本来也不应当视作利益相反行为,故无除外可言。

---

[1] 我妻栄『新訂民法総則』(岩波書店,1965年)342頁;星野英一『民法概論Ⅳ(契約)』(良書普及会,1986年)218、233頁;大審院1915年4月7日判決,大審院民事判決録21辑451頁;最高裁判所1972年4月4日判決,最高裁判所民事判例集26卷3号373頁参照。

[2] 大審院1936年8月7日判決,最高裁判所民事判例集15卷1630頁。

[3] 大審院1932年6月6日判決,最高裁判所民事判例集11卷1115頁;最高裁判所1970年5月22日判決,最高裁判所民事判例集24卷5号402頁。

七、代理权授予表示型表见代理与代理权超越型表见代理的重叠适用（新法第109条）

新法第109条
（一）对第三人表示已授予他人代理权的人，就该他人于该代理权的范围内与第三人作出的行为负责。但是，第三人知道该他人未被授予代理权，或因过失而不知的，不在此限。 （二）对第三人表示已授予他人代理权的人，若因该他人于该代理权的范围内与第三人作出的行为而依前款的规定应负责的情形下，该他人与第三人作出了该代理权范围之外的行为的，仅限第三人有正当理由相信该他人就该行为有代理权时，就该行为负责。
旧法第109条
对第三人表示已授予他人代理权的人，就该他人于该代理权的范围内与第三人所作的行为负责。但是，第三人知道该他人未被授予代理权，或因过失而不知的，不在此限。

本条规定了代理权授予表示型表见代理。本条第1款即为旧法第109条的内容，未作变动。本条第2款系新增，规定了代理权授予表示型表见代理与代理权超越型表见代理的重叠适用。

代理权授予表示型表见代理，是指本人对代理人并无授权，但是对第三人作出了向代理人授予代理权的表示外观，在本人不能证明第三人恶意有过失时，构成表见代理。这一规定是以代理人的代理行为未超出代理权授予表示的权限范围为前提的。如果代理人超越该代理权限，向第三人作出代理行为，且第三人能够证明自己有正当理由相信代理人有代理权，即属于代理权授予表示型表见代理和代理权超越型表见代理的重叠。在理论上，这一情形既不满足代理权授予表示型表见代理的要件（代理行为超越了代理权授予表示的权限），也不满足代理权超越型表见代理的要件（欠缺基本代理权的授予）。但是判例认为，这一情形构成表见代理。[1] 本条第2款是对判例的明文化。

本条第2款对要件的表述似乎是本条第1款(代理权授予表示型表见代理)和第110条(代理权超越型表见代理)的叠加,但实际上是将本条的规范嵌入了第110条。也就是说,本条第1款的三个要件,即“代理权授予表示”“代理行为在代理权授予表示范围内”“第三人善意无过失”的结合,共同满足了第110条的“基本代理权的授予”的要件。对此可能会有疑问,即本条第1款的效果只是构成表见代理,实际上并无真正的授权,如何能够满足“基本代理权的授予”的要件?立法资料指出,第110条的基本代理权和实际的代理行为的代理权是两回事,即便没有真正的授权,也不妨碍认定“基本代理权的授予”。[2] 在证明责任上,关于第三人对代理权授予表示的“善意无过失”,由本人负证明责任,即证明第三人系恶意有过失;第三人有正当理由相信超越代理权的行为有代理权的,由第三人负证明责任,即证明自己有正当理由。[3]

八、代理权超越型表见代理(新法第110条)

新法第110条 代理人作出权限外的行为的情形下,第三人有正当理由相信代理人有权限的,准用前条第一款本文的规定。
旧法第110条 代理人作出权限外的行为的情形下,第三人有正当理由相信代理人有权限的,准用前条本文的规定。

由于前条新增了第2款,原条文成为新条文的第1款,所以本条修改了相应的表述,即“前条本文”改为“前条第一款本文”。

〔1〕 最高裁判所1970年7月28日判决,最高裁判所民事判例集24卷7号1203頁。

〔2〕 部会資料66A,27頁参照。

〔3〕 部会資料66A,28頁;部会資料79-3,3頁参照。

九、代理权消灭型表见代理和代理权超越型表见代理的重叠适用（新法第112条）

新法第112条
（一）授予他人代理权的人，就该他人于代理权消灭后于该代理权范围内与第三人所作的行为，对不知代理权消灭的事实的第三人负责。但是，第三人因过失而不知该事实的，不在此限。 （二）授予他人代理权的人，若因该他人于代理权消灭后于该代理权的范围内与第三人作出的行为而依前款的规定应负责的情形下，该他人与第三人作出了该代理权范围之外的行为的，仅限第三人有正当理由相信该他人就该行为有代理权时，就该行为负责。
旧法第112条
代理权的消灭，不得对抗善意的第三人。但是，第三人因过失而不知该事实的，不在此限。

本条规定了代理权消灭型表见代理。新法对旧法第112条做了修改，并新增第2款，规定了代理权授予表示型表见代理和代理权超越型表见代理的重叠适用。

1. 第三人的“善意”（第1款）

旧法第112条的规定非常简略。本条第1款明确了代理权消灭型表见代理的要件：(1)原有的代理权消灭；(2)代理行为在原有的代理权的范围内；(3)第三人的善意无过失。这里“善意”的内容，是指“第三人知道代理人曾经有代理权，但是不知道代理行为时代理权已经消灭”。这是判例的立场。[1] 本条予以明文化。若不明文化，对于何为“善意”可能会有一种误解，即“第三人于代理行为时不知道代理人无代理权即可，至于是否知道代理人曾经有过代理权在所不问”。明文化有助于消除疑义。

---

〔1〕 最高裁判所1957年11月29日判决，最高裁判所民事判例集11卷12号1994頁；最高裁判所1969年7月25日集民96号407。

2. 代理权消灭型表见代理与代理权超越型表见代理的重叠适用(第 2 款)

如上所述,代理权消灭型表见代理是以代理人的代理行为未超出原有的代理权限为前提的。代理人在代理权消灭后超越原有的代理权限,向第三人作出代理行为,且第三人善意无过失的情形,即属于代理权消灭型表见代理和代理权超越型表见代理的重叠。在理论上,这一情形既不满足代理权消灭型表见代理的要件(代理行为超越了曾经的代理权限),也不满足代理权超越型表见代理的要件(欠缺基本代理权的授予)。但是判例认为,这一情形也构成表见代理。[1]本条第 2 款是对判例的明文化。

本条第 2 款对要件的表述似乎是本条第 1 款(代理权消灭型表见代理)和第 110 条(代理权超越型表见代理)的叠加,但实际上是将本条第 1 款的规范嵌入了第 110 条。也就是说,本条第 1 款的三个要件"原有的代理权消灭""代理行为在原有的代理权的范围内""第三人善意无过失"的结合,共同满足了第 110 条的"基本代理权的授予"的要件(关于如何能够满足"基本代理权的授予"的要件,参考第 109 条的解说)。在证明责任上,关于第三人对代理权消灭的"善意无过失",由本人负证明责任,即证明第三人系恶意或有过失;关于第三人有正当理由相信超越代理权的行为有代理权,由第三人负证明责任,即证明自己有正当理由。[2]

十、无权代理人责任(新法第 117 条)

新法第 117 条

(一)作为他人的代理人订立合同的人,除证明自己有代理权或获得本人追认的情形外,依相对人的选择,对相对人负履行或损害赔偿的责任。

(二)前款的规定不适用于下列情形。

1. 相对人知道作为他人的代理人订立合同的人没有代理权的。

---

〔1〕 大審院連合部 1944 年 12 月 22 日判决,最高裁判所民事判例集 23 巻 626 頁;最高裁判所 1957 年 11 月 29 日判决,最高裁判所民事判例集 11 巻 12 号 1994 頁。

〔2〕 部会資料 66A,31 頁;部会資料 79 - 3,4 頁参照。

2. 相对人因过失而不知作为他人的代理人订立合同的人没有代理权的。但是，作为他人的代理人订立合同的人知道自己没有代理权的，不在此限。 3. 作为他人的代理人订立合同的人受行为能力的限制的。
旧法第117条 （一）作为他人的代理人订立合同的人，不能证明自己的代理权，且未能获得本人的追认时，依相对人的选择，对相对人负履行或损害赔偿的责任。 （二）相对人知道或因过失而不知作为他人的代理人订立合同的人没有代理权的，或作为他人的代理人订立合同的人无行为能力的，不适用前款的规定。

本条规定了无权代理人的责任。新法对旧法第117条的两款都作了修改。

1. 无权代理的证明责任（第1款）

本条第1款维持了旧法第117条第1款的内容，只是改动了条文表述，明确了无权代理的证明责任。旧法第117条的表述是，代理人“不能证明自己的代理权，且未能获得本人的追认时”，承担无权代理人责任。从这一表述本身，看不出授权和追认的证明责任在代理人还是相对人。新法使用了“除……外”的规定方式，明确了无权代理的证明责任在代理人一方。

2. 无权代理人责任的例外（第2款）

关于无权代理人责任的性质，在明治民法的起草人的观念中是过失责任（一种侵权责任）。但是后来的学说和判例认为，为了保护交易安全，维护代理制度的信用性，无权代理人责任的性质应当定为法定的无过失责任。[1] 换言之，免责仅限于旧法第117条第2款规定的以下三种情形：(1)相对人知道代理人无代理权；(2)相对人因过失不知道代理人无代理权；(3)代理人无行为能力。其中，第二种情形和第三种情形在新法中有修改。

---

〔1〕 我妻栄『新訂民法総則』（岩波書店，1965年）380頁；最高裁判所1987年7月7日判決，最高裁判所民事判例集41巻5号1133頁。反対意見について、石田穣『民法総則』（悠悠社，1992年）456頁；佐久間毅『民法の基礎1総則』（有斐閣，2008年）294頁参照。

关于第二种情形，日本法之所以将相对人的过失（不限于重过失）作为无权代理人责任的免责事由，是因为无权代理人责任是很重的无过失责任，要求相对人的无过失是为了避免制度失衡。[1] 不过，在代理人恶意地行进无权代理行为的情形下，如果相对人有些许过失，代理人就能够免去无权代理人责任，这不利于对相对人的保护。故新法新增了本条第 2 款第 2 项但书，不允许恶意的无权代理人以相对人的过失为由主张免责。[2]

关于第三种情形，新法基本维持了旧法第 117 条第 2 款的内容，在表述上将代理人“无行为能力”改为“受行为能力的限制”。

第五节　法律行为的无效及撤销

一、撤销权人（新法第 120 条）

新法第 120 条 （一）因行为能力的限制而可撤销的行为，仅限限制行为能力人（作为其他限制行为能力人的法定代理人所作出行为时，包含其他限制行为能力人），或其代理人、承继人或同意权人可以撤销。 （二）因错误、欺诈或胁迫而可撤销的行为，仅限作出有瑕疵的意思表示的人，或其代理人、承继人可以撤销。
旧法第 120 条 （一）因行为能力的限制而可撤销的行为，仅限限制行为能力人，或其代理人、承继人或同意权人可以撤销。 （二）因欺诈或胁迫而可撤销的行为，仅限作出有瑕疵的意思表示的人，或其代理人、承继人可以撤销。

本条规定了可撤销的法律行为的撤销权人。本条的两款都有修改。

---

〔1〕 最高裁判所 1987 年 7 月 7 日判决，最高裁判所民事判例集 41 卷 5 号 1133 頁参照。

〔2〕 有必要提及的是，相同法旨的规定在第 93 条（心中保留）的审议中未能成功加进但书，而在本条第 2 款第 2 项但书中却顺利地立法化了。

1. 限制行为能力人的行为的撤销权人(第 1 款)

日本法上,限制行为能力人的行为的法律效果是可撤销。旧法第 120 条第 1 款规定,撤销权人包括限制行为能力人及其代理人、承继人或有同意权的人(保佐人、辅助人)。新法在“限制行为能力人”后增添了括号,注明当该限制行为能力人系作为其他限制行为能力人的法定代理人作出行为时,其他限制行为能力人也是撤销权人。这是对第 102 条的修改的反映。

2. 其他意思表示瑕疵的行为的撤销权人(第 2 款)

旧法第 120 条第 2 款规定了欺诈和胁迫的撤销权人。新法又添加了错误。这是对第 95 条的修改的反映。

二、撤销的效果(新法第 121 条)

新法第 121 条 被撤销的行为,视为自始无效。
旧法第 121 条 被撤销的行为,视为自始无效。但是,限制行为能力人于因该行为现实所受利益的限度内负返还义务。

本条规定了行为被撤销后的法律效果,即自始无效。旧法第 121 条的但书被删除,相应内容移至第 121 条之 2 第 3 款(详见次条的解说)。

三、恢复原状义务(新法第 121 条之 2)

新法第 121 条之 2 (一)债务的履行系基于无效行为的,作为该债务的履行而受领给付的人,负有使相对人恢复原状的义务。 (二)虽有前款的规定,债务的履行系基于无效的无偿行为的,作为该债务的履行而受领给付的人,于受领给付的当时不知道该行为无效(就受领给付后依前条的规定被视为自始无效的行为,于受领给付的当时不知道该行为可撤销)时,于因该行为现实所受利益的限度内负返还义务。

> （三）虽有第一款的规定，行为时无意思能力的，于因该行为现实所受利益的限度内负返还义务。行为时为限制行为能力人的，亦同。

1. 作为无效行为的清算规则的不当得利返还请求权

日本法上，物权变动采意思主义，所有权的移转是债权合同约定的效果；当合同无效或被撤销时，所有权不移转或立即复归。所有权人若要取回因合同履行而交付的标的物，似乎依据所有物返还请求权即可，无须也不可能主张不当得利，因为标的物的受领人未获所有权，无得利可言。对此，我妻荣在1931年的论文中指出，虽然标的物的所有权未曾移转，但是占有仍在受领人处，而占有本身即具有财产价值，也构成不当得利，即"占有的不当得利"（*condictio possessionis*）。[1]这样，所有物返还请求权和占有的不当得利返还请求权处于竞合状态。关于两者的关系，通说认为，所有权人对受领人的请求权是上述两种请求权的规范统合，在对受领人的内部交易关系上展示出不当得利返还请求权的面相，而在对受领人的债权人或转得人的外部对抗关系上展示出所有物返还请求权的面相。仅就内部交易关系而言，此时的不当得利返还请求权属于给付不当得利（类型论），和合同的解除一样，都是合同的清算规则，因此不具有备位性，优先于所有物返还请求权。[2]

基于上述背景，在改革之前，关于无效合同的清算规则，除了旧法第121条但书的规定外，都依赖于对给付不当得利的解释论。关于受领人的返还义务的内容、范围以及风险负担等问题，法律的立场并不明确。新法吸收了学说发展的成果，基于不当得利的类型论，将无效合同的清算规则明文化。

2. 原则：原状恢复义务（第1款）

本条第1款一般性地规定了给付受领人的恢复原状义务。这是和合同解除的效果一致化的规定。恢复原状义务包括原物返还义务和价额偿还义务。当原

---

〔1〕 我妻栄「法律行為の無効取消の効果に関する一考察」穂積重遠編『春木先生還暦記念論文集』（有斐閣，1931年）213頁以下参照。

〔2〕 鈴木禄弥「法律行為の無効と給付物の取戻し」大阪市立大学法学雑誌9巻3～4号（1963年）384頁参照；川村泰启「契約の無効・取消と不当利得」『契約法体系Ⅶ補巻』（有斐閣，1975年）175－176頁参照；四宫和夫『請求権競合論』（一粒社，1978年）169頁参照。即使是在采物权行为无因性的德国法上，物权行为本身无效或被撤销时，也会有对占有的不当得利返还的问题。

物返还不能时,受领人负有价额偿还义务。至于原物所生的孳息或使用利益,新法未设置统一规定,留待未来的解释。

由于本款是原则性规定,本款的适用范围取决于例外的多寡。从立法资料来看,本条第2款(无偿行为)和第3款(欠缺意思能力或行为能力)似乎是唯二的例外。[1] 从对第2款和第3款的反对解释,可以得出本款的适用范围,即"完全行为能力人的有偿行为"。[2] 不过,关于价额偿还义务的内容,仍有很大的解释空间。《中间试案》5-2(2)曾经规定,有偿行为无效时,善意的给付受领人的价额返还义务,以反对给付或现存利益中的较高者为上限。之后考虑到可以纳入对价额偿还义务的解释,新法放弃了明文规定。从这个角度来看,考量无效原因以及受领人的可归责性等事由而调整清算规则的解释路径仍然存在。

3. 例外一:无偿行为(第2款)

本条第2款规定,在无偿行为无效的情形下,善意的给付受领人仅在现存利益内负返还义务。之所以保护无偿行为的受领人,是因为其在接受无偿给付时相信可以作为自己的财产消费、处分所受领的标的物,而无须任何支出。如果事后因合同无效或被撤销而使无偿合同的受领人不得不额外支付价额偿还,会违背其缔约时的期待。反之,在有偿行为的情形下,标的物的保有和对待给付有牵连关系,标的物的受领人若要取回(价值较高的)对价给付,至少要提供与标的物相当的价值,因此,在原物返还不能时,即便是善意受领人也要负价额偿还义务(本条第1款)。[3]

4. 例外二:无意思能力的人或限制行为能力人(第3款)

本条第3款即旧法第121条但书。依本条的规定,当给付受领人为无意思能力的人或限制行为能力人时,仅在现存利益内负返还义务,无论行为是有偿还是无偿,也无论主观上是善意还是恶意。

---

〔1〕 部会資料66A,36頁参照。

〔2〕 潮見佳男『民法(債権関係)改正法の概要』(きんざい,2017年)30頁参照。

〔3〕 部会資料66A,38頁参照。

四、追认的效果（新法第 122 条）

新法第 122 条 可撤销的行为，经第一百二十条所规定的人追认的，之后不得撤销。
旧法第 122 条 可撤销的行为，经第一百二十条所规定的人追认的，之后不得撤销。但是，不得因追认而损害第三人的权利。

本条规定了追认的效果。新法删去了旧法第 122 条的但书。原因在于，追认不是变无效为有效，而是使虽不确定却暂且按有效处理的行为确定地有效，所以理论上不会出现损害第三人权利的情况。在实践中，也没有出现过适用旧法第 122 条但书的案件。作为无用的条文，新法将其删除。[1]

五、可撤销行为的追认（新法第 124 条）

新法第 124 条 （一）可撤销的行为的追认，非于撤销的原因状况消灭且知道撤销权的存在之后作出的，不生其效力。 （二）下列情形中，前款的追认不要求于撤销的原因状况消灭之后作出。 1. 法定代理人或者限制行为能力人的保佐人或辅助人作出追认时。 2. 限制行为能力人（除成年被监护人外）得到法定代理人、保佐人或辅助人之同意而作出追认时。
旧法第 124 条 （一）追认，非于撤销的原因状况消灭之后作出的，不生其效力。

〔1〕 部会資料 66A，39 頁参照。

> （二）成年被监护人在成为完全行为能力人之后了解该行为时，非于了解之后，不得追认。
>
> （三）前两款的规定，不适用于法定代理人或者限制行为能力人的保佐人或辅助人作出追认的情形。

本条规定了可撤销行为的追认。新法对旧法第124条第1款和第3款作了增改，并删除了第2款的规定。

1. 追认的条件（第1款）

追认，是指对撤销权的放弃。有效的追认需要以下两个要件：（1）于撤销的原因状况消灭之后，即限制行为能力人获得行为能力之后，或者错误、欺诈或胁迫的状况消失之后。当然，在撤销的原因状况消灭之前的追认不是“可撤销的追认”，而是“无效的追认”。[1]（2）知道撤销权的存在。因为追认是对撤销权的放弃，所以只有在撤销权人了解撤销的原因并知道撤销权存在的前提下，才可能作出有效的追认。这一要件适用于所有的撤销权人，不限于旧法第124条第2款规定的成年被监护人。依照判例，未成年人在成年后，即便承认了未成年时缔结的合同的债务并要求和解，若不能确认其当时知道自己有撤销权（知道就不会要求和解了），则债务的承认以及和解的要求不构成追认。[2] 这一要件在旧法第124条第1款中并无规定，但是理论上必然存在，而且判例亦有确认，故新法将其明文化。

关于旧法第124条第2款，本来是考虑很多成年被监护人在恢复行为能力之后并不清楚地记得之前的事情，所以要求追认必须以其“了解行为”为前提。由于新法将“知道撤销权的存在”的要件一般化了，所以旧法第124条第2款已无存在的必要，故删除。

2. 可以于撤销的原因状况消灭前作出的追认（第2款）

本条第2款规定了可以于撤销的原因状况消灭前作出追认的两种情形：一是法定代理人或者限制行为能力人的保佐人或辅助人作出追认时；二是限制行为能力人（除成年被监护人外）得到法定代理人、保佐人或辅助人之同意而作出

---

〔1〕 河上正二『民法総則講義』（日本評論社，2007年）426頁参照。

〔2〕 大審院1916年12月28日判決，大審院民事判決録22輯2529頁。

追认时。前者即是旧法第 124 条第 3 款,后者系新增。当然,即使在本款规定的情形下,也必须在"知道撤销权的存在"的基础上作出追认,否则不具有追认的意义。

六、可撤销行为的法定追认(新法第 125 条)

新法第 125 条 可以追认之时以后,就可撤销的行为有下列事实的,视为作出追认。但是,保留异议的,不在此限。 (1 ~6 略)
旧法第 125 条 依前条的规定可以追认之时以后,就可撤销的行为有下列事实的,视为作出追认。但是,保留异议的,不在此限。 (1 ~6 略)

本条规定了可撤销行为的法定追认。所谓法定追认,是指撤销权人在可以追认的时点之后,作出了依社会通常观念一般被认为是"追认"的行为,此时无论撤销权人是否真的有追认的意思,法律上均视为追认的制度。依照本条,可以被视为追认的行为包括:(1)全部或部分履行;(2)履行请求;(3)变更;(4)提供担保;(5)全部或部分让与因得撤销行为而取得之权利;(6)强制执行。

之所以将这些行为视为追认,是因为撤销的原因状况已经消灭,撤销权人可以做正常的判断,但是撤销权人未行使撤销权,反而作出了上述以维持行为的有效性为前提的行为,使相对人误以为撤销权人不会再行使撤销权。为了维护交易安全,这些行为被视为追认。[1]

旧法第 125 条规定,法定追认的前提是"依前条的规定得追认之时"。新法删除了"依前条的规定"这个限定语。删除的目的是表明新法第 124 条的新增要件并不当然影响第 125 条的适用。

"依前条的规定"意味着旧法第 124 条规定的追认的要件也适用于法定追

〔1〕 河上正二『民法総則講義』(日本評論社,2007 年)427 -428 頁参照。

认。旧法第124条第1款和第2款规定了以下两种情况：第一，在一般情况，“撤销的原因状况消灭之后”是追认的唯一限定要件。该要件同样适用于法定追认，这是无疑义的。第二，在成年被监护人的情况，恢复行为能力的成年被监护人“了解行为”（知道自己的行为并知道撤销权的存在）是追认的第二个限定要件。这个要件是否也适用于法定追认，学界意见不一，有适用说（通说）、[1]非适用说、[2]行为认识说（只要求认识到行为，不要求认识到行为的可撤销性）[3]等不同立场。至于成年被监护人之外的一般情形，大审院1923年判例的立场是，“撤销的原因状况消灭之后”是法定追认的唯一限定要件，不要求撤销权人知道撤销权的存在。依据该判例，未成年期间订立借款合同的人在成年之后应出借人的要求返还了部分利息时，构成法定追认。[4]

以上是改革前的情况。在新法中，第124条第1款为追认添加了第二个要件，即“知道撤销权的存在”（参见前条的解说）。这相当于将旧法第124条第2款的条件一般化了。如果按照通说（适用说），旧法第124条第2款的条件也适用于法定追认，那么该条件一般化之后，也会一般性地适用于法定追认。这就和仅以“撤销的原因状况消灭之后”为法定追认的唯一限定要件的上述大审院1923年判例形成冲突。

按照本来的立法设想，既然新法第124条第1款已经强调撤销权人“知道撤销权的存在”是追认的前提，那么上述判例就应当被变更。原因是，撤销权人在不知道撤销权的存在时所作出的明示追认都不构成有效追认，遑论视非明示行为为追认的法定追认。换言之，在撤销权人不知道撤销权存在的情形下，即便有明示的追认的表示，相对人的信赖都劣后于撤销权，更不用说在法定追认的情形，相对人的信赖应当更为劣后。[5] 简言之，在与本条的关系上，新法第124条第1款为追认增添的第二个要件，通过旧法第125条的“依前条的规定”的限定语被自然地带进了旧法第125条，也成为法定追认的第二个限定要件。

---

〔1〕我妻栄『新訂民法総則』（岩波書店，1965年）402頁参照。

〔2〕遠藤浩等編『民法注解財産法第1巻民法総則』（青林书院，1989年）598頁参照（山本和敏執筆）。

〔3〕幾代通『民法総則〔第2版〕』（青林書院，1984年）441頁参照。

〔4〕大審院1923年6月11日判決，最高裁判所民事判例集2巻396頁。

〔5〕部会資料66A，40頁参照。

可是,在《要纲草案》公布后的最终审议阶段,“依前条的规定”的限定语被删除。根据立法资料,法制审议会删除这一限定语的原因是想表明,新法并没有明示地变更上述大审院 1923 年判例的意图。[1] 关于法定追认是否以追认权人“知道撤销权的存在”为要件的问题,新法不再表明立场,留待未来的解释。不过在新法的立场下,大审院 1923 年判例的合理性还需要重新审视。[2]

第六节 附条件的法律行为——条件成就的妨害等(新法第 130 条)

新法第 130 条 (一)因条件成就而受不利益的当事人故意妨碍条件成就的,相对人可以视该条件为已成就。 (二)因条件成就而受有利益的当事人不正当地促成条件成就的,相对人可以视该条件为未成就。
旧法第 130 条 因条件成就而受不利益的当事人故意妨碍条件成就的,相对人可以视该条件为已成就。

旧法第 130 条只规定了条件成就的妨害,新法第 130 条新增了条件成就的不当促成(第 2 款)。在此次改革之前,判例是通过类推适用旧法第 130 条来处理不当促成条件成就的案件。[3] 新法对此予以明文化。

判例使用的表述是“故意促成条件成就”,但是仅以故意为要件是不够的。例如,合同约定甲考上大学时乙就赠送手表,甲努力备考的行为固然该当“故意促成条件成就”,但是不应当受到非难。因此,《中间试案》6 - 1(2)在“故意”之上,添加了“违反附条件的目的”的要件。在此后的审议中,“违反附条件的目的”和“故意”被删除,改成了“不正当”。所谓“不正当”,指违反诚实信用原则

〔1〕 部会資料 84 - 3,20 頁参照。
〔2〕 潮見佳男『民法(債権関係)改正法の概要』(きんざい,2017 年)33 - 34 頁参照。
〔3〕 最高裁判所 1994 年 5 月 31 日判決,最高裁判所民事判例集 48 巻 4 号 1029 頁。

的故意。〔1〕

此外,本条第1款仍然延续了旧法第130条的表述,即“故意妨碍条件成就”,未改成“不正当”。但是,这并不意味着本条第1款和第2款的判断标准有不同。例如,合同约定甲发生车祸时乙支付医疗费的情形,乙积极为甲检修车辆的行为固然该当“故意妨碍条件成就”,但是不应当受到非难。《中间试案》6-1(2)在“故意”之上,也添加了“违反附条件的目的”的要件。在此后的审议中,新法第130条第1款还是延续了旧法第130条的表述,未作任何变动。不过,鉴于妨碍条件成就和促成条件成就的两种情形系基于共通的法理,而且判例也允许相互类推,所以本条第1款和第2款应当在解释上保持一致。〔2〕

第七节　消灭时效

一、时效的援用权人(新法第145条)

新法第145条 非经当事人(如为消灭时效,则包括保证人、物上保证人、第三取得人以及其他就权利的消灭有正当利益的人)援用,法院不得依时效进行裁判。
旧法第145条 非经当事人援用,法院不得依时效进行裁判。

本条规定了时效的援用权人。新法对旧法第145条为做实质性改动,只是在“当事人”一词后添加了括号,括号中注明了消灭时效的援用权人——“保证人、物上保证人、第三取得人以及其他就权利的消灭有正当利益的人”。这是立法对判例法理的确认。

本来,根据大审院的早期判例,时效的援用权人仅为“因时效而直接获得利

〔1〕『法制審議会民法(債権関係)部会第90回会議議事録』(2014.6.10)38頁参照。
〔2〕潮見佳男『民法(債権関係)改正法の概要』(きんざい,2017年)35頁参照。

益的人”,间接获益者不该当本条的“当事人”。[1] 但是,随着判例的展开,尤其是关于消灭时效,“直接”一词涵盖的范围越来越宽,作为判断标准的功能日渐稀薄,几乎到了认为已发生实质性判例变更也不为过的程度。[2] 判例中,除了债务人和连带债务人,时效的援用权人还包括:(1)一般保证人;(2)连带保证人;(3)物上保证人;(4)为他人的债务将自己的财产用于让与担保的人;(5)抵押不动产的买受人;[3](6)预登记担保物权的买受人;(7)以预登记形式保全所有权移转请求权的代物清偿预约的情形中,不动产买受人可以援用预约完结权的消灭时效;(8)以预登记形式保全所有权移转请求权的代物清偿预约情形中,劣后的不动产抵押权人可以援用预约完结权的消灭时效;(9)让与担保中,从担保权人处受让不动产的第三人可以援用让与担保设定人的清算请求权的消灭时效;(10)债权人撤销权的情形中,债权诈害行为的受益人可以援用债权的消灭时效;等等。[4] 因此,此次改革对时效的援用权人做了补充说明,放弃了早期判例中的“直接”一词,将“当事人”的范围扩展为“就权利的消灭有正当利益的人”。[5]

最后需要指出的是,由于日本法采“实体权利消灭主义”,故有“援用”一语。其本意是,权利因时效而消灭系法律上的事实,任何人皆可为自己的利益援引该事实,此为不言自明的原则。作为例外,关系疏远、利益稀薄的人被排除出援用权人的范围,故有“直接获得利益”或“有正当利益”的限定。[6] 在这样的立法框架下,当新问题发生时,不待立法逐一明示,法院即可通过对“当事人”的解释确定是否有援用权。

---

〔1〕 大審院1910年1月25日判决,大審院民事判決録16輯22頁。所谓“直接获得利益”,是指“因取得时效而获得权利,因消灭时效而获得权利的限制或免除义务”。

〔2〕 松久三四彦『時効制度の構造と解釈』(有斐閣,2011年)192頁参照。

〔3〕 日本法承认抵押权的追及力,允许债务人转让抵押不动产,买受人从而获得附有他人抵押权的不动产。当债务人不能清偿债务时,抵押权人可以请求实现抵押权。此时,抵押不动产的受让人处于近似物上保证人的地位。

〔4〕 河上正二『民法総則講義』(日本評論社,2007年)42頁参照。

〔5〕 至于取得时效,本次改革没有涉及。就消灭时效的补充说明,不影响对取得时效的援用权人的解释。潮見佳男『民法(債権関係)改正法の概要』(きんざい,2017年)36頁参照。

〔6〕 最早提起必须限制时效的援用权人的是富井政章。富井政章在《民法原论》中主张时效的援用权人应限于“因时效的完成而直接受益的人”[富井政章『民法原論(第一巻総論)』(有斐閣,1922年合冊版)633頁]。

二、时效障碍——时效的缓期和更新（新法第 147～154 条、第 161 条）

（一）从“时效的中止和中断”到“时效的缓期和更新”

旧法第 147 条以下规定了时效的中止和中断。新法对这些规定作了大幅的删改，而且将用语改为“缓期和更新”。用语变更体现了新法对于时效障碍的基本观念的转变。

在旧法中，时效的中断事由和中止事由是分离的。（1）旧法第 147～156 条规定了中断事由。起诉、民事执行或保全程序、债务人的承认是三大基本中断事由，其中前两种在程序成功时发生时效重新起算的效果；支付令、裁判上的和解以及参加破产程序，在程序成功时具有与起诉同一的效力；催告（裁判外的履行请求，相当于我国法上的“履行请求”）是效力最弱的中断事由，催告后 6 个月内无上述起诉等中断事由的，不发生时效中断的效力。（2）旧法第 157～161 条规定了时效的中止事由，即限制行为能力人的法定代理人未确定、婚姻关系存续、继承开始、天灾等时效障碍。

这里的问题在于，作为时效中断事由的法律程序不成功时，是否构成时效障碍？所谓“不成功”，是指权利未能经由公法程序而确定，如诉请被驳回或撤诉（旧法第 149 条）、支付令未在期限内申请执行（旧法第 150 条）、和解相对人不到场或和解不成（旧法第 151 条）、破产程序的参加被撤销或被驳回（旧法第 152 条）等情形。依据上述规定，程序不成功时，不发生时效中断的效力。

然而，“不发生中断的效力”的做法引发了严重的问题，导致与旧法第 153 条（催告中断）的评价矛盾。因为起诉及与其有同一效力的诸程序往往拖延日久，在程序进行期间内时效完成，之后程序又不成功，债权人就永久地丧失了救济。相反，旧法第 153 条却规定：“催告，除非于其后六个月内为裁判上的请求、和解而传唤或任意到场、破产程序参加、诉讼保全、诉前财产保全或行为保全，不发生时效中断的效力。”换言之，即便是诉讼外的催告这种效力极弱且暂时性的权利保全手段，也能给予 6 个月的缓期。相比之下，在起诉及与其有同一效力的诸程序中，权利的主张并未停止，即便最后无功而返，其权利保全的强度至少不会比催告还弱，学理上称之为“诉讼上的催告”。[1] 最高裁判所在1970年的指导判例中指出，审判程序中权利人不断地主张权利，相当于不停地催告，因此，在程序终了6个月内时效不完成。[2] 最高裁判所对“诉讼上的催告”的认可使旧法第149～152条成为一纸具文。

在“诉讼上的催告”的构造下，中断制度面临复杂化，中断事由不仅带来中断的效果（时效重新起算），在相关程序不成功时，也会带来类似时效中止的效果（一定期间内妨碍时效完成）。此时，转换视角则不难发现，“一定期间内妨碍时效完成”是一个更为基础的效果，只要启动了相关程序，表达了行使权利的意图，就能够取得这一效果。但是，这一效果是暂时的、防御性的，只有将程序继续推进完成，使权利的基础事实在公法程序中被重新澄清，才能够取得“时效重新起算”的效果。新法将前者称为时效的“缓期”，将后者称为时效的“更新”。同时，中断和中止的概念被新法所废弃。

在新法中，时效障碍事由不再被中断和中止的概念所割裂，每个时效障碍时效依其性质可能同时具有缓期和更新的效果。时效的缓期和更新不是单一制度，而是标识各个时效障碍的效果的技术概念。新法的时效障碍可以分为以下三类：（1）同时具有缓期和更新效果的时效障碍，即起诉及与起诉具有同一效力的程序（新法第147条）和强制执行及与强制执行具有同一效力的程序（新法第148条）。（2）仅具有缓期效果的时效障碍，即民事保全（新法第149条）、催告（新法第150条）、磋商合意（新法第151条）、限制行为能力人无法定代理人（新法第158条）、夫妻关系存续（新法第159条）、继承开始（新法第160条）和天灾（新法第161条）。（3）仅具更新效果的时效障碍，即债务人的承认（新法第152条）。

（二）基于起诉等程序的时效缓期和更新（新法第147条，旧法第149～152条废止）

新法第147条

（一）于有下列事由的情形下，该事由终止（权利未因生效判决或与生效判决有同一效力者而确定，而该事由已终止的情形，则自终止之时

[1] 内田貴『民法Ⅰ　総則・物権総論〔第4版〕』（東京大学出版会，2008年）323頁参照。
[2] 最高裁判所1970年9月10日判决，最高裁判所民事判例集24卷1389頁。

起经过六个月)之前,时效不完成:

1. 诉讼上的请求;

2. 支付令;

3. 民事诉讼法第二百七十五条第一款规定的裁判上的和解以及基于民事调解法[昭和二十六年(1951 年)法律第二百二十二号]或家事案件程序法[平成二十三年(2011 年)法律第五十二号]的调解;

4. 参加破产程序、再生程序或者重整程序。

(二)于前款的情形,权利因生效判决或者与生效判决有同一效力者而确定的,时效自同款各项所列事由终止之时起重新起算。

旧法第 147 条

时效因下列各项事由而中断:

1. 起诉;

2. 扣押、财产保全或行为保全;

3. 承认。

旧法第 149 条

诉讼上的请求,于被驳回或撤诉时,不发生时效中断的效力。

旧法第 150 条

支付令,因债权人于法定期间内不申请先予执行而失效时,不发生时效中断的效力。

旧法第 151 条

为和解而进行的传唤,于相对人不到场或和解不成时,除非一个月内提起诉讼,不发生时效中断的效力。

旧法第 152 条

破产程序的参加,于债权人撤销参加或参加请求被驳回时,不发生时效中断的效力。

本条规定了基于起诉及与起诉具有同一效力的相关程序的时效缓期和更新。新法对旧法第 147 条第 1 项做了大幅增改,并删除了旧法第 149 ~ 152 条(条文中不一一画线标注修改删除之处)。

1. 作为缓期事由的起诉等程序

旧法第 147 条规定了时效中断的三大事由，即起诉、民事执行或保全程序及债务人的承认。同时，旧法第 149～152 条规定，起诉以及与其具有同一效力的支付令的执行、裁判上的和解、破产程序的参加等程序不成功时，不发生中断的效力。但是，如前言所述，依判例法理，上述程序失败时虽然“不发生中断的效力”，但是至少发生催告的效力，即 6 个月的时效缓期(“诉讼上的催告”)。

基于判例法理，新法在旧法第 147 条的基础上新增了第 1 款，将起诉以及与起诉具有同一效力的诸程序的失败的情形作为时效缓期事由。程序期间内时效不进行，程序以失败终了时起延期 6 个月完成。与此同时，旧法第 149～152 条被删除。关于时效中断的效果的旧法第 157 条也被删除。[1]

2. 作为更新事由的起诉等程序

新法第 147 条第 2 款规定，当上述程序成功时，即获得生效判决、支付令的执行、裁判上的和解或调解的成立、破产程序中的权利确定四种情形下，发生时效的更新。自上述事由终了时起，时效重新起算。[2]

仅就上述成功情形导致时效更新而言，和改革前似乎变化不大。但需要注意的是，旧法第 147 条第 2 项规定的“扣押、财产保全或行为保全”在本条没有出现。这是因为扣押作为典型的强制执行方式，在新法中有单独规定(新法第 148 条)，而财产保全和行为保全被新法排除出更新事由，仅作为缓期事由(新法第 149 条)。至于其中缘由，涉及日本法对时效制度的立法依据和思考范式的根本性转变，详见新法第 149 条的解说。

(三)基于强制执行的时效缓期和更新(新法第 148 条)

> **新法第 148 条**
>
> (一)于有下列事由的情形下，该事由终止(因撤回申请或因不符合法律规定而被撤销致事由终止的情形下，自终止时起经过六个月)之前，时效不完成：

---

〔1〕 日本民法关于时效中断的事由和重新起算的效果本来是分两个条款分别规定的，即旧法第 147 条(事由)和旧法第 157 条(效果)。由于新法第 147 条第 2 款直接规定了中断的效果，所以旧法第 157 条也被删除。

〔2〕 部会資料 69A，19 頁参照。

1. 强制执行； 2. 担保权的实现； 3. 民事执行法[昭和五十四年(1979 年)法律第四号]第一百九十五条规定的比照作为担保权的实现的拍卖做法所进行的拍卖； 4. 民事执行法第一百九十六条规定的财产开示程序。 (二)于前款的情形下，时效自同款各项所列事由终止之时起重新起算。但是，因撤回申请或因不符合法律规定而被撤销致事由终止的情形，不在此限。
旧法第 147 条 时效因下列各项事由而中断： 1. 起诉； 2. 扣押、财产保全或行为保全； 3. 承认。

本条规定了基于强制执行的时效缓期和更新。新法对旧法第 147 条第 2 项的“扣押”的部分作了大幅增改(条文中不一一画线标注增改之处)。

1. 作为缓期事由的强制执行等程序

本来，旧法第 147 条只规定“扣押”是时效中断事由，而“扣押”是强制执行的典型方式。实践中的问题是，间接强制或代履行等非经“扣押”的强制执行是否有同样的效果？此外，担保权的实现(《民事执行法》第 181 条以下)、形式拍卖(《民事执行法》第 195 条)和财产开示程序(《民事执行法》第 196 条)是否也有同样的效果？

本次改革予以明确答复：(1)旧法第 147 条以“扣押”为时效中断事由的理由在于，债权人已着手权利的实现，使长期持续的事实状态发生了变化，已不再是“躺在权利上睡觉”的人。就这一点而言，间接强制或代履行等非经“扣押”的强制执行以及担保权的实现也是一样。(2)形式拍卖虽然不能直接满足债权，但也是债权人行使权利的方式，尤其是在基于留置权的拍卖中，也可能出现留置权人就拍卖价款优先受偿的情况，应与“扣押”同样对待。(3)财产开示程序也不能直接满足债权，但也属于基于债务名义推进权利实现的程序，不同于暂时性的诉前财产保全或行为保全，而应与“扣押”同样对待。[1]

因此，本条第1款规定，所有类型的强制执行、担保权的实现、形式拍卖和财产开示程序都属于时效缓期事由，程序终止之前时效不完成。如果因撤回申请或因不符合法律规定而被撤销导致程序终止的，自终止之时起延期6个月完成。

2. 作为更新事由的强制执行等程序

反之，本条第2款规定，当强制执行、担保权的实现、形式拍卖和财产开示程序因无法满足权利（债务人无资力等）而终止的情形，发生时效的更新。自上述事由终了时起，时效重新起算。不过，此时的“终止”毕竟不同于同条第1款中的“终止”，所以第2款但书作了补充说明，即“因撤回申请或因不符合法律规定而被撤销致事由终止的情形，不在此限”。

（四）基于保全程序的时效缓期（新法第149条）

新法第149条 有下列事由的，自该事由终止时起六个月内，时效不完成： 1. 财产保全； 2. 行为保全。
旧法第147条 时效因下列各项事由而中断： 1. 起诉； 2. 扣押、财产保全或行为保全； 3. 承认。

本条规定了基于保全程序的时效缓期。新法对旧法第147条第2项的“财产保全或行为保全”的部分作了根本性的修改（条文中不一一画线标注修改之处）。

旧法第147条将“财产保全”和“行为保全”也作为时效中断的事由，和“扣押”并列。然而，民事保全程序的启动无须以债务名义，只是诉讼的先行预备工作。保全程序不服从起诉命令的，时效不中断（旧法第154条、《民事保全法》第

---

〔1〕 部会資料69A，18頁参照。

37 条)，反之，提起诉讼的，时效就中断了(旧法第 147 条第 1 款)。可见，保全程序的功能只是在提起本诉之前暂时阻止时效完成。〔1〕 因此，新法第 149 条仅赋予其时效缓期的效力，而没有作为时效更新的事由。

从旧法第 147 条到新法第 149 条的变化，反映了日本法对时效制度的法理依据的观念转变。时效曾经被认为是以剥夺权利人权利的方式防止其"躺在权利上睡觉"的反道德的制度。但现在的观点认为，时效制度的功能在于，防止因时间的流逝而变得模糊不清的事实使本不该承担义务的人被迫承担义务，使人们从维持事实关系清晰的负担和危险中解放出来。〔2〕 那么，只有那些足以使模糊的事实关系重新明朗化的事由，才能作为时效更新的事由，如诉讼程序或基于债务名义的强制执行。反之，如果仅是保全程序，虽然权利人积极行使了权利，未"躺在权利上睡觉"，但事实关系并未完全澄清。诚然，诉前保全程序会刺激义务人收集、保存证据，使事实关系的模糊化得到暂时的遏制，但在效果上作为时效缓期事由即可，无须作为时效更新的事由。

(五)基于催告的时效缓期(新法第 150 条)

新法第 150 条 (一)经催告的，自催告之时起六个月内，时效不完成。 (二)时效的完成因催告而缓期的，在缓期期间内再次作出的催告不具有前款规定的时效缓期的效力。
旧法第 153 条 催告，除非于其后六个月内作出裁判上的请求，申请和解，申请支付令，申请和解，申请民事调解法或家事案件程序法的调节，参加破产程序，参加再生程序，参加重整程序，申请扣押、申请诉前财产保全或行为保全，否则不发生时效中断的效力。

本条规定了基于催告的时效缓期。新法对旧法第 153 条作了大幅修改(条文中不一一画线标注修改之处)。

〔1〕 部会資料 69A，19 頁参照。
〔2〕 参见解亘：《〈民法总则(草案)〉中时效制度的不足》，载《上交法学》2016 年第 4 期。

1. 从“中断”到“缓期”

本条所称“催告”,是指诉讼外的履行请求,区别于“起诉”(诉讼上的履行请求)。旧法第153条规定,催告亦有时效中断的效力。不过,由于催告是权利人的单方主张,义务人没有辩驳的机会,所以中断的效力非常弱,只是暂时的权利保全方式,权利人于催告后6个月内不采取更强的中断方式的,催告不发生中断的效力。反之,6个月内有起诉、强制执行等中断事由的,溯及自催告之时起发生中断的效力。

旧法第153条对催告的定位是正确的,新法予以维持,但是将法律效果从“中断”改为“缓期”。原因在于:(1)催告只是单方的、暂时性的保全措施,从使事实关系的明朗化的程度看,尚不及诉前保全程序。既然诉前保全程序也只是缓期事由,那就不得以催告为更新事由。(2)倘若作为更新事由,技术上也多有不便。一方面,如果催告后的起诉程序成功终了,时效自终了时重新起算(新法第147条第2款),无须溯及催告时。另一方面,如果催告后的起诉被驳回或撤诉致未能成功终了,时效缓期6个月(新法第147条第1款),此时倘若还是继续原来的“催告不发生中断的效力”的规则,会导致时效在起诉前完成,无法赋予缓期期间的结果。因此,改采时效缓期构成,最符合改革的意旨。

2. “第二次催告”

由于催告只是单方的、暂时性的保全措施,为防止权利人以反复催告不断推迟时效的完成,第一次催告后已过时效期限但仍在6个月内的第二次催告,不再发生使时效完成推迟6个月的效力。[1] 依最高裁判所2013年判决,即便第二次催告是“裁判上的催告”,也不发生上述效力。[2]

从新的立法理念来看,无论是催告还是不成功的诉讼,都不足以使暧昧的事实关系得以澄清,因此不应赋予时效重新起算的效力。为防止权利人以反复催告不断推迟时效的完成,新法第150条规定,“时效的完成因催告而缓期的,在缓期期间内再为之催告不具有基于前款规定的时效缓期的效力”。[3] 至于第二次催告是“裁判上的催告”的情形,是否一切“裁判上的催告”都不具有再度缓期的

---

〔1〕 大審院1919年6月30日判決,大審院民事判決録25卷1200頁。
〔2〕 最高裁判所2013年6月6日判決,最高裁判所民事判例集67卷1208頁。
〔3〕 部会資料69A,20-21頁参照。

效力，学界对上述最高裁判所2013年判决的射程还存有疑义，因此未作更细致的规定，留给日后的解释论。[1]

（六）基于“磋商合意”的时效缓期（新法第151条）

> **新法第151条**
>
> （一）以书面形式达成旨在进行关于权利的磋商的合意的，于下列时点中最早的那个时点之前，时效不完成：
>
> 1. 自该合意达成之时起经过一年之时；
>
> 2. 合意中约定了当事人进行磋商的期间（以不满一年的期间为限）的，该期间经过之时；
>
> 3. 一方当事人以书面形式向对方当事人作出拒绝继续磋商的通知的，自通知之时起经过六个月之时。
>
> （二）于依前款的规定时效被缓期的期间内再次达成同款合意的，该合意具有同款规定的时效缓期的效力。但是，该时效缓期的效力，总计不得超过时效未予缓期的情形下本应完成之时起五年。
>
> （三）时效因催告而被缓期的期间内所达成的第一款的合意，不具有同款规定的时效缓期的效力。时效依同款的规定而被缓期的期间内进行的催告，亦同。
>
> （四）第一款规定的合意以数据电文的形式（指通过电子、电磁等依人的知觉不能认知的方式做成的、由电子计算机处理的信息记录。以下亦同）记录其内容的，该合意视为以书面形式作出，并适用前三款的规定。
>
> （五）前款的规定，准用于第一款第三项的通知。

本条系新增，规定了基于“磋商合意”的时效缓期。

1.“磋商合意”——一个新的时效缓期事由

所谓磋商合意，是指权利人和义务人商定就双方的权利义务关系展开磋商。例如，双方当事人约定年底对账结算。此时义务人对权利未予承认，更未达成和

[1] 部会資料69A，24頁参照。

解，只是愿意合作澄清事实关系。

本次改革对磋商合意予以特别的关注和期待，新增了细致的规则。理由在于，磋商合意的本质是双方当事人为事实关系的明朗化而做的努力，虽然达不到承认或诉讼的明朗化的程度，但暧昧化的进程会扭转。作为时效障碍，磋商合意的效力至少强于单方的催告，制度上应予相应安排。因此，本条第 1 款将磋商合意作为缓期事由，而且规定了比催告更长的缓期期限。

2. “第二次磋商合意”的效力

在磋商合意的时效缓期期间内当事人进行第二次磋商合意的，允许再度发生时效缓期的效力。这一点不同于催告。这是对当事人的“自律的纷争解决”的支持。[1] 时效制度是对因时间的流逝而导致的证据失落、事实模糊的法定救济（时效的公益性）。如果双方当事人能够经由磋商澄清事实，就不必急于启动法定救济。然而，如果不赋予第二次磋商合意以再度缓期的效力，那么由于第一次时效缓期期间转瞬即逝，一旦时效完成在即，哪怕当事人还有磋商的余地，但仅因惧怕时效完成，当事人也不得不放弃磋商，走向诉讼。为避免这类事态，本条第 2 款第一句赋予第二次磋商合意以再度缓期的效力。[2]

不过，磋商合意也不能无限反复，事实模糊的危机迟早会到来。当事人的“自律的纷争解决”也必须在合理的实现可能性的范围内。本条第 2 款第一句规定了最高时限，即基于磋商合意的时效缓期总计不得超过时效未予缓期的情形下本应完成之时起 5 年。

3. 磋商合意和催告的竞合

依本条第 3 款之规定，磋商合意的缓期期间内再催告，或者在催告的缓期期间内再进行磋商合意的，不会再次发生缓期的效力。理由在于：(1)磋商合意和催告都是为将来的时效更新措施（起诉、和解、强制执行、承认等）争取时间的临时保全手段，具有功能的同一性，不允许重复使用。[3] (2)在制度设计上，将时效缓期的效果限制在本来的时效期间届满之前的磋商合意，有助于提高制度的

---

〔1〕 大村敦志 = 道垣内弘人編『民法(債権法)改正のポイント』(有斐閣,2017 年)74 頁(石川博康執筆)参照。

〔2〕 法務省民事局参事官室編『民法改正中間試案の補足説明』(信山社,2013 年)86 頁参照。

〔3〕 部会資料 80 - 3,6 頁参照。

透明性和确定性。

(七)基于承认的时效更新(新法第152条)

新法第152条 (一)权利被承认的,时效自承认之时起重新起算。 (二)前款的承认,不要求就处分相对人的权利不受行为能力上的限制或有权限。
旧法第147条 时效因下列各项事由而中断: 1. 起诉; 2. 扣押、财产保全或行为保全; 3. 承认。 **旧法第156条** 进行可发生时效中断效力的承认时,就相对人的权利的处分,不要求有行为能力或权限。

本条规定了基于承认的时效更新,和修法前没有实质性变化。本条第1款对应旧法第147条第3项,第2款对应旧法第156条。由于新法就时效障碍的条文组织放弃了总分模式,改采时效障碍事项分别规定模式,之前分布在不同条款的内容被统合在一起。

日本法上的"承认"相当于我国法上的"同意履行义务"。但须注意的是,日本法上的"承认"是指义务人以明示或默示表示出自己知道权利存在的事实。只要义务人承认权利的存在,则即使没有同意履行义务的意思,也构成承认。承认之所以是时效更新事由,原因在于义务人的承认足以扭转事实关系的暧昧化,至于是否同意履行则在所不问。也正因为承认是对事实的确认,不是新的处分行为,所以不要求义务人在承认时具有完全的行为能力或有处分权限。[1]

〔1〕 依大审院的判例,虽然旧法第156条不要求义务人在承认时具有完全行为能力,但至少要有一定的"财产管理能力"(大審院1918年10月9日判決,大審院民事判決録24輯1886頁)。这一点在改革之后不会有变化。

(八)时效的缓期和更新的相对效力(新法第 153 条、新法第 154 条)

新法第 153 条

(一)第一百四十七条或第一百四十八条规定的时效缓期或更新,仅在发生缓期或更新事由的当事人及其承继人之间有其效力。

(二)第一百四十九条至第一百五十一条规定的时效缓期或更新,仅在发生延期事由的当事人及其承继人之间有其效力。

(三)基于前条规定的时效更新,仅在发生更新事由的当事人及其承继人之间有其效力。

新法第 154 条

第一百四十八条第一款各项或第一百四十九条各项所列事由的程序,未向受时效利益的人作出的,除非于向其作出通知之后,否则不发生第一百四十八条或第一百四十九条规定的时效缓期或更新的效力。

旧法第 148 条

基于前条规定的时效中断,仅在当事人及其承继人之间有其效力。

旧法第 155 条

扣押、诉前财产保全及行为保全,未向受时效利益的人作出的,除非于向其作出通知之后,否则不发生时效中断的效力。

本条规定了时效的缓期和更新的相对效力。新法对旧法第 148 条和第 155 条的内容作了新的表述。

时效障碍事由之所以发生效力,在于事由的存在能刺激相对人组织防御,使事实关系的暧昧化得以扭转或暂停。反之,如果相对人不知道时效障碍事由的存在,无从组织防御,则效力就不应当发生在他身上。因此,时效障碍原则上只在当事人及其承继人之间发生效力,旧称“时效中断的相对效力”。

这意味着,首先,对义务人的时效中断原则上不及于连带债务人、保证人、物上保证人或担保物的第三取得人(旧法第 148 条)。当然,时效中断的效力最终可能还是会及于连带保证人和物上保证人,不过,这并非直接基于时效中断,而是基于连带债务内部影响关系的绝对效力和担保关系的从属性。其次,对连带债务人、保证人、物上保证人和担保物的第三取得人的时效中断事由,如连带债务人对债务的承认、对保证人的催告、对担保物的执行,原则上也不会及于债务人。只不过,在强制执行或诉前保全的情形,如债权人申请执行物上保证人提供的担保物时,程序中由法院向债务人发送了拍卖裁决书,那么自该文书到达债务人时,对债务人也例外地发生时效中断的效果(旧法第 155 条)。

(九)基于天灾的时效缓期(新法第 161 条)

> **新法第 161 条**
>
> 于时效期间届满之际,因天灾或其他不能避免的事变致不能进行第一百四十七条第一款各项或第一百四十八条第一款各项所列事由的相关程序的,自障碍消灭之时起三个月内,时效不完成。
>
> **旧法第 161 条**
>
> 于时效期间届满之际,因天灾或其他不能避免的事变致不能中断时效的,自障碍消灭之时起两周内,时效不完成。

本条规定了基于天灾的时效缓期。新法对旧法第 161 条作了重要修改。

旧法第 158～161 条规定了未成年或成年被监护、夫妻关系存续、遗产权利行使障碍、天灾等四种时效中止事由。新法作为时效缓期事由延续了这些规定,除了旧法第 161 条之外,对其他条款未作实质改动(旧法第 158～160 条的条文标题从"中止"改为"时效缓期",在此不一一罗列)。新法第 161 条的改动是,时效缓期期间从 2 周延长至 3 个月。

天灾和其他时效缓期事由有不同之处。旧法第 158 条至第 160 条规定的时效缓期期间都是 3 个月,而新法第 161 条规定了 3 个月。这是考虑到其他事由有继续性,在权利行使障碍消灭之前权利人长期不能行使权利,所以在障碍消灭之后,也需要为其权利行使赋予相当的准备时间。但是在天灾的情况下,权利人在天灾出现之前有准备行使权利的机会,在天灾结束后,相对而言也能够迅速地行使权利,所以缓期期间较短。不过,旧法第 161 条规定的两周过短,法制审议会认为不足以确保行使权利的必要时间,因此延长至 3 个月。[1]

〔1〕 部会資料 80－3,5 頁参照。

三、消灭时效的起算(新法第166～169条,旧法第170～174条废止)

(一)时效期间和起算点的原则规定(新法第166条)

新法第166条

(一)债权于下列情形因时效而消灭:

1. 债权人自知道权利得以行使之时起五年内不行使的;

2. 自权利得以行使之时起十年内不行使的。

(二)债权和所有权之外的财产权,自权利得以行使之时起二十年内不行使的,因时效而消灭。

(三)前两款的规定,对占有附始期或附停止条件的权利的标的物的第三人,不妨碍其取得时效自占有开始之时起进行。但是,权利人为使该时效更新,可以随时要求占有人承认。

旧法第166条

(一)消灭时效,自权利得以行使之时起进行。

(二)前款的规定,对占有附始期或附停止条件的权利的标的物的第三人,不妨碍其取得时效自占有开始之时起进行。但是,权利人为使该时效更新,可以随时要求占有人承认。

旧法第167条

(一)债权因十年不行使而消灭。

(二)债权和所有权之外的财产权,因二十年不行使而消灭。

本条是关于时效期间和起算点的一般规定。新法对旧法第166条和第167条作了重大修改。

关于债权的消灭时效,旧法所采的构造是"客观起算点(自权利得以行使之时)加10年时效期间"。对此,新法改采主客观双重时效期间:(1)"主观起算点(自知道权利得以行使之时)加5年时效期间";(2)"客观起算点(自权利得以行使之时)加10年时效期间"。

之所以作上述修改,立法资料所示的理由是为了在整体上缩短时效期间,对冲短期时效制度的废止所带来的时效长期化问题。旧法第170～174条本来规定了若干行业债权的短期时效，但是此次改革中被废止［废止原因参见下文“（五）行业短期消灭时效的废止”］。由于其中包括生产商、批发商以及零售商的买卖价款债权，所以影响很大，使时效期间被整体延长。[1]

为了应对时效长期化的问题，《中间试案》7－2 提出了甲乙两种改革方案：（1）维持原有的客观起算点，将 10 年时效期间改为 5 年（甲案）；（2）上述双重时效期间（乙案）。最终，法制审议会选择了乙案。[2] 甲案的问题是，基于不当得利或无因管理的债权以及基于安全照顾义务债权的债权人往往意识不到债权的发生，也难以及时把握债务人的身份。相比而言，乙案不会出现上述问题，而且在整体的缩短幅度上和甲案相差不大。因为大部分债权是合同债权，而合同债权是当事人意定的，所以主观起算点和客观起算点基本一致。[3]

（二）基于人身侵害的损害赔偿请求权的消灭时效（新法第 167 条）

新法第 167 条

前条第一款第二项的规定适用于人身损害赔偿请求权的消灭时效时，该项中的“十年”更换为“二十年”。

本条系新增规定。在改革之前，关于人身损害赔偿请求权的消灭时效，日本法未设置特别的规定。但是，人的生命、身体是应保护性程度更高的法益，而在生命、身体遭受侵害时，受害人往往会陷入生活困难，更难于期待其采取阻碍时效完成的措施。因此，新法为人身损害赔偿请求权设置了更长的时效期间。[4]

人身损害赔偿请求权的特殊时效期间包括：（1）主观起算的短期时效期间从 3 年延长至 5 年，即新法第 724 条之 2 的规定（一般侵权损害赔偿请求权的短期时效期间为 3 年。参见新法第 724 条的解说）；（2）客观起算的长期时效期间从 10 年延长至 20 年，即本条的规定。需要特别注意的是，一般侵权损害赔偿请

〔1〕 大村敦志＝道垣内弘人編『民法（債権法）改正のポイント』（有斐閣，2017 年）56 頁参照（石川博康執筆）。除了这一技术性的理由外，学界一直有缩短时效期间的呼声（金山直樹編『消滅時効法の現状と改正提言』別冊 NBL/No. 122（2008）8 頁参照）。

〔2〕 部会資料 69A，1 頁参照。

〔3〕 部会資料 63，2 頁参照。

〔4〕 民法（債権法）改正検討委員会編『債権法改正の基本方針』別冊 NBL/No. 126（2009）192 頁以下；部会資料 63，8－9 頁参照。

求权的长期时效期间本来就是20年(参见新法第724条的解说),所以本条的立法目的在于延长侵权行为之外的,如违反保护义务、安全照顾义务等合同义务所致的人身损害赔偿的时效期间,使人身损害赔偿的时效期间保持一致(短期时效5年,长期时效20年),无论损害起因于侵权还是违反合同约定。

(三)定期金债权的消灭时效(新法第168条,旧法第169条删除)

新法第168条

(一)定期金债权于下列情形因时效而消灭:

1. 债权人自知道得以行使以定期金债权所生的金钱及其他物的给付为标的的各债权之时起十年内不行使的;

2. 自得以行使前项规定的各债权之时起二十年内不行使的。

(二)定期金的债权人,为取得时效更新的证据,可以随时要求该债务人交付承认书。

旧法第168条

(一)定期金债权,自第一次清偿期起,因二十年不行使而消灭。自最后的清偿期起,十年不行使的,亦同。

(二)定期金的债权人,为取得时效中断的证据,可以随时要求该债务人交付承认书。

旧法第169条

以按照年或比年更短的时间单位确定的金钱或其他物的给付为标的的债权,因五年不行使而消灭。

本条规定了定期金债权的消灭时效。定期金债权,是指养老金债权、抚养费债权等,以定期支付一定金钱为标的的基本权债权。反之,以每一期的给付为标的的具体的支分权债权,称为定期给付债权。旧法第168条规定了前者的消灭时效,旧法第169条规定了后者的消灭时效。旧法第168条和第169条都是以客观起算为出发点的规定,由于新法改采主客观双重时效期间的基本构造,所以新法对旧法第168条作了修改,使其双重时效期间化,并删除了旧法第169条。

理论上,定期金债权作为基本权,会不断地生发新的作为支分权的定期金给付债权。如果遵循"以可以行使权利的时点为起算点"的原理,定期金债权有不罹于时效的可能。因此，旧法第168条以第一次清偿期为起算点，特别规定了20年这一较长的消灭时效期间（旧法第168条第1款前段）。若定期金债权有最后的清偿期的，旧法第168条以最后发生的支分权的消灭时效为作为基本权的定期金债权的消灭时效（旧法第168条第1款后段）。至于具体的支分权债权，适用债权的一般消灭时效即可。旧法考虑支分权的请求和清偿通常在短时间内完成，证据不会长时间保存，所以规定了较短的5年时效期间（旧法第169条）。

关于债权的一般消灭时效，新法改采主客观双重时效期间（新法第166条）。定期金债权也不例外。依本条的规定，定期金债权的双重时效期间为：（1）以债权人知道得以行使支分权的时点为主观起算点，时效期间为10年（本条第1款第1项）；（2）以债权人得以行使支分权的时点为客观起算点，时效期间为20年（本条第1款第2项）。之所以以（知道）支分权的行使为（主）客观起算点，是因为支分权的清偿构成对基本权的承认，可以更新基本权的时效。[1]之所以将主客观时效期间定为10年和20年，是因为定期金债权是长期的、持续性的债权，其时效期限也定为一般时效期间的两倍。[2]

至于定期给付债权，由于新法对一般债权的主观时效期间的设定就是5年（新法第166条），而定期给付债权的主观起算点和客观起算点差别不大，所以法制审议会认为，定期给付债权的消灭时效按照一般债权处理即可，无须专门规定，故删除旧法第169条。

（四）经判决确定的权利的消灭时效（新法第169条，旧法第147条之2删除）

新法第169条 （一）依生效判决或与生效判决有同一效力的程序所确定的权利，虽有短于十年的时效期间的规定，其时效期间亦为十年。 （二）前款的规定，不适用于判决生效之时尚未届清偿期的债权。
旧法第174条之2 （一）依生效判决所确定的权利，虽有短于十年的时效期间的规定，

〔1〕部会资料80-3，1頁参照。
〔2〕部会资料69A，6頁参照。

其时效期间亦为十年。依裁判上的和解、调解及其他与生效判决有同一效力的程序所确定的权利，亦同。

（二）前款的规定，不适用于判决生效之时尚未届清偿期的债权。

由于旧法第169条被删除，条文号空出，旧法第174条之2移至本条。本条统一地规定了经判决确定的权利的消灭时效。本条第1款将旧法第174条之2第1款的前段和后段合并，使条文表达更为简洁。此外，无实质性修改。

（五）行业短期消灭时效的废止（旧法第170～174条废止）

旧法第170条至第174条规定了若干行业的债权的短期时效。其中，包括医疗债权、工程价款债权的3年短期时效（第170条）；律师和公证人的文件返还义务的3年短期时效（第171条）；律师和公证人的业务债权的2年短期时效（第172条）；生产商、批发商和零售商的买卖价金债权、工匠的承揽价金债权、教育相关债权的2年短期时效（第173条）；劳务报酬、演出费、运送费、餐饮费、住宿费、动产租金等债权的1年短期时效（第174条）。这些行业的债权之所以适用短期时效，是因为按照这些行业的习惯，债务的请求和清偿通常会迅速作出，当事人也不会长期保存关于清偿的证据。[1]

然而，短期时效无论在理论还是在实践上都存在问题。在理论上，现代社会的经营内容复杂多样，行业之间边界模糊，法律所列举的行业和未列举的行业的业务可能是邻接的、连续的，理论上难以给出区别对待的合理理由。在实践中，对短期时效行业的该当性的确认也十分烦琐，大量出现为何适用或不适用短期时效的说不清道不明的案件，如农协是否为旧法第173条的“批发商”，铲土机的租金是否为旧法第174条的“动产租金”等。[2] 因此，为提高时效制度的透明度，实现时效期间的“单纯化和统一化”，新法废止了短期时效制度。[3]

---

〔1〕 梅謙次郎『民法要義巻之一総則編〔訂正増補第三十版〕』（有斐閣書房，1909年）389頁参照。

〔2〕 最高裁判所1962年7月6日判决，最高裁判所民事判例集16卷7号1469頁（农协）、最高裁判所1971年11月19日判决，最高裁判所民事判例集25卷8号1331頁（铲土机）。

〔3〕 法務省民事局参事官室編『民法改正中間試案の補足説明』（信山社，2013年）67－68頁参照。

第二章　物　权

第一节　地役权

一、地役权取得时效的更新及缓期对其他共有人的影响(新法第 284 条)

<table>
<tr><td>

新法第 284 条

(一)土地共有人的一人因时效而取得地役权的,其他共有人亦取得该地役权。

(二)对共有人的时效更新,非对行使地役权的各共有人作出的,不生其效力。

(三)行使地役权的共有人有数人的情形,其中的一人有时效缓期的事由时,时效也为各共有人继续进行。

</td></tr>
<tr><td>

旧法第 284 条

(一)土地共有人的一人因时效而取得地役权的,其他共有人亦取得该地役权。

(二)对共有人的时效中断,非对行使地役权的各共有人作出的,不生其效力。

(三)行使地役权的共有人有数人的情形,其中的一人有时效中止的原因时,时效也为各共有人继续进行。

</td></tr>
</table>

本条规定了地役权取得时效的更新及缓期对其他共有人的影响。为了配合时效制度方面的术语变更(详见新法第 147 条以下诸条的解说),本条第 2 款将“中断”改为“更新”,第 3 款将“时效中止的原因”修改为“时效缓期的事由”。

二、地役权的消灭时效的起算点(新法第291条)

新法第291条 第一百六十六条第二款规定的消灭时效期间,就非继续性行使的地役权,自其最后行使时起算;就继续性行使的地役权,自妨碍其行使的事实发生时起算。
旧法第291条 第一百六十七条第二款规定的消灭时效期间,就非继续性行使的地役权,自其最后行使时起算;就继续性行使的地役权,自妨碍其行使的事实发生时起算。

本条规定了地役权的消灭时效的起算点。关于时效期间的一般规定发生了条文号变更(详见新法第166条的解说),所以本条也随之修改,将“第一百六十七条第二款”改为“第一百六十六条第二款”。

三、地役权消灭时效的缓期及更新对其他共有人的影响(新法第292条)

新法第292条 需役地属数人共有之情形下,对其一人有时效缓期或更新时,该缓期或更新对其他共有人亦生其效力。
旧法第292条 需役地属数人共有之情形下,对其一人有时效中断或中止时,该中断或中止对其他共有人亦生其效力。

本条规定了地役权消灭时效的缓期及更新对其他共有人的影响。为了配合时效制度方面的术语变更(详见新法第147条以下诸条的解说),本条将“时效中断或中止”修改为“时效缓期或更新”。

四、不动产租赁的先取特权的被担保债权的范围(新法第316条)

新法第316条 出租人收取第六百二十二条之二第一款规定的押金的情形下,仅就不能以该押金受清偿的债权的部分,享有先取特权。
旧法第316条 出租人收取押金的情形下,仅就不能以该押金受清偿的债权的部分,享有先取特权。

本条规定了不动产租赁的出租人行使先取特权时的被担保债权的范围,即限于承租人交付的押金所不能覆盖的部分。

此次改革中,租赁合同的部分新增了关于押金的规定(详见新法第622条之2的解说),本条反映了上述变化,援用了新增条款。

第二节　权利质权

一、债权质权的设定(旧法第363条废止)

旧法第363条 以让与需要交付证书的债权为质权标的的,质权的设定因证书的交付而生其效力。

本条规定了以证券化债权为标的的质权的设定。关于此类债权的出质,新法在债权总则部分设有专门规定(新法第520条之7、第520条之17),故本条被删除。

二、债权质权的对抗要件(新法第 364 条)

> **新法第 364 条**
>
> 以债权为标的的质权的设定(包括以现在未发生的债权为标的的),非依第四百六十七条的规定向次债务人通知质权的设定或次债务人作出承诺的,不得以之对抗次债务人或其他第三人。
>
> **旧法第 364 条**
>
> 以指名债权为质权标的的情形下,非依第四百六十七条的规定,向次债务人通知质权的设定或次债务人作出承诺的,不得以之对抗次债务人或其他第三人。

本条规定了以有价证券之外的一般债权为标的的质权的设定。在设定要件上,本条仍然以对次债务人的通知或次债务人的承诺为质权设定的对抗要件。新法对旧法第 364 条作了以下修改:(1)在表述上,将“指名债权”改为“债权”。这是因为指名债权之外的指示债权、记名式持有人债权和无记名债权等“证券化债权”的规定被废止,重新整合在“有价证券”的部分(新法第 520 条之 2 以下)。因此,“指名债权”的概念就失去了存在意义。[1] (2)增添了括号内容,明确规定将来债权也可以成为质权的标的。

三、指示债权质权的对抗要件(旧法第 365 条废止)

> **旧法第 365 条**
>
> 以指示债权为质权标的的,非于其证书上背书质权的设定,不得以之对抗第三人。

本条规定了以指示债权为标的的质权的设定以背书为对抗要件。关于指示证券的出质,新法在债权总则的部分设有专门规定(新法第 520 条之 7),故本条被删除。依据新法,指示证券的出质准用指示证券让与的规则,而关于指示证券

〔1〕 部会資料 74A,13 頁参照。

的让与，背书和交付都是生效要件（新法第520条之2）。

第三节　抵押权

一、抵押权的效力范围（新法第370条）

新法第370条 除抵押土地上存在的建筑物外，抵押权及于附加于该标的不动产（以下称“抵押不动产”），并与之结为一体的物。但是，设定行为另有约定的情形，以及就债务人的行为，债权人可以提出第四百二十四条第三款规定的诈害行为撤销请求的情形，不在此限。
旧法第370条 除抵押土地上存在的建筑物外，抵押权及于附加于该标的不动产（以下称“抵押不动产”），并与之结为一体的物。但是，设定行为另有约定的情形，以及依第四百二十四条的规定债权人可以撤销债务人的行为的情形，不在此限。

本条规定了抵押权的效力范围。在此次改革中，债权人撤销权改称“诈害行为撤销请求”，故本条但书在条文表述上作了相应修改，并对相关条文号进行了调整。

二、最高额抵押权（新法第398条之2、之3及之7）

（一）最高额抵押权所担保的债权的种类（新法第398条之2）

新法第398条之2 （一）抵押权，亦可以依设定行为的约定，在最高额的限度内，为担保属于一定范围内的不特定的债权而设定。 （二）前款规定的抵押权（以下称“最高额抵押权”）所担保的不特定债权的范围，应限于与债务人之间的特定的继续性交易合同所生的债权，或其他与债务人之间的一定种类的交易所生的债权。 （三）虽有前款的规定，基于特定原因而与债务人之间持续发生的

债权、票据上或支票上的请求权或者电子记录债权｛电子记录债权法［平成十九年(2007 年)法律第一百零二号］第二条第一款规定的电子记录债权。于次条第二款同｝,可以作为最高额抵押权所担保的债权。

旧法第 398 条之 2

(一)抵押权,亦可以依设定行为的约定,在最高额的限度内,为担保属于一定范围内的不特定的债权而设定。

(二)前款规定的抵押权(以下称"最高额抵押权")所担保的不特定债权的范围,应限于与债务人之间的特定的继续性交易合同所生的债权,或其他与债务人之间的一定种类的交易所生的债权。

(三)虽有前款的规定,基于特定原因而与债务人之间持续发生的债权或者票据上或支票上的请求权,可以作为最高额抵押权所担保的债权。

本条规定了最高额抵押权所担保的债权种类。新法对第 3 款作了修改,在"票据上或支票上的请求权"之后增加了"电子记录债权"的新种类。[1]

(二)最高额抵押权所担保的债权的范围(新法第 398 条之 3)

新法第 398 条之 3

(一)最高额抵押权人,可以就确定的本金及利息或其他定期金以及因债务不履行所生损害赔偿的全部,在最高额的限度内,行使其最高额抵押权。

(二)以非经与债务人的交易而取得的票据上或支票上的请求权或者电子记录债权为最高额抵押权所担保的债权的情形,有下列事由时,仅得就之前已取得的债权,行使其最高额抵押权。但是,即便是之后取得的债权,就不知该事由而取得的,亦不碍其行使最高额抵押权。

1. 债务人支付停止;

2. 就债务人申请开始破产程序、再生程序、重整程序或特别清算;

3. 对抵押不动产申请拍卖,或依滞纳处分的扣押。

〔1〕 部会資料 84－3,22 頁参照。

> **旧法第 398 条之 3**
>
> (一)最高额抵押权人,可以就确定的本金及利息或其他定期金以及因债务不履行所生损害赔偿的全部,在最高额的限度内,行使其最高额抵押权。
>
> (二)以非经与债务人的交易而取得的票据上或支票上的请求权为最高额抵押权所担保的债权的情形,有下列事由时,仅得就之前已取得的债权,行使其最高额抵押权。但是,即便是之后取得的债权,就不知该事由而取得的,亦不碍其行使最高额抵押权。
>
> 1. 债务人支付停止;
>
> 2. 就债务人申请开始破产程序、再生程序、重整程序或特别清算;
>
> 3. 对抵押不动产申请拍卖,或依滞纳处分的扣押。

本条规定了最高额抵押权所担保的债权的范围。新法对第 2 款作了修改,修改内容与新法第 398 条之 2 第 3 款相同,即在“票据上或支票上的请求权”之后增加了“电子记录债权”的新类别。[1]

(三)最高额抵押权所担保的债权的让与(新法第 398 条之 7)

> **新法第 398 条之 7**
>
> (一)本金确定前从最高额抵押权人处取得债权的人,不得就其债权行使最高额抵押权。本金确定前为债务人或代债务人清偿的人,亦同。
>
> (二)本金确定前有债务承担的,最高额抵押权人不得就承担人的债务行使其最高额抵押权。
>
> (三)本金确定前有免责的债务承担的情形,虽有第四百七十二条之四第一款的规定,债权人不得将最高额抵押权移转至承担人负担的债务。

〔1〕 部会資料 84 - 3,22 頁参照。

（四）本金确定前因债权人更迭而发生更改的情形，虽有第五百一十八条第一款的规定，更改前的债权人不得将最高额抵押权移转至更改后的债务。本金确定前因债务人更迭而发生更改的情形中的债权人，亦同。
旧法第 398 条之 7 （一）本金确定前从最高额抵押权人处取得债权的人，不得就其债权行使最高额抵押权。本金确定前为债务人或代债务人清偿的人，亦同。 （二）本金确定前有债务承担的，最高额抵押权人不得就承担人的债务行使其最高额抵押权。 （三）本金确定前因债权人或债务人更迭而发生更改的，虽有第五百一十八条的规定，该当事人不得将最高额抵押权移转至更改后的债务。

本条规定了最高额抵押权所担保的债权的让与。新法在维持旧法第 398 条之 7 的第 1 款和第 2 款的基础上新增了第 3 款，并将旧法第 398 条之 7 第 3 款调整为第 4 款。

本条第 3 款是为了与关于免责的债务承担的新增条文（新法第 472 条以下）相配合。

本条第 4 款修改了旧法第 398 条之 7 第 3 款的表述，并将“第五百一十八条”调整为“第五百一十八条第一款”，这反映了新法对更改的相关条款的修改（详见新法第 518 条的解说）。[1]

〔1〕 根据本条第 1 款规定，最高额抵押权人将被担保债权的一部让与他人时，即便希望最高额抵押权的效力及于被让与的债权，也不发生其所欲求的效果。这是为了避免最高额抵押权的被担保债权中混入非担保权人的债权，导致法律关系复杂化。最高额抵押权的这一特性同样适用于本条第 2 款规定的债务承担的情形（严格而言，此处的债务承担仅指“免责的债务承担”）。本条第 4 款规定的因更改所发生的债务人或债权人更替的情形，法理亦同。我妻栄 = 有泉亨『コンメンタール民法：総則・物権・債権〔第5版〕』（日本評論社，2019 年）661 頁参照。

第三章　债权总则

第一节　债权的标的

一、特定物交付的注意义务(新法第 400 条)

新法第 400 条 债权的标的为特定物的交付的,债务人在交付前,应以参照合同及其他的债权发生原因以及交易上的社会通常观念而定的善良管理人的注意,保管该物。
旧法第 400 条 债权的标的为特定物的交付的,债务人在交付以前,应以善良管理人的注意保存该物。

本条规定了债权以特定物交付为标的的情形中债务人的善良管理人的注意义务。与旧法第 400 条相比,本条有两处变化:第一,本条的适用范围因新法第 483 条而被限缩;第二,本条在“善良管理人的注意”之前增添了限定语。

1. 本条的适用范围

旧法第 400 条规定了特定物之债中特定物交付之前的债务人的保存义务,和旧法第 483 条(特定物的现状交付原则)是孪生规定。

在改革之前,依特定物理论,当事人约定特定物之债时,无法就物的性质形成效果意思,出卖人仅负交付义务(物的瑕疵由法定的瑕疵担保责任解决);在履行的层面,标的物在缔约之后状态恶化的,债务人仅负现状交付义务,不担保标的物的性质(旧法第 483 条)。为均衡双方当事人的利益,旧法第 400 条规定,债务人在交付标的物之前,以善良管理人的注意负保存义务。[1]

但是,新法不采用特定物理论,允许当事人就特定物的性质作出约定。在有约定时,债务人必须交付符合性质约定的标的物;只有在无性质约定,且依其他的债的发生原因以及交易上的社会通常观念也无法确定标的物的性质时,债务人才仅负现状交付义务(新法第 483 条)。如此一来,新法第 483 条本身的适用范围就变得极窄。相应地,本条的适用范围也变得极窄,只适用于法定的特定物交付债务中标的物在特定后交付前状态恶化的情形。

2. 善良管理人的注意

新法在"善良管理人的注意"之前加了修饰语,即"参照合同及其他的债权发生原因以及交易上的社会通常观念而定的"。修改是为了强调,在确定善良管理人的注意义务的程度时,不仅要考虑合同当事人的主观意思,还要考虑合同的性质、目的等客观情事。[2]

二、法定利率(新法第 404 条)

新法第 404 条

(一)应产生利息的债权,无另外的意思表示时,其利率依产生利息的最初时点的法定利率而定。

(二)法定利率为年利百分之三。

(三)虽有前款的规定,法定利率依法务省的规定,以三年为一期,每期依下款的规定而变动。

(四)各期的法定利率依下述方式算出,即在依本款规定发生利率变动的最近一期(本款下称"最近变动期")的基准率的基础上,加上或减去最近变动期的基准率与当期的基准率之差(比率之差非为整数时取整数)。

(五)前款所称"基准率",指依法务省的规定由法务大臣公布的下述比率,即以各期首日所属年份前第六年的一月至前年十二月的各月平均短期贷款利率[指各月中银行新贷出的贷款(贷款期限不满一年的

---

〔1〕 中田裕康『債権総論〔第 3 版〕』(岩波書店,2013 年)35 頁参照。

〔2〕 部会資料 79 - 3,8 頁参照。

<table><tr><td>贷款）的平均利率］之和除以六十所算出的比率（该比率不满百分之零点一时取整）。</td></tr><tr><td>旧法第 404 条
应产生利息的债权，无另外的意思表示时，其利率为年利百分之五。</td></tr></table>

本条规定了法定利率。新法对旧法第 404 条作了根本性的修改，将固定利率改为变动利率。

1. 修改的背景

日本法上，法定利率适用于以下情形：(1) 当事人约定支付利息但未约定利率的合同之债。(2) 法定之债，包括①不当得利之债（第 704 条）；[1] ②解除后的金钱返还（第 544 条第 2 款）；③金钱债务不履行的损害赔偿，即债务不履行、侵权损害赔偿和不当得利返还的迟延损害赔偿金（第 419 条）；④计算损害赔偿额时的中间利息扣除（改革前的判例规则，后为新法所确认。参见新法第 417 条之 2 的解说）。

按照旧法第 404 条的规定，法定利率为 5%。这是因为民法典立法当时的市场利率大致在这个数值上。然而近数十年来，日本经济长期处于低利率状态。法定利率大幅高于市场利率，意味着法律直接赋予了债权人高于通常金钱使用收益的利息，有损当事人之间的公平。[2] 在改革之前，加藤雅信就建议立法修改为与市场利率联动的变动利率制。[3] 在法制审议会正式启动之前，民法（债权法）改正检讨委员会和民法改正委员会各有一个提案，前者建议采用与市场利率（央行基准利率）联动的变动利率制，[4] 后者建议由行政命令决定基准利

---

〔1〕 最高裁判所 2007 年 2 月 13 日判决，最高裁判所民事判例集 61 卷 1 号 182 頁。

〔2〕 部会資料 74B，1 頁参照。

〔3〕 加藤雅信『新法大系Ⅲ債権総論』（有斐閣，2005 年）38 頁参照。

〔4〕 民法（債権法）改正検討委員会編『債権法改正の基本方針』別冊 NBL/No. 126（2009）【3.1.1.48】参照；民法（債権法）改正検討委員会編『詳解　債権法改正の基本方針Ⅱ　契約および債権一般(1)』（商事法務，2009 年）174 頁以下参照。

率。[1] 对此,法制审议会认为,法定利率的变动不应交由政治决断,而是应当按照民法规定的变动规则来确定,这样有助于提高可预测性。新法最终采用了与市场利率(商业银行短期贷款利率)联动的变动利率制,并将初始法定利率从5%降为3%。

2. 法定利率的适用基准时(第1款)

由于法定利率从固定利率改为变动利率,所以立法必须明确法定利率的适用基准时。本条第1款规定,该基准时为"产生利息的最初时点"。这包含以下两个重要信息:第一,"产生利息"的时点不是支付利息的履行期,更不是实际支付利息之时,而是利息支付义务发生之时。[2] 在借款合同的情形下,就是本金交付之时。第二,"最初"意味着,即使本金债权的存续期内发生利率变动,该债权所适用的法定利率不变。[3] 以上制度安排是为了方便变动利率制下的债权管理。

3. 初始法定利率(第2款)

本条第2款将初始的法定利率定在3%。之所以定在3%,有两方面的考虑:第一,利率不能定得太高,理由在上文已有讲述(参见上文"1 修改的背景")。第二,利率也不能定得太低。不能只考虑债权人如期回收债权后可能获得的通常使用收益,就将法定利率定在存款利率上,而是要考虑到债权人如果无法如期回收债权,可能不得不从他处借款。法定利率的设置要能够基本填补债权人调集资金的成本。此外,如果利率定得太低,债务人会失去尽早清偿债务的动力。[4]

4. 变动频率(第3款)

本条第3款将法定利率的变动频率定为3年一次,每3年称为"一期"。《中间试案》8-4(1)曾经规定1年一次。在之后的审议中,有意见指出,法定利率的变动不能太频繁,否则会给债权管理带来过重的负担。此外,人身损害赔偿的案件通常会按照法定利率扣除中间利息(参见新第417条之2的解说),如果

〔1〕 民法改正研究会編『民法改正　国民・法曹・学界有志案』(日本評論社,2009年)165頁参照。

〔2〕 法務省民事局参事官室編『民法改正中間試案の補足説明』(信山社,2013年)100頁参照。

〔3〕 部会資料81B,7頁参照。

〔4〕 法務省民事局参事官室編『民法改正中間試案の補足説明』(信山社,2013年)96頁参照。

计算损害赔偿的当年的市场利率因特别的政治经济事件发生剧烈波动(如石油危机、泡沫经济等),那么反映在中间利息扣除上就会严重影响当事人的利益。相反,法定利率变动的间隔也不能太长(如 5 年),否则又会出现和市场利率的偏离。所以新法采取了折中的方案,将变动频率定为 3 年一次。[1]

5. 基准率(第 5 款)

变动利率制,是指法定利率和市场利率的联动。作为市场利率的代表,从《基本方针》到《中间试案》,采用的都是"央行基准利率"。在第三读会的审议中,有意见提出,比起央行基准利率,商业银行的短期贷款利率更能够反映市场利率动向,法定利率应当和后者挂钩。[2] 根据这一意见,新法创设了一个代表市场利率的法律概念——基准率。基准率指以各期首日所属年份前第六年的 1 月至前年 12 月的各月平均短期贷款利率[指各月中银行新贷出的贷款(贷款期限不满一年的贷款)的平均利率]之和除以 60 所算出的比率。简言之,基准率就是各期前一年的前 5 年商业银行短期贷款利率的平均值。基准率由法务大臣每 3 年公布一次,是计算法定利率是否到达变动条件的基础概念。

6. 变动幅度(第 4 款)

依本条第 4 款规定,法定利率是否变动以下述方式决定:(1)确定"最近变动期",即发生利率变动的最近一期;(2)算出当期的基准率和最近变动期的基准率之差;(3)如果这个差值达到 1% 时,就说明法定利率需要变动了;(4)法定利率以 1% 为单位发生增减(法定利率恒为整数)。

本款中最关键的就是"比率之差非为整数时取整数"。这意味着当期和最近变动期的基准率之差不到 1% 时取零,法定利率就不会变动。实际上,从《基本方针》到《中间试案》,都是以 0.5% 为阈值的。为了实务上的操作便利,新法将其定在了 1%。考虑日本的商业银行短期贷款利率长期徘徊在低位,基准率又是取前 5 年的均值,而且每 3 年才会计算一次,所以基准率之差还能达到 1%

[1] 参见部会資料 81B,4 -6 頁参照。
[2] 参见部会資料 74B,3 頁参照。

是不太容易想象的事情。这被称为“缓慢的变动制”。[1]

三、选择之债(新法第 410 条)

新法第 410 条 作为债权标的的给付中有不能的情形,该不能系因有选择权的人的过失所致的,债权仅就剩余的部分存在。
旧法第 410 条 (一)作为债权标的的给付中有自始不能或嗣后不能的,债权仅就剩余的部分存在。 (二)因无选择权的当事人的过失致给付不能的,不适用前款规定。

本条规定了选择之债的数个给付中出现了给付不能(包括嗣后不能和原始不能)的情形下选择权的范围。新法对旧法第 410 条做了根本性的修改。

旧法第 410 条的规定模式:(1)原则上,数个给付中出现给付不能的情形,选择权只存在于剩余的给付(旧法第 420 条第 1 款);(2)作为例外,仅在无选择权的人就给付不能有过失时,选择权不限定于剩余的给付,选择权人可以选择不能的给付(旧法第 420 条第 2 款)。

新法第 410 条的规定模式:(1)原则上,数个给付中即便出现给付不能,选择权并不当然限定于剩余的给付,选择权人仍然可以选择不能的给付。(2)作为例外,仅在选择权人就给付不能有过失时,选择权才会限定于剩余的给付。在新法的模式下,选择权人的“救济菜单”增加了。当给付不能系非可归责于双方的原因发生时,选择权人可以选择不能的给付,之后解除合同取回对待给付,避免被锁死在剩余的给付上。[2]

---

〔1〕『法制審議会民法(債権関係)部会第 83 回会議議事録』(2014.2.4)9 頁(中井康之発言)。对此,加贺山茂指出,按照新第 404 条的计算方法,法定利率只会上升而不会下降(即便长期是零利率),是具有欺瞒性质的变动利率制[加賀山茂『民法改正案の評価——債権関係法案の問題点と解決策』(信山社,2015 年)11 頁]。

〔2〕法務省民事局参事官室編『民法改正中間試案の補足説明』(信山社,2013 年)104 頁以下参照。

第二节　债务不履行责任

一、履行期和履行迟延(新法第412条)

新法第412条 (一)债务的履行有确定期限的,债务人自期限到来时起,负迟延责任。 (二)债务的履行附不确定期限的,债务人自期限到来后受催告时或者知悉期限到来时两者中较早的时间起,负迟延责任。 (三)债务的履行未定期限的,债务人自受催告时起,负迟延责任。
旧法第412条 (一)债务的履行有确定期限的,债务人自期限到来时起,负迟延责任。 (二)债务的履行附不确定期限的,债务人自其知悉期限到来时起,负迟延责任。 (三)债务的履行未定期限的,债务人自受催告时起,负迟延责任。

本条规定了履行期和履行迟延的关系。和改革前相比,本条第1款及第3款都没有变化,只修改了第2款。

第2款规定了债务履行附不确定期限时,债务人陷入履行迟延的时点。旧法第2款只规定"自债务人知悉期限到来时",但是解释上认为,即便债务人不知道不确定期限到来,但是自债权人于不确定期限到来后向债务人催告时起,债务人也陷入履行迟延。之所以这样解释,是为了和第3款的平衡。第3款规定:"债务的履行未定期限时,债务人自受催告时起,负迟延责任。"第3款是基于这样一个观念——履行期到来和履行迟延未必是同一时点。在日本法上,未定履行期限的债,自债的发生之时起履行期到来,自债权人催告之时起债务人陷入履行迟延，故履行期到来和履行迟延为两个时点。[1] 申言之，第 3 款意味着履行未定期限时，“履行期到来 + 催告”足以构成履行迟延。那么，比照第 3 款，履行期并非未定而是附不确定期限时，“不确定期限到来 + 催告”应当也足以使债务人陷入履行迟延。所以，新法 412 条第 2 款新加了“自期限届至后受催告时”。

在履行期和履行迟延的立法上，中国法和日本法有两点不同：(1) 中国法没有规定履行附不确定期限的情形；(2) 关于未定履行期的债务，中国法规定履行期为“债权人催告 + 必要准备时间”（中国《民法典》第 511 条第 4 项），而日本法不要求给债务人必要准备时间。表面上看似乎差别不大，但立法理念迥异。中国法上，履行迟延和履行期到来是同一时点——明确约定履行期时为履行期，履行期不明时为“债权人催告 + 必要准备时间”。这是因为中国法上不存在“履行期不明时以债权发生时为履行期”的基本观念，而日本法恰以此为前提。这导致一系列制度差异：一方面，履行期不明时，自债权发生时履行期即到来，因此债务人有随时履行的义务，所以债权人催告后无须给债务人准备时间；另一方面，日本法上未定期限的债务的时效起算点为债务发生之时。

二、履行不能（新法第 412 条之 2）

> **新法第 412 条之 2**
>
> （一）债务的履行参照合同及其他债务的发生原因以及交易上的社会通常观念为不能的，债权人不得请求履行该债务。
>
> （二）合同债务的履行于合同成立时为不能的，不妨碍债权人依第四百一十五条的规定请求赔偿因该履行不能而产生的损害。

本条系新增，规定了履行不能。

1. 履行请求权的第一性

传统上，在债务不履行的救济方式中，履行请求权具有优先地位，称为“履行请求权的第一性”。原因在于，债的本质就是对特定人的特定行为的请求

---

〔1〕 東京弁護士会法友全期会債権法改正特別委員会編著『弁護士が弁護士のために説く債権法改正〔改訂増補版〕』（第一法規、2018 年版）66 頁参照。

（“给付行为说”），所以履行请求权是债的内容最本原的实现方式，是债的内在的、当然的权能。因此，履行请求权是第一性的救济，其实现不以债务人的可归责性为要件。与此相对，损害赔偿请求权只是第二性的救济。唯有穷尽履行的可能性之后，才转化为损害赔偿。

相反，如果将债的本质理解为债权人从债务人的给付行为中所期待获得的利益（“给付结果说”或“利益说”），那么履行请求权和损害赔偿请求权一样，是满足债权的手段之一，并不具有天然的优先性。只不过，有观点认为，考虑金钱赔偿未必能够最大限度地满足债权人的利益，毕竟债权人最期待通过现实履行获得满足，而且这也是债务人自己决定的结果，所以基于功能上的考虑，仍有必要维持履行请求权的优先地位。[1]

新法仍以履行请求权的第一性为大原则。审议过程中，建议案曾表明“债权人可以请求债务人履行债务”，[2]虽然最终被删，但仍以之为当然的前提。[3]通过对新法第412条之2第1款的反对解释，可以读出新法采用履行请求权的第一性的立法意图。[4]

2. 履行请求权的界限——“不能”概念的扩张

传统上，履行请求权的第一性仅在履行不能时转化为损害赔偿请求权。“履行不能”的概念在债务不履行的体系中居于中枢地位，和“债的消灭”具有天然的联系。详言之，依给付行为说，由于债的本质是“对特定人的特定行为的请求”，当特定行为陷入不能时，债的原本的内容就无法实现，这导致“债的消灭”；虽然债已经“消灭”，但是在债务人的可归责性的作用下，转形为损害赔偿请求权，学理上称为“转形论”。[5]

“转形论”的范式中，履行请求权的界限——履行不能是一个外部的、客观的界限。但是，这样的范式会带来无效率的履行。典型的例子是，作为买卖合同的标

---

〔1〕 潮見佳男『新債権総論Ⅰ』（信山社，2017年）275頁参照。

〔2〕 部会資料79－1，7頁参照。

〔3〕 山本敬三「契約責任法の改正——民法改正法案の概要とその趣旨」法曹時報68巻5号（2016）1227－1228頁参照。

〔4〕 部会資料83－2，8頁参照。“如果规定了履行不能时债权人不能请求履行，那么可以认为债权人可以请求履行的规则被表达出来了。”

〔5〕 林良平『近代法における物権と債権の交錯』（有信堂，1989年）207頁参照。

的物的戒指掉到海里,此时买受人无权请求出卖人从海底打捞戒指,因为履行费用和履行利益极不均衡。不过,必须提醒的是,这并不是单纯的国民经济节约的问题,而是对合同目的的考察。如果是一个通常价格的合同,尽管是特定物,但市场上有可替代商品,那么作为诚实信用的合同当事人,难以合理地期待债务人花费巨额打捞成本履行债务。反之,如果戒指上镶嵌着“海洋之星”,对债权人(英国女王)有特别的意义(皇权的象征),债权人也为此支付了天价,那么期待债务人打捞也难谓不合理。所以,履行请求权的排除与否,本质上是当事人对给付风险的分配问题,即债权人依合同能够合理期待债务人承担何种程度的履行费用。如此一来,履行请求的界限就不再是一个外在客观的界限,而是合同内在的、主观的界限。如果这一界限依然以传统称谓“不能”来命名,那么“不能”的概念就面临变迁。

因此,在本条中,“不能”被重新界定为“债务之履行参照合同及其他债务的发生原因及交易上的社会通常观念为不能”。新的定义之下,“不能”的范围被扩张,以下各项都可能成为限制履行请求权的考量要素:(1)物理上的不能,这是履行请求权的固有的界限,无须赘言。(2)法律上的不能,并不当然构成履行请求权的限制。如果缔约时标的物是非法流通物,则合同本身无效,无须论及履行请求权;如果缔约时合同有效,只不过后来因法令政策的变化,合同的履行被评价为违法,才视为此处所谓“法律上的不能”。关于缔约后的法律变化,还应考察新的法令的溯及程度,以确定履行请求权是否被限制。[1] (3)债权人对履行的期待可能性,此时需要考虑给付利益和履行费用之间的不均衡、债权人的可归责性、债务人的人身拘束程度等。[2] (4)债权人的减损义务对履行请求权的限制。减损义务是债权人防止损害进一步扩大的不真正义务。如果债权人违反了该义务,对于损害的扩大部分不能请求赔偿。减损义务中最重要的就是替代交易义务,即债务人违约后债权人有义务通过替代交易及时止损。由于必须进行替代交易,债权人就不得不先解除合同,以避免债务人之后又回心转意提供履行,造成重复交易。这样,债权人的履行请求权至少在事实上受到了减损义务的限制(间接限制)。当然,现行法似乎不否认债权人不解除合同,从而一直行使履行请求权的可能性。不过,这导致履行可能和履行不能这两个偶然状态的评

〔1〕 最高裁判所2003年4月18日判决,最高裁判所民事判例集57卷366頁。
〔2〕 潮見佳男『新債権総論Ⅰ』(信山社,2017年)288-289頁参照。

价失衡。因此,在减损义务对损害赔偿请求权发生限制效力时,应当认为其对(给债权人带来同样利益的)履行请求权也发生限制效力(直接限制)。[1]

从上述考量因素不难看出,"不能"的概念已经弹性化、工具化,成为履行请求权的界限的代名词。鉴于本条对"履行不能"的定义极为弹性,各种考量因素在未来都可能融入对该条的解释。

3. 原始履行不能

债务自缔约之时即陷入履行不能的,为原始履行不能。例如,房屋买卖合同签订之时,房屋已为大火烧毁。关于原始履行不能的合同的效力,罗马法曾有一个影响至深的法谚:"对于不可能的事物,任何人不负债务(*Celsus*, *D.* 50, 17, 185. *Impossibilium nulla obligatio est.*)。"受此影响,《德国民法典》原第 306 条规定:"以不能的给付为标的的合同无效。"

日本民法本来未设置关于原始履行不能的规定,[2]但立法初期,受德国法的影响,日本学界全面接受了"原始履行不能的合同无效"的理论(以下简称原始不能论)。概括起来有以下两大理由:(1)"转形论"。给付是债的核心内容,就原始不能履行的债务,债权人自始不享有履行请求权。[3] 而依"转形论",损害赔偿是履行请求的变形(填补赔偿)或扩张(迟延赔偿),如果履行请求权自始都不存在,那损害赔偿请求权也不存在。[4] 债务人不负任何义务的合同,不必使之有效。(2)"意思原理"。如果当事人知道合同原始履行不能,那么他们当时不会订立这个合同。这是对当事人意思的合理推测。[5]

不过,原始不能论会有损双方当事人对合同有效性的信赖。传统的通说认为,合同的缔约阶段,当事人有一定的注意义务,如房屋买卖合同的卖方有义务

---

〔1〕 内田貴『契約の時代』(岩波書店,2000 年)170 頁以下、吉川吉樹『履行請求権と損害軽減義務——履行期前の履行拒絶に関する考察』(東京大学出版会,2010 年)参照。前者采直接限制说,后者采间接限制说。

〔2〕 勃瓦索纳多旧民法财产编第 322 条第 1 款曾规定:"以不法和不能的作为或不作为为标的的合意无效。"不过,在日本民法立法初期,勃瓦索纳多旧民法的影响甚微,日本法中"原始履行不能的合同无效"的教条主要来自德国法。

〔3〕 石坂音四郎「給付不能論」同『改纂民法研究』(有斐閣,1920 年)189 頁(初出 1911 ~ 1912 年)参照。

〔4〕 我妻栄『債権各論上巻』(岩波書店,1954 年)80 頁参照。

〔5〕 磯村哲「Impossibilium nulla obligatio 原則の形成とその批判理論」石田文次郎先生還暦記念論文集『私法学の諸問題(一)』(有斐閣,1955 年)424 頁参照。

调查确认房屋的存在;因违反义务而缔结无效合同的当事人,有义务赔偿对方因误信合同有效成立而遭受的损害("缔约过失责任")。[1] 例如,为搬家而预先支付给搬家公司的费用、为支付价金而向银行借款的利息、因信赖合同有效而拒绝第三方的有利要约等。

尽管缔约过失责任解决了部分问题,但理论上对于原始不能论的批判不绝于耳。嗣后履行不能的合同有效,债权人可以请求履行利益赔偿,而原始履行不能的合同无效,债权人只能请求信赖利益赔偿。这使合同的有效性取决于偶然的、外在的事实,有评价失衡之嫌。新的通说认为,对于原始履行不能的合同也应承认履行利益的赔偿。[2] 至于传统上支持"原始不能论"的理由,批判如下:(1)关于"转形论"。"转形论"是建立在"履行请求权和填补赔偿请求权具有同一性、连续性"的假说的基础上。然而,在预期违约的情形下,虽然履行请求权尚未发生,但仍允许守约方解除合同并请求填补赔偿。判例甚至允许守约方在解除前请求填补赔偿。森田宏树明确指出,履行请求权的界限是债权人在何时之前可以请求履行的问题,是履行请求权对债务人的限制;反之,填补赔偿请求权是债权人在何时之前只能请求履行的问题,是履行请求权对债权人的限制。两者是不同层面的价值判断,应予分别考量。[3] 损害赔偿请求权并不以有效的履行请求权为逻辑前提。原始履行不能的债务没有履行请求权这一点,不是拒绝债权人请求填补赔偿的有效理由。(2)关于"意思原理"。当事人的意思复杂多样,不能简单说如果当事人知道合同原始履行不能就一定不会缔结合同。也存在这样的情况,即虽然合同原始履行不能,但当事人不知道这个事实,而在合同履行可能性不明的状态下,承受了履行不能的风险而缔结了具有射幸性质的合同。就这种情况,不妨承认合同的有效性。[4]

此次民法改革吸收了学理研究的成果,彻底告别了原始不能论。本条第2款规定:"合同债务的履行于合同成立时为不能时,不妨碍债权人依第四百一十五条的规定请求赔偿因履行不能而产生的损害。"即原始履行不能不妨碍债权人主张填补赔偿。起草过程中,《中间试案》本来的规定方式是"合同债务自成立时履行

---

〔1〕 我妻栄『債権各論上巻』(岩波書店,1954年)39頁以下参照。

〔2〕 北川善太郎『契約責任の研究』(有斐阁,1963年)278頁;星野英一『民法概論Ⅳ(契約)』(良書普及会,1986年)50頁参照。

〔3〕 参见森田宏樹『契約責任の帰責構造』(有斐阁,2002年)258-260頁参照。

〔4〕 奥田昌道『債権総論〔增補版〕』(悠悠社,1992年)32頁。

不能的,不妨碍合同的效力”。至于“合同的效力”为何,没有积极点明,使人有该条款为缔约过失责任留有后路的遐想。因此,《要纲草案》将合同最具代表性的效力——损害赔偿请求权明确规定出来。当然,这样规定又不免给人以是否只能请求损害赔偿而不能解除的遐想。所以必须澄清的是,本条虽然只明示了损害赔偿请求权,但决不否认债权人享有解除权和代偿请求权等救济方式。[1]

至于原始履行不能的合同,是否一律有效?当然不是。原始履行不能只是“不妨碍”债权人请求损害赔偿而已。以原始履行不能的给付为内容的合同的效力如何,应考察当事人在缔约时对合同的履行可能性抱有怎样的观念,承担或分配了怎样的风险,不能仅以原始履行不能作为合同无效的唯一理由。一方面,债务人可能承担了“即便合同原始履行不能,也得满足债权人利益”的风险。另一方面,也存在当事人在知道合同原始履行不能时,就不会缔结合同的可能性。依本条第 2 款的立法意旨,原始履行不能的合同以有效为原则,面临损害赔偿请求的一方当事人须就双方之间存在明示或默示的、深层的、前提性的“原始履行不能时合同无效”的合意负证明责任。[2]

三、受领迟延(新法第 413 条)

新法第 413 条 (一)债权人拒绝受领或者不能受领债务的履行的情形,该债务的标的为特定物的交付的,债务人自履行的提供之时起至交付之前,以与对自己的财产同一的注意保管该物即可。 (二)因债权人拒绝受领或者不能受领债务的履行致履行费用增加的,该增加额由债权人负担。
旧法第 413 条 债权人拒绝受领或者不能受领债务的履行时,自存在履行的提供之时起,负迟延责任。

〔1〕 部会資料 83 - 2,35 頁参照。
〔2〕 潮見佳男『新債権総論Ⅰ』(信山社,2017 年)85 頁参照。

本条规定了债权人的受领迟延。新法对旧法第413条作了大幅增改,并新增了第2款。

1. 清偿的提供和受领迟延

当债务人提供了履行而债权人拒绝受领或受领不能时,债权人将承受怎样的不利?对此,日本民法设置了以下两个方面的条款。

第一,清偿的提供,又称履行的提供,是指债务人为债务的履行完成了除债权人受领之外的一切事项,而债权人拒绝受领或受领不能。依第492条规定,债务人作出清偿的提供后,不负债务不履行责任。这意味着,债务人不陷入迟延履行,不负迟延责任,债权人也不能主张同时履行抗辩。此外,第494条第1款规定,债权人拒绝受领或受领不能时,债务人可以提存。

第二,受领迟延,是指债权人的拒绝受领或受领不能系基于可归责于债权人的事由。关于受领迟延,旧法第413条规定:"债权人拒绝受领或者不能受领债务的履行时,自有履行的提供时起,负迟延责任。"至于迟延责任为何,语焉不详,引发解释上的争议。

2. 迟延责任的明文化

债权人的受领迟延责任,本质上是债权人有无一般性的受领义务的问题。日本法上有三种观点。

第一,法定责任说。[1] 即在债之关系中,债权人是权利人,权利可以享受也可以放弃,债权人不负有受领义务。因此,旧法第413条所称"迟延责任",不是合同责任,而是为了保护债务人的利益——对提供清偿就可以使债务消灭的期待——特别设置的法定责任。解释上,受领迟延责任包括以下内容:(1)特定物之债的保存义务的减轻。依第400条规定,特定物之债的债务人在交付标的物之前就物的保存负善良管理人的注意义务。但由于债权人受领迟延,债务人不得不在履行期之后继续保存标的物,该保存行为并无相应对价。此时类推适用第659条(无偿保管人的注意义务),使债务人的注意义务减轻至"与对自己的财产负同一注意义务"。(2)新增费用的赔偿。由于不存在受领义务,因此无法以债务不履行的损害赔偿解决,只能说是一个法定的特别赔偿责任。(3)价金

[1] 鳩山秀夫『増訂改版日本債権法総論』(岩波書店,1925年)178頁以下参照。

风险转移。特定物之债的价金风险负担自受领迟时转移至债权人。[1]

第二，契约责任说。[2] 即债权人依诚实信用原则负合同上的受领义务，受领迟延构成债务不履行。既然是债务不履行，受领迟延的责任就不限于前述的保存义务的减轻、新增费用的赔偿和价金风险负担的转移，还包括除新增费用之外的其他损害的赔偿责任，以及债务人的解除权。

第三，折中说。判例的态度是，原则上债权人没有受领义务，受领迟延不构成债务不履行，但是如有特殊的事由，也不否认债权人基于合同关系负有受领义务。[3] 也就是说，债权人不会因其为债权人而一般性地负有受领义务，是否有受领义务取决于对合同关系的解释。这种折中说受到学界的支持，成为此次改革的方向。

本条将上述保存义务的减轻（第 1 款）和新增费用的赔偿（第 2 款）予以明文化。关于价金风险负担的转移，规定在新法第 413 条之 2 第 2 款。至于损害赔偿和解除，由于此次改革未采用契约责任说，不认为仅因债权人的身份就课予其受领义务，因此未一般性地规定债权人的损害赔偿责任和债务人的解除权。当然，在个别情况下，如果从合同中能够解释出债权人的受领义务，那么也不否认受领迟延可能构成债务不履行，此时债权人负损害赔偿责任（新法第 415 条），债务人有权解除合同（依第 541 条“催告解除”，甚至不以债权人的可归责性为前提）。[4]

四、履行迟延和受领迟延中的履行不能和归责事由（新法第 413 条之 2）

新法第 413 条之 2

（一）债务人就其债务负迟延责任的期间，因不可归责于双方当事人的事由致债务履行不能的，该履行不能视为因可归责于债务人的事由而发生。

---

〔1〕 至于种类物之债，由于“种类物的特定”和“清偿的提供”是同一时点，因此，在“清偿的提供”完成时种类物被特定，给付风险移转至债权人。严格而言，种类物之债的给付风险的转移是“清偿的提供”的效果，而非受领迟延的效果。

〔2〕 我妻栄『新訂債権総論』（岩波書店，1964 年）238 頁参照。

〔3〕 最高裁判所 1971 年 12 月 16 日判决，最高裁判所民事判例集 19 卷 2090 頁。

〔4〕 潮見佳男『民法（債権関係）改正法の概要』（きんざい，2017 年）63 頁参照。

> （二）债权人拒绝受领或者不能受领债务的履行的情形下，履行的提供之后因不可归责于双方当事人的事由致债务履行不能的，该履行不能视为因可归责于债权人的事由而发生。

1. 履行迟延中的履行不能和归责事由（第1款）

依本款规定，债务人履行迟延后，因非可归责于双方当事人的事由发生履行不能的，拟制债务人有可归责性。也就是说，陷入履行迟延的债务人，不能主张自己没有可归责性而免除损害赔偿责任（第415条第1款但书）。这是日本法上不言自明的基本立场，此次改革予以明文化。[1]

对债务人的可归责性的拟制，有以下界限，虽然未明文化，但亦属不言自明：第一，履行迟延和迟延后的履行不能之间不具因果关系的，不成立损害赔偿请求权。例如，房屋买卖合同中，出卖人迟延交付房屋，而迟延期间房屋因地震而毁损灭失的，不妨碍出卖人主张免责。因为即使出卖人依约按时履行，房屋也会因地震而毁损灭失，迟延和不能之间不具因果关系，不妨碍债务人免责。[2] 第二，迟延后的履行不能系因可归责于债权人的事由发生时，不成立损害赔偿请求权。毕竟本款是对债务人的可归责性的拟制，是以“因不可归责于双方当事人的事由致债务履行不能”为前提的。[3]

2. 受领迟延中的履行不能和归责事由（第2款）

依本款规定，债权人受领迟延后，因非可归责于双方当事人的事由发生履行不能的，拟制债权人有可归责性。这引发了以下两个效果：（1）双务合同中，因可归责于债权人的原因致合同履行不能的，债权人不得拒绝履行对待给付（新法第536条第2款）。（2）因可归责于债权人的原因致合同履行不能的，债权人不得解除合同（新法第543条）。

此外，新法第567条规定，买卖合同中，出卖人依约完成清偿的提供而买受人拒绝受领，致使标的物于此后因非可归责于双方的原因毁损灭失的情形，买受

---

〔1〕 大村敦志＝道垣内弘人編『民法（債権法）改正のポイント』（有斐閣，2017年）118－119頁（加毛明執筆）参照。

〔2〕 部会資料79－3，11頁参照。

〔3〕 至于债务人就履行不能本来就有可归责性的情形，当然不适用新法第413条之2第1款，而是依第415条承认损害赔偿责任，之后在第418条下过失相抵。

人不得请求主张补正（相当于中国法上的“采取补救措施”）、减价、损害赔偿和解除，亦不得拒绝履行对待给付。关于新法第 567 条和本款的关系，甚是微妙，主要取决于对“可补正的毁损灭失”的性质——履行不能还是履行迟延的理解。新法第 567 条所规定的法律效果中，一部分是伴随清偿的提供而发生的“种类物的特定”所引起的给付风险移转的效果（补正、减价和损害赔偿的排除），本质上是对第 401 条第 2 款“种类物的特定”的确认规范；另一部分是对价风险的分配（解除和履行拒绝权的排除）。关于后者，可以有两种理解：一是如果标的物的毁损灭失可以通过替代物给付或者修理重做等而补正，那么性质上就属于履行迟延，此时倘若允许有归责性的买受人继续行使补正请求权，至为不公。然而，本条第 2 款处理的是“履行不能”，无法覆盖上述情况，立法上需要单独的条款来补充漏洞，这就是新法第 567 条的定位。二是即使标的物的毁损灭失可以通过替代物的给付或者修理重做而补正，由于标的物已经被特定，所以其性质也不属于履行迟延，而是履行不能。因此本条第 2 款就可以覆盖上述情况，排除有可归责性的买受人的解除和履行拒绝权。这样，新法第 567 条就只不过是第 401 条第 2 款和本条第 2 款的确认规范而已。

五、履行的强制（新法第 414 条）

新法第 414 条 （一）债务人未自愿履行债务的，债权人可以依民事执行法及其他的关于强制执行程序的法律规定，请求法院通过直接强制、代履行、间接强制及其他方式强制履行。但是，债务的性质不允许强制履行的，不在此限。 （二）前款的规定，不妨碍损害赔偿的请求。
旧法第 414 条 （一）债务人未自愿履行债务的，债权人可以请求法院强制履行。但是，债务的性质不允许强制履行的，不在此限。 （二）债务的性质不允许强制履行的情形下，该债务以作为为标的的，债权人可以请求法院以债务人的费用使第三人履行。但是，就以法律行为为标的的债务，可以以裁判代替债务人的意思表示。

（三）就以不作为为标的的债务，可以请求法院以债务人的费用除去债务人的作为的结果，或者为将来作出适当的禁令。

（四）前三款的规定，不妨碍损害赔偿的请求。

本条规定了债权的实体法效力和强制执行之间的关系，是实体法和程序法的转介条款。

1. 债权的效力与强制执行（第 1 款本文）[1]

本来，旧法第 414 条第 2 款、第 3 款分别规定了"以作为为标的的债务可采代替执行""以不作为为标的的债务可采间接强制"，但此次改革将其移除（参考《民事执行法》第 171 条第 1 款），只留下原先的第 1 款和第 4 款。删除的原因在于，日本法对债权的效力的观念转变。

传统通说认为，债权有三级效力——给付保持力、请求力（诉求力）和执行力。由于履行请求权具有第一性，债的内容原则上应予原原本本地实现，因此在"执行力"中，直接强制具有优先性。债务人自须接受，债权人亦应恪守。这样，在旧法第 414 条的解释上，存在明显的"优先补充次序"：（1）债权的强制执行以直接强制为原则（第 1 款，条文所称"强制履行"即指直接强制）；（2）不允许直接强制的情形，才允许代替执行（第 2 款）；（3）直接强制和代替执行都不允许的情形，才允许间接强制（第 3 款），即所谓的"间接强制的补充性"。关于"间接强制的补充性"，我妻荣认为，间接强制系以罚金形式间接督促债务人自己履行，是一种伴随心理压迫的、人格强制型的执行手段，有损于人格自由，因此仅具补充地位。[2]

但是，对"间接强制的补充性"的批判之声甚高。现在更多学者认为，间接强制是一种便捷高效的执行方式，其对人格自由的影响不会大于以物理强制为内容的直接强制，不应止步于补充地位，而应作为和直接强制或代替执行平行的

---

〔1〕 大村敦志＝道垣内弘人編『民法（債権法）改正のポイント』（有斐閣，2017 年）98－102 頁（加毛明執筆）参照。

〔2〕 参见我妻栄「作為又は不作為を目的とする債権の強制執行」同『民法研究Ⅴ』（有斐阁，1968 年）81 頁（初出 1932 年）参照。

选项。[1] 受学说的影响，2003 年日本《民事执行法》修改时扩大了间接强制的适用范围，使层级鲜明的执行手段扁平化。此次民法改革又将旧法第 414 条第 2 款（代替执行）、第 3 款（间接强制）移出民法典，只留下标识债权的实体效力的条款——第 1 条（债权的强制履行可能性）和第 4 条（强制履行和损害赔偿并存）。也就是说，关于债权的效力，民法典只规定“债权原则上可以强制履行”且“强制履行不影响损害赔偿”，至于该效力在执行层面如何实现，由民事执行法作出决断，民法典自身对强制执行的手段和次序不再设限。

2. 强制执行的方式

目前，日本《民事执行法》中，强制执行方式就是直接强制、代替执行和间接强制三种。[2] 关于三者之间的关系，如上所述，间接强制是与直接强制或代替执行平行的选项（《民事执行法》第 173 条、第 167 条之 15、之 16）；直接强制和代替执行之间仍有次序，这是因为直接强制更高效，所以只有直接强制不被允许的情形下才可以代替执行（《民事执行法》第 171 条）。

至于哪些情形下允许直接强制，哪些情形允许代替执行，哪些情形只允许间接强制，哪些情形间接强制可以和直接强制或代替执行并行，请参考表 2。[3]

表 2　债务内容与强制执行方式对照

债务内容	直接强制	代替执行	间接强制
金钱债务（除关于抚养义务的债务）	○	×	×
关于抚养义务的金钱债务	○	×	○
物的交付义务	○	×	○
代替性作为债务	×	○	○
非代替性作为债务	×	×	○
不作为债务＋有形的违反状态	×	○	○
不作为债务（无有形的结果）	×	×	○

---

〔1〕 星野英一『民法概論Ⅲ（債権総論）』（良書普及会，1978 年）40 頁参照；平井宜雄『債権総論〔第 2 版〕』（弘文堂，1994 年）247 頁参照。

〔2〕 日本法现有的民事强制执行方式只有直接强制、代替执行和间接强制三种。新法第 414 条第 1 款中所言“其他方式”系为日后可能新增的其他执行方式所预备的措辞。

〔3〕 下表引自潮見佳男『新債権総論Ⅰ』（信山社，2017 年）341 頁。

3.“性质上不允许强制履行”的债务(第1款但书)

如上所述,日本法就债权的强制履行效力发生了根本性的转变。即放弃了“直接强制第一性”和“间接强制的补充性”的传统观念,转向了“债权的贯彻”这一终极目标,认为无论是直接强制、代替执行还是间接强制,都只是满足债权的手段,民法典对强制执行的手段和次序不设限。

传统通说中,第414条第1款但书(“债务的性质不允许强制履行的,不在此限”)中的“强制履行”一词被解释为“直接强制”,是“直接强制的第一性”的标识。然而,在新的观念下,传统解释无以为继,“强制履行”一词是指“(包括直接强制、代替执行和间接强制在内的)强制执行”。那么,这里的问题是,“债务的性质不允许强制履行时”指的是何种情形?这里主要指的是,虽然债务人负有义务,但是,无论何种执行方式,强制执行本身就有违人格尊严、意志自由等法律基本理念的情形,如夫妇同居义务、劳动者的劳动义务、艺术作品的创作义务等。[1] 夫妇离婚之后,监护权人向非监护权人请求归还被监护人人身的权利以及非监护权方的探视权等执行问题尚在热议中。

六、基于债务不履行的损害赔偿(新法第415条)

新法第415条

(一)债务人不依债务的本旨履行或债务的履行为不能的,债权人可以就因此发生的损害请求赔偿。但是,参照合同及其他债务发生原因以及交易上的社会通常观念,债务的不履行系因不可归责于债务人的事由发生的,不在此限。

(二)依前款的规定请求损害赔偿的,债权人于下列情形,可以请求替代债务履行的损害赔偿:

1. 债务陷入履行不能的;

2. 债务人明确作出拒绝履行债务的意思表示的;

3. 债务基于合同而发生的情形,该合同被解除,或因债务不履行而发生合同解除权的。

[1] 大審院1930年9月30日裁决,最高裁判所民事判例集9卷926頁(夫妻同居义务)。

> **旧法第 415 条**
>
> 债务人不依债务的本旨履行的，债权人可以就因此发生的损害请求赔偿。因可归责于债务人的事由致债务不能履行的，亦同。

依传统通说，债务不履行分为三种类型，即履行迟延、履行不能和不完全履行，又称“三分体系”。这一分类对我国民法理论影响至深。在日本法的百年沿革中，主流学说最终放弃了三分体系，改采一元构造。作为三分体系曾经的法条依据，旧法第 415 条在此次改革中也迎来了脱胎换骨的变革。

1. 旧法第 415 条的立法史

旧法第 415 条给人的直观印象是，日本法将债务不履行分为履行迟延和履行不能，履行迟延的损害赔偿（迟延损害）规定在旧法第 415 条前段，履行不能的损害赔偿（填补损害）规定在旧法第 415 条后段，后者以债务人的可归责性为要件。

这完全是望文生义。立法史上，旧法第 415 条是一元构造的，并不区分履行迟延和履行不能。只要“债务人不依债务的本旨履行”即构成债务不履行，而且无论何种样态都以债务人的归责事由为前提。按照民法典起草人的本意，之所以旧法第 415 条后段对履行不能作特别规定，是因为担心“不履行”在语意上难以覆盖“不能履行”，为避免法官错误地以为“不能履行的情形债务人不负损害赔偿责任”，故专设后段提示；之所以旧法第 415 条前段没有规定债务人的归责事由，是因为后段已经提及了，故不重复规定。这样的立法措辞为履行迟延和履行不能的区分埋下了伏笔。民法典立法初期，德国派的学者以旧法第 415 条为依据引进了三分体系。

2. 传统通说：债务不履行的三分体系

在一元构造下，旧法第 415 条第 1 款中的“债务人不依债务的本旨履行”包含一切债务不履行的样态，但是在区分履行迟延和履行不能的进路下，仅指履行迟延。这样，在诸如加害给付的情形（如卖出的病牛使买主的其他牛也感染）下，就出现了法律漏洞。1906 年冈松参太郎参考了德国律师施陶布（Hermann Staub）于 1902 年提出的“积极的债权侵害”理论，从中发展出“不完全履行”的概念，形成了三分体系。[1] 该体系在鸠山秀夫时代确立了通说地位，[2]其核心思想如下：

（1）区分履行迟延和履行不能。区分的逻辑基础是“债务转形论”，即债的本质是给付，因此履行请求权具有第一性，直至履行不能时履行请求权才消灭，此时在债务人的可归责性的介入下转形为填补赔偿。债务转形论中，履行不能这一客观事实是天然的转形条件；而在履行迟延的情形下，由于债权迟迟无法转形，为使债权人尽快摆脱束缚，法律以“催告解除”为人工转形条件。对履行迟延的救济的方式不是“履行请求＋迟延损害”，就是“催告解除＋填补赔偿”，履行请求和填补赔偿不可能同时出现。

（2）不完全履行系独立的类型。传统通说认为，不完全履行是指债务人已履行但履行未依债之本旨的情形。不同于消极的履行迟延和履行不能，不完全履行具有履行行为的外观，是一种积极的债务不履行形态。不完全履行包括以下情形：①标的物有瑕疵（仅指种类物的瑕疵。特定物的瑕疵系瑕疵担保责任问题，不属于债务不履行）；②履行的时间、方式不当；③履行时损害债权人的固有利益。前两种情形统称“瑕疵给付”，其法律效果取决于瑕疵是否有补正可能性，有补正可能性的类推适用履行迟延，无补正可能性的类推适用履行不能。[3] 关于第三种情形，众说纷纭。石田文次郎称之为“加害履行”，认为是给付义务的违反；我妻荣称之为“扩大损害”，认为是给付义务的违反引发的损害赔偿范围认定的问题，在因果关系判断上注意即可；北川善太郎称之为“完整性利益侵害”，认为不是给付义务的问题，而是给付义务之外的附随义务或保护义务违反的问题。

---

〔1〕 岡松参太郎「所謂「積極的債権侵害」ヲ論ス」法学新報（1906）16 卷 1 号 70 頁以下参照。实际上，被施陶布归为“积极的债权侵害”的债务不履行形态中，包含数种性质相异的子类型：不作为义务违反、履行期前的拒绝给付、不完全给付等。冈松参太郎认为，不作为义务违反本质是履行不能，履行期前的拒绝给付不构成债务不履行，但“不完全给付”这个子类型日本法应当承认其为债务不履行的一种。此后，日本法以“不完全给付”为基础发展出“不完全履行”的概念。

〔2〕 鳩山秀夫『増訂改版日本債權法総論』（岩波書店，1925 年）164 頁以下参照。关于三分体系的学说继受，北川善太郎在其名著《日本法学的历史与理论》中有详尽的介绍[北川善太郎『日本法学の歴史と理論』（日本評論社，1968 年）34 頁以下参照]。

〔3〕 鳩山秀夫『増訂改版日本債權法総論』（岩波書店，1925 年）169 頁以下参照。

3. 对三分体系的批判

三分体系是从"债的本质是给付(特定人的特定行为)""履行请求权的第一性"等"公理"推演出的规则。对三分体系的质疑和批判自20世纪60年代末即开始,分以下两条线展开。

(1)对"不完全履行"概念的独立性的质疑。平井宜雄指出,"瑕疵给付"的情形中,即便瑕疵在物理上有补正可能性,但如果合同目的无法达成,也没有必要类推适用履行迟延;即使瑕疵在物理上没有补正可能性,但如果瑕疵轻微,那么就不应当类推适用履行不能,而应通过减价解决。也就是说,给予债权人怎样的救济,最终具有决定性的不是"补正可能性(债务不履行的样态)",而是"合同目的(合同内容的确定)"。因此,应当先依照诚实信用原则解释确定"债务的本旨",如果债务人的行为该当"债务人不依债务的本旨履行",那么一元地认定债务不履行即可,无须考虑归入何种类型。德国法之所以区分三种类型,是因为德国法对债务的理解是"给付义务",并以"给付义务"为蓝本区分了履行迟延和履行不能。之后,当"积极的债权侵害"被发现后,不得不装进债务不履能的盒子,这才承认"给付义务"之外还有"附随义务"。以"附随义务"解释"积极的债权侵害"是德国法自身的构造问题,不是日本法固有的问题意识。日本法本来是一元构造的,至于债务的本旨何在,是作为债的发生原因的合同的解释问题。[1]总之,日本法并不需要"不完全履行"这一内涵不明的中间概念。

(2)对"债务转形论"的批判。债务转形论认为,填补赔偿是履行请求在履行不能时转形而来的,两者不可能并存。但是,日本的学说和判例在"债务人明确拒绝履行"和"债权人催告后经过合理期限债务人仍不履行"的情形下,承认债权人也享有填补赔偿请求权,并不否认两者的并存(参见下文"6. 填补赔偿请求权")。在理论上,履行请求和填补赔偿的并存意味着履行迟延兼有履行不能的效果。这样一来,履行迟延和履行不能的区分就不再分明,三分体系就难以维持了。[2] 在学说史上,"履行拒绝""解除前的填补赔偿"等问题是三分体系的

---

〔1〕 平井宜雄『債権総論〔第2版〕』(弘文堂,1994年)49頁。

〔2〕 川島武宜=平井宜雄「契约责任」石井照久等編『企业责任』(ダイヤモンド社,1968年)262頁以下参照。依平井宜雄的观念,虽然三分体系无法维持,债务不履行应当在一元构造下处理,但是履行不能的概念仍有法技术上的意义,应予保留。

“七寸”,敲得重了不免摧筋断骨。森田宏树明确指出,填补赔偿的起点和履行请求权的终点其实是两个点。履行请求权的终点是债权人在何时之前可以请求履行的问题,是履行请求权对债务人的限制;反之,填补赔偿的起点是债权人在何时之前只能请求履行的问题,是履行请求权对债权人的限制。两者是不同层面的价值判断,不存在一个时点上的转形。[1]

4. 债务不履行的一元构造(新法第415条第1款本文)

此前,旧法第415条第1款将“债务人不依债务的本旨履行”和“履行不能”分别写在前后两句,给人以前句仅指履行迟延的错觉,为三分体系的引入贡献了土壤。在此次改革中,受批判理论的影响,新法第415条第1款本文将“债务人不依债务的本旨履行”和“履行不能”统合为一句,并在但书中以“债务不履行”一语作为总括,表达了一元化处理债务不履行的立场。[2] 债务不履行的一元构造包括以下含义:

(1)“债务的本旨”的新生。本来,旧法第415条中所谓“债务的本旨”指的就是“债务的样态和内容”,并非损害赔偿的限制性要件。由于没有特别的含义,所以一般认为是立法上的死词,审议过程中曾经一度要将其删去。[3] 但是在债务不履行的一元构造下,“债务的本旨”被赋予新的功能。现在,“债务的本旨”意味着债务的内容不仅包括当事人通过合意所确定的内容,也包括基于法秩序(如诚实信用原则)的要求而补充进来的其他义务。[4] 依“债务的本旨”,债务人须履行给付、附随、保护、说明、开示、保密、不作为(如竞业禁止)等各种义务,其形态复杂,违反效果亦各异,不是三个类型能概括的。即便要类型化,也应当按照合同类型或法定债务的特征细分更细致的类型,具体确定各自的债务不履行的判断标准和救济方式。[5]

(2)“救济进路”。传统的三分体系采用的是“样态进路”,或称“原因进

〔1〕 森田宏樹『契約責任の帰責構造』(有斐阁,2002年)258-260頁参照。

〔2〕 至于新第415条第1款本文为何仍旧分别表述“债务人不依债务的本旨履行”和“履行不能”,原因还是和当年民法典起草时一样,即担心“不履行”在语意上难以覆盖“履行不能”,所以在措辞上提示性地保留了“履行不能”一语,但并没有将其作为独立类型的立法意图(部会資料79-3,11頁)。

〔3〕 法務省民事局参事官室編『民法改正中間試案の補足説明』(信山社,2013年)111頁参照。

〔4〕 石川博康「『契約の趣旨』と『本旨』」法律時報86巻1号(2014)22頁参照。

〔5〕 潮見佳男『新債権総論Ⅰ』(信山社,2017年)268頁参照。

路”，即将债务不履行依样态一分为三，相应地预备三套救济方案。但正如批判理论所指出的那样，履行迟延和履行不能无法截然区分，不完全履行也不是独立类型，整个债务不履行应当一元化地确定债务内容，具体地决定救济方式。此时，三套方案肯定是不够的。对债务不履行的最好的把握，是按照履行请求权的终结（新法第 412 条之 2 第 1 款）、填补赔偿请求权的发生（新法第 415 条第 2 款）、解除权的发生（第 541 条）等救济方式，对债务不履行进行重构，即“救济进路”。唯有如此，才能为一元构造下的债务不履行提供更多样的救济组合方案。

5. 债务人的归责事由（新法第 415 条第 1 款但书）

旧法第 415 条后段规定，因可归责于债务人的事由致使债务不能履行时，债务人负损害赔偿责任。依传统理论，“归责事由”是指“债务人的故意或过失以及诚实信用原则上可以视为故意或过失的事由”，是债务不履行的统一的构成要件，不限于履行不能。与旧法相比，新法第 415 条第 1 款但书保留了“债务人的归责事由”的用语，但加了一个重要的修饰语——“参照合同及其他债务发生原因以及交易上的社会通常观念”。这意味着，在债务不履行所导致的损害赔偿责任的问题上，新法放弃了过失责任原则。

明治民法起草时，起草人对“归责事由”没有形成一致见解。梅谦次郎设想的是不可抗力等免责事由。富井政章认为是“债务人的过失”及“履行迟延后的履行不能”（过失的拟制）。[1] 后来的学说继受中，“归责事由”被重新理论化：为保障人的自由，人不能被债务过度束缚，债务不履行的责任必须建立在债务人的主观过失（Schulden）的基础上，无论债的原因是违约还是侵权行为，都必须服从于过失责任原则。因此，“归责事由”指的就是故意或过失。[2]

不过，故意或过失终究讲的是债务人对自己行为的责任，如果债务由履行辅助人完成，何种情况可以算作债务人的过失，还是只要是履行辅助人的过失就一律拟制为债务人的过失？对此，我妻荣认为，履行辅助人的情况应当类型化：（1）无独立性的“真正履行辅助人”，此时履行辅助人的过失即债务人的过失；（2）有独立性，但债之关系上不允许由他人履行的情形，此时由他人履行本身即

〔1〕 吉田邦彦「債權の各種——『帰責事由論』の再検討」星野英一代表編集『民法講座別巻（2）』（有斐阁，1990 年）5 頁参照。

〔2〕 鳩山秀夫『增訂改版日本債權法総論』（岩波書店，1925 年）155 頁以下参照。

构成债务人的过失；(3)有独立性，且债之关系上允许由他人履行的情形，此时债务人仅就选任、监督承担过失责任；(4)有独立性，债之关系上可否由他人履行不明的情形，此时和“真正履行辅助人”一样，履行辅助人的过失即债务人的过失。〔1〕 通过类型化可以看出，债务人的归责事由既不是无过失责任［类型(3)］，也不是仅凭故意和过失就能够概括的［类型(1)(4)］。这样，债务人的归责事由就在“债务人的故意或过失以及诚实信用原则上可以视为故意或过失的事由”这个定义上暂时安顿了下来，形成了传统通说。

在传统通说之下，归责事由的举证责任并不归于债权人，而是归于债务人，即由债务人举证自己并无可归责之处。条文上的“归责事由”本质上还是“免责事由”。〔2〕 至于债务人证明何种事项方可免责，实务上债务人通常须证明的是，强迫债务人在此种状况下也要承受合同未实现的风险不符合系争合同的利益框架。〔3〕 免责与否的判断并不取决于诸如故意和过失或“不可抗力”等合同之外的标准，而是要回归合同，审视合同内在的风险分配。

在回归合同的方向上，按照债务不履行和归责事由是否应当两立，可分为不同的进路：(1)一体构成，即归责事由和债务不履行是一体的概念，因为归责事由在本质上是合同解释的问题。例如，在手段债务中，债务人没有采取一切手段实现结果的义务；在结果债务中，债务人也没有克服一切不可抗的风险也要实现结果的义务。债务人被评价为“没有可归责性”，正说明从合同中解释不出由债务人承担风险的合意。既然合同不包含这种程度的义务，那就不构成“债务不履行”。即便新法独立地规定了“归责事由”，也只不过是为转换举证责任用的立法技术而已。〔4〕 (2)区分构成，即在当事人依合意所分配的履行障碍风险之外，仍然存在当事人未预料到的、也未能通过合意所分配的风险。这种情况虽然

〔1〕 我妻栄「履行補助者の過失による債務者の責任」同『民法研究Ⅴ』(有斐阁，1968年)127頁以下(初出1937)参照。1929年大审院接连出了两个判例，判决承租人为次承租人的行为导致的租赁物返还不能向出租人负损害赔偿责任(大審院1929年3月30日判決，最高裁判所民事判例集8巻363頁；大審院1929年6月19日，最高裁判所民事判例集8巻675頁)。传统通说就是在针对这两个判例的阐释中形成的。

〔2〕 大審院1935年5月27日判决，大審院民事判決録27輯963頁。

〔3〕 小林一郎「民法415条後段『債務者の責めに帰すべき事由』——わが国の契約実務の検証と履行障害免責法理の日米比較(下)」NBL/No.1007(2013)68頁参照。

〔4〕 森田宏樹『民法改正を深める——民法の基礎理論の深化のために』(有斐阁，2013年)37頁参照。

构成债务不履行,但是缔约时未预想到的风险,不能以合同拘束力的名义全部强加在债务人身上。免责事由的设置是对合同效力的限制,不仅要参考合意,还要参考合同性质、合同目的、缔约的原委、交易上的通常观念等因素。[1]

在以上两种进路中,立法采用的是后者。本条第1款本文和但书分别规定了“债务不履行”和“归责事由”,并在“归责事由”添加了限定语,即参照合同及其他债务发生原因以及交易上的社会通常观念。这里需要的注意的是,按照新法的立场,归责事由和债务不履行虽然不是一体的概念,但是在归责事由的判断上不能脱离合同关系抽象地讨论“交易上的社会通常观念”。[2]

6. 填补赔偿请求权(新法第415条第2款)

本款所称“代替债务履行的损害赔偿”指填补赔偿。[3] 按照传统的债务转形论,填补赔偿是履行请求在履行不能时的转形物,两者不可能并存,而且履行不能是债权人请求填补赔偿的唯一事由。

但是,在以下两种情形下,学说和判例认为,即便不是履行不能,债权人也可以请求填补赔偿:(1)明确的履行拒绝。无论是履行期前还是履行期后,如果债务人确定地表明了拒绝履行的表示,那么准用履行不能的规则,债权人可以不待解除直接请求填补赔偿。(2)催告时设定的合理期间经过的。在这种情形下,债权人自然可以先解除合同再请求填补赔偿。但是,大审院1933年判决允许债权人在不解除合同的前提下请求填补赔偿。[4] 奥田昌道指出,在债权人一方的对价给付为非金钱(物或劳务)时,债权人对履行反对给付有正当利益的情形,应当允许债权人在保持自身的给付义务的同时,向债务人请求填补赔偿。[5] 以上情形,学说上称为“确定的不履行”。[6]

---

〔1〕 民法(債権法)改正検討委員会編『詳解　債権法改正の基本方針Ⅱ　契約および債権一般(1)』(商事法務,2009年)38頁;山本敬三「債務不履行責任における『帰責事由』」法学セミナー679号(2011)13頁;潮見佳男『新債権総論Ⅰ』(信山社,2017年)377頁以下参照。

〔2〕 《中间试案》10-1(2)使用的表述是“依合同的意旨”,其内涵包括合同性质、合同目的、缔约的原委、交易上的通常观念等,和新法的表述并无实质差别。之所以使用“依合同的意旨”,就是为了封住一些脱离合同具体情事的抽象的故意过失判断[法務省民事局参事官室編『民法改正中間試案の補足説明』(信山社,2013年)112頁参照]。

〔3〕 部会資料68A,8頁参照。

〔4〕 大審院1933年6月13日判决,最高裁判所民事判例集12卷1437頁。

〔5〕 奥田昌道『債権総論〔増補版〕』(悠悠社,1992年)138頁参照。

〔6〕 森田宏樹『契約責任の帰責構造』(有斐阁,2002年)258-260頁参照。

此次改革确认了上述学说和判例的发展，明确否定了债务转形论的立场。本款规定了债权人可以请求填补赔偿的以下三种情形：

第一，履行不能（第 1 项）。

第二，明确的履行拒绝（第 2 项）。这是对上述学说的确认。

第三，合同被解除，或者因债务不履行而发生合同解除权时（第 3 项）。这是对上述学说以及大审院 1933 年判决的确认。这里需要注意的是，新法完全是站在履行请求权和填补赔偿请求权并立的立场上。新法赋予债权人的填补赔偿请求权是不附限定条件的（如特定合同类型、催告无应答等）。只要债权人享有基于债务不履行的解除权，那么就同时享有填补赔偿请求权。这就产生了一个问题：既然第 3 项后段规定发生解除权时债权人就已经享有了填补赔偿请求权，那么第 3 项前段还规定合同被解除时债权人享有填补赔偿请求权的意义何在？实际上第 3 项前段的适用范围很窄，仅限于债权人没有解除权，但合同因合意解除或基于双方违约的债务的解除权行使而被解除的情形。[1]

七、损害赔偿的范围（新法第 416 条）

新法第 416 条 （一）对债务不履行的损害赔偿请求，以不履行通常可发生的损害为赔偿的标的。 （二）对于因特别情事而发生的损害，当事人<u>应预见</u>该情事的，债权人亦可请求该赔偿。
旧法第 416 条 （一）对债务不履行的损害赔偿请求，以不履行通常可发生的损害为赔偿的标的。 （二）对于因特别情事而发生的损害，当事人<u>已预见或可预见</u>该情事的，债权人亦可请求该赔偿。

旧法第 416 条规定，基于债务不履行的损害赔偿的范围，限于“不履行通常

〔1〕 潮見佳男『新債権総論Ⅰ』（信山社，2017 年）479 頁参照。

可发生的损害”。本条的起草人穗积陈重在起草时参考的是英国法。按照起草的本意,损害赔偿的范围仅限于当事人在订立合同时可能预见的事项所产生的损害(限制赔偿原则—预见可能性说),而且不适用于侵权行为。可是在立法后的学说继受时期,本条的解释论被德国法化。债务不履行的损害赔偿的范围被理解为相当因果关系范围内的全部赔偿(全部赔偿原则—相当因果关系说)。在相当因果关系说之下,预见可能性是一个规范性判断,即债务人在不履行债务时“应当预见”的事项所产生的损害。同时,本条的适用范围也扩大到侵权行为。这就是关于旧法第416条的传统通说。判例也是围绕传统通说形成的。[1]

第二次世界大战后,平井宜雄在其著名论文《损害赔偿法的理论》中指出了这个问题,主张旧法第416条的适用范围就是合同债务的不履行,不适用于侵权行为。旧法第416条所规定的损害赔偿的范围,应当限于合同当事人缔约时可能预见的损害(不是事项)。

在这样的脉络下可以看出,日本法在旧法第416条的适用上,无论是关于预见主体、预见基准时、预见对象(“事项”还是“损害”),还是适用范围,学说和判例之间存在严重的分歧。此次改革对旧法第416条未作实质性的修改,只是就有共识的部分,将“已预见或可以预见”改为“应预见”,强调可预见性是规范性概念。

八、中间利息扣除(新法第417条之2)

新法第417条之2

(一)就将来应取得的利益确定损害赔偿额的情形,扣除应取得该利益时之前的利息相当额的,依该损害赔偿请求权发生时点的法定利率而定。

(二)就将来应负担的费用确定损害赔偿额的情形,扣除应负担该费用时之前的利息相当额的,与前款同。

本条系新增,明确规定计算损害赔偿额时的中间利息扣除适用法定利率。

---

[1] 大審院1918年8月27日判决,大審院民事判決録24辑1658頁。

日本法上,关于债务不履行的将来损害,债权人可以要求立即支付(一时金),也可以要求将来定期支付(定期金)。[1] 在要求以一时金方式支付时,就涉及中间利息扣除的问题。中间利息扣除,是指就将来的逸失利益和将来可能的费用支出,在债权人要求以一时金方式支付时,须扣除从计算基准时到将来利益取得时或将来费用支出时之间的利息额。中间利息在本质上是未来应支付金额的贴现率,而不是当下应支付金额的迟延利息,所以严格而言,中间利息扣除并不在旧法第404条(法定利率)的适用范围内,而是存在一个法律漏洞。[2]

正因如此,司法判决很不一致,有的案件直接适用5%的法定税率,有的案件则会考虑利率低迷的现状,适用更低的利率。最高裁判所2005年判例明确表达了适用5%的法定利率的立场,理由是防止判决标准不一,维护受害人之间的公平,提高损害赔偿额的可预见性以预防纠纷等。[3] 这样,司法实务在5%的法定利率上就暂时安定下来了。不过,法定利率和社会一般利率之间的差异仍然存在,中间利息扣除的利率过高会损害侵权行为的受害人的利益。为了司法的统一,以受害人之间的公平为名做出损害受害人利益的决断,并不是这个问题的最终解。这就是民法改革所面临的状况。

在法制审议会启动之前,民法(债权法)改正检讨委员会曾经建议,关于通常债权的中间利息扣除适用变动制的法定利率,而关于人身损害,则适用一种特别的长期法定利率(《基本方针》3.1.1.49)。这是考虑人身损害这种长期的损害额的确定不应当为一时的、变动的法定利率所左右。不过,在之后的审议过程中,由于法定利率制自身被设计为"缓慢的变动制"(参见新法第404条的解说),所以为人身损害赔偿专门设置中间利息扣除的规定就意义不大了。[4] 新法最终还是以法定利率作为计算损害赔偿额时的中间利息扣除的统一利率(关于侵权行为的损害赔偿,新法第722条第1款新增了对本条的准用规则)。

---

〔1〕 依照判例,在债权人要求以一时金方式支付时,法院不得判决以定期金方式支付。最高裁判所1987年2月6日判决,判例時報1232号100頁(旁论)。

〔2〕 潮見佳男『不法行為』(信山社,1999年)278頁参照。有反对意见认为,中间利息扣除的本质是在无利息约定的前提下强制债务人提前购买债权人的将来债权,所以迟延损害并无不同,应当适用法定利率。

〔3〕 最高裁判所2005年6月14日判决,最高裁判所民事判例集59卷5号983頁。

〔4〕『法制審議会民法(債権関係)部会第83回会議議事録』(2014.2.4)13-14頁(中井康之発言)参照。

九、过失相抵(新法第418条)

新法第418条 关于债务不履行或者由此所致的损害的发生或扩大债权人有过失的,法院应考量该因素,以确定损害赔偿的责任及金额。
旧法第418条 关于债务不履行债权人有过失时,法院应考量该因素,以确定损害赔偿的责任及金额。

本条是关于过失相抵的条款。日本法上,关于过失相抵有两条规定:一条是关于一般债权的规定(旧法第418条),另一条是关于侵权行为的规定(第722条第2款)。两者的区别主要在于:第一,考量的必要性。一般债权必须考量债权人的过失(必要斟酌),而侵权责任可以不考量(裁量斟酌)。第二,责任否定的可能性。在一般债权中,法院可以考量债权人的过失否定损害赔偿责任的成立,而在侵权责任中,法院不得因债权人的过失而否定损害赔偿责任的成立。[1]此次民法改革只对旧法第418条作了部分修改。

《中间试案》10-7的提案是,"关于债务不履行或因此所致的损害的发生或扩大,债权人依状况应当采取合理防止措施却未能采取的,法院可以考量该因素,确定损害赔偿的金额"。这里对旧法第418条有以下修改:(1)新增"损害的发生或扩大";(2)将"过失"改为"债权人依状况应当采取合理防止措施却未能采取";(3)将必要斟酌改为裁量斟酌;(4)不允许法院因债权人的过失而否定损害赔偿责任的成立。以上四点之中,(1)是鸠山秀夫参考德国法引进的,系学界无异议的通说,(2)是导入减损规则的努力,(3)(4)是使本条和第722条第2款的一致化的尝试。

其中(2)是《中间试案》10-7最关键的改动。依照判例,旧法第418条所说的"过失"和旧法第415条规定的债务人的过失不是同一性质的概念。[2]平井

---

〔1〕关于本条和第722条第2款的立法,窪田充见『過失相殺の法理』(有斐阁,1994年)146頁以下参照。

〔2〕最高裁大法庭1964年6月24日判决,最高裁判所民事判例集18卷5号854頁参照。

宜雄认为这是债权人的协助义务和防止损害扩大的义务,债权人置自身于危险的行为也该当过失相抵事由。[1] 在旧法第416条的解释上,最高裁判所2009年判例认为,当债权人违反损害回避和减少义务时,自该时点之后的所有损害都不得向债务人请求赔偿。[2] 判例中所言"损害回避和减少义务"就是减损义务。但是日本法作为典型的大陆法一直未规定减损规则。《基本方针》3.1.1.73曾经尝试直接规定减损规则,但是之后遭遇阻力,所以退而求其次,改在过失相抵的规则中引入减损规则的理念。[3] 《中间试案》10-7将旧法第418条的"过失"改为能够反映学说发展,也能够容纳减损规则的理念的表述。

但是,新法最后只采纳了完全无异议的第(1)点,第(2)点未能进入新法。这是因为在第三阶段的审议中有意见提出,旧法第418条的"过失"的含义在实践中已经固定,如果变动"过失"概念会导致法律不安定。[4] 不过话说回来,如果惧怕法律不安定,为什么要启动修法的程序?这种理由能够被冠冕堂皇地提出来这一事实本身,直白地表达了一种"对条文的修正可能带来的现状变化的恐惧感"。[5]

十、金钱债务的损害赔偿额的计算(新法第419条)

> **新法第419条**
>
> (一)以金钱给付为标的的债务不履行,其损害赔偿额依<u>债务人负迟延责任的最初时点的</u>法定利率而定。但是,约定利率高于法定利率的,依约定利率。
>
> (二)关于前款的损害赔偿,不要求债权人证明损害。
>
> (三)关于第一款的损害赔偿,债务人不得以不可抗力为抗辩。

---

〔1〕 平井宜雄『債権総論〔第2版〕』(弘文堂,1994年)107頁以下参照。由于过失相抵的"过失"被客观化,所以在日本法上,受害人有特殊体质的情形也可以类推适用过失相抵(最高裁判所1988年4月21日判决,最高裁判所民事判例集42卷4号243頁)。

〔2〕 最高裁判所2009年1月19日判决,最高裁判所民事判例集63卷1号97頁。

〔3〕 法務省民事局参事官室編『民法改正中間試案の補足説明』(信山社,2013年)124頁参照。

〔4〕 部会資料68A,18-19頁参照。

〔5〕 大村敦志=道垣内弘人編『民法(債権法)改正のポイント』(有斐閣,2017年)126頁(加毛明執筆)参照。

旧法第 419 条 （一）以金钱给付为标的的债务不履行，其损害赔偿额依法定利率而定。但是，约定利率高于法定利率的，依约定利率。 （二）关于前款的损害赔偿，不要求债权人证明损害。 （三）关于第一款的损害赔偿，债务人不得以不可抗力为抗辩。

本条是关于金钱债务的损害赔偿额计算的特则，是适用法定利率的重要场合。本条的修改是受新法第 404 条（金钱之债的法定利率）的影响。

依新法第 404 条，法定利率从固定利率制改为变动利率制。在变动利率制下，立法必须明确法定利率的适用基准时。作为一般规则，新法第 404 条第 1 款规定的基准时为"产生利息的最初时点"。本条作为金钱债务的损害赔偿额的特则，需要作出相应的调整。本条第 1 款将确定法定利率的基准时定为"债务人负迟延责任的最初时点"。在侵权损害赔偿的情形下，该基准时为侵权行为作出时。[1] 本条其他条款未作变动。

十一、损害赔偿额的预定（新法第 420 条）

新法第 420 条 （一）当事人可以就债务不履行预定损害赔偿额。 （二）赔偿额的预定，不妨碍履行的请求或解除权的行使。 （三）违约金推定为赔偿额的预定。
旧法第 420 条 （一）当事人可以就债务不履行预定损害赔偿额。<u>于此情形下，法院不得增减其额度。</u> （二）赔偿额的预定，不妨碍履行的请求或解除权的行使。 （三）违约金推定为赔偿额的预定。

〔1〕 部会資料 81B，7 頁参照。

1. 何为损害赔偿额的预定

本条规定了损害赔偿额的预定。新法删去了旧法第420条第1款后段。

在日本法上,当事人约定“违约金”时有两种可能:一是有惩罚性质的违约罚则(独立于损害赔偿额的民事罚金),二是损害赔偿额的预定。依本条第3款,两种约定都有效,推定为后者。损害赔偿额的预定,是指当事人对将来可能的损害赔偿额的预估。按照旧法第420条第1款后段,如果当事人预定了损害赔偿额,法院不得增减其额度。之所以这样规定,是因为明治民法的起草者认为,当事人预定损害赔偿额的目的是减轻举证负担,使债权人不必一一证明损害额,只要证明债务不履行的事实即可。如果法院做事后的变更,相当于重新增加了债权人的举证难度。[1]

2. 损害赔偿额的预定的效力

当事人预定损害赔偿额的目的何在,有各种可能,未必如立法者所想。大审院1944年判例认为,当事人约定的迟延损害赔偿金过高的,因违反公序良俗而无效。[2] 此外,也有判例认为,预定的损害赔偿额也会因过失相抵而减额。[3] 债权人的违约金请求并不是总能得到法院的支持。

对于法律的发展而言,旧法第420条第1款后段是有误导性的,会成为解释上的障碍,故新法将其删除。[4] 需要注意的是,旧法第420条第1款后段被删除,并不意味着法院可以随意地增额或减额。在债权人有过失时,法院可依照过失相抵的规定进行裁量;在赔偿额的预定违反公序良俗时,法院是直接使之一部无效,还是先使其无效再按照任意规范进行补充解释,视未来的解释而定。[5]

---

〔1〕 広中俊雄編著『民法修正案(前三編)の理由書』(有斐閣,1987年)410頁参照。

〔2〕 大審院1944年3月14日判決,最高裁判所民事判例集23巻147頁。

〔3〕 最高裁判所1994年4月21日判決,裁判所時報1121号1頁。

〔4〕 部会資料68A,20頁参照。

〔5〕 潮見佳男『民法(債権関係)改正法の概要』(きんざい,2017年)75頁参照。

十二、代偿请求权(新法第422条之2)

> **新法第422条之2**
>
> 债务人因与债务陷入履行不能的同一原因,取得作为债务标的物的代偿的权利或者利益的,债权人可以在其受损害的限度内,请求债务人移转该权利或者返还该利益。

本条系新增,规定了代偿请求权。代偿请求权是指债务人陷入履行不能,却基于和履行不能的同一原因又取得了代替标的物的权利或利益时(保险金、对第三人的损害赔偿请求权等),债权人可以要求债务人偿还该权利或利益。明治民法虽然没有明确规定代偿请求权,但是学说和判例都承认该权利的存在。最高裁判所1966年判例指出,代偿请求权的法理体现在旧法第536条第2款但书之中(参见新法第536条第2款的解说)。

关于代偿请求权是否以履行不能不可归责于债务人为前提,存在很大争议。传统理论认为,如果履行不能可归责于债务人,债务人应当负损害赔偿责任,所以债权人的损害可以从债务人处得到填补,债务人取得代偿的权利或利益亦非不正当;反之,如果允许债权人在向债务人请求损害赔偿的同时还可以主张代偿请求权,则过度地干涉了债务人的财产管理。[1] 对此,判例的立场并不明确。上述最高裁判所1966年判例的二审判决明确以"履行不能不可归责于债务人"为代偿请求权的前提,但是最高裁判所在维持原判的判旨中将这一限定语删去了。

新法未规定代偿请求权"以履行不能不可归责于债务人为限"的要件。起草的本意是排除这个要件,因为债务人的责任财产未必充足,允许债权人主张代偿请求权有利于债权的实现。[2] 但是在审议末期,立案负责人改口说本条并未

〔1〕 林良平=石田喜久夫=高木多喜男『債権総論〔第3版〕』(青林書院,1996年)104頁以下参照。

〔2〕 参见部会資料68A,13頁参照。

完全否定这个要件，仍有解释的可能。[1] 这里就涉及代偿请求权和债权人代位权的制度协调问题。

第三节 债权人代位权

日本法上的债权人代位权源自法国法的“间接诉权”（*action inderecte*）。法国法之所以有间接诉权，是因为法国的民事诉讼法欠缺对不动产交付债权的强制执行，需要债权人先代位行使债务人的权利，使财产回流至债务人的责任财产。然而，日本的民事诉讼法系继受德国，本来就有相对齐备的民事保全（财产保全、行为保全）和民事执行（债权执行）制度，债权人代位权的地位饱受质疑。最高裁判所的判例中，债权人代位权的运用和民事执行越发接近。当被保全债权（主债权）和被代位债权（次债权）都是金钱债权时，判例允许债权人直接受领次债务人的履行，然后通过抵销实现事实上的优先受偿。所以，从民事诉讼法的角度来看，债权人代位权不仅在功能上多余，而且在民事保全和民事执行之外越俎代庖地提供了一套无须债务名义和执行程序即可实现的简易版的债权回收手段，全然无视债务人和次债务人的程序保障，因此被民事诉讼法学者讥讽为民事实体法学者对民事程序法不了解不关心的纪念碑式的制度。[2]

对此，民法学界从以下两条进路重新定位债权人代位权的制度功能。

第一，作为民事保全和民事执行的补全制度。债权人代位权作为强制执行的预备制度，具有民事保全和民事执行所不具有的功能：（1）债权人可以代位行使债务人的撤销权、解除权、时效抗辩权、回购权等形成权，甚至在被保全债权到期之前代位债务人实施中断时效、申报破产债权等保存行为。（2）债权人代位权不经由诉讼亦可行使，给债权人提供了在裁判外与次债务人交涉的可能。

第二，作为“概括性担保权”的实现方式。债务人的一般责任财产（包括其对次债务人的债权）是其债务的“概括性担保”，而债权人代位权是债权人实现

---

〔1〕『法制審議会民法（債権関係）部会第90回会議議事録』（2014.6.10）59頁（金洪周発言）参照。

〔2〕三ヶ月章「わが国の代位訴訟・取立訴訟の特異性とその判決の効力の主観的範囲——法定訴訟担当及び判決効の理論の深化のために」同『民事訴訟法研究6』（有斐阁，1972年）1頁以下参照。

这一"概括性担保权"的方式,本质上是债权人的固有权利。由于债权人系为满足自身债权,非为共同担保的保全,债权人代位权故具有以下特点:(1)被保全债权原则上须到期;(2)不以债务人无资力为要件;(3)代位权的行使范围不超过被保全债权的额度;(4)债权人可以直接受领给付;(5)代位权行使的效果直接归属于债权人,无须借助抵销等。

此次民法改革采上述第一种进路,立法方向是强化债权人代位权作为"民事保全和民事执行的补全"的功能。所谓"补全",是指债权人代位权仅在民事保全和民事执行程序无法覆盖的部分提供制度供给,在制度设计上和民事程序法,尤其是破产法(如日本《破产法》第71条)相协调,防止债权人代位滑向更为简易的债权回收。在审议过程中,《中间试案》14-3(2)曾经明确禁止债权人在直接受领给付后向债务人主张抵销(注1甚至建议明确否定债权人的直接受领权)。但是,这一立法计划未能实现,反而判例所确立的债权人的直接受领权被立法化(新法第423条之3)。这反映了日本法在债权人代位权上纠结的心态,即一方面清楚地认识到简易债权回收功能规避了正常的民事保全和民事执行程序,另一方面又不愿意放弃简易债权回收功能所带来的便利。

最终,关于债权人代位权,新法形成了以下格局:一方面,新法允许债权人对次债务人的给付享有直接受领权限(新法第423条之3,关于抵销权未设明文规定);另一方面,新法也接受了民事诉讼法学界的批评,给予债务人和次债务人更多的程序保障,如次债务人的抗辩权(新法第423条之4)、债务人的处分权限(新法第423条之5)、债权人对债务人的诉讼告知义务(新法第423条之6)等。这样,在新法中,债权人即便被赋予直接受领权限,也不意味着债权人一定可以优先于债务人的其他债权人而受偿,原因在于:(1)债权人的抵销权,除了受破产法的既有规定的限制外,也会受到权利滥用的限制;(2)债权人代位权不影响债务人的处分权限,债务人可以受领次债务人的清偿;(3)债权人代位权也不影响其他债权人通过民事执行程序扣押被代位债权。总体而言,债权人实现事实上的优先受偿的可能性比改革之前窄。[1]

---

〔1〕 中田裕康 = 大村敦志 = 道垣内弘人 = 沖野眞已『講義債権法改正』(商事法務,2017年)119頁(沖野眞已執筆)参照。

一、债权人代位权的要件(新法第423条)

新法第423条 (一)债权人,有必要保全自己的债权的,可以行使属于债务人的权利(以下称"被代位权利")。但是,债务人一身专属的权利及禁止扣押的权利,不在此限。 (二)债权人,其债权的履行期未到来时,不得行使被代位权利。但是,保存行为不在此限。 (三)债权人,其债权为不得以强制执行实现的债权时,不得行使被代位权利。
旧法第423条 (一)债权人为保全自己的债权,可以行使属于债务人的权利。但是,债务人一身专属的权利,不在此限。 (二)债权人,其债权的履行期未到来时,非依裁判上的代位,不得行使前款的权利。但是,保存行为不在此限。

(一)债权人代位权的对象(第1款)

债权人代位权的制度目的是保全债务人的责任财产以备强制执行,而一身专属于债务人的权利本来就不得归属于债权人,其行使与否一任债务人的意思,债权人不得行使代位权。这在旧法第423条第1款中有明确规定。

除一身专属的权利外,民事诉讼法上禁止扣押的权利也不得代位,如日本《民事执行法》第152条及《恩给法》第11条第3款所规定的权利。这是因为债权人代位权的目的在于责任财产的保全和执行,而禁止扣押的权利不构成债务人的一般责任财产。将这一点予以明文规定,主要是为了避免"就禁止扣押的权利中的非一身专属的部分可能行使债权人代位权"的误解。[1]

(二)"诉讼上的代位"的废止(第2款)

日本法上,债权人代位权的行使无须经由诉讼,诉讼外的行使即可发生相应

---

〔1〕 部会資料75A,27頁参照。

效力，如通过催告使债务人陷入迟延或中断时效等。不过，为了防止债权人对债务人财产管理的过度干涉，旧法第 423 条第 2 款规定，被保全债权未届清偿期时，债权人原则上不得行使代位权，除非依“诉讼上的代位”取得法院的许可(《非诉案件法》第 85 ~ 91 条)。

但是，“诉讼上的代位”制度几乎无用武之地。原因在于：(1)代位行使的权利系属于保全行为的，本来就无须“诉讼上的代位”(本款但书)；(2)代位行使的权利不属于保全行为的，债权人借助民事财产保全程序，照样能够在被保全债权未届清偿期的情形下实现财产保全(《民事保全法》第 20 条第 2 款)，也无须“诉讼上的代位”。实践中适用“诉讼上的代位”的寥寥数案都是“转用型债权人代位权”，而“转用型债权人代位权”本来也不以被保全债权已届清偿期为当然的前提(参见新法第 423 条之 7 的解说)。最终，立法者衡量了“诉讼上的代位”制度的必要性和债权人可能利用该制度干涉债务人财产管理的危害性，决定废止该制度。〔1〕

(三) 被保全债权的性质(第 3 款)

债权人代位权是强制执行的预备制度，不得依强制执行实现的债权自然没有被保全的必要。这一要件系属当然，之所以予以明文规定，是为了避免“就不得依强制执行实现的权利也可能行使债权人代位权”的误解。〔2〕

二、代位权行使的范围(新法第 423 条之 2)

> **新法第 423 条之 2**
>
> 债权人行使被代位权利的情形，被代位权利的标的可分的，债权人仅就其债权额的限度内，可以行使被代位权利。

本条将债权人代位权的行使限制在被保全债权的数额范围内。这是对判例法理的明文化。〔3〕从“概括性担保权”的实现或者简易债权回收的角度来看，这是理所当然的规定。从责任财产保全的角度来看，债权人代位权的行使系为全

〔1〕 部会資料 75A，27 頁参照。

〔2〕 部会資料 75A，27 頁参照。

〔3〕 最高裁判所 1969 年 6 月 24 日判決，最高裁判所民事判例集 23 卷 7 号 1079 頁。

体债权人的“共同担保”，并不必然限制在被保全债权的范围内。[1] 起初，《中间试案》曾经规定债权人可以行使全部被代位权利。但是，立法过程中有意见指出，由于债权人可以直接受领相对人的给付，如果允许债权人行使全部被代位权利，一方面，会过度干涉债务人财产管理；另一方面，债权人受领全部给付之后的资产分配程序无法可依，而且托管过程中难免出现债权人消耗隐匿资产或破产的情况，有损于债务人或其他债权人。因此，最终立法选择将债权人代位权的行使限制在被保全债权的数额范围内。[2]

三、债权人的直接受领权限（新法第 423 条之 3）

> **新法第 423 条之 3**
>
> 债权人行使被代位权利的情形，被代位权利以金钱的支付或者动产的交付为标的的，债权人可以要求相对人向自己支付或者交付。于此情形，相对人向债权人支付或者交付的，被代位权利因此而消灭。

本条允许债权人在被代位权利以金钱的支付或者动产的交付为标的的前提下，直接受领相对人的给付。本条是通说和判例法理的明文化。[3]

当然，在代位权行使的效果归属上，判例的立场是，债权人受领的财产利益仍归属于债务人，债权人只是暂时保管债务人的财产，债务人有返还请求权。[4] 只不过，在金钱债权的情形下，债权人直接受领给付后可以行使抵销权使债务人的返还请求权在被保全债权的额度内消灭，形成事实上的优先受偿。

在债权人的直接受领权限上，日本法和中国法一致。但是，在代位权行使的效果归属问题上，日本法仅允许“事实上的优先受偿”，而非“法定债权转移”。立法特别强调，债权人的抵销权会受到权利滥用法理的限制。[5] 至于何种情形

〔1〕 星野英一『民法概論Ⅲ（債権総論）』（良書普及会，1978 年）101 頁；奥田昌道『債権総論〔増補版〕』（悠悠社，1992 年）264 頁参照。

〔2〕 部会資料 73A，29 頁参照。

〔3〕 最高裁判所 1954 年 9 月 24 日最高裁判所民事判例集 8 卷 9 号 1658 頁；我妻栄『新訂債権総論』（岩波书店 1964 年）169 頁；奥田昌道『債権総論（增补版）』（悠悠社 1992 年）263 頁参照。

〔4〕 最高裁判所 1969 年 6 月 24 日判決，最高裁判所民事判例集 23 卷 7 号 1079 頁。

〔5〕 部会資料 73A，31 頁参照。

下会动用权利滥用法理，一般是债权人明知债务人陷入支付不能状态，趁债务人的破产程序开始之前行使撤销权以图优先受偿的情形。

四、次债务人的抗辩(新法第423条之4)

> **新法第423条之4**
>
> 债权人行使被代位权利时，相对人可以以向债务人主张的抗辩对抗债权人。

本条规定了债权人行使代位权时的次债务人的抗辩权。这也是判例法理的明文化。[1] 本条的宗旨在于，债权人代位权的行使不会使次债务人处于比债务人自己主张权利时更不利的地位。次债务人可以向债权人主张一切得以向债务人主张的抗辩，包括权利消灭(如清偿或合同解除)、抵销、通谋虚伪表示、无效或可撤销等。反之，本条同时意味着，次债务人不得以自己向债权人主张的抗辩对抗债权人，毕竟债权人行使的是债务人的权利。[2]

五、债务人的受领或其他处分权(新法第423条之5)

> **新法第423条之5**
>
> 即便是债权人行使被代位权利的情形下，也不妨碍债务人就被代位权利实施自行催收或者其他处分。于此情形，也不妨碍相对人就被代位权利向债务人作出履行。

本条处理的问题是，债权人代位权的行使是否有限制债务人的处分权的效力。这涉及债权人在行使代位权之后，债务人是否有权受领次债务人的清偿，债务人可否向次债务人催收甚至提起诉讼，债务人的其他债权人可否就被代位债权行使权利等一系列问题。

---

〔1〕 大審院1910年7月6日判決，大審院民事判決録16辑546頁、大審院1936年3月23日判決，最高裁判所民事判例集15卷551頁。

〔2〕 潮見佳男『民法(債権関係)改正法の概要』(きんざい，2017年)80頁参照。

在此次民法改革之前，判例和传统通说采用的是“限制说”，即债权人已将行使代位权的事实通知债务人，或者债务人明知债权人行使代位权时，债务人的处分权受到限制。[1] 但是，民事诉讼法学界一直对“限制说”持批评意见。理由在于，债权人代位权毕竟是实体法上的权利，如果认为债权人代位权的行使能够限制债务人的处分权，那么相当于赋予其以民事强制执行的效力；民事强制执行是建立在对债务名义的确认以及清晰的程序之上的，倘若抛开了这些，直接承认债权人的通知或债务人的知情的事实即可剥夺债务人的处分权，那么无论是债务人还是次债务人，都会陷入极大的不安。[2] 之后，民法学界也认识到，债权人代位权的目的是解决债务人怠于行使权利的问题；如果债务人自己行使了权利，而债权人代位权反而限制其行使权利，那么在制度上就是过度干涉了。[3] 自此学说转向“非限制说”。此次改革是对学说转向的确认。

依新法第423条之5的规定，债权人行使代位权时：(1)债务人可以受领来自次债务人的履行。至于债权人进行了诉讼告知或者取得胜诉判决的情形，债务人的清偿受领权限是否不受影响，理论上存在严重分歧。新法的立场是，即便债权人获得胜诉判决，债务人的处分权限也不受限制。债权人若想限制债务人的处分权限，应当选择民事保全和民事执行程序。[4] (2)次债务人既可以向债务人履行，也可以向债权人履行。当然，如果债权人就被代位债权申请了民事保全或者民事执行，那么次债务人不得向债务人履行。(3)债权人代位权的行使，不妨碍其他债权人就被代位债权申请强制执行，或者行使代位权(只不过，多人就同一标的行使代位权时会有重复诉讼的问题)。[5]

---

〔1〕 大審院1939年5月16日判決，最高裁判所民事判例集18卷557頁；我妻栄『新訂債権総論』(岩波書店，1964年)170頁参照。

〔2〕 三ケ月章「わが国の代位訴訟・取立訴訟の特異性とその判決の効力の主観的範囲——法定訴訟担当及び判決効の理論の深化のために」同『民事訴訟法研究6』(有斐阁，1972年)18頁参照。

〔3〕 平井宜雄『債権総論〔第2版〕』(弘文堂，1994年)272頁；前田達明『口述債権総論』(成文堂，1987年)258頁参照。

〔4〕 中田裕康＝大村敦志＝道垣内弘人＝沖野眞已『講義債権法改正』(商事法務，2017年)112頁。

〔5〕 潮見佳男『民法(債権関係)改正法の概要』(きんざい，2017年)81頁参照。

六、债权人的诉讼告知义务(新法第423条之6)

> **新法第423条之6**
>
> 债权人提起与被代位权利的行使有关的诉讼时,应立即向债务人作出诉讼告知。

如前所述,在民法改革之前,判例采“限制说”。依“限制说”,债权人已将行使代位权的事实通知债务人时,债务人对次债权的处分权被剥夺。因此,从“限制说”的视角来看,债权人进行代位权诉讼时似乎没有必要通知债务人。但是,即便在学说转向之前,最高裁判所也承认,当债务人对主债权的存在本身有异议时,可以独立参加诉讼。[1] 至少在这个意义上,诉讼告知是有必要的。更不用说在学说转向之后,债务人的处分权限不受限制。因此,在程序上也应当给予相应的程序保障。

本条规定了债权人在提起代位权诉讼时的“诉讼告知义务”。保护目的有两方面:第一,代位权诉讼败诉时,其败诉效力及于债务人,如果不通知债务人参加诉讼,就会剥夺债务人提出必要的主张和举证的机会。这被称为“判决效力扩张型诉讼告知”。第二,代位权诉讼胜诉时,债权人有直接受领权限(新法第423条之3),如果不通知债务人,债权人会在债务人不知情的情况下受领给付并通过抵销消灭对债务人的债权,这会导致债务人对债权人的抗辩权等权利无法主张。这被称为“权利行使保障型诉讼告知”。[2]

在诉讼上,如果债权人违反了诉讼告知义务,那么债权人代位行使次债权的诉讼请求应当被裁定驳回。

---

〔1〕 最高裁判所1973年4月24日判决,最高裁判所民事判例集27卷3号596頁。

〔2〕 山本和彦「债权人代位权」NBL/No.1047(2015)8頁参照。

七、债权人代位权的转用(新法第 423 条之 7)[1]

> **新法第 423 条之 7**
>
> 受让非经登记或注册不得以权利的得丧及变更对抗第三人的财产的人,于该财产的出让人不行使其对第三人享有的、请求第三人为登记或注册程序的权利时,可以行使该权利。于此情形,准用前三条的规定。

(一)何为“转用”?

所谓转用,是指债权人将债权人代位权用于“责任财产的保全”之外的目的,即用于实现其个别权利。例如,甲将土地卖给乙,乙又转卖给丙的情形中,如果甲不向乙履行移转登记的义务,而乙又怠于行使登记移转请求权,那么丙的权利就无法实现。此时丙可否代位乙向甲请求移转登记,就是转用的问题。通常,被保全债权为金钱债权时,债权人通过代位权的行使充实债务人的责任财产,从而满足自身债权。但是在上述情形中,丙的权利为非金钱债权,即便债务人乙的责任财产充裕,只要他不是系争房屋的登记名义人,债权人丙的权利就得不到满足。固然,乙的责任财产足以支付违约金和违约损害赔偿,但这无助于实现债权人的权利。这里的问题是,是否有必要允许债权人在债务人责任财产充裕的前提下,代位行使其对次债务人的权利,以满足债权人的个别债权。[2]

早在明治时期,大审院判例就允许土地转卖中的转得人代位转卖人(买主)向卖主请求移转登记。[3] 之后历经纷争,债权人代位权被谨慎地转用于各种情形(下文详述)。转用,意味着债权人代位权的“债务人无资力”要件被抽掉。为使债权人不会借“转用”之名肆意干涉债务人的财产管理,有必要替换上其他限

---

〔1〕 关于日本法上的债权人代位权的转用,参见段匡:《日本债权人代位权的运用》,载梁慧星主编:《民商法论丛》(第 16 卷),金桥文化出版(香港)有限公司 2000 年版,第 530 页以下。

〔2〕 这里必须说明的是,“转用”并非指被保全债权的范围从“金钱债权”扩展到“非金钱债权”(尽管大部分情况如此),而是指制度的适用目的从“责任财产保全”扩展到“个别权利的实现”,因此,理论上存在为保全金钱债权而“转用”债权人代位权的情况。例如,甲将土地卖给了乙,但缔约后甲未移转登记,乙也未支付价款。之后甲死亡,甲的子女丙和丁共同继承了甲的财产和债务。丁向乙请求支付价金,乙以丙不配合移转登记为由拒绝支付价款,却不积极向丙请求移转登记。此时,丁可以代位乙行使其对丙的登记移转请求权(最高裁判所 1975 年 3 月 6 日判决,最高裁判所民事判例集 29 巻 3 号 203 頁)。

〔3〕 大審院 1910 年 7 月 6 日判決,大審院民事判決録 16 辑 537 頁。

制性要件:(1)必要性,即债权人必须主张证明,若不允许转用,债权就无法得到满足;(2)相当性,即代位行使债务人的该项权利是与债权人的权利的性质相适应的合理手段;(3)补充性,即其他法律手段无法实现债权。[1]

在新法中,债权人代位权的转用被立法化。在立法模式上,关于是否规定兜底条款,审议过程中存在较大争议。《中间试案》14－9(2)曾经规定过兜底条款:"因归属于债务人的权利未被行使,使债权人对债务人的权利的实现受到妨害的情形,当不存在其他实现权利的方法时,债权人可以行使归属于债务人的权利。"但是,由于对该条的适用范围难以组织表述,而且补充性要件的合理性亦有分歧,最终立法放弃了对兜底条款的规定,只规定了权利对象为"以登记为对抗要件的财产"这种无争议的经典类型(本条)。至于其他类型,立法资料明确显示,立法没有排除其他类型的意图,有待学理和实践的展开。[2]

(二)其他转用类型

除了本条所明示的"受让以登记为对抗要件的财产"的类型外,债权人代位权也可能转用于以下几种情形。

1. 租赁物的使用被第三人妨害,而出租人怠于行使排除妨害请求权的情形下,承租人可以代位出租人行使排除妨害请求权。[3] 本来,如果承租人已经占有租赁物,那么其可以行使基于占有的排除妨碍请求权(第198条);如果租赁合同已经登记,那么承租权本身就能够产生排除妨害请求权(新法第605条之4)。但是,在既未占有,也未登记的情况中,承租人可以主张债权人代位权。

2. 专利的独占使用权被第三人侵害,而专利权人怠于行使停止侵害请求权的情形下,专利的独占使用权人可以代位专利权人行使停止侵害请求权。这种情况看上去和租赁的情况相似,但是理论上存在很大的差异。在租赁的情形下,房屋的所有权人对承租人负有提供房屋并使其适于使用收益的义务(作为义务);反之,在专利权使用许可的情形下,因专利权的禁止权的本质,专利权人对专利使用权人仅负有容忍其使用专利的义务(不作为义务)。因此,当第三人侵

---

〔1〕 法務省民事局参事官室編『民法改正中間試案の補足説明』(信山社,2013年)160頁;潮見佳男『新債権総論Ⅰ』(信山社,2017年)709－710頁参照。

〔2〕 部会資料73A,36頁参照。

〔3〕 大審院1920年11月11日判決,大審院民事判決録26輯1701頁参照。

害专利使用权时,即便专利权人无任何作为,也无“怠于行使权利”可言。对此,知识产权学界认为,专利的独占使用许可的情况有所不同,因为独占许可协议包含着“不允许其他人使用”的内涵,倘若第三人任意使用而专利权人不予禁止,那么在事实上会形成“允许他人使用”的状态,违背独占许可的内涵。此时,应当允许独占使用权人代位专利权人行使停止侵害请求权。[1]

3. 交通事故的加害人购买了商业第三者责任险,而事故发生后怠于向保险公司出险索赔的情形,受害人可以代位加害人向保险公司请求支付保险金。首先,需要指出的是,这不是一个真正利益第三人契约的问题,因为保险合同中没有规定受害人的直接请求权。其次,存在这样的疑问,即交通事故的损害赔偿是可以通过金钱满足的,只要加害人有责任财产,那么应当在穷尽加害人的责任财产的前提下才允许代位,所以这不是一个“转用”的问题。但是,有学者指出,第三者责任险的保险金就是为了赔付受害人的损害,不构成加害人的责任财产。此时,允许受害人代位主张保险金赔付请求权以满足其特定的损害赔偿请求权,既不会过度干涉加害人的财产管理,也不会影响加害人的其他债权人的利益,无须以加害人无资力为前提。

4. 土地上设有借地权,借地权人在土地上建设房屋并享有房屋所有权,之后又将房屋出租的情形下,当借地权到期时,本来借地权人可以请求土地所有权人以市场价格回购房屋(《借地借家法》第 13 条“房屋回购请求权”),而所有权人回购之后成为房屋租赁合同的新的出租人(第 605 条“买卖不破租赁”),这样房屋的承租人就可以继续使用房屋。但是,如果借地权人怠于行使房屋回购请求权,那么土地所有权人就不会成为房屋所有权人,相应地也不会成为租赁合同的新的出租人。此时,土地的所有权人可以依据所有权,要求房屋的承租人搬出。为保障房屋承租人的利益,学说上认为,应当允许承租人代位借地权人行使房屋回购请求权。

---

〔1〕 田村善之『知的財産法〔第 5 版〕』(有斐阁,2010 年)341 頁参照。

第四节 诈害行为撤销权

日本法上所称“诈害行为撤销权”，相当于我国法上的“债权人撤销权”。[1] 诈害行为撤销权的母法是法国《民法典》第 1167 条的“保罗诉权”（*action paulienne*），在勃瓦索纳多旧民法中称为“废罢诉权”。诈害行为撤销权的制度目的就是恢复债务人散逸的责任财产，以备强制执行。

关于诈害行为撤销权的性质，历代有形成权说、请求权说、折中说、责任说、诉权说、新形成权说等观点。[2] 自明治时期起，日本判例一直采用折中说。[3] 详言之，在债务人免除债务、提供保证等情形下，债权人可以请求撤销诈害行为（形成之诉）；在存在财产散逸的情形，债权人可以直接以受益人或者转得人为被告，请求返还散逸的财产（给付之诉）。理论上，给付之诉并非形成之诉的延伸，其实体法基础也并非对债务人的返还请求权的代位，而是债权人的债权所固有的效力。正因为此，给付之诉的提起并不以破坏债务人、受益人、转得人之间的行为的效力为代价，撤销的效力仅在债权人和被告之间发生（“撤销的相对效力”）。折中说的好处：(1)撤销只有相对效力，不影响交易安全，也无须借助债权人代位权进行二次诉讼（优于形成权说）；(2)既能说明积极财产的减少，也能说明消极财产的增加（优于请求权说）；(3)财产利益回归债务人处，充实债务人的责任财产，符合债权人平等的原则（优于责任说）。但是，折中说的缺陷在于，诈害行为撤销权的制度目的是保全债务人的责任财产，为强制执行做准备，而相对效力意味着撤销的效力仅及于债权人和受益人或者转得人，不及于债务人；如果效力不及于债务人，那么财产是如何重归债务人的责任财产的？即便立法跳过这个障碍，使财产权利直接复归于债务人，效果也未必理想，因为债务人会重

---

〔1〕 新法就诈害行为撤销权称“诈害行为撤销请求”。为表达方便，本书继续采用“诈害行为撤销权”的表述。

〔2〕 关于常见的形成权说、请求权说、折中说和责任说等四种观点的异同，広中俊雄「債権者取消権の性質」同『民法论集』（東京大学出版会，1971 年）41 頁以下参照。关于诉权说，佐藤岩昭『詐害行為取消権の理論』（東京大学出版会，2001 年）参照；关于新形成权说，前田達明『詐害行為取消権について』同志社法学 61 卷 5 号（2009）1 頁以下参照。

〔3〕 大審院連合部 1911 年 3 月 24 日判決，大審院民事判決録 17 辑 117 頁；大審院 1917 年 3 月 31 日判決，大審院民事判決録 23 辑 596 頁参照。

获处分权，再次上演散逸财产的剧本。

自20世纪60年代起，日本学界开始引入德国法上的"责任说"。民法以下森定，民事诉讼法以中野贞一郎为代表。[1] 责任说的理论基点是，人的财产和责任财产是两个概念，一个人的财产未必是自己的责任财产，而是另一个人的责任财产，如物上担保人。在债务人和受益人或者转得人的关系上亦是如此。通常，债务人将财产转至受益人时，该财产不再是债务人的责任财产，但是当债务人怀着诈害债权的意图将财产转至受益人处而受益人知道债务人的诈害意图时，在责任的层面不妨使受益人取得的该财产作为债务人的责任财产（尽管受益人仍是所有权人）。此时受益人处于相当于债务人的物上担保人的地位。责任说的益处在于，能够在维持交易的有效性的前提之下，说明财产是如何重归于债务人的责任财产的。不过，责任说的问题如下：一方面，日本没有德国法上的"责任之诉（执行容忍之诉）"，欠缺对应的执行程序；另一方面，依照责任说，诈害行为撤销权的行使无异于对债务人的责任财产的掴取，本质上是在债务人陷入支付不能的前提下以特定财产满足特定债权，跳过了应有的债权执行程序。这样的法律构成完全无视了其他债权人的利益。[2]

此后，有学者对责任说进行了加强。"诉权说"认为，诈害行为撤销权的本质就是"诉权"，是实体法的权利和诉讼法的权利未分化的产物，所以将诈害行为撤销权本身理解为责任之诉的规定即可。平井宜雄甚至认为，从广泛承认债权人的直接受领权限的判例趋势来看，"责任财产保全"的立法宗旨已然无存，不妨从正面承认诈害行为撤销权的债权回收机能。[3]

尽管学说的对立依然尖锐，但是正如我妻荣所言，折中说的立场并无大碍，是"地位相当牢固的判例法"。[4] 如今，折中说吸收了责任说的精要，走向新的方向。基于责任说的"人和责任财产的分离"的观念，折中说调整了"相对效力"的对象，即"相对效力"的宗旨在于撤销的效力不影响债务人、受益人和转得人

---

〔1〕 下森定「詐害行為取消権に関する一考察(1)(2)」法学志林57巻2号44頁、3=4号176頁以下(1959－1960)；中野贞一郎：『訴訟関係と訴訟行為』(弘文堂，1961年)160頁参照。

〔2〕 日本判例实际上允许债权人直接受领受益人或者转得人的给付，实现事实上的优先受偿。最高裁判所1962年10月9日判决，最高裁判所民事判例集16卷10号2070頁参照。

〔3〕 参见平井宜雄『債権総論(第二版)』(弘文堂1996年)293頁以下参照。

〔4〕 我妻栄『新訂債権総論』(岩波書店，1964年)175頁参照。

之间的交易关系，并不是说不及于其“责任财产”。换言之，撤销在债务层面是相对效力，而在责任层面依然是绝对效力，其效力及于债务人，使散逸的财产回归至债务人以备执行（“责任法上的绝对效力”）。与责任说不同的是，此时债权人不是作为个别的债权人提起诉讼并受领给付，而是处于债务人的责任财产管理人的地位。[1] 债权人行使诈害行为撤销权的过程，即管理债务人的责任财产的过程。在观念上，诈害行为撤销权的诉讼如同一个简易的、前置的“小破产”程序，制度上与破产撤销权相衔接。这一程序中，债权人一方面要考虑所有债权人之间的均衡，另一方面要考虑债务人尚有自主经营、自力更新的空间。因此，在整体的制度架构上，诈害行为撤销权的判断需要综合考虑以下要素：(1)保全的必要性（无资力）；(2)债权人之间的平等；(3)对债务人的有用性；(4)受益人和转得人的交易安全。[2]

基于上述沿革，新法对诈害行为撤销权的定位，是一个效力介于传统折中说和责任说之间的、融入破产法考量要素的“责任财产管理制度”。此次民法改革中，除了细化旧有的制度之外，主要的变化就是吸收责任说的优势（新法第424条之7“诈害行为撤销权的被告”、新法第424条之8“诈害行为撤销权的范围”、新法第424条之9“债权人直接受领权”），修补折中说的不足（新法第425条“判决的效力及于债务人”），加强和破产撤销权的协调（新法第424条之2“取得相当对价的财产处分”、新法第424条之3“偏颇行为”、新法第424条之4“过剩的债务消灭行为”、新法第424条之5“以转得人为对象的诈害行为撤销权的要件”）。

一、以受益人为对象的诈害行为撤销权的要件（新法第424条、第424条之2～之4）

（一）诈害行为撤销权的一般要件（新法第424条）

> **新法第424条**
>
> （一）债权人可以请求法院撤销债务人明知有害于债权人而作出的

[1] 我妻栄『新版・民法案内Ⅶ』（一粒社，1969年）276頁；奥田昌道『債権総論〔増補版〕』（悠悠社，1992年）281頁参照。

[2] 潮見佳男『新債権総論Ⅰ』（信山社，2017年）728頁以下参照。

行为。但是,因该行为受有利益的人(以下于本分节中称“受益人”)在行为当时不知有害于债权人的事实的,不在此限。 (二)前款的规定,不适用于非以财产权为标的的行为。 (三)债权人,仅在其债权系基于第一款规定的行为之前的原因而发生的情形,可以提出同款规定的请求(以下称“诈害行为撤销请求”)。 (四)债权人,其债权为不得以强制执行实现的债权时,不得提出诈害行为撤销请求。
旧法第 424 条 (一)债权人可以请求法院撤销债务人明知有害于债权人而作出的法律行为。但是,因该行为受有利益的人或者转得人在行为或转得的当时不知有害于债权人的事实的,不在此限。 (二)前款的规定,不适用于非以财产权为标的的行为。

本条规定了诈害行为撤销权的一般要件。新法对旧法第 424 条第 1 款做了修改,并新增了第 3 款和第 4 款。

1.“受益人的行为”(第 1 款)

本条第 1 款有两点改动:(1)删去了“转得人”。为了和破产撤销权相协调,新法为转得人设置了独立的构成要件(新法第 424 条之 5)。(2)“法律行为”改为“行为”。法律行为之外的行为亦可能成为诈害行为撤销权的对象,如偏颇清偿(日本法上,清偿并非法律行为)。

2. 债权的原因发生在诈害行为之前的情形(第 3 款)

本条第 3 款系新增。在改革之前,主流学说和判例认为,被保全债权必须是诈害行为之前既已发生的既存债权。同时,也有部分的最高裁判所小法庭判决认为,只要被保全债权的原因发生于诈害行为之前,即使被保全债权本身发生于诈害行为之后,但是债权人仍然可以主张诈害行为撤销权,因为此时债权人对于从债务者的责任财产中回收债权有合理期待。[1] 新法对于司法实践的倾向予

〔1〕 部会資料 51,7 頁参照。最高裁判所 1960 年 4 月 26 日判决,最高裁判所民事判例集 14 卷 6 号 1046 頁(迟延利息债权);最高裁判所 1989 年 4 月 13 日判决金法 1128 号 34 頁(税款滞纳金债权);最高裁判所 1996 年 2 月 8 日判决,判例時報 1563 号 112 頁(迟延利息债权)。

以确认并明文化，实质性地扩张了诈害行为撤销权的适用范围。例如，债务人在缔结委托担保合同之后，为逃避担保人的追偿权而实施诈害行为的，即便被保全债权（追偿权）发生于诈害行为之后，亦不影响担保人行使诈害行为撤销权。

3. 不能强制执行的债权（第 4 款）

本条第 4 款亦系新增。依该款规定，不得依强制执行实现的债权，亦不能为保全该债权而行使诈害行为撤销权。这是因为诈害行为撤销权就是强制执行的预备制度，不能强制执行的债权自然没有预备的必要。

（二）关于取得适当对价的财产处分行为的特则（新法第 424 条之 2）

> **新法第 424 条之 2**
>
> 债务人处分其财产的，若从受益人处取得适当对价的情形下，债权人仅在下列要件均满足时，可以就该行为提出诈害行为撤销请求。
>
> 1. 该行为，因不动产的变现及其他相关处分所致的财产种类的变更，使债务人实施隐匿、无偿提供及其他有害于债权人的处分（于本条中下称“隐匿等处分”）的危险现实地发生；
>
> 2. 债务人于作出该行为的当时，就作为对价所取得的金钱及其他财产，有实施隐匿等处分的意思；
>
> 3. 受益人于作出该行为的当时，知道债务人有实施隐匿等处分的意思。

本条系新增，处理的是债务人取得“适当对价”的财产处分行为的诈害性的问题。这里所称“适当对价”指的就是市价。由于是市价，这种财产处分行为原则上没有诈害性，仅在本条规定的诸要件全部满足的情况下，才例外地构成债权诈害行为：（1）有现实地损害债权之虞。即财产处分行为使财产的种类发生变化，使债权有因财产的隐匿、赠与等行为而遭受损害的现实危险。例如，债务人卖出不动产持有现金，而现金更易于藏匿和散逸。这里，诈害债权行为虽然不必实际发生，但需要有具体的危险，仅有抽象的危险是不够的。（2）债务人有诈害债权的意图。即债务者在处分财产时有通过隐匿作为对价取得的金钱等财产妨害债权人实现债权的意图。（3）受益人的恶意。即受益者在行为时明知债务人在处分财产之后有通过隐匿等行为损害债权人的意图。债权人对此负证明责任。

本条之所以采用这种严格的构造，是为了和日本《破产法》第 161 条相协调。所谓“协调”，是指诈害行为撤销权的要件不能比破产撤销权更宽松。日本《破产法》于 2004 年进行了改革，调整了构成破产撤销权的行为类型，并明确规定了各类型的要件（日本《破产法》第 160～162 条）。改革的动因在于，在经济下行期间，企业为了避免破产而对特定债权人进行清偿或者提供担保的行为，可能只是企业为筹集资金、打开局面的必要经营手段；如果破产撤销权的要件宽松不明，那么债务人和特定债权人会顾忌破产撤销权而不敢进行交易，最终反而使债务人陷入破产的境地。比起破产撤销权，民法上的诈害行为撤销权的要件只能更严格，否则会出现“逆转现象”。所谓“逆转现象”，是指破产程序开始之前债权人可以行使诈害行为撤销权，而破产程序开始之后破产管理人反而不能行使破产撤销权的局面。因此，比破产撤销权设定更严格的要件、谨防“逆转现象”的出现，是此次诈害行为撤销权立法的一个重要指导思想。除本条之外，下述新法第 424 条之 3 和新法第 424 条之 4 也体现了这一理念。

（三）关于偏颇行为的特则（新法第 424 条之 3）

新法第 424 条之 3

（一）就债务人对既存的债务提供担保或者消灭债务的行为，仅限下列要件均满足时，债权人可以提出诈害行为撤销请求：

1. 该行为系于债务人支付不能（指债务人因欠缺支付能力，就其债务中已届清偿期的债务，不能进行一般性且连续性的清偿的状态。下款第一项，亦同）时作出的；

2. 该行为系债务人与受益人通谋，以损害其他债权人为目的而作出的。

（二）前款规定的行为不属于债务人的义务，或当时不属于债务人的义务的情形，于下列要件均满足时，债权人可以不拘于前款的规定，对该行为提出诈害行为撤销请求：

1. 该行为系于债务人陷入支付不能前三十日以内作出的；

2. 该行为系债务人与受益人通谋，以损害其他债权人为目的而作出的。

本条系新增,规定了债务人的偏颇行为,即有利于特定债权人的行为,包括向特定债权人的清偿和提供担保。此时,债务人的责任财产流向了特定的债权人,但是总量并未减少。因此,偏颇行为在原则上不具有诈害性,仅在本条所规定的要件全部满足的情况下,才例外地构成债权诈害行为。允许债权人撤销的偏颇行为分为两类。

1. 既存债务的偏颇行为(第 1 款)

债务人对特定既存债务的清偿或者提供担保的行为,在满足以下要件时,可以构成债权诈害行为:(1)债务人处于支付不能状态。该要件与日本《破产法》第 162 条第 1 款第 1 项相对应。支付不能的界定和破产法一致,指债务人因欠缺支付能力而不能一般性且持续性地清偿已届清偿期的债务(日本《破产法》第 2 条第 1 款第 11 项)。[1] (2)债务人和受益人之间有以诈害债权为目的的通谋行为。"通谋"的要件为破产法所无,属于比破产法更为严格的加重要件。该要件系判例法理的明文化。[2] 依照判例,债权人平等的原则在破产宣告之后才发生效力,所以支付不能状态下对特定债权人的清偿,在原则上不构成债权诈害行为,除非债务人和受益人之间有基于通谋的害意。

2. 非义务或者非到期债务的偏颇行为(第 2 款)

关于非义务行为,如代物清偿或者清偿期之前的清偿行为,在满足以下要件时,可以构成债权诈害行为:(1)债务人陷入支付不能状态前 30 日内。该要件与日本《破产法》第 162 条第 1 款第 2 项相对应。根据该规定,如果特定债务消灭行为连债务人的义务都不属于,那么破产撤销权的行使范围可以扩展至支付不能状态前 30 日内。本款与之相一致。(2)债务人和受益人之间有以诈害债权为目的的通谋行为。该要件与第 1 款第 2 项一样,同属加重要件。

这里必须提及的是,关于清偿期届满后的偏颇性的代物清偿,判例曾多次确

[1] 偏颇行为的"支付不能"要件和财产减少行为的"无资力"要件,在概念上并不相同。债务人即便没有财产,但有基于技术、劳动力、信用等的一般性且继续性的清偿能力时,不该当"支付不能";反之,债务人即便有财产,但该财产难以生成一般性且继续性的清偿能力,也可能该当"支付不能"。

[2] 大審院 1916 年 11 月 22 日判决,大審院民事判决録 22 辑 2281 頁;最高裁判所 1958 年 9 月 26 日判决,最高裁判所民事判例集 12 卷 13 号 3022 頁;最高裁判所 1977 年 7 月 12 日判决金法 834 号 38 頁。

认其构成债权诈害行为。[1] 但是，从破产法的角度来看，清偿期届满后的代物清偿，只不过在清偿方式上没有以特定方式为清偿的义务，而债务本身是既存的，难谓“非义务行为”，因此不适用日本《破产法》第 162 条第 1 款第 2 项。这主要考虑，破产撤销权的范围过宽，会导致债务人在面对经济危机时缺乏应急手段，连变通的清偿方式都不能选用，直接陷入事实上无法继续经营的状态。[2] 如果民法和破产法必须保持一致，那么清偿期届满后的代物清偿不属于“非义务行为”，只能适用本条第 1 款，而非第 2 款。如此一来，债务人赶在陷入支付不能之前和特定债权人通谋实施代物清偿的，很有可能成功规避本条的规定。在本条两款都附有“通谋”的加重要件时，是否还必须恪守“比破产法更严格”的观念，尚有解释的空间。[3]

（四）关于过剩的债务消灭行为的特则（新法第 424 条之 4）

> **新法第 424 条之 4**
>
> 债务人作出的有关债务消灭的行为，受益人所受给付的价额与因该行为所消灭的债务额相比过大的情形下，于第四百二十四条规定的要件满足时，债权人可以不拘于前条第一款的规定，就超出消灭的债务额的部分提出诈害行为撤销请求。

本条系新增，规定了超额的代物清偿等过剩的债务消灭行为。例如，债务人甲有乙、丙、丁三个债权人，各负 1000 万元债务。甲以其价值 1500 万元的房产向乙代物清偿。这种情况兼有两个层面的问题：一是债务消灭行为层面（新法第 424 条之 3“偏颇行为的特则”）；二是责任财产减少层面（新法第 424 条“以受益人为对象的诈害行为撤销权的一般要件”）。

关于这个问题，破产法分为两个层面处理：第一，当债务消灭行为满足偏颇行为的要件时，超额的代物清偿行为整体成为破产撤销权的对象（日本《破产法》第 162 条）；第二，当债务消灭行为不满足偏颇行为的要件时，破产管理人至

---

〔1〕 大審院 1919 年 7 月 11 日判決，大審院民事判決録 25 辑 1305 頁；最高裁判所 1973 年 11 月 30 日判決，最高裁判所民事判例集 27 巻 10 号 1491 頁。

〔2〕 部会資料 35，80－81 頁参照。

〔3〕 潮見佳男『民法（債権関係）改正法の概要』（きんざい，2017 年）90 頁参照。

少可以就超过的部分,即 500 万元,主张基于责任财产减少行为的破产撤销权(同法第 160 条第 2 款)。

本条和破产法的结构保持一致。第一,当超额的代物清偿满足偏颇行为的要件时(支付不能和通谋),行为整体成为诈害行为撤销权的对象(新法第 424 条之 3 第 1 款,亦有可能适用第 2 款)。第二,当超额的代物清偿不满足偏颇行为的要件,仅满足诈害行为撤销权的一般要件时,债权人可以就超过的部分,即 500 万元,主张诈害行为撤销权(新法第 424 条)。

二、以转得人为对象的诈害行为撤销权的要件(新法第 424 条之 5)

新法第 424 条之 5

债权人可以对受益人提出诈害行为撤销请求的情形下,移转至受益人的财产又有转得人时,债权人可以按照以下各项所列的区分,以各项中分别规定的情形为限,对该转得人提出诈害行为撤销请求。

1. 该转得人系从受益人处转得财产的情形:该转得人于转得财产的当时,知道债务人的行为有害于债权人时;

2. 该转得人系从其他转得人处转得财产的情形:该转得人及其之前转得财产的所有的转得人,分别在其转得财产的当时,知道债务人的行为有害于债权人时。

严格而言,本条并非新增,而是从旧法第 424 条中分离出来的部分,但是在分离的过程中本条已"脱胎换骨"。本条处理的问题是,债权人可否向转得人主张诈害行为撤销权?转得人又称"转受让人",是指从受益人或者中间转得人处受让财产的人。相应地,问题包含以下两个层次。

1. 转得人从受益人处转得财产的情形(本条第 1 项)

例如,债务人甲出于诈害债权人乙的意图,将财产赠予丙,丙将财产转卖给丁。在满足何种要件时,乙可以向丁主张诈害行为撤销权?

依旧法第 424 条的规定,"转得人在转得的当时不知有害于债权人的事实时",即转得人就诈害行为系善意时,债权人不得向转得人主张诈害行为撤销权。反之,当转得人恶意时,债权人可以主张撤销权。但问题是,当转得人为恶意,但受益人为善意时,债权人是否仍旧可以主张撤销权?依照判例的立场,只要转得人系恶意,则即使受益人为善意,亦不妨碍债权人主张撤销权。[1] 也就是说,受益人的善意只能阻止债权人向其主张撤销权,并不能使之后的交易免受撤销权的影响,即"相对有效说"。

然而,在破产法上,情况正相反。为保障交易安全,破产法对以转得人为对象的破产撤销权设置了严格的要件:第一,转得交易的前手有撤销的原因(前手至少是恶意的);第二,转得人的"双重恶意",即转得人不仅必须知道诈害行为的存在,而且必须知道前手知道诈害行为的存在(日本《破产法》第170条)。

本条在第424条和破产法之间采用了折中的立场。一方面,本条放弃了判例的"相对有效说",而是采用了更重视交易安全的"绝对有效说",即对转得人的撤销仅以受益人也是撤销权的对象为前提(本条第1项)。另一方面,本条否定了破产法的"双重恶意",只要求转得人知道诈害行为的存在。由于新法明确表达了否定态度,采用了比破产法宽松的要件,为了协调民法和破产法的平衡,日本新《破产法》第170条作出了修改,放弃了"双重恶意"的要件。[2]

结合上文的问题,可总结出诈害行为撤销权的要件:(1)受益人方面满足诈害行为撤销权的要件(至少受益人为恶意);(2)转得人知道债务人的行为有害债权人。

2. 转得人从中间转得人处取得财产的情形(本条第2项)

例如,债务人甲出于诈害债权人乙的意图,将财产赠与丙,丙将财产转卖给丁,丁又转卖给戊。在满足何种要件时,乙可以向戊主张诈害行为撤销权?

理论争议同上,不再赘述。结合问题,可总结出此情形下的诈害行为撤销权的要件:(1)受益人方面满足诈害行为撤销权的要件(至少受益人为恶意);(2)转得人知道债务人的行为有害债权人;(3)转得人之前的所有中间转得人都知道债务人的行为有害债权人。

---

[1] 最高裁判所1974年12月12日判决,金融法務事情743号31頁。

[2] 部会資料73A,48頁以下参照。

三、诈害行为撤销权的行使方式(新法第424条之6～之9)

(一)债权人的财产返还请求权和价额偿还请求权(新法第424条之6)

> **新法第424条之6**
>
> (一)债权人对受益人提出诈害行为撤销请求的情形下,于撤销债务人所为行为的同时,可以请求返还因该行为移转于受益人的财产。受益人返还该财产有困难的,债权人可以请求返还其价额。
>
> (二)债权人对转得人提出诈害行为撤销请求的情形下,于撤销债务人所为行为的同时,可以请求返还转得人所转得的财产。转得人返还该财产有困难的,债权人可以请求返还其价额。

本条规定了诈害行为撤销权的请求内容以及逸出财产的返还方式。

关于诈害行为撤销权的性质,判例一直采折中说,即诈害行为撤销权是形成之诉和给付之诉的结合。在财产散逸的情形下,债权人可以直接以受益人或者转得人为被告,请求散逸财产的返还。[1] 本条是对判例法理的明文化。

依本条第1款规定,债权人以受益者为对象行使诈害行为撤销权时,可以在请求撤销诈害行为的同时,请求受益人返还因诈害行为而取得的财产。原则上受益人应当返还原物,但是在原物返还困难时,债权人可以请求价额偿还。

依本条第2款规定,债权人以转得人为对象行使诈害行为撤销权时,可以在请求撤销诈害行为的同时,请求转得人返还转得的财产。原则上转得人应当返还原物,但是在原物返还困难时,债权人可以请求价额偿还。

(二)诈害行为撤销权的被告与诉讼告知(新法第424条之7)

> **新法第424条之7**
>
> (一)关于诈害行为撤销请求之诉,按照以下各项所列的区分,以各项分别规定的人为被告:
>
> 1.对受益人提起的诈害行为撤销请求之诉:受益人;

---

〔1〕 大審院連合部1911年3月24日判决,大審院民事判决録17辑117頁参照。

> 2. 对转得人提起的诈害行为撤销请求之诉：作为该诈害行为撤销请求的相对人的转得人。
>
> （二）债权人提起诈害行为撤销请求之诉时，应立即对债务人作出诉讼告知。

1. 诈害行为撤销权的被告（第1款）

本条第1款规定了诈害行为撤销诉讼的被告，即对受益人提起诈害行为撤销请求之诉时为受益人（第1项）；对转得人提起诈害行为撤销请求之诉时为转得人（第2项）。至于对谁提起诉讼，则是债权人的选择自由。即使在受益人和转得人都系恶意，完全满足以转得人为对象的诈害行为撤销权的要件（新法第424条之5）时，债权人也可以选择以受益人为被告请求价额偿还。价额偿还是替代财产返还的赔偿义务，不会因为财产移转至他人而免除。[1]

此外，本条第1款还传达了一个言外之意（反对解释），即债务人不是被告。早期的大审院判决以债务人、受益人和转得人为必要共同诉讼的共同被告，[2] 但是自上述1911年的大审院联合部判决起，基于"撤销的相对效力说"，债务人不再是诈害行为撤销权的被告。对此，在学说上有很强的反对意见。例如，星野英一就认为，即便在折中说的立场上，债务人也未必不能作被告。[3] 新法的起草过程中，《中间试案》曾经规定诈害行为撤销权的行使以债务人为被告。原因在于，诈害行为撤销权使散逸的财产回归债务人的责任财产，成为强制执行的对象，而判例却以撤销的效力不及于债务人为由不允许其参加诉讼，这不仅欠缺理论严整性，而且欠缺对债务人的程序保障。[4] 撤销权的行使会在各个层面给债务人带来影响，而且新法第425条也明确规定了判决效力及于债务人（关于具体影响，详见新法第425条的注解）。从程序保障的角度来看，的确应当使受到影响的债务人参与诉讼程序。不过，是否一定以赋予其被告身份的方式实现，是有疑问的。由于诈害行为撤销权的影响主要在于责任层面，债务人对于回归的财

---

〔1〕 大審院連合部1911年3月24日判决，大審院民事判決録17辑117頁参照。

〔2〕 大審院1905年2月10日判决，大審院民事判決録11辑150頁。

〔3〕 星野英一『民法概論Ⅲ（債権総論）』（良書普及会，1978年）120頁。

〔4〕 参见《中间试案》15－1（3）、5（3）。法務省民事局参事官室編『民法改正中間試案の補足説明』（信山社，2013年）162－163頁参照。

产的去向没有利害关系，所以对诉讼大都态度消极。从实践的角度来看，强制性地以债务人为被告，不仅可能发生因债务人死亡、失踪、法定代表人缺位等原因导致的不必要的诉讼程序中断，而且债务人作为被告参加诉讼可能会妨碍债权人和受益人或转得人之间的和解。[1] 最终，新法未采用以债务人为被告的规则，而是以诉讼告知的方式解决债务人的程序保障问题。

2. 债权人的诉讼告知义务（第 2 款）

本条第 2 款规定，诈害行为撤销诉讼的债权人有不迟延地向债务者进行诉讼告知的义务。后述新法第 425 条明确规定，认可诈害行为撤销请求的确定判决及于债务人。相应地，为了保障债务人参加诉讼的机会，本条规定了债权人的诉讼告知义务。

（三）诈害行为撤销权的范围（新法第 424 条之 8）

> **新法第 424 条之 8**
>
> （一）债权人提出诈害行为撤销请求的情形下，债务人行为的标的为可分的，债权人仅得以自己的债权额为限，请求撤销该行为。
>
> （二）债权人依第四百二十四条之六第一款后段或者第二款后段的规定请追偿还价额的，与前款同。

本条规定了诈害行为撤销权的行使范围。依照判例，诈害行为的标的可分时，债权人的撤销权以被保全债权额为上限；诈害行为的标的不可分时，债权人可以撤销全部诈害行为。[2] 本条是对判例法理的明文化。本条第 1 款规定，诈害行为的标的可分时，债权人仅得于被保全债权的限度内行使撤销权。本条第 2 款规定，债权人向受益人或转得人请求价额偿还时，亦是如此。

这里需要注意的是，判例及新法的立场与债权人的直接受领权限紧密相关。依新法第 424 条之 9 的规定，债权人受领金钱返还之后，可以通过向债务人主张抵销，实现事实上的优先受偿。此时必须将诈害行为撤销权的范围限制在被保

---

〔1〕 部会資料 73A，51－52 頁参照。

〔2〕 大審院 1903 年 12 月 7 日判決，大審院民事判決録 9 辑 1339 頁；大審院 1920 年 12 月 24 日判決，大審院民事判決録 26 辑 2024 頁；最高裁判所 1955 年 10 月 11 日判決，最高裁判所民事判例集 9 卷 11 号 1626 頁。

全债权额之内，否则有过度介入之嫌。反之，如果不承认诈害行为撤销权的债权回收功能，债权人没有直接受领权限，仅可以请求受益人或者转得人向债务人履行，那么很可能出现多个债权人竞合的情况。此时还将撤销权的行使范围限制在被保全债权的限度内，会使债权受损的状态迟迟得不到恢复。因此，在债权人的请求权和受领权限的问题上采否定立场的《中间试案》，在撤销权行使范围的问题上就选择了原则上允许债权人撤销整个诈害行为的立场。[1] 不过《中间试案》的立场最终没有被新法所采纳。

（四）债权人的直接请求权和受领权限（新法第 424 条之 9）

新法第 424 条之 9

（一）债权人依第四百二十四条之六第一款前段或第二款前段的规定请求受益人或转得人返还财产的情形下，该返还请求为金钱的支付或动产的交付的，债权人可以要求受益人向自己支付或交付，可以要求转得人向自己交付。于此情形，受益人或转得人已向债权人支付或交付的，无须向债务人支付或交付。

（二）债权人依第四百二十四条之六第一款前段或第二款前段的规定请求受益人或转得人偿还价额的情形下，与前款同。

本条规定了债权人对受益人或者转得人的直接请求权和受领权限，一定程度上接受了诈害行为撤销权的债权回收功能（事实上的优先受偿）。在“诈害行为撤销权的制度目的系责任财产保全”的文脉下，本条显得尤为突兀。不过，这是判例的一贯立场。[2] 本条是对判例的明文化。

审议初期的立法计划是将诈害行为撤销权纯化为强制执行的预备制度，并明确否定其债权回收功能。原因在于以下几点：(1) 债权回收功能直接违反了旧法第 425 条所言“撤销为所有债权人的利益生其效力”的立法意旨。(2) 债权

〔1〕 参见《中间试案》15 之 7。法務省民事局参事官室編『民法改正中間試案の補足説明』（信山社，2013 年）175 頁参照。

〔2〕 大審院 1921 年 6 月 18 日判決，大審院民事判決録 27 辑 1168 頁；大審院 1932 年 9 月 15 日判決，最高裁判所民事判例集 11 卷 1841 頁；最高裁判所 1964 年 1 月 23 日判決，最高裁判所民事判例集 18 卷 1 号 76 頁。

人可以利用诈害行为撤销权,在不确认被保全债权的债务名义、不践行民事诉讼法赋予受益人或者转得人的正当程序的前提下,直接行使请求权和受领权限,并通过抵销实现优先受偿。这和民事诉讼法提供的制度不吻合。(3)在偏颇清偿的情形下,先接受清偿的债权人可能会遭遇诈害行为撤销权的主张,结果出现了先接受清偿的债权人向主张撤销权的债权人直接履行后,后者反倒实现了优先受偿的怪异结局。[1] 对债权回收功能的否定有两条路径,一是直接否定债权人的直接请求权和受领权限,二是禁止债权人抵销。《中间试案》15－8 采用的是第二条路径。[2] 申言之,债权人若欲就受领的金钱或者动产受偿,必须经由转付命令等债权执行程序。

不过,新法最终未采纳上述立场。理由如下:(1)如果否定债权回收功能,债权人会丧失主张诈害行为撤销权的积极性,削弱对债权诈害行为的抑制力;(2)现实中参加债权执行程序的其他债权人并不多,可能只是徒然增加了债权人的程序负担;(3)债权人对债务人负有诉讼告知的义务,如果债务人对被保全债权的存在有疑义,可以在诉讼程序中提出异议;(4)实践中需要限制债权人的抵销权时,可以通过"抵销权的滥用"的法律构成解决,没有必要一律禁止抵销。[3]

经历了上述曲折,本条最终未对判例法理作出明文变更。本条第 1 款规定,返还请求的标的物为金钱或者动产时,债权人可以请求受益人向自己支付或者交付,可以请求转得人向自己交付。当受益者或者转得人将金钱或者其他动产支付或者交付债权人时,其对债务人的支付义务或者交付义务消灭。本条第 2 款规定,债权人向受益人或者转得人请求价额偿还时,亦是如此。

关于本条的规定,有两点需要补充说明:一是转得人的金钱支付不属于财产返还,而是价额偿还,所以不在第 1 款中规定。二是返还请求的标的若为不动产,债权人只能请求受益人或者转得人将登记名义移转至债务人名下,作为债务人的责任财产。在责任财产的管理上,不动产不会散逸,所以债权人的直接请求

---

〔1〕 部会資料 7－2,70 頁以下;商事法務編『民法(債権関係)の改正に関する中間的な論点整理の補足説明』(商事法務,2011 年)84 頁参照。

〔2〕 法務省民事局参事官室編『民法改正中間試案の補足説明』(信山社,2013 年)176 頁以下参照。

〔3〕 部会資料 73A,55 頁参照。

权和受领权限仅限于金钱或动产。

四、诈害行为撤销权的效果(新法第425条、第425条之2~之4)

(一)判决的效力范围(新法第425条)

新法第425条 认可诈害行为撤销请求的生效判决,对债务人以及所有债权人,亦有其效力。
旧法第425条 依前条规定的撤销,为所有债权人的利益,生其效力。

本条明确规定,诈害行为撤销之诉的效力及于债务人。在这个问题上,新法并未沿袭判例法理所持的"撤销的相对效力说",而是部分地接受了责任说的观念,将撤销权行使的效果重新定位于"以责任财产的恢复为目的的形成之诉"。这是新法在诈害行为撤销权方面所做的最重要的修正。

如前所述,"撤销的相对效力说"的问题在于,在不引进执行容忍之诉的前提下,无法说明散逸的财产是如何重归于债务人的责任财产的。这个结构性问题使判例处于一种两难的状态。一方面,判例难以维持一惯性。即判例一边认为撤销的效力不及于债务人,一边允许以下效果发生:(1)散逸的财产为不动产时,受益人或者转得人必须将财产的登记名义返还给债务人,作为债务人的责任财产接受强制执行;(2)诈害行为撤销权的诉前保全的保证金的偿付请求权归属于债务人(日本《民事保全法》第65条);(3)债务人免除受益人债务的情形,诈害行为撤销权的行使会使债务人的债权重新恢复。[1] 另一方面,如果保持一惯性,恪守"撤销的相对效力",则会出现以下问题:一是受益人或者转得人将不动产的名义返还债务人后,行使撤销权的债权人可以以相对效力为由,拒绝其他债权人参与财产分配;二是返还了财产的受益人或者转得人向债务人请求对待给付的返还时,债务人可以以相对效力为由,拒绝返还对待给付。

[1] 大審院1941年2月10日判决,大審院民事判决録20卷79頁。

法制审议会认为，新法应当以撤销的效力及于债务人为前提设计规则。[1] 本条明确规定，认可诈害行为撤销请求的生效判决，对债务人以及所有债权人，有其效力。这里的“效力”包括两点，一是生效判决所创设的实体法上的形成效力，二是形成之诉本身的既判力。如果没有前者，判决生效之后取得债权的人就无法在不动产上设定有效的担保物权；如果没有后者，则债务人可以无视生效判决所确定的争点事项，以形成要件不存在为由向参与财产分配的其他债权人请求不当得利返还，导致严重的累诉。[2] 依据新法，判决生效后，散逸的财产恢复至债务人处，此时所有债权人都可以申请强制执行，债务人也重新享有一定的处分权限。

关于债务人的处分权限的限制，新法未设置明文规定。尤其是财产为不动产时，存在较大争议。有观点认为，财产的登记名义恢复至债务人名下，其目的只是强制执行，债务人自身对于该财产没有处分权限。[3] 也有观点认为，债务人享有处分权限，如果债权人认为债务人有再次散逸财产的可能，申请禁止处分的行为保全即可。[4] 从立法过程来看，新法站在后者的立场上。

最后必须注意的是，判决效力只及于债务人和所有债权人，而不及于受益人和转得人，除非该受益人或者转得人就是被告。详言之，撤销之诉以受益人为被告时，判决效力不及于转得人；撤销之诉以转得人为被告时，判决效力不及于受益人和中间转得人。这说明新法只是在责任财产恢复的层面接受了“绝对效力说”，而债务人、受益人和转得人之间的合同的有效性并不受判决的影响，仍然保持着“相对效力说”的底色。至于受益人和转得人因撤销之诉而受到的损失（取得财产时支出的对待给付），可以通过下述新法第 425 条之 2 至之 4 向债务人请求返还或者价额偿还。

---

〔1〕 部会資料 73A，56 頁参照。

〔2〕 『法制審議会民法（債権関係）部会第 91 回会議議事録』（2014.6.17）37－40 頁（金洪周発言）参照。

〔3〕 奥田昌道『債権総論〔増補版〕』（悠悠社，1992 年）324 頁；中田裕康『債権総論〔第 3 版〕』（岩波書店，2013 年）267 頁参照。

〔4〕 中野贞一郎＝下村正明『民事執行法』（青林書院，2016 年）279 頁参照。

(二)受益人的对待给付返还请求权和价额偿还请求权(新法第425条之2)

> **新法第425条之2**
>
> 债务人作出的财产处分的相关行为(债务消灭的相关行为除外)被撤销时,受益人可以请求债务人返还其为取得该财产而作出的反对给付。债务人返还该反对给付有困难的,受益人可以请求返还其价额。

本条处理的是债务人的财产转让的相关行为(如赠与行为)被撤销后的受益人的利益保障问题。

本条是"撤销的相对效力说"的补丁条款。"相对效力"维持了债务人、受益人和转得人之间的合同效力,有助于保障交易安全,但是会给受益人和转得人带来"对待给付返还难"的困境。以本条所处理的受益人为例,受益人将取得的财产返还债务人或者交付债权人之后,无法要求债务人返还其在取得财产时支付的对价,因为根据"相对效力说",合同效力不受撤销之诉的影响,债务人有保持给付的原因。同时,受益人也无法基于权利瑕疵担保责任解除合同,因为他取得财产时是恶意的。当然,在债权人主张抵销或者执行债权之后,债务人的债务随之消灭,此时受益人或可以向债务人主张不当得利(债务人因受益人的损失而获有利益),不过这至少要等到债务消灭之后才能主张。[1] 总之,"相对效力说"的整体构造对于受益人殊为不利,加之受益人往往是债务人的亲属或者关联公司,所以其在败诉后对判决的履行意愿极低。[2]

本条直接规定了受益人对债务人的对待给付返还请求权以及返还困难时的价额偿还请求权,一定程度上缓解了受益人的损失填补问题。不过,受益人的该请求权以其向债权人先履行财产返还义务或者价额偿还义务为前提,而且和债务人的其他债权人处于平等地位。[3] 最终受益人"对待给付全损"的风险仍然很大。尤其是在受益人支付相当对价取得财产的场合(新法第424条之2),矛盾依旧尖锐。

---

〔1〕 中田裕康『債権総論〔第3版〕』(岩波書店,2013年)271頁参照。

〔2〕 大阪弁護士会編『民法(債権法)改正の論点と実務〈上〉』(商事法務,2011年)243頁以下参照。

〔3〕 潮見佳男『民法(債権関係)改正法の概要』(きんざい,2017年)100頁参照。

(三)受益人的债权恢复(新法第425条之3)

> **新法第425条之3**
>
> 债务人作出的债务消灭的相关行为被撤销的情形(依第四百二十四条之四的规定被撤销的情形除外)下,受益人已返还从债务人处所受取的给付或已偿还其价额时,受益人对债务人的债权因此恢复原状。

本条处理的是债务人的债务消灭的相关行为(如偏颇清偿行为)被撤销后的受益人的利益保障问题。本条规定,受益人已返还从债务人处受领的给付或者已偿还其价额时,受益人对债务人的债权因此恢复其原状。这一规定是对判例法理的确认。[1]

至于括号中所言"依第四百二十四条之四的规定被撤销的情形除外",指的是第424条之4规定的"超额的代物清偿"不适用本条的规定。这是因为第424条之4所规定的情况是,债务人进行超额的代物清偿,但不满足偏颇行为的要件,债权人仅得就超过的部分主张诈害行为撤销权。此时,由于债权人撤销的仅为超过的部分,受益人的债权并无损失,无恢复原状的必要。

(四)转得人的财产返还请求权和价额偿还请求权及债权恢复(新法第425条之4)

> **新法第425条之4**
>
> 债务人作出的行为因对转得人提出的诈害行为撤销请求而被撤销的,该转得人可以按照下列各项所列的区分,分别行使各项中规定的权利。但是,以该转得人为从前手取得财产而作出的反对给付或因从前手取得财产而消灭的债权的价额为限。
>
> 1.第四百二十五条之二中规定的行为被撤销的情形:若该行为因对受益人提出的诈害行为撤销请求而被撤销时,依同条规定应发生的受益人对债务人的反对给付返还请求权或者其价额的偿还请求权;

[1] 大審院1941年2月10日判決,最高裁判所民事判例集20卷79頁。

> 2. 前条中规定的行为被撤销的情形(依第四百二十四条之四的规定被撤销的情形除外):若该行为因对受益人提出的诈害行为撤销请求而被撤销时,依前条规定应恢复的受益人对债务人的债权。

本条处理的是债权人向转得人提出诈害行为撤销权之后转得人的利益保障问题。

“撤销的相对效力说”是以牺牲受益人和转得人的利益为代价的。受益人遇到的“对待给付返还难”的问题在转得人身上也会发生。转得人将取得的财产返还债务人或者交付债权人之后,不能要求前手(受益人或者中间转得人)返还其在取得财产时支付的对价,也不能主张权利瑕疵担保责任,只能在债务人的债务消灭之后向债务人主张不当得利,无法及时参与分配。本条直接规定了转得人对债务人的财产返还请求权或者价额偿还请求权和债权恢复。至于是前者还是后者,则依债务人和受益人之间的行为而定。

1. 债务人的财产处分的相关行为(第 1 项)

例如,债务人甲将市价 1000 万元的房产以 300 万元的价格卖给了受益人乙,乙以 400 万元转卖给转得人丙,之后债权人丁向丙提起诈害行为撤销权之诉,丙败诉后将该房产的登记名义返还给债务人甲。这里的问题是,丙可以向甲主张 300 万元还是 400 万元?如果债权人向受益人乙提起撤销之诉,那么甲只要向乙返还 300 万元;如果债权人直接向转得人丙提起撤销之诉,那么甲却要丙返还 400 万元。甲的法律地位会受到丁的选择以及乙与丙之间的对价约定等不确定因素的影响。因此,本条第 1 项规定,转得人可以行使倘若债权人以受益人为被告时受益人可能享有的对价给付返还请求权和价额偿还请求权。简言之,丙可以向甲请求返还 300 万元。

在上述示例中,倘若乙以 200 万元的价格转卖给丙,那么丙也不会因为甲与乙之间的价格高于自己的取得价格而又额外的获益。此时,依照本条但书,丙只能向甲请求返还 200 万元。

2. 债务人的债务消灭的相关行为(第 2 项)

例如,债务人甲以市价 1000 万元的房产清偿了受益人乙的金额为 300 万元的债权(构成偏颇清偿),乙将该房产以 400 万元转卖给转得人丙,之后债权人丁向丙提起诈害行为撤销权之诉,丙败诉后将该房产的登记名义返还给甲。对此,本条第 2 项规定,转得人可以行使倘若债权人以受益人为被告时受益人可能享有的恢复的债权。简言之,丙可以向甲请求返还 300 万元。

在上述示例中,倘若乙以 200 万元的价格转卖给丙,依照本条但书,丙只能向甲请求返还 200 万元。

五、诈害行为撤销权的行使期限(新法第 426 条)

新法第 426 条 诈害行为撤销请求之诉,自债权人知道债务人明知有害于债权人而作出行为之时起经过两年的,不得提起。自行为之时起经过十年的,亦同。
旧法第 426 条 第四百二十四条规定的撤销权,自债权人知道撤销的原因之时起两年内不行使时,因时效而消灭。自行为之时起经过二十年的,亦同。

本条前段规定了诈害行为撤销权的一般行使期限,即 2 年。关于一般行使期限起算点,旧法第 426 条规定的是"债权人知道撤销的原因之时"。新法明定了"原因"的内容,即"债务人明知有害于债权人而为的行为"。这里包含主客观两个层面:第一,债权人知道债务人的行为客观上有害于债权;第二,债权人知道债务人为上述行为时主观上有诈害债权的意思。至于撤销之诉的被告(受益人或者转得人)的样态,在所不问。

本条后段规定了诈害行为撤销权的最长行使期限,即 10 年,起算点为债务人的诈害行为。关于最长行使期限,旧法第 426 条规定的是 20 年。新法作了修改,缩短为 10 年。原因在于,诈害行为撤销权的要件之一是,债务人从诈害行为开始至债权人行使撤销权时为止,持续地处于无资力状态。债权人 10 年之中置此种财产状态于不顾,10 年之后才发现债务人曾经有诈害行为的,法律不必再给予保护。[1]

---

〔1〕 参见《中间试案》15 – 14。法務省民事局参事官室編『民法改正中間試案の補足説明』(信山社,2013 年)187 頁参照。

第五节　多数人之债

多数人之债是指以同一给付为标的,债权人和债务人至少有一方为复数主体的债之关系。在明治民法中,多数人之债的部分包括三个分节,第一分节“总则”规定了分属主义的原则(第427条),第二分节规定了“不可分债权及不可分债务”,第三分节规定了“连带债务”(未规定连带债权)。概括而言,此次改革主要涉及以下三个方面的问题。

第一,“连带债权”相关条款的新增(新法第432~435条之2)。

明治民法立法时并未规定连带债权。这是因为民法典的起草人认为,连带债权在现实中非常罕见,当事人通常不会做这种约定;如果当事人明确约定了连带债权,那么出于对契约自由的尊重,也不否认其效力,只不过作为立法者,不必以“立法之力”强行推介这种债权模式。〔1〕

连带债权和不可分债权在对外关系上的效果一致,即债权人之中的任何一人都有权向债务人请求履行并受领全部给付,而债务人向任何一个债权人履行都构成清偿。这是一种对债权人之间的信任度要求很高的债权模式,因为每个债权人都被赋予清偿受领权限,债权的行使很容易损害其他债权人的利益。有观点认为,在当事人无明确规定时,不应随意认定连带债权。〔2〕

相比于连带债务而言,连带债权的案件不多,但不能否认其意义。传统观念上认为是不可分债权或者连带债权的不利之处,同时是连带债权的优势。一方面,每个债权人都被赋予清偿受领权限,所以权利行使非常便利,不会受其他债权人掣肘;另一方面,债务人对任何一个债权人履行都可以清偿债务,不会有二重清偿的风险。在学说上,以下情形被认为是连带债权:(1)本人和代理人对复

---

〔1〕 前田達明監修『史料債権総則』(成文堂,2010年)190頁(富井政章);法務大臣官房司法法制調査部監修『日本近代立法叢書12』(商事法務研究会,1988年)920頁(梅谦次郎)参照。

〔2〕 奥田昌道『債権総論〔増補版〕』(悠悠社,1992年)376頁参照。在对外关系上,连带债权和不可分债权的效果是一样的。不过,不可分债权是因标的在性质上的不可分而自然形成的,而连带债权往往基于法官的“认定”或者“类推适用”。即使在不可分之债的情形下,是否仅因标的不可分就一定赋予每个债权人如此强大的权利,都受到质疑[於保不二雄『債権総論〔新版〕』(有斐閣,1972年)217頁参照]。

代理人的权利(第 107 条第 2 款)、出租人和承租人对转承租人的权利(第 613 条);[1](2)债权的二重让与且让与通知同时到达债务人的情形;[2](3)夫妇联名存款(日本尚未引进);[3](4)债权人代位权情形下的债权人的直接请求权和债务人的被代位债权(第 423 条之 3、第 423 条之 5),以及诈害行为撤销权情形下的债权人的直接请求权和债务人的返还请求权(第 424 条之 6、第 424 条之 9)[4]等。此外,在司法实践中也有认定连带债权的判决,包括对同一损害的数人的损害赔偿请求权、出租人和承租人对转承租人的租金支付请求权、当事人约定连带债权的情形等。[5] 最后,也是体系上最关键的一点是,新法第 428 条将不可分债权限制在"标的在性质上不可分",排除了"因当事人的意思表示"的情形。如此一来,以往的"基于合意的不可分之债"的部分问题,会在"基于合意的连带债权"的框架下处理。所以,在立法上一定要对连带债权作出明文规定。

新法为连带债权设置了 5 个条款,即第 432 ~ 435 条之 2,其中第 432 条是关于连带债权的对外关系,第 433 ~ 435 条之 2 是关于连带债权的影响关系。原来旧法关于连带债务的第 432 条(对外关系)、第 433 条(无效的相对效力)、第 435 条(更改的绝对效力)分别成为新法第 436 条、第 437 条和第 438 条;旧法第 434 条(请求的绝对效力)则被删除。

第二,连带债务的"去绝对效力化"。

日本民法典在立法时是以共同连带(主观上的共同目的)为基础构建规则的,所以在连带债务的影响关系上,虽然采用了"相对效力的原则"(旧法第 440 条),但是规定了大量的"绝对效力"的条款,如旧法第 434 条(履行的请求)、旧法第 435 条(更改)、旧法第 436 条(抵销)、旧法第 437 条(免除)、旧法第 438 条(混同)、旧法第 439 条(时效的完成)等。其基本观念是,由于债务人之间有主观上的共同目的,所以内部交流密切,在一个债务人身上发生的事由,其他债务人都能够知悉并共同应对。

---

〔1〕 星野英一『民法概論Ⅳ(契約)』(良書普及会,1986 年)155 頁参照。

〔2〕 川井健『民法概論 3 債権総論〔第 2 版補訂版〕』(有斐閣,2009 年)258 頁参照。

〔3〕 大村敦志『基本民法Ⅲ債権総論・担保物権〔第 2 版〕』(有斐閣,2005 年)361 頁参照。

〔4〕 潮見佳男『新債権総論Ⅱ』(信山社,2017 年)626 頁以下参照。

〔5〕 民法(債権法)改正検討委員会編『詳解　債権法改正の基本方針Ⅴ各種の契約(2)』(商事法務,2009 年)374 頁以下参照。

事实上，连带债务人之间的关系未必有立法者想象的那么紧密。即便是共同侵权行为，日本法也不要求主观意思联络，只要求有客观共同关联（第 719 条）；即便加害时有意思联络的债务人（加害人），之后也未必共进退。倘若债权人向一个债务人请求履行就能中断其他债务人的时效，其他债务人则会遭受不意的损失。因此，在制度上需要一个既能够集合债务人的资力，又能够避免“同床异梦”的债务人之间相互影响的制度。这就是“不真正连带债务”。依据判例，除了雇主和雇员的侵权责任、公司和代表人的侵权责任等情形外，上述共同侵权行为也被认为是不真正连带。[1]

除了连带债务人之间相互交流的制度假设不符合实际外，影响关系上的“绝对效力”还弱化了连带债务的基本功能——集合债务人的资力以担保债权的实现。例如，债权人免除了连带债务人中的一人的债务，就无法向其他连带债务人请求被免除的债务人的相应份额；连带债务人中的一人的债务罹于时效时，也会有同样的效果。总之，就一个连带债务人所生的事项，不应当给其他连带债务人带来意料之外的损害，也不应当带来意料之外的好处。

因此，新法贯彻了“相对效力的原则”，删除了履行请求（旧法第 434 条）、免除（旧法第 437 条）和时效完成（旧法第 439 条）这三个绝对效力事由。这反映了日本法在连带债务上的基本观念的转变，即连带债务并不以主观上的共同目的为前提。申言之，各个债务原则上是独立的，只是因“共同担保目的”而结合起来。这种担保性的结合关系会决定对外关系上的全部给付义务和内部关系上的追偿权，但不会使债务之间当然地发生影响关系。效果上，这相当于不真正连带债务的法理成了连带债务的原则，而作为以往的制度基本型的共同连带反而成了需要当事人特别合意的例外（新法第 441 条）。[2] 相应地，“不真正连带债务”这个概念在日本法上也就丧失了存在意义。[3]

第三，关于合有的归属和总有的归属的提案及放弃（未明文化）。

日本法上，债权和债务对于当事人有以下三种归属形态：（1）共有的归属，

---

〔1〕 大審院 1937 年 6 月 30 日判決，最高裁判所民事判例集 16 巻 1285 頁；最高裁判所 1966 年 11 月 18 日判決，最高裁判所民事判例集 20 巻 9 号 1886 頁。

〔2〕 潮見佳男『新債権総論Ⅱ』（信山社，2017 年）586－587 頁参照。

〔3〕 法務省民事局参事官室編『民法改正中間試案の補足説明』（信山社，2013 年）198 頁参照。

即各当事人享有可以自由分割、自由处分的份额(相当于中国法的"按份共有");(2)合有的归属,即各当事人虽然享有受合有目的拘束的潜在份额,但是不得自由分割、自由处分(相当于中国法的"共同共有");(3)总有的归属,即各当事人不享有潜在份额的财产归属形式。依照通说,多数人之债的关系就是上述三种债权债务的归属形态中的共有的归属,债权编中关于多数人之债的规定实质上是物权编中的准共有(第264条)的特则。至于合有的归属和总有的归属,民法中没有明文规定。通说认为,合伙的债权债务、作为信托财产的债权即合有的归属,而无权利能力社团的债权债务为总有的归属。

对于合有的归属和总有的归属,审议初期有旨在将其明文化的立法建议(《中间论点整理》11－3),但是法制审议会认为,关于合伙的债权债务、作为信托财产的债权以及无权利能力社团的债权债务,在相应的部分作特别规定即可,不必在多数人之债的部分设置一般性规定。[1]

一、不可分债权(新法第428条、第429条)

(一)不可分债权准用连带债权的规定(新法第428条)

新法第428条 债权的标的于其性质上不可分的情形,存在数个债权人的,<u>准用下一分节(连带债权)的规定(第四百三十三条及第四百三十五条的规定除外)</u>。
旧法第428条 债权的标的于其性质上<u>或因当事人的意思表示</u>而不可分的情形,存在数个债权人的,<u>各债权人可以为全体债权人请求履行,债务人亦可为全体债权人向各债权人履行</u>。

本条规定了不可分债权对连带债权的准用。

1. 删除"因当事人的意思表示"的不可分之债

旧法第428条规定了不可分之债的两种原因:一是性质上的不可分之债;二

〔1〕 部会資料36,41頁参照。

是基于当事人意思表示的不可分之债。然而,后者不仅在实践中罕见,而且理论上亦不必要。

理论上,作为分属主义的例外,在有法定或约定时,数个债权人可以连带地享有债权;在无法定或约定时,因标的物在性质上不可分,数个债权人之间亦产生连带的结合,即不可分债权。不可分债权和连带债权在效果上并无区别,只不过将不可分债权直接称为连带债权"在称谓上不自然"而已。当事人约定"不可分"时,相当于有连带的合意。[1] 因此,新法在不可分之债的概念上删去了"因当事人的意思而不可分"这一情形,避免了"基于合意的连带债权"和"基于合意的不可分债权"的并立,便于一体化地规定连带债权和不可分债权。

2. 准用连带债权的规定

如前言所述,多数人之债有对外关系、影响关系和内部关系三层问题。首先,在对外关系上,旧法第428条所规定的"各债权人可以为全体债权人请求履行,债务人亦可为全体债权人向各债权人履行",和连带债权一致。其次,在影响关系上,旧法第429条第2款规定了"相对效力的原则"(除同条第1款规定的更改、免除的情形外),和新法对连带债权的规定一致(新法第425条之2)。最后,在内部关系上,此次改革之前无规定,系立法漏洞。因此,新法第428条直接规定了不可分债权对连带债权的准用。

3. 准用的例外

准用的规定中最重要的就是新法第425条之2(影响关系上的"相对效力的原则")。不过,虽然连带债权以相对效力为原则,但是有很多例外,例如,新法第432条(请求和履行)、新法第433条(更改和免除)、第434条(抵销)和第435条(混同)等情形都是绝对效力。依本条的规定,上述例外之中,第433条(更改和免除)以及第435条(混同)不准用于不可分债权。也就是说,在更改、免除和混同的情形下,不可分债权在影响关系上依然是相对效力。相比于基于法定或意定的连带债权,不可分债权的发生原因只是标的在性质上的不可分,倘若允许更改、免除和混同的情形适用绝对效力,则会严重损害其他债权人的利益。

---

〔1〕 民法(債権法)改正検討委員会編『詳解　債権法改正の基本方針Ⅴ各種の契約(2)』(商事法務,2009年)375頁参照。

（二）与不可分债权人中一人的债之更改或免除（新法第 429 条）

新法第 429 条 不可分债权人的一人与债务人之间有更改或免除的情形下，其他债权人亦可以请求履行全部债务。于此情形，该不可分债权人应将其若未丧失其权利则应分得的利益偿还于债务人。
旧法第 429 条 （一）不可分债权人的一人与债务人之间有更改或免除的情形下，其他债权人亦可以请求履行全部债务。于此情形，该不可分债权人应将其若未丧失其权利则会分得的利益偿还于债务人。 （二）在前款规定的情形之外，不可分债权人的一人的行为或就一人所生的事由，对其他债权人不生其效力。

本条规定了债务人与不可分债权人中一人有更改或免除的情形，该更改或免除对其他债权人的影响关系。新法删除了旧法第 429 条第 2 款，并修改了旧法第 429 条第 1 款的措辞。

1. 条文的简化

由于前条已经规定了对连带债权的准用，其中包括影响关系上的“相对效力的原则”，所以本条删除了同样规定“相对效力的原则”的旧法第 429 条第 2 款，只保留了第 1 款。

2. 更改和免除的相对效力

通过保留旧法第 429 条第 1 款，本条确认了更改和免除的相对效力（本条前段）以及债权人对债务人的补偿义务（本条后段）。相对效力意味着不可分债权的其他债权人可以向债务人请求更改或免除之前的原债权，而作出更改或免除的债权人依然可以参与利益分配，此时有必要保护受相对效力影响的债务人。这里，本条基本保留了旧法第 429 条第 1 款的内容，只在措辞上作了修改，将“会分得”改为“应分得”。

至于混同的情形，依前条的规定，适用“相对效力的原则”。发生混同的不可分之债的债权人在分得利益之后并无补偿可言。

二、不可分债务(新法第 430 条)

新法第 430 条 债务的标的于其性质上不可分之情形下,存在数个债务人的,准用第四分节(连带债务)的规定(第四百四十条的规定除外)。
旧法第 430 条 数人负担不可分债务的情形下,准用前条及下一分节的规定(第四百三十四条至第四百四十条的规定除外)。

本条规定了不可分债权对连带债权的准用。

1. 准用连带债务的规定

第 430 条是关于不可分债务的规定。旧法第 430 条的规定方式是,(1)在内部关系上,准用连带债务的规定(“下一分节的规定”);(2)在影响关系上,准用不可分债权的规定(“前条”),即“相对效力的原则”。从理论上来看,在影响关系上债务准用债权的规则,是很怪异的立法。之所以如此,是因为旧法在连带债务的影响关系上采“绝对效力的原则”,所以只能准用不可分债权的规定。对此,新法转变了立场,就连带债务的影响关系也采用了“相对效力的原则”。这样,旧法第 430 条的“双轨式准用”的立法就没有必要维持了。新法第 430 条直接规定,除第 440 条规定的情形外,不可分债务的情形全面准用连带债务的规定[“第四分节(连带债务)的规定”]。

2. 混同的相对效力

所谓“第 440 条规定的例外情形”就是混同,即不可分债务的数个债务人之一与债权人同归一人。也就是说,新法第 440 条关于连带债务情形下的混同的规定,不准用于不可分债务。在连带债务的情形下,连带债务人之间的影响关系虽然以相对效力为原则,但是新法第 440 将混同规定为绝对效力事由。这是因为,如果采“相对效力”,那么连带债务人的一人与债权人混同时,该连带债务人可以作为债权人向其他连带债务人请求履行,而被请求的连带债务人在履行后还会向包括发生混同的连带债务人在内的所有连带债务人行使追偿权。为了简化法律关系,新法第 440 条例外地规定了混同的绝对效力,即连带债权人的一人与债务人混同时，债务人视为已清偿。申言之，发生混同的连带债务人（债权人）不能向其他连带债务人请求履行，而只能主张追偿权。然而，在不可分债务的情形下，债权人的履行请求（如特定动产的交付）和追偿权（金钱的支付）的内容并不相同。债权人的履行请求有特别实现的意义，不能像在连带债务的情形那样可以追求简化。因此，在不可分债务的影响关系上，混同属于相对效力事由，不准用连带债务的规定（新法第440条）。

三、连带债权（新法第432～435条、第435条之2）

（一）连带债权的对外关系（新法第432条）

> **新法第432条**
>
> 债权的标的于其性质上可分的情形下，依法令的规定或当事人的意思表示数人连带享有债权时，各债权人得为全体债权人请求全部或部分的履行，债务人得为全体债权人向各债权人履行。

从本条至第425条之2，是关于连带债权的新增规定。本条规定了连带债权的对外关系，规定内容与不可分债权一致。

本条亦是连带债务的对外关系的规定。

（二）连带债权人之间的影响关系（新法第433～435条）

1. 更改或免除（新法第433条）

> **新法第433条**
>
> 连带债权人的一人与债务人之间有更改或免除时，就该连带债权人若未丧失其权利则应分得的利益的相应部分，其他连带债权人不得请求履行。

本条系新增条款，规定了变更和免除在连带债权的影响关系上有限的绝对效力。

连带债权的影响关系本来以“相对效力”为原则（新法第435条之2），但是本条将变更和免除规定为绝对效力事由。这是因为，在这个问题上“相对效力”会使法律关系复杂化。例如，连带债权人的一人免除了债务人的债务，此时若采

"相对效力的原则",则该免除不影响其他债权人请求履行全部债务,而其他债权人受领给付后,免除债务的债权人依然可以要求分配,只不过必须将应分得的利益偿付给债务人(参考新法第 429 条的解说)。为了简化法律关系,本条例外地规定了变更和免除的绝对效力,即变更和免除会影响其他债权人的请求,但影响范围仅限于作出变更和免除的债权人的应得份额。[1] 本条规定的这种"有限的绝对效力",实质上是相对效力的"法律关系简化版"。

2. 抵销(新法第 434 条)

> **新法第 434 条**
>
> 债务人对连带债权人的一人享有债权的情形下,该债务人援用抵销时,该抵销对其他连带债权人亦生其效力。

本条系新增条款,规定了抵销在连带债权的影响关系上的绝对效力。例如,甲与乙为连带债权人,丙为债务人。丙以其对甲享有的债权为主动债权,与甲对丙的连带债权进行抵销之后,乙对丙的连带债权也归于消灭。这里,丙行使抵销权使甲自身的债务消灭,甲受领利益后再与乙按照内部关系分配利益。

3. 混同(新法第 435 条)

> **新法第 435 条**
>
> 连带债权人的一人与债务人混同的,债务人视为已清偿。

本条系新增条款,规定了混同在连带债权的影响关系上的绝对效力。

连带债权的影响关系以"相对效力"为原则(新法第 435 条之 2),但是本条将混同规定为绝对效力事由。这是因为在这个问题上,"相对效力"会使法律关系复杂化。例如,甲和乙为连带债权人,丙为债务人。甲死亡后由丙继承的情形,若采用"相对效力的原则",那么乙可以向丙(同时享有甲的地位)请求履行全部给付,而乙受领给付后必须依内部关系将甲的相应份额再分配给丙,造成不必要的转手,徒增风险。为了简化法律关系,本条例外地规定了混同的绝对效力。[2]

---

〔1〕 部会資料 80-3,12 頁参照。

〔2〕 部会資料 80-3,12-13 頁参照。

(三)连带债权的相对效力的原则(新法第435条之2)

> **新法第435条之2**
>
> 除第四百三十二条至前条所规定的情形外,连带债权人的一人的行为或就一人所生的事由,对其他连带债权人不生其效力。但是,其他连带债权人的一人及债务人另有意思表示的,对该其他连带债权人的效力,从其意思。

本条系新增条款,规定了连带债权在影响关系上的"相对效力的原则"。连带债权毕竟是多数人之债,在个数论上是数个债权之间的连带关系,其成立亦不以债权人的一体性为前提。因此,就连带债权人中的一人所发生的事项,原则上仅在该债权人和债务人之间发生效力,不影响其他的连带债权人。仅在连带债权人的共同目的获得满足(清偿、请求、抵销),或者为简化烦琐的"分配—补偿"的法律关系(更改、免除、混同)的情形下,才例外地发生绝对效力。

在确认了连带债权的"相对效力的原则"之后,本条但书规定,其他连带债权人的一人及债务人已另有意思表示时,对该其他连带债权人的效力,从其意思。即本文的规定不妨碍其他连带债权人和债务人作出"绝对效力"的约定。

四、连带债务(新法第436~445条)

(一)连带债务人之间的影响关系(新法第436~440条)

1. 履行请求(新法第436条)

> **新法第436条**
>
> 债务的标的于其性质上可分的情形,依法令的规定或当事人的意思表示数人连带地负担债务的,债权人可以对连带债务人的一人,亦可同时或逐次对全体连带债务人,请求全部或部分的履行。

> **旧法第432条**
>
> 数人负连带债务的,债权人可以对债务人的一人,亦可同时或逐次对全体债务人,请求全部或部分的履行。

本条规定了连带债务的对外效力。新法第436条的内容和旧法第432条并无本质区别,只是明确了"连带"的前提,即债务的标的于其性质上可分的情形,依法令的规定或当事人的意思表示数人连带地负担债务。这是为了强调和不可分债务的区别(新第430条)。只要标的在性质上可分,则即使当事人约定不可分,也不会按照不可分债务处理,而是适用本条规定。

同时,本条也与连带债权的规则相呼应(新法第432条)。

2. 无效(新法第437条,条文号变更)

> **新法第437条**
>
> 即使就连带债务人的一人存在法律行为无效或可撤销的原因,亦不妨碍其他连带债务人的债务的效力。

本条是关于连带债务人的一人的法律行为的无效等的规定。本条系原第433条,内容无变动。

3. 更改(新法第438条,条文号变更)

> **新法第438条**
>
> 连带债务人的一人与债权人之间存在更改的,债权为全体连带债务人的利益而消灭。

本条规定了更改在连带债务的影响关系上的绝对效力。本条系旧法第435条,内容无变动。

更改意味着新债取代了旧债。新债的成立未经其他连带债务人同意,其内容自然不能及于其他连带债务人,而旧债的消灭是否及于其他连带债权人,存在争议。《中间试案》的立场是,债权人和连带债务人的一人有更改的合意,并不意味着有消灭其他连带债务人的债务的意思,这里应当贯彻"相对效力的原则"。[1] 在之后的审议过程中,法制审议会考虑到更改"在使债务消灭上和清偿有相同的效果",未予采纳。[2]

---

〔1〕 法務省民事局参事官室編『民法改正中間試案の補足説明』(信山社,2013年)193-194頁参照。
〔2〕 部会資料80-3,8頁参照。

4. 抵销(新法第439条修改)

新法第439条 (一)连带债务人的一人对债权人享有债权的情形下,该债务人援用抵销的,债权为全体债务人的利益而消灭。 (二)享有前款债权的连带债务人未援用抵销的,于该连带债务人所应承担的份额的限度内,其他连带债务人可以向债权人拒绝履行债务。
旧法第436条 (一)连带债务人的一人对债权人享有债权的情形下,该债务人援用抵销的,债权为全体债务人的利益而消灭。 (二)享有前款债权的连带债务人未援用抵销的,仅就该债务人所应承担的份额,其他连带债务人可以援用抵销。

本条规定了抵销在连带债务的影响关系上的绝对效力。旧法第436条更换了条文编号后成为本条,其中第1款无变动,第2款在效果上有变化。

旧法第436条第2款规定,连带债务人的一人对债权人享有债权但未援用时,其他连带债务人可以在享有反对债权的债务人所应承担的份额范围内援用抵销。关于何为"援用",判例的立场是,其他债权人可以代行抵销的意思表示。[1] 但是,通说表示强烈的反对,认为这里的"援用"仅指其他债权人可以在享有反对债权的债务人所应承担的份额范围内拒绝履行(履行拒绝权构成)。倘若允许其他连带债务人代行抵销的意思表示,则意味着允许对他人财产的任意处分。本条是对通说的明文化,也是对判例的变更。[2]

5. 混同(新法第440条,条文号变更)

新法第440条 连带债务人的一人与债权人混同的,该连带债务人视为已清偿。

〔1〕 大審院1937年12月11日判决,最高裁判所民事判例集16卷1945頁。

〔2〕 部会資料67A,6頁参照。

本条规定了混同在连带债务的影响关系上的绝对效力。旧法第 438 条更换了条文编号后成为本条,内容无变动。

本条以混同为绝对效力事由,是为了简化法律关系,避免繁复的"全额请求—追偿"的程序。依本条的规定,债权人(连带债务人之一)不能向其他连带债务人请求履行,只能主张追偿权。

追偿权,即意味着债权人要承担其他连带债务人无资力的风险。为保障债权人的利益,《中间试案》提供了两种方案:(1)相对效力,即债权人全额请求后接受追偿;(2)有限的绝对效,即在发生混同的连带债务人所应承担的份额内影响其他连带债务人。[1] 不过,在之后的审议中,法制审议会认为,"在发生混同时,债权人也取得了连带债务人的地位,这个地位就是要承担其他债务人的无资力的风险的",故据此未采纳《中间试案》的方案。[2]

(二)连带债务的相对效力的原则(新法第 441 条)

新法第 441 条 除<u>第四百三十八条、第四百三十九条第一款及前条</u>所规定的情形外,就连带债务人的一人所生的事由,对其他连带债务人不生其效力。<u>但是,债权人及其他连带债务人的一人另有意思表示的,对该其他连带债务人的效力,从其意思。</u>
旧法第 440 条 除<u>第四百三十四条至前条</u>所规定的情形外,就连带债务人的一人所生的事由,对其他债务人不生其效力。

本条规定了连带债务在影响关系上的"相对效力的原则"。本条是对旧法第 440 条的延续,但作了两个重要修改。

1. 大幅删减了绝对效力事由

旧法第 440 条规定了履行请求、更改、抵销、免除、混同以及时效完成 6 个绝

〔1〕 法務省民事局参事官室編『民法改正中間試案の補足説明』(信山社,2013 年)196 頁参照。

〔2〕 部会資料 67A,13 頁参照。中国《民法典》第 520 条第 3 款规定:"部分连带债务人的债务与债权人的债权同归于一人的,在扣除该债务人所应承担的份额后,债权人对其他债务人的债权继续存在。"这就是《中间试案》提出的方案(2)。

对效力事由(“第四百三十四条至前条所规定的情形”)。新法第441条仅留下了其中的更改、抵销和混同(“第四百三十八条、第四百三十九条第一款及前条所规定的情形”),而删去了履行请求、免除和时效完成的情形。(1)删除履行请求,是因为履行请求会使债务人陷入履行迟延,并使时效重新起算,若规定为绝对效力事由,会使其他连带债务人遭受不意的损失。[1] (2)删除免除,是因为债权人向连带债务人的一人作出免除的意思表示时,并没有在该连带债务人应承担份额的范围内免除其他连带债务人的债务的意图。其他连带债务人在向债权人清偿超出其自身份额比例的债务后,可以向受免除的债务人行使追偿权(新法第445条)。受免除的债务人被追偿后,不得向债权人请追偿付,因为这与债权人的可推测的意思相冲突(“不向你请求,并不意味着我放弃了这部分债权的利益”)。[2] 当然,如果债权人的免除的意思表示能够解释为“向连带债务人中的一人表示的对连带债务人全员的免除”,则另当别论。[3] (3)删除时效完成,是因为时效完成的“绝对效力”会弱化连带债务的债权担保机能。其他连带债务人在向债权人清偿超出其自身份额比例的债务后,可以向时效完成的债务人行使追偿权(新法第445条)。时效完成的债务人被追偿后,不得向债权人请求追偿,因为债权人有保持全部给付的权利。[4] 时效完成改为“相对效力”,意味着时效完成的连带债务人和时效未完成的连带债务人之间存在相互保证的关系。

2. 设置但书的规定

在扩大连带债务的“相对效力的原则”之后,本条但书规定,债权人及其他连带债务人的一人另有意思表示时,对该其他连带债务人的效力,从其意思。即本文的规定不妨碍债权人和其他连带债务人作出“绝对效力”的约定。

(三)破产程序的开始(旧法第441条删除)

旧法第441条规定,连带债务人的全员或者其中的数人受破产程序开始的裁定时,债权人得就其债权的全额,参加各破产财团的分配。但是因日本

[1] 部会資料67A,4頁参照。
[2] 部会資料67A,9頁参照。
[3] 最高裁判所1998年9月10日判决,最高裁判所民事判例集52卷6号1494頁。
[4] 部会資料67A,11頁参照。

《破产法》第 104 条的存在，旧法第 441 条实际上已无适用空间，故新法将其删除。

（四）连带债务人之间的追偿关系（新法第 442～445 条）

1. 连带债务人之间的追偿权（新法第 442 条）

新法第 442 条 （一）连带债务人的一人作出清偿或其他以自己财产的支出而获共同免责的，该连带债务人，不论所获免责的金额是否超出自己所应承担的份额，对其他连带债务人，于为获该免责而支出的财产金额（该财产金额超过所获共同免责的金额的情形，为共同免责的金额）内，就其各自所应承担的份额的相应数额享有追偿权。 （二）前款规定的追偿，包含清偿或其他免责之日后的法定利息以及不可避免的费用或其他的损害赔偿。
旧法第 442 条 （一）连带债务人的一人作出清偿或其他以自己财产的支出而获共同免责的，该连带债务人对其他连带债务人，就其各自所应承担的份额享有追偿权。 （二）前款规定的追偿，包含清偿或其他免责之日后的法定利息以及不可避免的费用或其他的损害赔偿。

本条是关于连带债务人之间的追偿权的基本规定。第 1 款有修正，第 2 款无变动。本条第 1 款补充了以下两点内容。

（1）关于追偿权的行使条件

第 1 款明确规定，“不论所获免责的金额是否超出自己所应承担的份额”，作出清偿的连带债务人可以向其他连带债务人行使追偿权。这里“份额”指的是比例，而非金额。也就是说，即便免责的金额未超出其所应承担的份额，作出清偿的债务人也可以向其他连带债务人主张一部追偿。例如，甲、乙、丙对债权人丁负有 300 万元的连带债务（份额均等），在甲向丁偿还了 60 万元的情形下，虽然 60 万元不足甲所应承担的份额的相应金额，但是甲有权向乙和丙各追偿

20 万元。这是对判例法理的明文化。[1]

不过,上述判例涉及的是共同连带债务的追偿权的案件。关于不真正连带债务,判例则认为,只有当债务人清偿的部分超出其所应承担的份额的对应金额时,才能够向其他连带债务人主张追偿权。[2] 从理论严整性的角度来看,既然不真正连带的法理已成为连带债务的原则,那么在追偿关系上也应当采用"超额追偿规则"。《中间试案》16 之 4(1)即采用这一立场,但是未被采纳。学界有观点认为,如果在追偿关系上不采"超额追偿规则",那么说明不真正连带债务的概念仍有存在意义。[3]

(2)关于追偿权的行使范围

由于"应承担的份额"指的是比例,所以第 1 款补充规定,当用于清偿的财产金额超过所获共同免责的金额时,追偿权的范围仅限于"共同免责的金额"。

2. 怠于通知的连带债务人的追偿权的限制(新法第 443 条)

新法第 443 条

(一)明知有其他连带债务人,连带债务人的一人未通知其他连带债务人将获共同免责之事,而自行清偿或其他以自己财产的支出而获共同免责的情形下,其他连带债务人享有可以对抗债权人的事由的,可以就其所应承担的份额,以该事由对抗已获共同免责的连带债务人。于此情形,以抵销对抗已获共同免责的连带债务人的,该连带债务人可以向债权人请求履行本可因抵销而消灭的债务。

(二)已自行清偿或其他以自己财产的支出而获共同免责的连带债务人,明知有其他连带债务人而怠于通知其他连带债务人已获免责之事,使其他连带债务人因此善意地作出清偿或其他以自己财产的支出而获免责的,该其他连带债务人可以将为获免责而为的行为视为有效。

---

〔1〕 大審院 1917 年 5 月 3 日判决,大審院民事判決録 23 輯 863 頁(比例追偿规则)参照。

〔2〕 最高裁判所 1988 年 7 月 1 日判决,最高裁判所民事判例集 42 卷 6 号 451 頁(超额追偿规则)参照。

〔3〕 赤坂務「連帯債務」金融法務事情 2028 号(2015)41 頁参照。

> **旧法第 443 条**
>
> （一）连带债务人的一人未通知其他连带债务人受债权人的履行请求之事，而自行清偿或其他以自己财产的支出而获共同免责的情形下，其他连带债务人享有可以对抗债权人的事由的，可以就其所应承担的份额，以该事由对抗已获共同免责的连带债务人。于此情形，以抵销对抗已获共同免责的连带债务人的，有过失的连带债务人可以向债权人请求履行本可因抵销而消灭的债务。
>
> （二）连带债务人的一人怠于通知其他连带债务人已自行清偿或其他以自己财产的支出而获共同免责之事，使其他连带债务人因此善意地作出清偿或其他以有偿的行为而获免责的，获该免责的连带债务人可以将自己的清偿或其他为免责而为的行为视为有效。

连带债务人之间欠缺必要的沟通，会造成部分连带债务人丧失主张抗辩的机会，甚至作出不必要的清偿。本条规定了获共同免责的连带债务人对其他连带债务人的通知义务。本条基本维持了旧法第 433 条的内容，但作出了以下修正。

（1）关于事前通知义务

本条第 1 款将事前通知义务限定于债务人的恶意，即“明知有其他连带债务人”。例如，债务人甲恶意地不作通知而向其他连带债务人乙行使追偿权时，本来有抗辩权但没有机会主张的乙可以拒绝甲的追偿。此外，本条将事前通知的内容从“受债权人的履行请求之事”改为“将获共同免责之事”。

由于事前通知义务和连带债务人的履行义务反向相反，苛刻的事前通知义务会妨碍债务人的及时履行，因此《中间试案》16 之 4（2）提出了“事前通知义务废止论”，但因现代通信手段便捷等理由，最终未获采纳。[1]

（2）关于事后通知义务

本条第 2 款将事后通知义务也限定于债务人恶意，即“明知有其他连带债务人”。实际上，连带债务人中的二人甲和乙先后作出清偿时，理论上有以下四种

---

〔1〕 部会資料 80－3，10 頁参照。

可能:(1)甲与乙皆善意;(2)甲善意,乙恶意;(3)甲恶意,乙善意;(4)甲与乙皆恶意。如果不对甲的主观样态作出限定,则(1)(3)都有可能适用本条第2款。新法作出限定后,情况(1)确定不适用第2款。例如,在债务人甲恶意地不通知其他连带债务人乙,导致乙善意地向债权人作出清偿的情形,乙可以向甲主张其清偿有效,即乙可以拒绝甲的追偿,且向甲行使追偿权(甲可以向债权人主张不当得利返还)。反之,在甲不知道乙的存在的情况下向债权人作出了清偿,即便此后乙也善意地向债权人作出清偿,甲也可以向乙行使追偿权,乙不得向甲主张其清偿有效(乙可以向债权人主张不当得利返还)。总之,只有情况(3)适用第2款。

至于情况(3)中,乙的"善意"究竟指"不知道甲已获共同免责",还是指"不知道甲的存在",争议很大。在甲与乙相互知道对方存在的情形,依前者的立场甲有事后通知义务,依后者的立场乙有事前通知义务。判例采后者的立场,即乙只有履行了本条第1款的事前通知义务基础上才能援用第2款。[1] 审议过程中,曾有意见提出要将1982年判例的立场明文化,但最后未达成共识。[2] 如果按照判例的立场,事前通知义务的强度反而大于事后通知,且甲的事后通知义务会因乙是否知道自己的存在而变化。这个问题上尚有争议的空间。

3. 无资力的连带债务人所应承担份额的分担(新法第444条)

> **新法第444条**
>
> (一)连带债务人中有无偿还资力的人时,其不能偿还的部分,于追偿人及其他有资力的人之间,按各自所应承担的份额分担。
>
> (二)于前款规定的情形下,追偿人及其他有资力的人均为无应承担份额之人时,其不能偿还的部分,于追偿人及其他有资力的人之间,按均等的比例分担。
>
> (三)虽有前两款的规定,追偿人就不能受偿有过失时,不得请求其他连带债务人分担。

---

〔1〕 最高裁判所1982年12月17日判决,最高裁判所民事判例集36卷12号2399頁。

〔2〕 法務省民事局参事官室編『民法改正中間試案の補足説明』(信山社,2013年)203頁;部会資料67B,6頁参照。

> **旧法第 444 条**
>
> 连带债务人中有无偿还资力的人时,其不能偿还的部分,于追偿人及其他有资力的人之间,按各自所应承担的份额分担。但是,追偿人有过失时,不得请求其他债务人分担。

本条规定了无资力的连带债务人所应承担份额的分担。本条维持了旧法第444条的内容,作了以下补充:(1)新增第2款。在有应承担份额的连带债务人无资力,而有资力的连带债务人却没有承担份额的特别情形下,依照判例,追偿的连带债务人和其他有资力的连带债务人按照均等的比例分担。本款是对无争议的判例法理的明文化。[1] (2)第3款修改,在但书中增添"就不能受偿",明确了追偿人的过失的内容。

4."相对的连带免除"情形的债权人负担(旧法第445条废止)

> **旧法第 445 条**
>
> 连带债务人的一人获连带免除的情形下,其他连带债务人中有无清偿资力的人时,无资力者不能清偿的部分之中本应由获连带免除的债务人承担的部分,由债权人承担。

本条规定了"相对的连带免除"情形下的债权人负担规则。所谓"相对的连带免除",是指债权人在对外关系上将连带债务人的一人的债务限制于其所应承担的份额。依本条的规定,在其他连带债务人中出现无资力者的情形时,由于被免除连带的债务人只承担按份债务,所以不参与无资力者所应承担份额的分担(不适用第444条)。相应份额不能清偿的风险是债权人自己造成的,所以本条规定应由债权人承担。

然而,债权人在作出"连带免除"的意思表示时,在对外关系上将连带债务人的一人的债务限制于其所应承担的份额,并没有在内部关系上也参与承受连带债务人无资力风险的意思。[2] 因此,新法将旧法第445条删除。这意味着,

---

〔1〕 大審院1914年10月13日判决,大審院民事判決録20辑751頁。

〔2〕 法務省民事局参事官室編『民法改正中間試案の補足説明』(信山社,2013年)205頁;部会資料67A,19頁参照。

受到"连带免除"的债务人也应当参与其他无资力连带债务人所应承担份额的分担(适用第 444 条)。

5. 连带债务的免除、时效完成与追偿权(新法第 445 条)

> **新法第 445 条**
>
> 连带债务人的一人被免除债务,或就连带债务人的一人时效完成的情形下,其他连带债务人亦可对该连带债务人行使第四百四十二条第一款的追偿权。

本条规定了连带债务人之一被免除债务或者时效完成情形下的其他连带债务人的追偿权。

如前所述,在连带债务的影响关系上,免除和时效完成被改为相对效力事由(参考前文关于新法第 441 条的解说)。既然是相对效力事由,那么债权人可以向其他连带债务人请求履行全部债务。如果不允许其他连带债权人行使追偿权,则其利益会遭受严重损害。因此,将免除和时效完成规定为相对效力事由,是以其他连带债务人在向债权人清偿超出其自身份额比例的债务后,可以向受免除或者时效完成的债务人行使追偿权为必然的前提。这是理论上不言自明的结论,本来不必专门规定,《中间试案》中也未提及。但是,在审议的第三阶段,审议会认为还是有必要规定一个能够作为主张依据的条文,故最后将本条加进了《要纲草案》中。[1]

第六节　保证之债

一、保证之债的从属性(新法第 448 条)

> **新法第 448 条**
>
> (一)保证人的负担在债务的标的或样态上较主债务更重的,缩减至主债务的限度。

---

〔1〕 部会資料 83－2,14 頁参照。

(二)主债务的标的或样态于保证合同缔结后被加重的,保证人的负担不被加重。
旧法第 448 条 保证人的负担在债务的标的或样态上较主债务更重的,缩减至主债务的限度。

本条规定了保证之债在内容上的从属性,即保证债务的内容不能重于主债务。至于保证合同缔结后的主债务的变化,旧法第 448 条没有直接规定。

保证合同缔结后的主债务的变化有两类:(1)主债务的负担减轻。对此判例认为,主债务减轻时保证债务随之减轻。[1] (2)主债务的负担加重。对此虽然没有判例,但是通说认为,主债务加重时保证债务不加重。

《中间试案》17 之 1(1)(2)针对主债务的两类变化分别设置了两条规定。不过,在之后的审议中,有意见认为类型(1)在旧法第 448 条的文意下可以处理,无新增条文的必要。[2] 最终只有类型(2)被明文化,成为本条第 2 款。

二、主债务的抗辩事由等(新法第 457 条)

新法第 457 条 (一)对主债务人的履行请求或其他事由所引起的时效缓期及更新,对保证人亦生其效力。 (二)保证人可以以主债务人可主张的抗辩对抗债权人。 (三)主债务人对债权人享有抵销权、撤销权或者解除权的,在该权利的行使使主债务人可免去其债务的限度内,保证人可以向债权人拒绝履行债务。

〔1〕 大審院連合部 1904 年 12 月 13 日判決,大審院民事判決録 10 輯 1591 頁。

〔2〕 『法制審議会民法(債権関係)部会第 77 回会議議事録』(2013. 9. 17)28 頁以下(笹井朋昭発言)参照。

旧法第 457 条

（一）对主债务人的履行请求或其他事由所引起的时效中断，对保证人亦生其效力。

（二）保证人可以以基于主债务人的债权的抵销对抗债权人。

本条规定了主债务的时效中断以及债务人的抗辩权和形成权等对保证人的影响。新法对旧法第 457 条第 1 款和第 2 款作了修改，并新增了第 3 款。

1. “时效中断”修改为“时效缓期及更新”（第 1 款）

这是与总则部分关于时效的改正相呼应。另外，这里必须指出的是，日本法上，保证之债没有中国法意义上的保证期间，但是有单独的时效（单独债务性）。只不过旧法第 457 条第 1 款特别规定，时效的中断可以使保证债务时效也中断。关于这一规定的理论定位，判例认为，这是从属性的必然归结，但是通说认为，保证之债具有单独债务性，其时效进行并不必然受主债务的影响，旧法第 457 条第 1 款只不过例外地为了减轻债权人的债权管理负担而对债权人进行了特别的政策照顾而已。[1] 尽管如此，新法还是没有对其进行根本性的改正。

2. 抗辩权的援用（第 2 款）

基于保证之债的从属性，判例法理认为，保证人可以援用债务人的抗辩。[2] 通说也持这一立场。除了同时履行抗辩之外，消灭时效、合同不成立或无效、因清偿而消灭等债务人的抗辩，保证人都可以主张。[3] 本条对此予以一般性的明文化。

3. 形成权的援用（第 3 款）

旧法第 457 条第 2 款规定，保证人可以援用债务人的抵销。关于“援用”的性质为何，立法的本意是保证人可以代替债务人行使其抵销权，使债权人的债权

---

〔1〕 星野英一『民法概論Ⅳ（契約）』（良書普及会，1986 年）187 頁；奥田昌道『債権総論〔増補版〕』（悠悠社，1992 年）382 頁；潮見佳男『新債権総論Ⅱ』（信山社，2017 年）475 頁；中田裕康『債権総論〔第 3 版〕』（岩波書店，2013 年）499 頁参照。

〔2〕 最高裁判所 1965 年 9 月 21 日判决，最高裁判所民事判例集 19 卷 6 号 1542 頁（同时履行抗辩权）。

〔3〕 大村敦志 = 道垣内弘人編『民法（債権法）改正のポイント』（有斐閣，2017 年）247 頁（大泽彩執筆）参照。

(被动债权)和主债务(主动债权)消灭,保证债务亦随之消灭。这是为了避免繁杂的追偿关系,也是为了保障保证人免受债务人无资力的风险。[1] 但是,后来通说认为,保证人只要能够在债务人可得抵销的范围内向债权人拒绝履行即可,不必赋予保证人以处分债务人的财产的权限(抗辩权构成)。[2] 本条第3款对学说的转变进行确认,并将可以向债权人拒绝履行的范围扩张到撤销权和解除权。这也与日本《公司法》第581条相呼应。[3]

三、连带保证人所发生的事由对主债务的影响(新法第458条)

新法第458条 第四百三十八条、第四百三十九条第一款、第四百四十条及第四百四十一条的规定,准用于与主债务人连带负担债务的保证人所生的事由。
旧法第458条 第四百三十四条至第四百四十条的规定,准用于主债务人与保证人连带负担债务的情形。

与前条相反,本条规定的是,连带保证人所发生的事由对主债务人的影响。新法对旧法第458条作了重要修改。

旧法第458条规定,关于连带债务人之间的影响关系的规定(第434条至第440条),准用于连带保证人和主债务人之间。在这些规定中,除了"相对效力的原则"条款(旧法第440条)外,还包括6个绝对效力事由,即履行请求、更改、抵销、免除、混同和时效完成。而新法中,如前文所述(参见第441条的解说),履行请求、免除和时效完成已改为相对效力事由,被"相对效力的原则"条款所吸收,所以剩下的只有更改、抵销和混同3个绝对效力事由和"相对效力的原则"

〔1〕 梅謙次郎『民法要義卷之三債権編〔訂正增補第三十四版〕』(有斐閣書房,1914年)171頁以下参照。

〔2〕 我妻栄『新訂債権総論』(岩波書店,1964年)483頁;奥田昌道『債権総論〔增補版〕』(悠悠社,1992年)398頁参照。

〔3〕 部会資料55,9頁、同66,26頁参照。

条款(第438条、第439条第1款、第440条及第441条的规定)。

本条的修改对实务影响甚巨,主要在于履行请求的相对效力化。按照旧法第458条的规定,对连带保证人的履行请求有绝对效力,可以中断主债务的时效。但问题是,保证合同是债权人和保证人之间订立的,主债务人很可能未曾参与,甚至全然不知。这样,一个独立于主债务的保证合同中的履行请求居然可以中断主债务的时效,这会严重损害债务人的时效利益。此次改革之后,这种问题就不会再出现了。[1]

四、债权人的信息提供义务(新法第458条之2、之3)

(一)关于主债务履行状况的信息提供义务(新法第458条之2)

> **新法第458条之2**
>
> 保证人受主债务人委托而提供保证的情形下,当保证人请求时,债权人应就主债务的本金、利息、违约金、损害赔偿及其他从属于该债务的一切事项,立即向保证人提供其不履行的有无以及上述事项的余额及其中已届清偿期的金额的相关信息。

本条系新增,规定了债权人对受委托的保证人(包括个人和法人)提供关于主债务履行状况的相关信息的义务。

在保证合同缔结后,保证人通常很难了解主债务人的财产变化状况。尤其是当主债务人不履行债务导致期限利益丧失时,保证人必须一次性清偿包括全部本金、迟延损害金在内的所有债务。保证人保障的问题十分尖锐。赋予保证人确切的信息源是重要的保护途径。本条即其中一环。

本条规定,债权人应当向受委托的保证人(包括个人和法人)全面提供关于主债务的履行状况的信息,包括是否存在债务不履行,以及已届清偿期的债务的金额。在保证人提出请求时,若债权人不及时提供上述信息,保证人可以请求损害赔偿或者解除保证合同。[2] 即使债权人对债务人负有借款合同上的保密义

---

〔1〕 日本弁護士連合会編『実務解説改正債権法』(弘文堂,2017年)208頁参照。

〔2〕 潮見佳男『民法(債権関係)改正法の概要』(きんざい,2017年)125-126頁参照。

务,也必须依本条规定向保证人提供相关信息。[1]

(二)关于主债务人丧失期限利益的信息提供义务(新法第458条之3)

> **新法第458条之3**
>
> (一)主债务人享有期限利益的情形下,其丧失该利益时,债权人应自知道其利益丧失之时起两个月内,将此事通知保证人。
>
> (二)未在前款期限内作出上述通知的,债权人不得请求保证人履行有关自主债务人丧失期限利益之时起至现实作出前款的通知期间所生的迟延损害赔偿金(即使未丧失期限利益亦应发生者除外)的保证债务。
>
> (三)前两款的规定,不适用于保证人为法人的情形。

本条系新增,规定了债权人对保证人(个人)提供关于主债务人期限利益丧失的相关信息的义务。规定原因如前条,不再赘述。

本条规定,债权人应当自知道债务人丧失利益之时起2个月内,将此事通知保证人(本条第1款);若债权人未履行该义务,则不得向保证人请求履行自主债务人丧失期限利益之时起至现实通知保证人此事的期间内所生的迟延损害赔偿金(本条第2款);该义务仅适用于保证人为个人的情形(本条第3款)。

当然,即使债权人未履行该义务,期限利益丧失本身所引发的债务加速到期的效果仍然会发生。也就是说,除了本条第2款所规定的期间之内的迟延损害赔偿金外,保证人仍须应债权人的请求,立即偿还加速到期的债务全额以及债权人作出现实通知之后的迟延损害赔偿金。[2]

五、保证人的追偿权(新法第459~460条、第462条、第463条)

(一)受委托的保证人的追偿权(新法第459条)

> **新法第459条**
>
> (一)保证人受主债务人委托而提供保证的情形下,代主债务人清偿或作出其他以自己的财产可使债务消灭的行为时,该保证人对主债务

〔1〕 部会資料76A,11頁;部会資料83-2,22頁参照。

〔2〕 部会資料78A,25頁参照。

人,就因此支出的财产额(该财产额超过因债务消灭行为而消灭的主债务额时,消灭的主债务额)享有追偿权。

(二)第四百四十二条第二款的规定,准用于前款的情形。

旧法第 459 条

(一)保证人受主债务人委托而提供保证的情形下,无过失而受以应向债权人清偿为内容的判决宣告、代主债务人清偿或作出其他以自己的财产可使债务消灭的行为时,该保证人对主债务人享有追偿权。

(二)第四百四十二条第二款的规定,准用于前款的情形。

本条规定了受委托的保证人的追偿权。新法对旧法第 459 条作了两点修改:第一,旧法第 459 条第 1 款中的“无过失却受本应向债务人进行清偿的判决宣告”的规定移到了新法第 460 条(受委托的保证人的事前追偿权)的第 3 款。第二,对旧法第 459 条第 1 款的追偿额作了限制,置于括号中。例如,保证人以超额的代物清偿的方式使债务人获免责的情形下,其追偿额限于免责额。这一限制与第 442 条第 1 款(连带债务人之间的追偿权)规定一致。

(二)受委托的保证人提前清偿债务时的追偿权(新法第 459 条之 2)

新法第 459 条之 2

(一)保证人受主债务人委托而提供保证的情形下,该保证人在主债务清偿期前作出债务消灭行为的,在主债务人当时所受利益的限度内对主债务人享有追偿权。于此情形,主债务人主张其在债务消灭行为进行日之前有抵销的原因的,保证人可以请求债权人履行因抵销而应消灭的债务。

(二)前款规定的追偿,包括主债务清偿期届满后的法定利息以及即使在该清偿期后消灭债务也不能避免的费用及其他损害赔偿。

(三)第一款的追偿权,非于主债务清偿期届满后,不得行使。

本条系新增,规定了受委托的保证人提前清偿债务时的追偿权。此次改革之前,旧本民法对此没有具体规定。

在清偿期之前提前清偿债务,往往是违背债务人的委托意愿的。本条在承认清偿期之前提前清偿的效力的基础上,本着不损害债务人的期限利益的宗旨,对保证人的追偿权的范围和行使期作了限定,使其范围不超过不受委托的保证人的事后清偿权的行使范围。[1] 具体如下:(1)追偿额不超过债务消灭行为当时债务人所获利益的限度(本条第1款);(2)追偿权的具体范围包括主债务清偿期届满后的法定利息以及即使在该清偿期后消灭债务也不能避免的费用及其他损害赔偿(本条第2款);(3)保证人须待债务人的清偿期届满之后,才能向债务人行使追偿权(本条第3款)。第三点系判例法理的明文化。[2]

(三)受委托的保证人的预先追偿权(新法第460条)

新法第460条

保证人受主债务人委托而提供保证时,有下列情形的,可以预先对主债务人行使追偿权。

1. 主债务人受宣告破产,且债权人不加入该破产财团的分配的。

2. 债务已届清偿期的。但是,保证合同缔结后债权人许与主债务人的期限,不得对抗保证人。

3. 保证人无过失而受以应向债权人清偿为内容的判决宣告的。

旧法第460条

保证人受主债务人委托而提供保证时,有下列情形的,可以预先对主债务人行使追偿权。

1. 主债务人受宣告破产,且债权人不加入该破产财团的分配的。

2. 债务已届清偿期的。但是,保证合同缔结后债权人许与主债务人的期限,不得对抗保证人。

3. 债务的清偿期不确定且其最长期亦不能确定的情形,自保证合同缔结后经过十年的。

本条规定了特定情况下保证人的预先追偿权。本条第1项和第2项均无变

---

[1] 法務省民事局参事官室編『民法改正中間試案の補足説明』(信山社,2013年)215頁参照。

[2] 大審院1914年6月15日判决,大審院民事判決録20辑476頁。

动,第 3 项的内容出现了更换。一方面,旧法第 3 项的内容被删除。旧法第 3 项所言“债务的清偿期不确定且其最长期亦不能确定的情形”,是指年金等终身定期金的情况。这种情况下的主债务额都难以确定,也不适合行使预先追偿权。[1] 另一方面,新法第 460 条第 3 项是从旧法第 459 条第 1 项转移过来的。在“保证人无过失而受以应向债权人清偿为内容的判决宣告”的情形下,保证人可能会直接受到强制执行,因此可以向债务人预先行使追偿权。当然,如果保证人参加了诉讼,却因过失未提出主债务未到期的抗辩,那么不得行使预先追偿权。

日本法上保证人预先行使追偿权的事由较多,本条 3 项事由之间难以抽象出共同的立法宗旨。关于预先追偿权的性质,有 3 种不同的法律构成。(1)事后追偿权保全说。传统观点认为,委托保证合同包含保证人(受托人)的代履行义务,但为了保障保证人的事后追偿权的实现,保证人可以在其事后追偿权受威胁的情形下要求债务人(委托人)预先支付费用,即预先追偿权。[2] 这一构成可以解释第 1 项的规定,但不容易解释第 2 项。第 2 项的立法宗旨是,清偿期到来之后,一些债权人并不急于实现债权,而是不断地中断时效,坐等利息的积累,在此过程中保证人只能坐视债务的扩大。[3] (2)解放请求权说。有观点认为,委托保证合同的本质并不在于代债务人履行债务,而是提供信用,因此,当清偿期届满时,保证人在委托保证合同上的义务即已履行完成,从而获得了对债务人的解放请求权,而预先追偿权就是这种使保证人从委托保证合同中解放出来的权利。[4] 解放请求权说可以解释保证人的各项预先追偿权,但是会使事后追偿权丧失合同依据。(3)费用预付请求权限制说。既然是委托合同,那么保证人通常对债务人有费用预付请求权(第 649 条)。但是,倘若债务人必须一一预付费用,那么委托保证就没有意义了。所以,预先追偿权的制度目的,就是限制保证人的费用预付请求权,并在保证人有风险过大之虞时,解除对其费用预付请求权

---

〔1〕 部会資料 67A,29 頁参照。

〔2〕 奥田昌道『債権総論〔増補版〕』(悠悠社,1992 年)405 頁参照。

〔3〕 梅謙次郎『民法要義巻之三債権編〔訂正増補第三十四版〕』(有斐閣書房,1914 年)185 頁参照。

〔4〕 高桥真『求償と代位の研究』(成文堂,1996 年)86 頁;福田诚治『保证委托的法律关系』(有斐阁,2010 年)78 頁参照。

的限制。至于解除限制的时点,应结合委托保证合同的目的而确定。[1] 对此,《基本方针》3.1.7.11 曾提出废除现有的事前追偿权制度,并设置统一的保证人免责制度(债权人的适时执行义务,即当债权人违反诚实信用怠于回收债权,使保证人风险过大时,保证人免除保证责任),但是未能进入《中间试案》。[2] 新法仍旧保持着原有的立法状态,学说争议仍将继续。

(四)未受委托的保证人的追偿权(新法第 462 条)

新法第 462 条

(一)第四百五十九条之二第一款的规定,准用于未受主债务人委托而提供保证的人作出债务消灭行为的情形。

(二)违反主债务人的意思提供保证的人,仅在主债务人现实受有利益的限度内,享有追偿权。于此情形,主债务人主张其在追偿日前有抵销的原因的,保证人可以请求债权人履行可因抵销而消灭的债务。

(三)第四百五十九条之二第三款的规定,准用于前两款规定的保证人在主债务的清偿期前作出债务消灭行为的情形中的追偿权的行使。

旧法第 462 条

(一)未受主债务人委托而提供保证的人作出清偿或其他以自己的财产使主债务人免其债务的,主债务人应于当时所受利益的限度内予以偿还。

(二)违反主债务人的意思提供保证的人,仅在主债务人现实受有利益的限度内,享有追偿权。于此情形,主债务人主张其在追偿日前有抵销的原因的,保证人可以请求债权人履行可因抵销而消灭的债务。

本条规定了未受委托的保证人的追偿权。本条的修改与新法第 459 条之 2 的规定相呼应。

如前所述,新法的基本立场是,受委托的保证人提前清偿债务时的追偿权和

〔1〕 内田貴『民法Ⅲ　債権総論・担保物権〔第 3 版〕』(東京大学出版会,2005 年)355 頁参照。
〔2〕 部会資料 36,46 頁以下参照。

未受委托的保证人的追偿权的行使范围保持一致(参见新法第459条之2的解说)。故本条规定,关于受委托的保证人提前清偿债务时的追偿权的新法第459条之2第1款(追偿范围)和第3款(追偿期)的规定准用于本条。具体而言:(1)未受委托的保证人在主债务人当时所受利益的限度内对主债务人享有追偿权;在保证人作出清偿等行为之前主债务人有抵销的原因时,保证人不得行使追偿权,但可以请求债权人履行因抵销应消灭的债务(本条第1款)。(2)无委托保证人可以行使追偿权的时间是清偿期到来之后(本条第3款)。

(五)怠于通知的保证人的追偿权的限制(新法第463条)

新法第463条 (一)保证人受主债务人委托而提供保证的情形下,未事先通知主债务人而作出债务消灭行为的,主债务人可以以能对抗债权人的事由对抗该保证人。于此情形,以抵销对抗该保证人的,该保证人可以请求债权人履行可因抵销而消灭的债务。 (二)保证人受主债务人委托而提供保证的情形下,主债务人怠于通知保证人已作出债务消灭行为之事,该保证人因此善意地作出债务消灭行为的,该保证人可以视其债务消灭行为为有效。 (三)保证人作出债务消灭行为后,主债务人作出债务消灭行为的情形下,保证人违反主债务人的意思提供保证的,以及因保证人怠于通知主债务人已作出债务消灭行为,主债务人善意地作出债务消灭行为的,主债务人可以视其债务消灭行为为有效。
旧法第463条 (一)第四百四十三条的规定,准用于保证人。 (二)保证人受主债务人委托而提供保证的情形下,善意地作出清偿或其他以自己的财产作出可以使债务消灭的行为的,第四百四十三条的规定亦准用于主债务人。

本条实际上同时规定了保证人的事前和事后的通知义务(第1款和第3款),以及主债务人的事后通知义务(第2款)。事前的通知义务是为了保障债务人对债权人主张抵销等抗辩权的机会,而事后的通知是为了避免二重清偿。

由于存在“保证人—主债务人”和“事前—事后”两个维度，所以逻辑上可能出现四种情况：(1)保证人的事前通知义务；(2)保证人的事后通知义务；(3)主债务人的事前通知义务；(4)主债务人的事后通知义务。其中，第三种情况是不存在的，因为主债务人对保证人不会有追偿权。所以旧法第463条通过准用第443条(怠于通知的连带债务人追偿的限制)的方式，在第1款中规定了第一、第二两种情况，在第2款中规定了第四种情况。旧法存在的问题以及新法的修改如下：

第一，在情况(1)中，未受委托的保证人的追偿范围已经受到限制，在主债务人的抗辩机会受损时，保证人本来就没有追偿权(新法第462条第1款)，所以在本条中没有必要规定保证人的事前通知义务。换言之，将保证人的事前通知义务限定于受委托的保证人即可。因此，本条第1款对此予以明确。

第二，在情形(2)中，违反主债务人的意思提供保证的人，仅在主债务人现实受有利益的限度内享有追偿权(新法第462条第2款)，所以主债务人自己作出清偿的情形下，主债务人并不因保证人的清偿行为而现实地受有利益，所以违反主债务人的意思的保证人不享有追偿权。因此，本条第3款对此予以明确。

第三，在情况(3)中，本来旧法第463条第2款是规定主债务人的事后通知义务的条款，但是从文意中很难读出这层含义。因此，本条第2款将其明确化。

总之，旧法第463条是一条极其难懂的条款，而且对事前通知义务和事后通知义务作了一体化的规定，无论其措辞还是结构都存在问题。新法将各种情况一一拆解，使内容一目了然。

六、个人最高额保证合同(新法第465条之2～之5)

(一)个人最高额保证中保证人的责任(新法第465条之2)

> **新法第465条之2**
>
> (一)以属于一定范围的不特定债务为主债务的保证合同(以下称“最高额保证合同”)，其保证人非为法人的，该保证合同(以下称“个人最高额保证合同”)的保证人，对主债务的本金、与主债务相关的利息、违约金、损害赔偿及其他从属于主债务的一切事项以及就该保证债务所

约定的违约金或损害赔偿的金额，以其全部所涉的最高额为限，负履行责任。

（二）个人最高额保证合同，未约定前款规定的最高额的，不生其效力。

（三）第四百四十六条第二款及第三款的规定，准用于个人最高额保证合同中的第一款所规定的最高额的约定。

旧法第 465 条之 2

（一）以属于一定范围的不特定债务为主债务的保证合同（以下称“最高额保证合同”），其债务的范围包括因金钱的贷与或受票据贴现而负担的债务（以下称“贷款等债务”）的，该保证合同（保证人为法人的除外，以下称“贷款等最高额保证合同”）的保证人，对主债务的本金、与主债务相关的利息、违约金、损害赔偿及其他从属于主债务的一切事项以及就该保证债务所约定的违约金或损害赔偿的金额，以其全部所涉的最高额为限，负履行责任。

（二）贷款等最高额保证合同，未约定前款规定的最高额的，不生其效力。

（三）第四百四十六条第二款及第三款的规定，准用于贷款等最高额保证合同中的第一款所规定的最高额的约定。

本条规定了个人最高额保证合同的定义、最高额的限定性以及书面形式的要求。旧法第 465 条之 2 的规定系 2004 年法律改革（2004 年法律第 147 号）所设，以保障个人保证人的利益为目的。

新法将适用范围从“贷款等债务个人最高额保证”扩展到所有“个人最高额保证”（本条第 1 款），进一步加强了保护力度。这是因为，除了贷款等合同外，关于租赁合同的租金或者继续性买卖合同的价金，都可能订立个人最高额保证合同，也都会出现因最高额未明确规定或者未以慎重方式订立而导致债务严重超出保证人预想的事态。依新法的规定，在上述合同中，未约定最高额者不生效力（本条第 2 款）；非以书面订立者亦不生效力（本条第 3 款）。

新法的规定对实务有重要的影响。在日本，租赁合同基本都有保证人，如果保证的对象是不特定债务，那么作为最高额保证必须明确约定上限，否则会出现整个保证合同被判无效的结果。

（二）贷款等债务个人最高额保证的本金确定期日（新法第465条之3）

新法第465条之3

（一）个人最高额保证合同，其主债务的范围包括因金钱的贷与或受票据贴现而负担的债务（以下称“贷款等债务”）的，该保证合同（以下称“贷款等债务个人最高额保证合同”）中约定了应确定主债务本金的日期（以下称“本金确定日期”）的情形，该本金确定日期约定为贷款等债务个人最高额保证合同缔结之日起经过五年之日以后的日期的，该本金确定日期的约定，不生其效力。

（二）贷款等债务个人最高额保证合同中未约定本金确定日期的情形（含依前款的规定本金确定日期的约定不生效力的情形），其本金确定日期为该贷款等债务个人最高额保证合同缔结之日起经过三年之日。

（三）变更贷款等债务个人最高额保证合同中的本金确定日期的情形下，变更后的本金确定日期为变更之日起经过五年之日以后的日期的，该本金确定日期的变更，不生其效力。但是，于本金确定日期前两个月以内变更本金确定日期的情形，变更后的本金确定日期为变更前的本金确定日期起五年以内的日期的，不在此限。

（四）第四百四十六条第二款以及第三款的规定，准用于贷款等债务个人最高额保证合同中的本金确定日期的约定及其变更（以该贷款等债务个人最高额保证合同的缔结之日起三年以内的日期为本金确定日期的约定以及以本金确定日期之前的日期为变更后的本金确定日期的变更除外）。

旧法第465条之3

（一）贷款等最高额保证合同中约定了应确定主债务本金日期（以下称“本金确定日期”）的情形，该本金确定日期约定为贷款等最高额保证合同缔结之日起经过五年之日以后的日期的，该本金确定日期的约定，不生其效力。

（二）贷款等最高额保证合同中未约定本金确定日期的情形（含依前款的规定本金确定日期的约定不生效力的情形），其本金确定日期为该贷款等最高额保证合同缔结之日起经过三年之日。

（三）变更贷款等最高额保证合同中的本金确定日期的情形下，变更后的本金确定日期为变更之日起经过五年之日以后的日期的，该本金确定日期的变更，不生其效力。但是，于本金确定日期前两个月以内变更本金确定日期的情形，变更后的本金确定日期为变更前的本金确定日期起五年以内的日期的，不在此限。

（四）第四百四十六条第二款以及第三款的规定，准用于贷款等最高额保证合同中的本金确定日期的约定及其变更（以该贷款等最高额保证合同的缔结之日起三年以内的日期为本金确定日期的约定以及以本金确定日期之前的日期为变更后的本金确定日期的变更除外）。

本条规定了贷款等债务个人最高额保证的本金确定期日。本条所称“贷款等债务个人最高额保证”，是以贷款等债务（包括接受票据贴现）为对象的、保证人为个人的最高额保证。

与前条不同的是，本条并未将适用范围扩至所有的个人最高额保证合同，而是限于贷款等债务个人最高额保证。审议过程中，《中间试案》17－5（2）曾经提议将本条关于“本金确定日期”的规制也扩至所有个人最高额保证合同。但是有反对意见认为，《借地借家法》严格限制出租人的拒绝续约行为，所以租赁合同通常会自动续约，如果本条也适用于关于租赁合同的个人最高额保证合同，那么难免会出现租赁存续而保证中途消灭的情况。所以，本条的适用范围最终仅限于贷款等债务个人最高额保证。[1]

---

〔1〕 部会資料70A，3頁参照。

（三）个人最高额保证的本金确定事由（新法第 465 条之 4）

新法第 465 条之 4

（一）于下列情形，个人最高额保证合同的主债务的本金确定。但是，第一项所列的情形，限于强制执行或实现担保权的程序已经开始时。

1. 债权人对保证人的财产，申请对以金钱支付为标的的债权的强制执行或实现担保权的。

2. 保证人受到破产程序开始的裁定的。

3. 主债务人或保证人死亡的。

（二）除前款规定的情形外，贷款等债务个人最高额保证合同的主债务的本金于下列情形下亦得确定。但是，第一项所列的情形，限于强制执行或实现担保权的程序已经开始时。

1. 债权人对主债务人的财产，申请对以金钱支付为标的的债权的强制执行或实现担保权的。

2. 主债务人受破产程序开始的裁定的。

旧法第 465 条之 4

于下列情形，贷款等最高额保证合同的主债务的本金确定。

1. 债权人对主债务人或保证人的财产，申请对以金钱支付为标的的债权的强制执行或实现担保权的。但是，仅限于强制执行或实现担保权的程序已经开始时。

2. 主债务人或保证人受破产程序开始的裁定的。

3. 主债务人或保证人死亡的。

本条规定了个人最高额保证的本金确定事由。旧法第 465 条之 4 规定了 3 个本金确定事项：（1）对债务人或保证人的强制执行或担保权实现；（2）主债务人或保证人受破产程序开始的裁定；（3）主债务人或保证人的死亡。改革之前，旧法第 465 条之 4 的适用范围是“贷款等债务个人最高额保证”，但新法扩大了其适用范围。新法第 465 条之 4 在原则上将上述本金确定事项的适用范围扩张至所有的个人最高额保证合同（本条第 1 款），只留下对债务人的强制执行或担保权实现和主债务人受破产程序开始的裁定为例外(本条第 2 款)。

本条第 2 款的上述两个事由之所以不能成为所有的个人最高额保证合同的本金确定事由,其原因在于,在以租赁合同的租金或者继续性买卖合同的价金为保证对象的最高额保证合同中,即使债务人受到强制执行或者破产宣告,租赁合同或者继续性买卖合同并不当然终止,债权人未必有解约的权利,承租人和出卖人还会继续居住或供货,租金或者价金债务也会继续发生。此时如果以受到强制执行或者破产宣告为最高额保证合同的本金确定事由,会导致此后产生的租金或者价金成为欠缺担保的债务。[1]

当然,本条的实质性变动不在第 2 款,而在第 1 款,毕竟 3 个本金确定事项扩张到了包括所有的个人最高额保证合同。例如,当承租人死亡时,最高额保证的本金确定,这符合通常的理解,因为保证人未必愿意为承租人的继承人提供保证。反之,当保证人死亡时,依新法的规定,此时最高额保证的本金也已确定,此后发生的租金债务,保证人的继承人不承担保证责任。这一点对实务会有直接的影响。

(四)保证人为法人的最高额保证的追偿权(新法第 465 条之 5)

新法第 465 条之 5

(一)保证人为法人的最高额保证合同中,未约定第四百六十五条之二第一款规定的最高额的,以该最高额保证合同的保证人对主债务人的追偿权债务为主债务的保证合同,不生其效力。

(二)保证人为法人,且主债务的范围包括贷款等债务的最高额保证合同中,未约定本金确定日期的,或本金确定日期之约定或变更若适用第四百六十五条之三第一款至第三款的规定即不生其效力的,以该最高额保证合同的保证人对主债务人的追偿权债务为主债务的保证合同,不生其效力。主债务的范围包括该追偿权债务的最高额保证合同,亦同。

[1] 部会資料 83 – 2,18 頁以下。

（三）以追偿权债务为主债务的保证合同，或主债务的范围包括追偿权债务的最高额保证合同，其保证人为法人的情形不适用前两款的规定。
旧法第465条之5 保证人为法人，且主债务的范围包括贷款等债务的最高额保证合同中，未约定第四百六十五条之二第一款规定的最高额的，未约定本金确定日期的，或本金确定日期的约定或变更若适用第四百六十五条之三第一款至第三款的规定即不生其效力的，关于最高额保证合同的保证人对主债务人的追偿权的保证合同（保证人为法人的除外），不生其效力。

本条题为“保证人为法人的最高额保证的追偿权”，实际上规定的是以保证人为法人的最高额保证的追偿权为主债务的、反保证人为个人的反保证合同的效力问题，是“个人保证人的保障”这条主线上的补充性规定。

旧法第465条之5规定，最高额保证的保证人为法人时，在该最高额保证合同未约定最高额或者未约定本金确定日期等情形下，虽然该最高额担保本身有效，但是以该最高额保证的追偿权为对象的反保证合同的保证人为个人时，该反保证合同不生效力。这是为了防止法律规避行为。例如，甲为债权人，乙为债务人，甲欲使个人丙作无限额的最高额保证的保证人，但因丙系个人，此等约定系无效（新法第465条之2）。所以，甲先使子公司丁作无限额的最高额保证的保证人，再使丙就丁对乙的追偿权作保证人，以此方式即可以规避以保护个人保证人为目的的一系列规定。

新法依然延续了旧法第465条之5的规定，未作实质性的修改，只是在第2款中就最高额保证合同“未约定本金确定日期的，或本金确定日期之约定或变更若适用第四百六十五条之三第一款至第三款的规定即不生其效力”两种情形，明确规定以追偿权为对象的最高额保证合同也不生效力（不仅是保证合同）。就第1款规定的“未约定第四百六十五条之二第一款规定的最高额”情形，没有特别规定以追偿权为对象的最高额保证合同也不生效力。这是因为这一情形中，反保证合同直接因违反新法第465条之2而无效，无须另行规定。[1]

---

〔1〕 部会資料80B，3頁以下（9頁）。

七、对“经营债务”的保证合同的特则(新法第465条之6～之10)

(一)公证书与保证合同的效力(新法第465条之6)

新法第465条之6

(一)以为经营而负担的贷款等债务为主债务的保证合同,或主债务的范围包括为经营而负担的贷款等债务的最高额保证合同,若意欲为保证人者未于合同缔结之前,以缔结日前一个月内制作的公证书表示将履行保证债务的意思的,不生其效力。

(二)前款的公证书,应依下列方式制作。

1. 意欲为保证人者,按下列(1)或(2)所列合同的区分,各自向公证人口述(1)或(2)所规定的事项。

(1)保证合同[(2)中所列者除外]。主债务的债权人以及债务人、主债务的本金、主债务相关的利息、违约金、损害赔偿及其他从属于该债务的一切事项的约定的有无及其内容,以及在主债务人不履行其债务时,就债务的全额有履行的意思(在意欲为保证人者欲与主债务人连带负担债务的情形,不论债权人是否已催告主债务人,不论主债务人能否履行债务,亦不论是否有其他保证人,就其全额履行的意思)。

(2)最高额保证合同。主债务的债权人及债务人、主债务的范围、最高额保证合同的最高额、本金确定日期的约定的有无及其内容,以及在主债务人不履行其债务时,于最高额的限度内,就本金确定日期或第四百六十五条之四第一款各项或第二款各项所列事由及其他应确定本金的事由发生之前应产生的主债务的本金以及主债务相关的利息、违约金、损害赔偿及其他从属于该债务的一切事项的全额有履行的意思(意欲为保证人者欲与主债务人连带地承担债务的情形,不论债权人对主债务人为催告与否,主债务人能履行该债务与否,或有其他保证人与否,就其全额履行的意思)。

2. 公证人对意欲为保证人者的口述作笔录,对意欲为保证人者诵读,或令其阅览。

3. 意欲为保证人者承认笔记的正确性后，签名并盖章。但是，意欲为保证人者不能签名的情形，公证人可以备注该事由，并代为签名。

4. 公证人备注其证书系依前三项所列方式制作而成，签名并盖章。

（三）前两款的规定，不适用于意欲为保证人者为法人的情形。

本条系新增，规定了个人保证合同的形式要件——公证。

本条的立法目的是确认经营者以外的第三人保证合同中保证人的意思的真实性，排除轻率性和情义性，落实缔约时信息提供义务（参见2017年4月12日众议院法务委员会附带决议第4条）。日本社会的经营融资过度依赖经营者的配偶、亲属、工作人员、同业者等的个人保证，已经成了严重的社会问题。为彻底解决这一问题，民法改革启动之前以及审议初期的设想是彻底废除个人保证制度，但最终功败垂成，仅仅止步于"公证"这一形式要件（参见本节前言）。

本条第1款规定了公证的具体要件。以下几点必须特别注意：(1)本条的适用对象为"为经营而负担的贷款等债务"。也就是说，以消费为目的的消费借贷为主债务的保证合同不必经由公证。(2)公证书必须"于合同缔结之前""一个月内制作"。公证书作成后一个月内未订立保证合同的，公证书必须重新制作。这实际上给了保证人重新考虑是否订立保证合同的机会。(3)保证人必须亲自去公证机关，在公证人的面前明确地"表示将履行保证债务的意思"。

本条第2款详细地规定了公证人制作公证书的程序。制作完成后的公证书的正式称谓是"保证意思宣明公正证书"。通常，公证书上都会附有认可强制执行的文句。但是，依照2017年4月12日众议院法务委员会附带决议，"保证意思宣明公证书上不得以备注执行认可文句的方式作成执行证书。对此，望公证人十分注意，彻底周知"。

本条第3款规定了公证要件的适用范围是个人。

本条虽然为个人保证合同设置了"公证"要件，但可以预见的是，保证人会在债权人和主债务人的安排下到公证机关走完本条规定的程序。对真正解决问题而言，本条能够发挥多大的作用，尚需要继续观察。

(二)关于保证的公证书的形式特则(新法第465条之7)

> **新法第465条之7**
>
> (一)意欲成为前条第一款的保证合同或最高额保证合同的保证人者为失语者的情形下,应于公证人面前,按同条第二款第一项(1)或(2)所列合同的区分,依译员的翻译而申述或自书(1)或(2)各自规定的事项,以代替同项的口述。关于该情形中同款第二项规定的适用,同项中的"口述"即为"依译员的翻译而申述或自书"。
>
> (二)意欲成为前条第一款的保证合同或最高额保证合同的保证人者为失聪者的情形,公证人可以将同条第二款第二项规定的笔录内容,依译员的翻译而传达给意欲为保证人者,以代替同项的诵读。
>
> (三)公证人以前两款规定的方式制作公证书时,应于该证书上作出备注。

本条系新增条款。由于前条规定公证书是基于保证人的"口述",所以本条针对失语者和失聪者的意思表示的方式作出了特别规定。本条的规则与第969条之2(公证遗嘱的方式的特则)一致。

(三)公证书与反保证合同的效力(新法第465条之8)

> **新法第465条之8**
>
> (一)第四百六十五条之六第一款及第二款以及前条的规定,准用于为经营而负担贷款等债务作为主债务的保证合同,或主债务的范围包括为经营而负担贷款等债务的最高额保证合同的保证人对主债务人的追偿权的相关债务作为主债务的保证合同。主债务的范围包括该追偿权相关债务的最高额保证合同的,亦同。
>
> (二)前款的规定,不适用于意欲为保证人者为法人的情形。

本条系新增。依本条规定,"公证"要件不仅适用于个人保证合同和个人最高额保证合同,也适用于以个人保证合同和个人最高额保证合同的追偿权为主债务的反保证合同(包括反个人保证合同和反个人最高额保证合同)。

(四)经营者保证等情形的特则(新法第465条之9)

> **新法第465条之9**
>
> 意欲为保证人者为下列人的保证合同,不适用前三条的规定。
>
> 1. 主债务人为法人的情形下,其理事、董事、管理人员或准于此类的人;
>
> 2. 主债务人为法人的情形下,下列人:
>
> (1)享有主债务人的全部股东表决权(不能就股东大会中可表决的事项的全部行使表决权的股份的表决权除外,以下于本项中同)过半数的人;
>
> (2)其他股份公司享有主债务人的全部股东表决权过半数的情形中,享有该其他股份公司的全部股东表决权过半数的人;
>
> (3)其他股份公司及享有该其他股份公司的全部股东表决权过半数者,享有主债务人的全部股东表决权过半数的情形中,享有该其他股份公司全部股东表决权过半数的人;
>
> (4)股份公司以外的法人为主债务人的情形中,准于(1)、(2)或(3)所列之人的人。
>
> 3. 与主债务人(法人除外,以下于本项中同)共同经营事业的人,或于主债务人经营的事业中从事工作的主债务人的配偶。

本条系新增条款,作为"公证"要件的除外条款,规定了保证人虽是个人,但保证合同无须公证的情形,即经营者保证。其中包括:(1)主债务人为法人时该法人的理事、董事、管理人员等(第1项);(2)法人的控股股东(第2项);(3)主债务人的共同经营者或者于主债务人经营的事业中从事工作的主债务人的配偶(第3项)。之所以将主债务人的配偶列入除外范围,是考虑个体家庭经营中常有经营与家计不分的情况。[1] 不过,考虑主债务人的配偶作出保证的情谊性,所谓"于主债务人经营的事业中从事工作",应当解释为"共同经营"。也就是

〔1〕 部会資料78A,21頁参照。

说,本条第 3 项后段实际上是无内容的。[1]

(五)缔约时的债权人的告知义务(新法第 465 条之 10)

> **新法第 465 条之 10**
>
> (一)以为经营而负担的债务为主债务的保证,或主债务的范围包括为经营而负担的债务的最高额保证的情形下,主债务人委托他人保证的,应向接受委托的人提供下列事项的相关信息:
>
> 1. 财产及收支状况;
>
> 2. 主债务之外有无负担的债务及其金额以及履行状况;
>
> 3. 对主债务提供或准备提供其他担保时,该情况及其内容。
>
> (二)主债务人未提供前款各项所列事项的相关信息,或提供的信息与事实不一致,使接受委托的人就该事项认识错误,并因此作出保证合同的要约或承诺的意思表示的情形下,债权人知道或应当知道主债务人就该事项未提供相关信息或提供的信息与事实不一致的,保证人可以撤销保证合同。
>
> (三)前两款的规定,不适用于作出保证的人为法人的情形。

本条系新增,规定了债务人对个人保证人的信息提供义务。

个人保证多碍于情面,保证人内心并不愿意作保。在保证人犹豫不决时,债务人多表示"只是一时的过桥资金""马上会有货款进账""现在财务状况很好""企业有大量资产""有其他房产作抵押,不会给你添麻烦""就借个名字而已"等,而债权人多在一旁"笑而不语"。本条针对的就是这种问题。

本条第 1 款规定,主债务人必须向受委托的保证人提供以下必要信息:(1)财产收支状况;(2)有无其他债务以及相关金额及履行状况;(3)对主债务提供或准备提供的其他担保的情况。《民法(债权法)改正检讨委员会的试案》3.1.7.2 和《中间试案》17-6(2)都是以"债权人"为信息提供义务的主体,但是在第三阶段的审议中被改为"债务人"。理由是,委托保证合同是保证人和债务

---

〔1〕 潮見佳男『民法(債権関係)改正法の概要』(きんざい,2017 年)144 頁参照。

人之间的事，债权人有守秘义务，以及债权人难以把握债务人的财务情况等。[1]实际上，本条的目的在于赋予信息误认的保证人以撤销保证合同的权利，而不是撤销委托保证合同。与其采用“债务人第三人欺诈构成”，直接采用“债权人违反说明义务构成”才是正途。

本条第2款规定，满足以下情形的保证人可以撤销保证合同：(1)在债务人未提供第1款规定的信息，或者提供信息不实（违反信息提供义务）；(2)保证人因此对信息发生误认，并因此作出保证合同的要约或承诺（双重的因果关系）；(3)债权人知道或应当知道主债务人未提供第1款规定的信息或者提供信息不实（相对人的故意或过失）。这就是“债务人第三人欺诈构成”。

本条第3款规定，债务人的信息提供义务仅适用于个人。

比起“公证”要件，本条为保证人提供了更为实质的保护。本条的信息提供义务并不以保证人的请求为前提。即便保证人未提起，债权人也必须主动向主债务人和保证人确认主债务人是否向保证人提供了必要信息，否则即构成“因过失而不知道主债务人未履行信息提供义务”。此时，若主债务人提供了真实信息，保证人往往就有了拒绝保证的理由；若主债务人未提供真实信息，保证人就有了撤销的可能。作为债权人，现实中自然可以通过让保证人出具“已向主债务人获取关于资产状况等的正确信息”的书面证明来证明自己无过失。但是，如果事实确为主债务人未履行信息提供义务且债权人应当知道，那么一纸证明并不能改变事实。对于个人保证人而言，本条规定实际上提供了更为有效的保护。[2]

第七节　债权让与

第467条以下的条款标题都从“指名债权”改为“债权”，因为本节中关于指名债权之外的指示债权、记名式持有人债权以及无记名债权等证券化债权的规定被废止，而被规定在新法第520条之2以下的“有价证券”部分。所以没有必

---

〔1〕 部会資料70A，13頁；『法制審議会民法（債権関係）部会第80回会議議事録』(2013.11.19)17頁（笹井朋昭発言）参照。

〔2〕 日本弁護士連合会編『実務解説改正債権法』（弘文堂，2017年）249頁参照。

要维持"指名债权"的用语。[1]

一、债权的可让与性及其限制(新法第 466 条、第 466 条之 2 ~ 之 6)

(一)债权的可让与性(新法第 466 条)

新法第 466 条 (一)债权可以让与。但是,其性质不允许让与的,不在此限。 (二)当事人作出旨在禁止或限制债权让与的意思表示(以下称"限制让与的意思表示")的,亦不妨碍债权让与的效力。 (三)前款规定的情形下,对于知道或因重过失而不知附有限制让与的意思表示的受让人及其他第三人,债务人可以拒绝履行其债务,且可以以对让与人的清偿及其他使债务消灭的事由对抗该第三人。 (四)于债务人不履行债务的情形下,前款规定的第三人设定合理期间,催告债务人向让与人履行,而该期间内债务人未履行的,对于该债务人,不适用同款的规定。
旧法第 466 条 (一)债权可以让与。但是,其性质不允许让与的,不在此限。 (二)前款的规定,不适用于当事人作出相反的意思表示的情形。但是,该意思表示不得对抗善意的第三人。

本条规定了债权的可让与性的原则,以及性质上和意定的限制。此次民法改革中,关于第 2 款("债权让与限制特约"的效力)有重大的变化,并带动了一系列新条款的制定。

1. "让与限制特约"的效力(第 2 款)

让与限制特约,是指债权人和债务人之间有限制债权转让的合意,旧称"让与禁止特约"。除了直接禁止之外,意定的让与限制方式还包括约定债权人只能向特定范围的受让人转让债权(清偿对象的固定),故新法统称"限制让与的

[1] 部会資料 74A,13 頁参照。

意思表示”。[1] 学界现在简称为“让与限制特约”。

勃瓦索纳多旧民法曾经采用债权让与自由的立场。但是,明治民法却转而允许当事人依合意限制债权让与,只是不得对抗善意的第三人(旧法第466条第2款)。关于让与限制特约的效力,传统观点采“物权效力说”,即债权的内容是由当事人自由形成的,可让与性也是其中之一,让与限制特约影响了债权的可处分性,使债权转让行为无效。相应地,受让人若想取得欠缺处分权的债权,则必须有值得保护的合理信赖,因此,在对旧法第466条第2款但书的解释上,传统立场是受让人必须证明自己善意无过失。[2]

相比于通说,判例的立场非常暧昧。一般认为,判例尽管没有明示,但是以物权效力说为判断的前提。例如,在附有让与限制特约的债权被转让后债务人作出承诺的情形下,判例认为,对债权让与的承诺构成对让与限制的放弃时,其效力溯及至债权让与之时,但是不得损害在承诺之前具备对抗要件的第三人(如扣押债权人)。[3] 这是以物权效力说为前提,基于“效力补正的法理”的判断。[4] 然而,在旧法第466条第2款但书的解释上,判例却认为,债务人只有在证明受让人恶意或有重大过失时,才能够以债权让与限制特约对抗受让人。[5] 近期的判例认为,让与人不得以存在让与限制特约为由主张债权让与无效。[6] 这些又是与“债权效力说”更具亲缘性的立场。

物权效力说的传统立场使债权转让的受让人面临过多的风险,并不利于债权的流通。明治民法立法当时之所以采取允许当事人意定限制债权让与的立场,是为了保护弱势的债务人免受严苛的追索。但是,法律一经制定就偏离了起草者预设的方向。现实中,真正弱势的债务人是无法和债权人达成让与限制特约的。大量的让与限制特约出现在强势的债务人(如金融机构)和弱势的债权人(作为储户的个人或中小企业)之间。金融机构出于简化管理,避免多重清偿

---

〔1〕 部会資料74A,4頁参照。

〔2〕 我妻栄『新訂債権総論』(岩波書店,1964年)524頁参照。

〔3〕 最高裁判所1977年3月17日判决,最高裁判所民事判例集31卷2号308頁;最高裁判所1997年6月5日判决,最高裁判所民事判例集51卷5号2053頁。

〔4〕 中田裕康『債権総論〔第3版〕』(岩波書店,2013年)527頁参照。

〔5〕 大審院1905年2月28日判决,大審院民事判决録11辑278頁;最高裁判所1973年7月19日判决,最高裁判所民事判例集27卷7号823頁。

〔6〕 最高裁判所2009年3月27日判决,最高裁判所民事判例集63卷3号449頁。

的风险,保持对企业的贷款债权的抵销可能性等考虑,通过格式条款直接规定存款债权不得转让给他人。[1] 这一普遍性的金融实务操作严重影响了债权的流通和担保化,不利于中小企业的融资。[2]

因此,此次改革否定了物权效力说,改采债权效力说。新法第 466 条第 2 款明确规定,当事人作出债权让与限制特约的,不妨碍债权让与的效力。也就是说,自债权让与时起,让与人丧失债权人地位,受让人成为新的债权人;对此,债务人只能向让与人请求基于债务不履行的损害赔偿。这是新法的重大转向。不过,须特别注意的是,新法针对让与限制特约的观念转变,本来是针对金融机构和中小企业之间的交易,但是关于存储款债权的让与限制特约的效力,第 466 条之 5 设有特别规定,所以本条的适用领域其实也很有限,主要适用于买卖价金、劳务报酬、租金押金等各种应收账款。

2. 债务人的抗辩(第 3 款)

在承认债权的让与自由的基础上,新法并不否认债务人就债权让与限制特约享有合理的利益,即"固定清偿对象的利益",或称"固定债权人的利益"。本条第 3 款规定,对于恶意或重过失的受让人及其他第三人(如权利质权人,为表述方便,以下仅称受让人),债务人既可以拒绝履行债务,也可以向让与人作出清偿、抵销等债务消灭行为,并以之对抗受让人。当然,债务人可以作出承诺,放弃拒绝履行债务的抗辩。[3] 这样,当受让人为恶意或重大过失时,债务人就清偿的对象有选择权,即债务人可以拒绝受让人而向让与人履行,也可以放弃抗辩而直接向受让人履行。

3. "僵局状态"的消除(第 4 款)

由于第 3 款在受让人为恶意或重大过失的情形下给了债务人一个选择权,那么就必然遇到选择权的困境,即债务人不做任何选择。此时,受让人不得请求,因为债务人有拒绝履行的抗辩权;让与人也不得请求,因为他已经丧失了债权人地位(让与限制特约的债权效力说)。[4] 为了消除这个僵局,本条第 4 款规

〔1〕 中田裕康『債権総論〔第 3 版〕』(岩波書店,2013 年)524 頁参照。
〔2〕 池田真朗『債権譲渡法理の展開』(弘文堂,2001 年)306 頁以下;部会資料 74A,3 頁参照。
〔3〕 最高裁判所 1977 年 3 月 17 日判决,最高裁判所民事判例集 31 巻 2 号 308 頁。
〔4〕 部会資料 78B,8 頁;部会資料 81 – 3,1 頁参照。

定,受让人可以设定合理期限,催告债务人向让与人履行;债务人于合理期限内不履行的,不得再向受让人主张第 3 款的抗辩权。

(二)债务人的提存权(新法第 466 条之 2)

> **新法第 466 条之 2**
>
> (一)附有限制让与的意思表示的、以金钱给付为标的的债权被让与时,债务人可以在债务履行地(债务履行地依债权人的现住所而定的情形下,包括让与人的现住所。次条亦同)的提存机关提存相当于该债权全额的金钱。
>
> (二)依前款的规定提存的债务人,应立即向让与人及受让人作出提存的通知。
>
> (三)依第一款的规定所提存的金钱,仅限受让人可以领取。

本条系新增,规定了债务人的提存权。

1. 债务人的提存权(第 1 款)

由于新法就债权让与限制特约改采"债权效力说",所以债权让与之后受让人确实得成为债权人。至于债务人能否抗辩,取决于受让人是否为恶意或重大过失(新法第 466 条第 3 款)。然而,重大过失的判断是模糊的,债务人很可能对是否向受让人履行犹豫不决。在采"物权效力说"时,债务人可以以"不能确知债权人"为由向提存机关提存(第 494 条)。但是,新法改采"债权效力说"之后,债务人就不能依第 494 条提存了,因为受让人确实是债权人(这里只是抗辩的问题)。因此,本条专门规定了一个新的提存事由。可以说,本条的立法目的就是保护债务人的"固定清偿对象的利益"。依据本条,尽管债权让与之后让与人已不是债权人,但是债务人仍然可以向让与人的现住所地的提存机关提存。[1]

2. 提存的通知(第 2 款)

提存后,债务人须立即向让与人及受让人通知提存一事。

3. 提存物的领取权人(第 3 款)

提存物的领取权人仅限于受让人。这是因为债权让与之后受让人成为债权

---

〔1〕 部会資料 83 - 2,24 頁;部会資料 78B,10 頁参照。

人，而让与人丧失债权人地位。这也意味着，让与人的债权人不得就提存物申请强制执行。[1]

（三）债权人的提存请求（新法第 466 条之 3）

> **新法第 466 条之 3**
>
> 于前条第一款规定的情形下，让与人受破产程序开始的裁定时，受让人（仅限于受让同款债权的全额，并可以以该债权让与对抗债务人及其他第三人者）即使知道或因重大过失而不知附有限制让与的意思表示，亦可要求债务人在债务履行地的提存机关提存相当于该债权全额的金钱。于此情形，准用同条第二款及第三款的规定。

本条系新增，规定了债权人的提存请求。

在受让人为恶意或重大过失时，债务人可以选择向受让人或者向让与人履行（第 466 条第 3 款）。当债务人选择向让与人履行时，受让人必须经由让与人而获清偿。此时，受让人就会面临让与人破产的风险。对此本条规定，在让与人受破产程序开始的裁定时，金钱债权的受让人在全额受让债权，且具备第三人对抗要件的前提下，可以要求债务人将债权的全额提存（本条前段）。之所以是全额，是为了避免法律关系复杂化；之所以要求具备第三人对抗要件，是因为这是取得优先受偿地位的必要条件。[2] 提存后，债务人须立即向让与人及受让人通知提存一事；提存物的领取权人仅限于受让人（本条后段）。本条为受让人在破产程序之外打开了一条全额回收债权之路。[3]

不过，本条不可能为受让人避开所有风险。在受让人不具备第三人对抗要件，或者债务人在让与人破产之前即履行的，受让人没有提存请求权。此时，其对让与人基于合同或不当得利的返还请求权还是会沦为一般破产债权。[4]

---

〔1〕 潮見佳男『民法（債権関係）改正法の概要』（きんざい，2017 年）151 頁参照。

〔2〕 部会資料 81－3，2 頁参照。

〔3〕 部会資料 78B，10 頁参照。

〔4〕 大村敦志＝道垣内弘人編『民法（債権法）改正のポイント』（有斐閣，2017 年）283 頁（加毛明執筆）参照。

(四)对附有让与限制特约的债权的强制执行(新法第466条之4)

> **新法第466条之4**
>
> (一)第四百六十六条第三款的规定,不适用于对附有限制让与的意思表示的债权实施强制执行的扣押债权人。
>
> (二)虽有前款的规定,受让人及其他第三人知道或因重大过失而不知附有限制让与的意思表示的情形下,其债权人对同款的债权实施强制执行的,债务人可以拒绝履行其债务,且可以以对让与人的清偿及其他使债务消灭的事由对抗扣押债权人。

本条规定了债权让与限制特约对于债权的强制执行的效力。本条分别规定了两种不同的扣押债权人。

1.债权人的扣押债权人(第1款)

债务人甲和债权人乙有限制债权让与的合意,而债权人乙的债权人丙对乙对甲的债权实施了强制执行并取得了转付令。此时,甲可否以让与限制特约对抗丙?换言之,甲可否以丙有恶意或重过失为由对丙主张抗辩?对此,本条第1款规定,转付令不适用第466条第3款关于让与限制特约的规则。无论债权人的扣押债权人丙的主观样态是善意恶意,都不会妨碍其获得转付令。让与限制特约不具有将债权排除出债权人的责任财产的效果。这是对通说和判例法理的明文化。〔1〕 至于强制执行之外,作为担保权的实现的扣押(如权利质权人的扣押等),本条未明确规定,留待未来的解释。〔2〕

2.受让人的扣押债权人

债务人甲和债权人乙有限制债权让与的合意,但是乙将债权转让给丙,假设丙接受转让时系恶意。丙的债权人丁就丙对甲的债权实施了强制执行并取得了转付令。此时,甲可否以让与限制特约对抗丁?换言之,甲可否以丙的恶意为由对丁主张抗辩?对此,本条第2款规定,在受让人系恶意或有重大过失的情形下,债务人可以向受让人主张的抗辩,也可以向受让人的扣押债权人主张。这是

〔1〕 参见我妻栄「讓渡禁止特約ある債権の差押」同『民法研究V』(有斐阁,1968年)190-193頁;最高裁判所1970年4月10日判决,最高裁判所民事判例集24卷4号240頁参照。

〔2〕 部会資料75A,5頁;部会資料83-2,24頁参照。

因为受让人的债权人不能因为实施了强制执行，就能够取得比受让人还优厚的待遇。[1]

（五）存储款债权的让与限制特约（新法第 466 条之 5）

> **新法第 466 条之 5**
>
> （一）虽有第四百六十六条第二款的规定，当事人就存款账户或储蓄账户中的存款或储蓄金的相关债权（以下称"存储款债权"）所作的限制让与的意思表示，可以对抗知道或因重大过失而不知附有限制让与的意思表示的受让人及其他第三人。
>
> （二）前款的规定，不适用于对附有限制让与的意思表示的存储款债权实施强制执行的扣押债权人。

本条是关于存储款债权的让与限制特约的效力的特则。所谓存储款，是金融机构的存款和邮政储蓄的合称。

本条第 1 款规定，关于存储款债权的让与限制特约，"虽有第四百六十六条第二款的规定……可以对抗知道或因重大过失而不知附有限制让与的意思表示的受让人及其他第三人"。这里，"虽有第四百六十六条第二款的规定"的表述以及"对抗"二字，即表示本条就存储款债权的让与限制特约的效力仍采用"物权效力说"。也就是说，债务人可以主张附有让与限制特约的存储款债权的让与无效，而不仅仅是主张拒绝履行的抗辩。这意味着，关于存储款债权这一重要的债权类型，依旧适用以往的判例和传统通说。至于为何唯独存储款债权未接受流动化和担保化的改革，这是因为日本当前的金融机构的实务操作都是建立在允许当事人合意限制债权转让的判例法理之上的，债权让与的基本规则的变动会给金融实务带来太大的震动和成本。立法最终还是选择了保守路线。

本条第 2 款规定，对存储款债权实施强制执行的扣押债权人，无论其主观状态是善意还是恶意，债务人不得以让与限制特约与之对抗。这是对通说和判例法理的明文化（参见前条第 1 款的解说）。

---

〔1〕　潮見佳男『民法（債権関係）改正法の概要』（きんざい，2017 年）154 頁参照。

(六)将来债权的可让与性(新法第466条之6)

> **新法第466条之6**
>
> (一)债权的让与,不要求债权于让与的意思表示时现实发生。
>
> (二)债权被让与的情形下,债权于让与的意思表示未现实发生时,受让人得当然取得发生的债权。
>
> (三)于前款规定的情形,在让与人作出次条规定的通知或债务人作出同条规定的承诺(以下称"对抗要件具备时")之前,既已作出限制让与的意思表示时,视为受让人及其他第三人知道此事,并适用第四百六十六条第三款(附有限制让与的意思表示的债权为存储款债权的情形,为前条第一款)的规定。

本条规定了将来债权的让与。将来债权,是指让与的时点上尚未发生的债权。关于将来债权的让与,在此次改革之前日本民法上并无明文规定,但判例法理已经发展起来,故新法予以确认和调整。

1. 将来债权的可让与性(第1款)

本条第1款明确承认了将来债权让与的有效性,这是对判例法理的明文化。判例自大审院时代就承认将来债权的可让与性。[1] 依最高裁判所1999年判例,将来债权让与的条件包括两方面:(1)特定性(识别可能性)。将来债权发生的可能性的高低,不影响债权让与的效力,只要以"适宜的方式"确定发生期间的始期和终期,能够将让与的债权与其他债权特定出来即可。(2)不违反公序良俗。如果债权让与合同有严重束缚债务人的经营自由或者损害其他债权人利益的内容,如所规定的债权确定期间过长等,那么该合同可能因违反公序良俗而无效或部分无效。[2] 也就是说,债权让与的对象能够以"可识别"的方式与其他债权区别出来,满足标的的"特定性"这个基本要求,那么无论债权的发生是否确实,债权让与在原则上就都是有效的,除非违反公序良俗。关于公序良俗的内涵,主要包括两方面:一是防止对债务人的自由的不当束缚(如债权确定期间的

---

〔1〕 大審院1934年12月28日判決,最高裁判所民事判例集13卷2261頁参照。

〔2〕 最高裁判所1999年1月29日判決,最高裁判所民事判例集53卷1号151頁参照。

长期性)；二是防止受让人就债务人的责任财产取得过度优越的受偿地位，损害其他债权人的利益(如债权发生原因的概括性)。[1]

2. 将来债权的取得时点(第2款)

本条第2款规定了受让人取得将来债权的时点，即债权发生时，受让人当然取得该债权。这也是对判例法理的确认。[2] 至于债权是在让与人处发生后移转至受让人(传来取得构成)，还是直接在受让人处发生(原始取得构成)，本条并未明确，而是留下了解释的空间。[3]

3. 附有让与限制特约的将来债权与对抗要件(第3款)

本条规定的是，将来债权附有让与限制特约时，受让人和债务人之间的利益协调方式。本条不是对现有的判例法理的确认，而是一个立法决断。

这里的问题是，将来债权让与时，受让人不会想到将来债权会附有限制让与特约，而债权现实地发生时，想约定让与限制特约的债务人也不知道债权已被让与。关于这个问题，如果没有特别立法，就会适用旧法第466条第2款(或新法第466条第2款、第3款)，而该条并不能提供妥当的结论。

旧法第466条第2款规定，当事人有权限制债权让与，但让与限制特约不得对抗善意的第三人。这里，判断受让人的主观样态的时点是"受让债权时"，而此时将来债权尚未发生，无所谓善意恶意，所以受让人无法通过自身的善意、无重大过失而取得可以对抗债务人的地位。结果，第466条第2款的但书无法适用，只能回到本文，而本文采物权效力说。这就导致，只要将来债权在发生时附有让与限制特约，那么受让人就不可能取得该将来债权。[4] 反之，如果适用新法第466条第2款和第3款，那么情况正好相反。由于"受让债权时"将来债权尚未发生，受让人无所谓善意恶意，所以债务人无法通过受让人的恶意或重大过失取得对受让人的抗辩。结果，新法第466条第3款无法适用，只能回到第2款，而第2款现在改采债权效力说。这就导致，只要债权人和受让人约定过将

〔1〕 潮見佳男『新債権総論Ⅱ』(信山社，2017年)370頁参照。

〔2〕 最高裁判所2001年11月22日判决，最高裁判所民事判例集55卷6号1056頁；最高裁判所2007年2月15日判决，最高裁判所民事判例集61卷1号243頁。

〔3〕 部会資料74A，8頁参照。

〔4〕 在审议过程中，下级审的案件中就出现了类似判决。东京地裁2012年10月4日判决，判例時報2180号63頁参照。

来债权的让与,那么债务人通过合意约定债权让与限制特约的机会就被剥夺了。

为了化解这个两难境况,立法的协调方式是,借用以信息沟通为目的的“债务人对抗要件”(让与人的通知或债务人的承诺)作为衡平点,协调债务人和让与人的利益。[1] (1)关于将来债权让与的通知或承诺作出后,债务人才和债权人约定限制债权让与的,债务人不得以之对抗受让人;(2)关于将来债权让与的通知或承诺作出前,债务人就和债权人约定限制债权让与的,债务人总是可以对抗受让人。对于这两种情况,审议会认为,情况(1)系理所当然,无须特别规定;情况(2)虽然可以从(1)的反对解释中得出,但并非必然的归结,因此需要立法确认。为了清楚地表明“总是”的含义,审议会采用了“视为受让人恶意”的立法技术,允许债务人在任何情况下都可以向受让人主张抗辩。[2]

二、债权让与的对抗要件(新法第467条)

新法第467条 (一)债权的让与<u>(含未现实发生的债权的让与)</u>,让与人未通知债务人,或债务人未作承诺的,不得对抗债务人及其他第三人。 (二)前款的通知或承诺,非以附确定日期的证书而作出的,不得对抗债务人以外的第三人。
旧法第467条 (一)指名债权的让与,让与人未通知债务人,或债务人未作承诺的,不得对抗债务人及其他第三人。 (二)前款的通知或承诺,非以附确定日期的证书而作出的,不得对抗债务人以外的第三人。

本条的两款分别规定了债权让与的两类对抗要件,即债务人对抗要件和第三人对抗要件。

---

〔1〕 部会資料74A,9頁参照。
〔2〕 部会資料84-3,6頁参照。

1. 债务人对抗要件(第 1 款)

债权让与是让与人和受让人之间的行为,债务人并未参与。然而,债权让与引发的债权人的变换却直接地影响债务人的利益,尤其是“无声”的债权让与会使债务人有多重清偿的风险。因此,不给债务人添加额外的负担和风险,是债权让与制度的基本理念。依本条第 1 款规定,受让人可以对抗债务人(以债权人的身份向债务人行使债权)的前提,是让与人的通知或债务人的承诺。本款的通知指让与人向债务人通知债权让与的事实,受让人不得代为,因为受让人的通知并不能使债务人确知债权让与的事实;本款的承诺,是指债务人向债权人或受让人表明自己知道了债权让与的事实,也是一种观念的通知。就通知和承诺的关系,我妻荣指出:“(债权让与)要求债务人认识到债权人变更的事实。从这个要求看,债务人的承诺是更为确实的手段。不过债务人毕竟没有作出承诺的义务,所以由债权人也能作出的通知,在这个意义上是一种简易手段。”〔1〕

新法对第 1 款的内容未作修改,只是关于将来债权的情况增补了一个括号,即规定现在尚未发生的将来债权,也可以以通知或承诺使之具备债务人对抗要件。这是对判例法理的明文化。〔2〕 由于是将来债权,依据《关于动产及债权的让与的对抗要件的民法特例法》的规定,就债务人未特定的将来债权也可以进行让与登记,在债务人特定后也可以向债务人交付登记事项证明书,以此作为债务人对抗要件所要求的通知。

2. 第三人对抗要件(第 2 款)

本条第 2 款规定,第 1 款规定的通知或承诺是以附确定日期的证书作出的,可以对抗债务人以外的第三人,如一债多转的其他债权人。本款所谓“附确定日期的证书”,主要指《民法施行法》第 5 条第 1 款第 6 项规定的“内容证明邮件”(日本邮政提供的一种能够证明邮件内容的邮政服务)。

内容证明邮件在实务中会遇到一个技术问题,即让与人发送内容证明邮件的“确定日期”和“到达日期”的间隔时间不同。简言之,同一天发出的邮件,可能会在不同时间到达。依据判例,债权让与的优先劣后不是以“确定日期”,而是以“到达日期”的先后为准。这一立场是以“债权让与的公示只能通过债务人

---

〔1〕 我妻栄『新訂債權総論』(岩波書店,1964 年)329 - 530 頁参照。

〔2〕 最高裁判所 2007 年 2 月 15 日判決,最高裁判所民事判例集 61 卷 1 号 243 頁。

完成”的理念为基础的，即所谓的“债务人的信息中心功能”。这就引发了更为实质的问题：既然债务人是信息中心，债务人是否有向第三人开示让与给谁的内容证明邮件先到达的义务？如果要求开示，那么债务人又要额外地背负公示第三人对抗要件的义务，如果不要开示，那么债权的受让人连自己能否对抗第三人的信息都不把握。[1] 对此，《中间试案》18－2（1）曾经提出过以债权让与登记作为金钱债权让与的统一的第三人对抗要件，但未获采纳。

最终，新法对第2款未作任何文字变动。不过，需要注意的是，第1款增补的括号内容会扩大本款的适用。即现在尚未发生的将来债权，也可以通过“通知或承诺＋附确定日期的证书”的方式，使之具备第三人对抗要件。这也是判例所确定的内容。[2]

三、债权让与中的债务人的抗辩（新法第468条）

新法第468条 （一）债务人可以以对抗要件具备之前对让与人所生的事由对抗受让人。 （二）前款的规定适用于第四百六十六条第四款的情形时，前款中所称“对抗要件具备时”，指“第四百六十六条第四款的合理期间经过时”；而前款的规定适用于第四百六十六条之三的情形时，前款中所称“具备对抗要件时”，指“依第四百六十六条之三的规定受到同条的受让人的提存请求时”。
旧法第468条 （一）债务人不保留异议而作出前条的承诺的，即使有可以对抗让与人的事由，亦不得以之对抗受让人。于此情形，债务人为消灭其债务，若向让与人支付或交付物的，可以取回，若向让与人负担债务的，可以视之为不成立。

〔1〕 大村敦志＝道垣内弘人編『民法（債権法）改正のポイント』（有斐閣，2017年）286－287頁参照。

〔2〕 最高裁判所2001年11月22日判決，最高裁判所民事判例集55卷6号1056頁。

> （二）让与人仅作出让与的通知的，债务人可以以收到该通知之前对让与人所生的事由对抗受让人。

本条规定了债权被让与的情形中债务人对受让人的抗辩，如债务不存在的抗辩、债务消灭的抗辩、同时履行抗辩等。新法对旧法第 468 条作了重大修改。旧法第 468 条第 1 款被废止，第 2 款修改后成为新法第 468 条第 1 款。此外，还新增了第 468 条第 2 款。

1. 关于债务人的抗辩的一般规定（第 1 款）

旧法第 468 条分别规定了两种情况下的债务人的抗辩：（1）债务人对抗要件为通知时，旧法第 468 条第 2 款规定，债务人可以以收到该通知之前对让与人所生的事由对抗受让人；（2）债务人对抗要件为承诺时，旧法第 468 条第 1 款设置了一个特别规定，即债务人不保留异议而作出前条的承诺的，即使有可以对抗让与人的事由，亦不得以之对抗受让人。这被称为“不保留异议的承诺”。

“不保留异议的承诺”是以牺牲债务人的利益为代价保护债权让与安全的制度。通说和判例一致认为，这一制度的立法目的在于保护受让人的信赖，其适用应当以受让人的善意无过失为前提。[1] 即便如此，学界要求废止这一制度的声音仍十分强烈。池田真朗指出，要达到使债务人丧失抗辩权这一效果，必须要有债务人“放弃抗辩”的意思表示。[2] 在此次改革中，审议会接受了学界的意见，废止了“不保留异议的承诺”的制度。[3]

这样，关于债务人的抗辩，债务人对抗要件为通知的情形和债务人对抗要件为承诺的情形，就不存在区别。新法将旧法第 468 条第 2 款设为新法第 468 条第 1 款，并将“通知”和“承诺”合并为“对抗要件具备时”。

2. 附有让与限制特约的债权被让与时的特则（第 2 款）

在通常情况下，对抗要件具备时之后，债权人有权要求债务人向自己履行，

---

〔1〕 我妻栄『新訂債権総論』（岩波書店，1964 年）538 頁；最高裁判所 2015 年 6 月 1 日判決，最高裁判所民事判例集 69 巻 4 号 672 頁参照。

〔2〕 池田真朗『債権譲渡の研究〔増補 2 版〕』（弘文堂，2004 年）330 頁参照。

〔3〕 部会資料 74A，11 頁参照。

相应地，债务人也不得以此后的事由向受让人主张抗辩。不过，当让与的债权附有让与限制特约债权时（第466条第4款的情形），情况有所不同。

依新法第466条第3款的规定，如果受让人系恶意或有重过失，那么即使让与人违反让与限制特约而作出债权让与的通知，债务人依然可以拒绝受让人的请求，继续向让与人履行债务，直至新法第466条第4款规定的情形（受让人设定合理期限催告债务人向让与人履行而债务人于合理期限内不履行时，以及让与人受破产程序开始的裁定而受让人请求债务人提存时）出现。可见，在债权附有让与限制特约的情形下，受让人可以向债务人请求履行的时点不是“对抗要件具备时”，而是新法第466条第4款规定的时点。在此之前，债务人有权继续向让与人履行。即使此后新法第466条第4款规定的时点偶然到来，也应当允许债务人以该时点前发生的事由向受让人主张抗辩。此时，以“对抗要件具备时”为债务人抗辩事由的判断时点就不合适了，需要调整到新法第466条第4款规定的时点上。这一补充性的规定是审议的最后阶段从《要纲原案》中直接追加进来的。[1]

四、债权让与中的债务人的抵销权（新法第469条）

新法第469条

（一）债务人于对抗要件具备以前取得对让与人的债权的，可以以基于该债权的抵销对抗受让人。

（二）债务人于对抗要件具备以后取得对让与人的债权的，该债权为下列者时，亦与前款同。但是，债务人于对抗要件具备以后取得他人的债权的，不在此限。

1. 基于对抗要件具备之前的原因所生的债权。

2. 除前项所列情形外，作为受让人取得的债权的发生原因的合同所生的债权。

---

〔1〕 部会資料84-3，6頁参照。

（三）前两款的规定适用于第四百六十六条第四款的情形时，前两款中所称“对抗要件具备时”，是指“第四百六十六条第四款的合理期间经过时”；而前两款的规定适用于第四百六十六条之三的情形时，前两款中所称“具备对抗要件时”，是指“依第四百六十六条之三的规定受到同条的受让人的提存请求时”。

本条系新增，专门规定了债权被让与时债务人的抵销权。

1. 对抗要件具备之前取得主动债权的情形（第1款）

本条第1款规定，债务人于对抗要件具备以前取得对让与人的债权的，可以以基于该债权的抵销对抗受让人。本条传达的重要信息是，作为债务人对受让人的抵销的要件，债务人在对抗要件具备（通知或承诺）之前取得主动债权即可，无论主动债权的履行期是否先于被动债权（“履行期先后说”），也无论对抗要件具备之时主动债权和被动债权是否处于抵销适状（“抵销适状说”）。这说明新法在这个问题上采用的是“无限制说”。[1] 最高裁判所1970年判例在债务人和扣押债权人的关系上即采“无限制说”，而且明确指出抵销的担保功能。[2] 最高裁判所1975年判例将“无限制说”适用于债务人和债权让与的受让人的关系中。[3] 本条是对1975年判例法理的普遍适用性的确认。依本条第1款的规定，即使债务人的主动债权的履行期早于被动债权，债务人也有暂且不履行己方债务（以支付迟延损害金为代价），等待对方到期后再主张抵销的机会。如果被动债权的债权人（让与人）赶在到期前将被动债权让与他人就能够剥夺债务人的抵销的机会，会使有资力的债务人陷入向受让人全额履行后却无法向无资力

---

〔1〕 部会資料74A，14頁参照。

〔2〕 最高裁判所1970年6月24日判决，最高裁判所民事判例集24卷6号587頁。

〔3〕 最高裁判所1975年12月8日判决，最高裁判所民事判例集29卷11号1864頁。本案被动债权先于主动债权到期，债权转让在被动债权到期之前进行。本案被动债权的受让人是让与人的董事，让与后不久让与人即破产。由于受让人和让与人有特殊关系，所以债权让与时受让人是知道债务人享有反对债权的。对此，本案调查官柴田保倖曝露说，最高裁判所第一小法庭投票结果是3：2，三位赞成的法官中，团藤重光只是鉴于本案的特殊案情才支持债务人有抵销权［『最高裁判所判例解説民事編1975年度』（財団法人法曹会，1979年）657－658頁参照］。结果这导致本案判决的普遍适用性受到质疑，债务人的抗辩权的要件始终处于未定状态［法務省民事局参事官室編『民法改正中間試案の補足説明』（信山社，2013年）254頁参照］。

的让与人全额回收债权的境地。

诚然，抵销权的存在缺乏公示性，受让人往往无从得知。但是，正如内田贵指出的那样："对实务的调查显示，受让人在受让双务合同的继续性交易中的债权时，当然会将其评估为高风险。要是想受让能够按照面值回收的债权，就要选取那些看起来无抗辩的、一次性的借款债权，这才是实务的做法。交易安全也要视类型而定。在双务合同的继续性交易的情形，即使保护对抵销的期待，也不会有损交易安全。"〔1〕换言之，继续性交易的双方互负债务是实务的常态。对自己收购的债权进行风险的分类和评估本来就是受让人的业务，没有必要以损害债务人对抵销的期待为代价为其减负。可以说本款带有一定关系契约论的色彩。

2. 对抗要件具备之后取得主动债权的情形(第2款)

关系契约论的思想在本条第2款中体现得尤为鲜明。本条第2款将"无限制说"一般化，并扩展至债务人于对抗要件具备之后取得主动债权的情形。〔2〕即使主动债权是债务人于对抗要件具备之后取得的，在以下两种情形下，债务人依然可以向受让人主张抵销权。

一是债权系基于对抗要件具备之前的原因所生的情形(第1项)。由于自动债权的发生原因在对抗要件具备之前既已存在，其发生有高度可能性，此时有必要保护债务人对抵销的期待。

二是债权系作为受让人取得的债权的发生原因的合同所生的情形(第2项)。详言之，即使作为债务人的主动债权的发生原因的合同是在对抗要件具备之后订立的，只要主动债权和被动债权系基于"同一合同"发生，债务人依然可以向受让人主张抵销权。必须注意的是，本项的适用以作为主动债权和被动债权的发生原因的合同订立于对抗要件具备之后为前提，所以本项的适用仅限于将来债权的让与。〔3〕将来债权让与之时合同尚未订立，倘若没有本项的规定，收到债权转让通知的债务人考虑到未来合同中所产生的反对债权都没有抵销的可能，未必愿意再继续和让与人进行交易。例如，医生为了开业而将未来医

---

〔1〕『法制審議会民法(債権関係)部会第3分科会第4回会議議事録』(2012.7.10)16－17頁(内田貴発言)。

〔2〕部会資料37,51－52頁参照。

〔3〕大村敦志＝道垣内弘人編『民法(債権法)改正のポイント』(有斐閣,2017年)351頁(加毛明執筆)参照。

疗服务的报酬请求权让与给某金融机构，并在每次交易前告知前来就诊的患者。患者得知价金债权会被转让后，会担心万一因诊疗过失产生损害赔偿请求权时，这一债权和价金债权无法抵销，很可能就不在这家医院就诊了。这样反而有损让与人的经营利益。因此，出于促进让与人的交易持续性的考量，也应当广泛地承认可行使抵销权的主动债权的范围。[1]

3. 附有让与限制特约的债权被让与时的特则(第 3 款)

关于本条第 3 款，参见第 468 条第 2 款的解说。

五、关于指示债权、记名式持有人支付债权、无记名债权的让与的特则(旧法第 469 ~ 473 条废止)

新法第 520 条之 2 以下(有价证券)设有关于指示证券、记名式持有人支付证券等记名证券以及无记名证券的统一规定，故旧法第 469 条至第 473 条废止。其中，第 470 条至第 472 条的条文号留给了债务承担。

第八节　债务承担

罗马法上，债权人和债务人之间的债是"法锁"。在这个观念下，连债权让与都必须以更改、诉权让与、委托催收等形式实现，遑论债务承担。债务人的更替只能采用更改这种使债的同一性丧失的方式。因此，和《法国民法典》一样，当时的《日本民法典》也没有规定债务承担。但是，现代交易对债务承担有制度需求。债务人的更替可能会加强作为债权的经济基础的责任财产，增加债权的价值，还可能和债权让与合在一起实现合同地位的转移，增加合同关系的流动性。只要不无视债权人的意愿，注意不损伤债权的经济价值，即使债权人不积极参与，也不妨碍债务承担的实现。在理论上，只要不特别注重债权债务的个人色彩，将债看作以客观的给付为内容的财产，那么债务人的更迭也不是一个足以使债的同一性丧失的本质性变更。[2] 因此，《日本民法典》立法后，日本通说和判例受德国法(《德国民法典》第 414 条以下)的影响，承认了债务承担的有效性。

---

〔1〕 部会資料 74A，14 - 15 頁参照。

〔2〕 我妻栄『新訂債権総論』(岩波書店，1964 年)510 - 511 頁参照。

对于学说和判例的发展,新法予以明文化。新法第470条和第471条规定了并存的债务承担,第472条至第472条之4规定了免责的债务承担。之所以采用“并存在先,免责在后”的立法模式,是因为起草人对免责的债务承担的理论构造不是传统的“特定承继”,而是债权人和承担人,或者债务人和承担人之间先形成并存的债务承担的合意,再通过债权人的免除的意思表示形成免责的债务承担。[1] 换言之,在新法的构成之下,并存的债务承担是制度的原型,而免责的债务承担是亚型(附免除债务的意思表示)。

一、并存的债务承担(新法第470条、第471条)

(一)并存的债务承担的要件及效果(新法第470条)

> **新法第470条**
>
> (一)并存的债务承担的承担人,和债务人连带负担与债务人对债权人所负债务同一内容的债务。
>
> (二)并存的债务承担,可以依债权人与承担人之间的合同而作出。
>
> (三)并存的债务承担,亦可依债务人与承担人之间的合同而作出。于此情形,并存的债务承担于债权人向承担人为承诺时,生其效力。
>
> (四)依前款的规定而作出的并存的债务承担,适用利益第三人合同的相关规定。

本条系新增,规定了并存的债务承担。

1. 并存的债务承担的效果(第1款)

新法区分了免责的债务承担和并存的债务承担。本条第1款即规定了并存的债务承担的效果,即承担人和债务人之间原则上是连带债务关系。也就是说,在对外关系、影响关系以及追偿关系上,原则上适用连带债务的规则。这是对判例法理的确认。[2] 不过,必须注意的是,将并存的债务承担的默示效果设置为

---

〔1〕 民法(債権法)改正検討委員会編『債権法改正の基本方針』別冊 NBL/No. 126(2009)224-225 頁;法務省民事局参事官室編『民法改正中間試案の補足説明』(信山社,2013年)268 頁参照。这一观点的主张者是远藤研[遠藤研「並存的債務引受に関する一考察」私法67号(2005年)第153頁参照]。

〔2〕 最高裁判所1966年12月20日判決,最高裁判所民事判例集20巻10号2139頁。

连带债务,会诱发利用并存的债务承担的规则来规避保证人保护的相应制度的问题。在审议过程中,本条曾经安排了一个预备条款,规定"在承担人以保证债务人的债务履行为主要目的,或者在债务人以保证承担人的债务履行为主要目的的情形下,准用保证的规定中,关于保证人保护的规则"。甚至有意见指出,应当将并存的债务承担的默示效果设定为保证,至少在承担人为个人时准用保证的规则。虽然新法最终还是沿袭了判例的立场,但是立法资料明确表示,"在真的涉及保证人保护的情形,即便法律形式上是并存的债务承担,也可以通过富有弹性的合同解释,得出适切的结论"。[1]

2. 依债权人与承担人之间的合同而作出的情形(第2款)

本条第2款规定,并存的债务承担可以基于债权人与承担人之间的合同而作出。和保证一样,债权人与承担人的并存的债务承担的决定,无须债务人同意;债务人作出反对的意思表示,也不影响债务承担的效力。[2]

3. 依债务人与承担人之间的合同而作出的情形(第3款、第4款)

本条第3款规定,并存的债务承担也可以基于债务人与承担人之间的合同而作出。这一合同的性质是利益第三人合同。因此,本条第4款规定,基于债权人与承担人之间的合同作出的并存的债务承担,适用利益第三人合同的规则(新法第537条以下)。在利益第三人合同中,第三人可以不接受强加的利益。相应地,并存的债务承担以债权人的承诺为生效要件(第3款后段)。这里的"承诺"即指享受合同利益的意思表示(参见新法第537条第3款)。

(二)并存的债务承担中的受让人的抗辩等权利(新法第471条)

> **新法第471条**
>
> (一)承担人就因并存的债务承担而负担的自己的债务,可以以其效力发生时债务人可以主张的抗辩对抗债权人。
>
> (二)债务人对债权人享有撤销权或解除权的,承担人于债务人可因该权利的行使而免除其债务的限度内,可以向债权人拒绝履行债务。

---

〔1〕 部会資料67A,35頁参照。
〔2〕 部会資料67A,33頁参照。

本条系新增，规定了并存的债务承担的情形中承担人可以主张的权利。

1. 抗辩(第1款)

承担人可以主张债务承担的效力发生时债务人可以向债权人主张的抗辩。这里的“效力发生时”，在并存的债务承担依债权人与承担人之间的合同而作出的情形下是指合同订立时；在并存的债务承担依债务人与承担人之间的合同而作出的情形下则指债权人承诺时。

2. 撤销权或解除权(第2款)

承担人不可以代债务人行使撤销权或解除权，但是可以在债务人因这些权利的行使可免除债务的限度内，向债权人拒绝履行债务。本来，《中间试案》20－1(4)未规定承担人对债务人的撤销权和解除权的援用，因为承担人没有合同当事人地位。但是，在第三读会阶段，审议会考虑到与保证债务的整合性，加进了第2款。[1]

至于抵销权，本条未设规定。这是因为，依前条第1款规定，承担人和债务人是连带债务关系，所以可以直接适用连带债务的规则，即承担人可以在债务人应承担份额的限度内，向债权人拒绝履行债务(新法第439条第2款)。

此外，在并存的债务承担系基于债务人与承担人之间的债务承担合同而作出的情形下，因该合同具有利益第三人合同的性质，所以承担人还可以向债权人主张基于其与债务人之间的债务承担合同的抗辩(第539条)。

二、免责的债务承担(新法第472条、第472条之2～之4)

(一)免责的债务承担的要件及效果(新法第472条)

> **新法第472条**
>
> (一)免责的债务承担的承担人，负担与债务人对债权人所负债务同一内容的债务，而债务人免去其自身的债务。
>
> (二)免责的债务承担，可以依债权人与承担人之间的合同而作出。于此情形，免责的债务承担于债权人将合同订立之事通知债务人时，生其效力。

〔1〕 部会資料67A，34頁参照。

> （三）免责的债务承担，亦可依债务人与承担人订立合同，且债权人向承担人为承诺而作出。

本条系新增，规定了免责的债务承担的要件及效果。

1. 免责的债务承担的效果（第 1 款）

本条规定了免责的债务承担的效果，即承担人负担与债务人对债权人所负债务同一内容的债务，而债务人免去其自身的债务。本条隐含了重大的观念转变。

按照传统通说，免责的债务承担是在维持债的同一性的基础上的债务的移转（特定承继）；反之，并存的债务承担则不发生债的移转，严格来说不属于"债务承担"。[1] 若基于这一观念，立法上必然将免责的债务承担作为原型前置，而将并存的债务承担作为变体后置。但是，新法颠倒了两者的顺序。新法的立场是，如果合意只包含承担人的债务承担的意思表示和债权人的承诺，那么发生并存的债务承担的效果；如果在承担人的债务承担的意思表示和债权人的承诺外，还有债权人的免除的意思表示，那么发生免责的债务承担的效果。因此，免责的债务承担只是一种附有免除的意思表示的特殊类型。在概念上，免除的意思表示和债务承担的意思表示不分离，而构成免责的债务承担的合意的一部分。[2]

对于新法的构成方式，反对声颇为强烈。主要理由在于，免责的债务承担往往不具有单独的意义，而是作为合同地位的移转的一个组成部分。作为免责的债务承担的效果，如果不采"特定承继构成"，则会妨碍合同地位的移转中的债务承担的解释。[3] 本条未来的解释方向，还有待观察。

2. 依债权人与承担人之间的合同而作出的情形（第 2 款）

本条第 2 款规定了免责的债务承担系基于债权人与承担人之间的合同而作

---

〔1〕 鳩山秀夫『増訂改版日本債權法総論』（岩波書店，1925 年）377 頁；我妻栄『新訂債権総論』（岩波書店，1964 年）570、573 頁；於保不二雄『債権総論〔新版〕』（有斐閣，1972 年）336 頁参照。

〔2〕 『法制審議会民法（債権関係）部会第 77 回会議議事録』（2013. 9. 17）44 頁（内田貴発言）参照。

〔3〕 野澤正充『債務引受・契約上の地位の移転（1）民法（債権関係）の改正案の検討』立教法学 92 号（2015 年）275 頁参照。此外，池田真朗曾经倾向于"债务免除构成"，之后改说［池田真朗「債権譲渡から債務引受・契約譲渡へ」森征一＝池田真朗編『私権の創設とその展開：内池慶四郎先生追悼論文集』（慶應義塾大学出版会，2013 年）164 頁参照］。

出的情形。此时,债务承担的决定无须债务人同意;债务人作出反对的意思表示,也不影响债务承担的效力。这是对判例的变更。依照判例,与债务人的意思相反的债务承担无效。[1] 但是依新法所采的构造,免责的债务承担是承担人和债权人达成免责的债务承担的合意之后,债权人免除债务人债务的组合效果。而在日本法上,债务免除无须债务人的同意(第519条)。

当然,在债务人不知情的状态下使其脱离合同,会使债务人因支出不必要的履行费用等原因而遭受损害。对此,第2款后段规定,债权人必须通知债务人已与承担人订立了免责的债务承担的合同一事。关于该通知的性质,审议会认为该通知不必为免责的意思表示,为事实的通知即可。[2]

3. 依债务人与承担人之间的合同而作出的情形(第3款)

本条第3款规定了免责的债务承担系基于债务人与承担人之间的合同而作出的情形。此时,为了保障债权人的利益,免责的债务承担以债权人的承诺为成立要件。承诺的效力不溯及至债务人与承担人订立合同时。

(二)免责的债务承担中的受让人的抗辩(第472条之2)

> **新法第472条之2**
>
> (一)承担人就因免责的债务承担而负担的自己的债务,可以以其效力发生时债务人可以主张的抗辩对抗债权人。
>
> (二)债务人对债权人享有撤销权或解除权时,承担人于若无免责的债务承担,债务人则可因该权利的行使而免除其债务的限度内,可以向债权人拒绝履行债务。

本条系新增,规定了免责的债务承担的情形中承担人可以主张的权利。

1. 抗辩(第1款)

承担人可以主张债务承担的效力发生时债务人可以向债权人主张的抗辩。这里的"效力发生时",在免责的债务承担依债权人与承担人之间的合同而作出的情形下,是指关于合同订立的通知到达债务人时;在免责的债务承担依债务人

[1] 大審院1921年5月9日判決,大審院民事判決録27辑899頁。

[2] 部会資料67A,37頁参照。

与承担人之间的合同而作出的情形下，则指债权人承诺时。

2. 撤销权或解除权（第 2 款）

承担人不可以代债务人行使撤销权或解除权，但是可以在债务人因这些权利的行使可免除债务的限度内，向债权人拒绝履行债务。与新法第 471 条第 2 款的情况一样，《中间试案》20－3（2）本来未规定承担人对债务人的撤销权和解除权的援用，因为承担人没有合同当事人地位。但是在第三读会中，审议会认为这里和新法第 471 条第 2 款的情况并无不同，于是加进了本条第 2 款。[1]

关于抵销权，本条未设规定。在免责的债务承担的情形下，由于债务人的债务被免除，所以承担人和债务人之间不存在连带关系，承担人因此也不得援用债务人的抵销权。这与并存的债务承担的情形不同。

此外，在免责的债务承担系基于债务人与承担人之间的债务承担合同而作出的情形下，由于免责的债务承担的合意不具有利益第三人合同的性质，所以承担人不得向债权人主张基于其与债务人之间的债务承担合同的抗辩。这与并存的债务承担的情形也不同。

（三）免责的债务承担中的受让人的追偿权（第 472 条之 3）

新法第 472 条之 3 免责的债务承担的承担人，对债务人不取得追偿权。

本条系新增，规定免责的债务承担的承担人不享有对债务人的追偿权。

本条是对判例立场的确认。依据判例，在免责的债务承担的情形下，承担人对债权人的清偿行为只不过是履行自己的债务，因此不得对债务人追偿。[2] 换言之，免责的债务承担本来就预设承担人，从而将他人的债务作为自己的债务来履行，使债务人解脱出来，因此，免责的债务承担欠缺发生追偿关系的基础。当然，本条并不妨碍承担人和债务人之间另行约定支付对价。此外，在免责的债务

〔1〕 部会資料 67A，40 頁参照。如果说新法第 471 条第 2 款是考虑到并存的债务承担和保证的整合性，那么在本条第 2 款的情形下，是基于何种考量断定“情况并无不同”，理由不明（议事录中亦未提及）。

〔2〕 大審院 1940 年 11 月 9 日判决，法学 10 卷 415 頁。本案被上诉人作为代位清偿从上诉人处取得了一块设有抵押权的不动产，同时与上诉人约定，代上诉人承担上诉人对诉外债权人的债务。被上诉人向债权人清偿债务后，转而向上诉人主张追偿权。

承担系基于债务人对承担人的委托的情形下，承担人可以基于委托向债务人主张费用偿还请求权（第649条、第650条）。[1]

不过，在承担人和债务人之间无委托等合同关系时，是否一定不存在追偿的基础，理论上颇有争议。有观点认为，考虑到免责的债务承担背后的决算关系，债务人从法律关系中的“脱离”也只是针对债权人而言，并不是绝对的、完全的脱离。在免责的债务承担的情形下，承担人为债务人消灭债务而负担了债务（出捐行为），此时应当类推适用第三人清偿的规定，允许承担人向债务人追偿。[2] 在第三人未受托代债务人而作出清偿的情形下，追偿权以法定之债为基础。在清偿不违反债务人的意思时，适用无因管理；在清偿违反债务人的意思时，适用不当得利。但是，新法的立场是，本条会排除无因管理或不当得利的适用。[3]

（四）免责的债务承担中的担保的移转（第472条之4）

> **新法第472条之4**
>
> （一）债权人可以将作为债务人依第四百七十二条第一款的规定免去的债务的担保所设定的担保权，移转至承担人所负担的债务。但是，承担人以外的人设定该担保权的情形，应得其承诺。
>
> （二）前款规定的担保权的移转，应依事先或同时对承担人作出的意思表示而为之。
>
> （三）对债务人依第四百七十二条第一款的规定所免去的债务有作出保证的人时，准用前两款的规定。
>
> （四）于前款的情形下，同款中所准用的第一款的承诺，非以书面作出的，不生其效力。

---

〔1〕 部会資料67A，38頁以下。

〔2〕 椿寿夫「判例債権引受法：その三　債務引受の効果」大阪府立大學経済研究11号（1959年）91頁；奥田昌道『債権総論〔増補版〕』（悠悠社，1992年）475頁参照。

〔3〕 部会資料67A，第39頁参照。审议过程中有意见指出，承担人不取得追偿权的规则未必符合免责的债务承担的当事人的合理意思。对此，法制审议会的回答是，“既然立法已经明文规定免责的债务承担是承担人代债务人承受债务的制度，而且当事人可以约定发生追偿权，那么当事人还选择免责的债务承担的话，则承担人自己承担债务，不发生追偿权的想法更符合当事人的意思”。很难说这是一个有说服力的答复。

> （五）前款的承诺依记载其内容的电磁记录而作出的，该承诺视为以书面形式作出，并适用同款的规定。

本条系新增，规定了在免责的债务承担的情形下担保是否一起移转的问题。〔1〕 原债务上所设定的担保有五种类型：（1）债务人自己提供物上担保；（2）承担人提供物上担保；（3）其他人物上担保人；（4）承担人为保证人；（5）其他保证人。其中，第（1）（2）（3）种适用第 1 款、第 2 款，第（5）种适用第 3～5 款，第（4）种无讨论意义。

1. 担保权的转移（第 1 款、第 2 款）

依本条第 1 款的规定，债权人可以依单方的意思表示，将债务人负担的债务上的担保权移转至承担人负担的债务上，但是担保权系承担人以外的人设定时，应当征得其同意。这包含了以下三层含义。

第一，担保不自动移转。债权人可以自己决定是否移转债权。

第二，无须债务人或承担人合意。（1）没有必要让债务人参与合意。当债务人未提供担保时，不应干扰债权人获得其他担保的可能；债务人自己提供担保时，可以利用本条第 1 款但书表示不同意[类型（1）]。（2）没有必要让承担人参与合意。当承担人未提供担保时，不应干扰债权人获得其他担保的可能；承担人自己提供担保时，该担保应当继续担保其自身的债务[类型（2）]。至于承担人以外的其他担保人，担保的移转应当征得其同意[类型（3）]。

第三，"移转"二字意味着担保权是保持着原先的顺位被移转的，无须后顺位的担保权人同意。

依本条第 2 款的规定，债权人移转担保权的意思表示，必须在免责的债务承担的合意之前或同时向承担人作出。这是因为，一方面，免责的债务承担包含债务的免除，这会使原债务消灭，继而因从属性使担保也消灭。为了避免担保的移转与从属性的抵触，本款特别作出补充性的时限规定。〔2〕 另一方面，若无本款

---

〔1〕 关于保证人或其他物上担保人，判例和学说一致认为，若保证人或其他物上担保人不同意，则担保不移转（大審院 1922 年 3 月 1 日判决，最高裁判所民事判例集 1 卷 80 頁，最高裁判所 1971 年 3 月 18 日判决，判例時報 623 号 71 頁）。但是，关于债务人和承担人提供的担保，存在意见分歧。

〔2〕 法務省民事局参事官室編『民法改正中間試案の補足説明』（信山社，2013 年）271 頁参照。

的时限规定，担保移转与否会处于持续的不确定状态。[1]

2. 保证的转移（第 3～5 款）

依本条第 3 款的规定，在免责的债务承担的情形下，原债务上的保证准用本条第 1 款、第 2 款关于担保权的规定。也就是说，只有保证人表示同意时，保证人才继续保证承担人对债权人的债务。依本条第 4 款、第 5 款的规定，保证人的同意须以书面方式作出，且记录该内容的电磁记录视为书面。这是为了和保证合同的要式性的规定相协调（第 446 条第 2 款、第 3 款）。

第九节　清　偿

一、清偿的含义（新法第 473 条）

> **新法第 473 条**
> 债务人对债权人作出债务的清偿时，该债权消灭。

本条系新增，明确了清偿是债的消灭原因。

旧法未设明确规定，但是并不妨碍适用。关于清偿的规定都置于“债的消灭”一节（第三编第一章第五节）之下，所以这属于不言自明的规则。不过，其他的债的消灭事由，如抵销、更改、免除和混同，都在首条位置设有明定要件和效果的基本规定，唯独清偿的首条却是第三人清偿（旧法第 474 条），实为异类。[2]故新法予以增补。

二、清偿的要件——清偿权人和清偿受领人（新法第 474 条、第 477 条、第 478 条，旧法第 476 条、第 480 条废止）

（一）第三人清偿（新法第 474 条）

> **新法第 474 条**
> （一）第三人亦可作出债务的清偿。

〔1〕 部会資料 67A，41 頁参照。
〔2〕 部会資料 70A，21－22 頁参照。

（二）对清偿非有正当利益的第三人，不得违反债务人的意思作出清偿。但是，债权人不知道违反债务人的意思的，不在此限。

（三）前款规定的第三人，不得违反债权人的意思作出清偿。但是，该第三人受债务人的委托而作出清偿的情形，债权人知道此事的，不在此限。

（四）债务的性质不允许第三人清偿的，或当事人作出旨在禁止或限制第三人清偿的意思表示的，不适用前三款的规定。

旧法第 474 条

（一）第三人亦可作出债务的清偿。但是，该债务的性质不允许的，或当事人作出过相反的意思表示的，不在此限。

（二）无利害关系的第三人，不得违反债务人的意思作出清偿。

本条是关于第三人清偿的条款。新法对旧法第 474 条作了重大修改。

1. 第三人清偿的有效性及限制（第 1 款）

旧法第 474 条在原则上承认第三人清偿的效力，因为第三人清偿也能使债权的目的达成，没有禁止的道理。同时，旧法第 474 条设置了三个例外：（1）债务的性质不允许；（2）当事人表示了相反的意思；（3）无利害关系的第三人，违反债务人的意思作出清偿时。

依对旧法第 474 条第 2 款的反对解释，对有利害关系的第三人，即使违反债务人的意思，也可以作出有效的清偿。在这一构造下，债权人很容易陷入不安，因为对于第三人是否有利害关系、债务人是否有相反的意思，债权人未必了解。在不了解的状态下，债权人如果拒绝了清偿的提供，之后发现第三人确有利害关系时，可能构成受领迟延；如果接受了清偿，之后发现第三人无利害关系时，又必须返还不当得利。在这个基本的问题意识下，日本的学说和判例对“利害关系”作了限制性的解释，并在此次改革中予以确认（本条第 2 款本文）。此外，新法新增了保护善意的债权人的规则（本条第 2 款但书），并赋予债权人在不确定第三人是否有清偿权限时拒绝受领的权利（本条第 3 款）。在这样的背景下，本条第 1 款维持了旧法第 474 条第 1 款本文的规定，但是背后的理念已经转向了清偿安全。

2. 非有正当利益的第三人违反债务人意思的清偿(第2款)

本条第2款和旧法第474条第2款相对应,有两处重要的修改。

第一,“无利害关系的第三人”改为“非有正当利益的第三人”。关于旧法第474条第2款的利害关系人,判例认为仅限于“法律上的利害关系”。〔1〕法律上的利害关系人包括:(1)物上保证人;(2)担保物的第三取得人;(3)后顺位的担保权人;(4)抵押不动产的承租人;(5)租赁土地上的建筑物的承租人;(6)债务人的一般债权人。此外,保证人、连带债务人的清偿等系清偿自己的债务,不应视为“第三人”。至于亲属或关联公司,则不在有法律上的利害关系的人的范围内。之所以做这样的解释,是为了确保判断标准的明确性。〔2〕新法直接采用了“正当利益”这一表述,就是出于规则明确化的目的使第三人清偿的要件和法定代位(新法第499条)的要件保持一致。〔3〕不过,需要注意的是,在法定代位的制度中,保证人及连带债务人等是代位权人。这一点不会受本条修改的影响,也不会影响本条的适用。〔4〕

第二,新增了但书,即“债权人不知道违反债务人的意思的,不在此限”。债务人是否有不允许第三人清偿的意思,是债务人方面的事情,债权人可能并不了解。在改革之前,债权人在善意的状态下受领清偿后,发现第三人无清偿权限时,不构成有效清偿。债权人必须向第三人返还不当得利,并重新向债务人请求履行。为保护债权人的安全,本款新增了本款但书的规定。〔5〕

3. 非有正当利益的第三人违反债权人意思的清偿(第3款)

本条第3款系新增。依第3款的规定,即使非有正当利益的第三人的清偿未违反债务人的意思,债权人原则上也可以拒绝受领,除非债权人明知第三人受债务人委托。依立法资料,本条的立法目的在于,当债权人不能确定第三人的履行是否违反债务人的意思时,债权人可以拒绝受领以回避风险。〔6〕但是,由于本条但书所排除的范围实在有限(债权人明知第三人受债务人委托),所以本条

---

〔1〕最高裁判所1964年4月21日判決,最高裁判所民事判例集18巻4号566頁。

〔2〕平井宜雄『債権総論〔第2版〕』(弘文堂,1994年)187頁参照。

〔3〕法務省民事局参事官室編『民法改正中間試案の補足説明』(信山社,2013年)276頁参照。

〔4〕部会資料70A,23頁参照。

〔5〕部会資料80-3,23頁参照。

〔6〕部会資料70A,24頁参照。

实际上给了债权人一个决定受领或拒绝的选择权。[1] 考虑到日本法上“有正当利益的第三人”的范围很窄，很多在事实上有清偿利益的第三人（如亲属、关联企业）只能在“非有正当利益的第三人”的框架下实现有效清偿，而本款又给予债权人以拒绝受领的权利，这就实质性地剥夺了很多第三人的清偿利益，也使债务人丧失了很多避免陷入履行迟延的机会。本条的设置可能会使本条的问题从对债权人保护不足变为过度保护。

4. 债务的性质不允许或当事人表示了相反的意思的情形（第4款）

本款维持了旧法第474条第1款但书的规定，未作实质变动。

（二）限制行为能力人的清偿（旧法第476条废止）

> **旧法第476条**
>
> 就让与受有行为能力限制的所有权人作为清偿而交付物的情形，该清偿被撤销时，该所有权人若未继续作出有效清偿，不得取回该物。

旧法第476条规定了限制行为能力人撤销清偿后的清偿物的取回。该条在此次改革中被废止。

旧法第476条的“撤销”不是对原因行为的撤销，而是对清偿本身的撤销。在日本法上，清偿不是法律行为，所以旧法第476条的适用范围仅限于代物清偿。[2] 在此次改革中，代物清偿从要物合同改为诺成合同（参见新法第482条的解说）。这样，物的交付就只是代物清偿的履行，本身不再是法律行为，不构成旧法第476条的撤销的对象。旧法第476条也就丧失了存在意义。[3]

（三）以向存款或储蓄账户汇款的方式而为的清偿（新法第477条）

> **新法第477条**
>
> 通过对债权人的存款或储蓄账户的汇款所作出的清偿，自债权人取得向存款或储蓄债权所涉的债务人请求返还汇款所涉金额的权利时，生其效力。

〔1〕 法務省民事局参事官室編『民法改正中間試案の補足説明』（信山社，2013年）276頁参照。

〔2〕 内田貴『民法Ⅲ　債権総論・担保物権〔第3版〕』（東京大学出版会，2005年）35－36頁参照。

〔3〕 部会資料70A，25頁参照。

本条系新增。由于旧法第476条被废止,旧法第477条上调至新法第476条,第477条的条文号空出,故于此增设本条。本条规定了以向存款或储蓄账户汇款的方式而为的清偿。

1. 向债权人的存款或储蓄账户汇款是否构成清偿?

关于这一点有两种立场。第一,清偿说。有判例认为,以签发支票的方式支付构成符合债的本旨的清偿。[1] 据此,该立场认为,使债权人取得对银行的存款债权相当于现金交付。第二,代物清偿说。该立场认为,汇款即便使债权人取得对银行的存款债权,但是账户行可能会主张抵销,第三债权人可能会申请冻结账户,所以账户汇款和现金支付毕竟不是同一给付,只能按照代物清偿处理,而代物清偿要求取得债权人的承诺。

从《中间试案》至《要纲草案的第二次案》,审议会一直采清偿说,不要求有债权人的承诺。[2] 《要纲草案的第二次案》23－6明确规定:"以金钱给付为标的的债权,得以向债权人的存储金账户汇款的方式清偿。但是,债权人表示反对的意思或依交易习惯不得以账户汇款方式清偿的情形,不在此限。"但是在审议的最后阶段,这一规定被删除,留待未来的解释。[3]

2. 金钱债务的消灭时点

本条明确规定,在债务人以汇款方式为清偿的情形下,自债权人取得对金融机构的存储款返还请求权时,债务消灭。《中间试案》22－6(4)规定的时点是"汇款入账记录时",但是因具体入账时间难以事后确认、入账时点每个金融机构未必一致等理由,最终改用"债权人取得存储款返还请求权时"。这样,债务人就必须承担汇款入账但因某些原因而致债权人无法取得存储款返还请求权的风险。

---

〔1〕 最高裁判所1962年9月21日判决,最高裁判所民事判例集16卷9号2041頁。

〔2〕 法務省民事局参事官室編『民法改正中間試案の補足説明』(信山社,2013年)285頁;部会資料82－1,37頁参照。

〔3〕 部会資料83－2,29頁参照。

(四)向债权的准占有人的清偿(新法第478条)

新法第478条 对受领权人(依债权人及法律的规定或当事人的意思表示被赋予受领清偿权限的第三人。以下同)之外的,但是依交易上的社会通常观念有受领权人的外观的人所作出的清偿,仅限作出该清偿的人为善意且无过失时,有其效力。
旧法第478条 对债权的准占有人所作的清偿,仅限作出该清偿的人为善意且无过失时,有其效力。

本条规定了对债权的准占有人的清偿。新法在维持旧法第468条内容的基础上,明确界定了何为债权的准占有人。

债权的准占有人,指没有清偿受领权限,但是有清偿受领权限的外观的人。旧法第478条规定,善意无过失的债务人向债权的准占有人作出清偿的,发生清偿的效力。可是,由于"债权的准占有人"这一表述外延不清,引发了不必要的争议。例如,自称债权人的人为债权的准占有人无疑,而自称债权人的代理人的人是否为债权的准占有人？这就是"诈称代理人"的问题。依第205条的规定,准占有以占有人有"为自己"的意思为前提,而代理是为本人的行为,所以严格而言,"诈称代理人"不应视为债权的准占有人。另外,日本法上的清偿不是法律行为,而代理行为须为法律行为,所以向"诈称代理人"的清偿也难以适用代理的规定。对此,学说上有观点认为应当适用表见代理(要求债权人的可归责性),也有观点认为应当适用债权的准占有人(不要求债权人的可归责性)。判例的立场是,"诈称代理人"应视为债权的准占有人。[1]

新法从交易安全的角度明确了债权的准占有人的概念,即"受领权人之外的,但是依交易上的社会通常观念有受领权人的外观的人"。这样,"诈称代理人"的情形就被新法第478条所覆盖,丧失问题性了。

---

〔1〕 最高裁判所1962年8月21日判决,最高裁判所民事判例集16卷9号1809頁;最高裁判所1997年4月24日判决,最高裁判所民事判例集51卷4号1991頁。

同时,新法也明确了受领权人的概念,即“依债权人及法律的规定或当事人的意思表示被赋予受领清偿权限的第三人”。第 479 条也因此修改了表述(从“无受领清偿权限的人”改为“受领权人之外的人”),下文不再单独讲述。

(五)向受领证书持有人的清偿(旧法第 480 条废止)

> **旧法第 480 条**
>
> 受领证书的持有人,视为有受领清偿的权限。但是,清偿人已知或因过失而不知其无权限的,不在此限。

本条是关于债权的准占有人的特别规定,适用于债务人向持有受领证书的人作出清偿的情形。在此次改革中,本条被废止。

旧法第 480 条的立法本意是,在受领人持有真实的受领证书时,债务人更有理由相信对方被赋予了清偿受领权限;此时,由主张清偿无效的一方证明债务人的恶意或有过失(举证责任倒置)。但是,旧法第 480 条存在以下问题:(1)如果债务人能够证明受领人持有真实的受领证书,那么在旧法第 478 条的适用下也会推定为善意无过失,一般规定的适用和特别规定并无二致;(2)除了持有真实的受领证书外,能够使债务人产生信赖的原因很多,为何将持有受领证书的情况单独处理,必要性不明;(3)旧法第 480 条仅适用于真实的受领证书,而伪造的受领证书只能适用旧法第 478 条,这导致外观上无法分辨的证书因是真是假而适用不同的条款,造成法律适用的无意义的复杂化。基于上述理由,本条被废止。[1]

三、清偿的要件——清偿的内容和方法(新法第 482 ~ 484 条、第 486 条)

(一)代物清偿(新法第 482 条)

> **新法第 482 条**
>
> 可以为清偿的人(以下称“清偿人”)与债权人之间订立旨在以他种给付替代债务人原先负担的给付,从而使债务消灭的合同的情形下,清偿人作出该他种给付时,该给付与清偿有同一效力。

〔1〕 部会資料 70A,28 - 29 頁参照。

> **旧法第 482 条**
>
> 债务人得债权人的承诺，作出他种给付以替代原先负担的给付时，该给付与清偿有同一效力。

本条是关于代物清偿的规定。新法对旧法第 482 条作了重大修改。

1. 代物清偿的诺成性

关于代物清偿的性质，依传统学说，代物清偿是以替代物的交付为成立要件的要物合同。理由是，一方面，代物清偿是以债务消灭为目的的合同，若替代物不交付，则债务无法消灭；另一方面，如果替代物不交付，以债务消灭为目的合同也能成立，那就和更改无异了。[1] 然而，传统学说的问题是，如果只是说替代物不交付就不发生债务消灭的效果，那么债务消灭之外的其他内容为何不能因合意而发生？对此，新的学说认为，当事人约定代物清偿时，即使替代物未交付，也不妨碍替代物交付义务的约定；在替代物交付义务履行之前，原债务不消灭，这和更改有了明显差别。[2] 判例的立场是，关于不动产，在当事人仅作出代物清偿的合意而未移转登记时，虽然债务消灭的效果不发生，但不妨碍所有权移转的效果（意思主义）。[3] 这一立场从传统的要物合同说的角度，是很难解释的。因为依要物合同说，登记不转移则代物清偿不成立；如果代物清偿不成立，那么所有权移转的原因何在？

在上述学说更迭的背景下，新法放弃了传统的要物合同说，将代物清偿规定为诺成性合同，不要求清偿人现实地“作出他种给付”。

2. 代物清偿的效力

作为诺成性合同，代物清偿合同订立之后，债权人可以请求两种给付。一是作为代物清偿合同自身的效果，债权人可以请求替代物的给付；二是在债务人给

---

〔1〕 於保不二雄『債権総論〔新版〕』（有斐閣，1972 年）395 頁；林良平 = 石田喜久夫 = 高木多喜男『債権総論〔第 3 版〕』（青林書院，1996 年）307 頁；奥田昌道『債権総論〔増補版〕』（悠悠社，1992 年）559 頁参照。

〔2〕 鈴木禄弥『債権法講義〔改訂版〕』（創文社，1987 年）287 頁；潮見佳男『債権総論』（信山社，1994 年）93 頁；平野裕之『債権総論』（信山社，1994 年）127 頁参照。

〔3〕 最高裁判所 1982 年 6 月 4 日判決，判例時報 1048 号 97 頁；最高裁判所 1985 年 12 月 20 日判決，判例時報 1207 号 53 頁。

付替代物之前债务不消灭,所以债权人也可以请求原给付。关于后者,直到《要纲草案的第二次案》都有明文规定,但是后来被以“规定太细”“未见异议”等理由删去了。[1]

至于债权人是否有最终的选择权,新法未明确规定。《中间试案》22－5 曾经规定:“代物清偿合同的订立,不妨碍债权人请求原给付,亦不妨碍债务人履行原给付。”即当债权人请求替代物的给付时,债务人可以选择履行原给付。在第三阶段的审议中,法制审议会认为,诸如债权人请求替代物的给付时,债务人可以选择履行原给付,或者债务人履行原给付时,债权人可否拒绝受领而请求替代物的给付等问题,取决于对当事人之间的合意的解释。[2]

(二)特定物的现物交付(新法第 483 条)

新法第 483 条

债权的标的为特定物的交付的情形下,依合同及其他的债权发生原因以及交易上的社会通常观念不能确定应交付时的品质的,清偿人应按照应交付时的现物交付该物。

旧法第 483 条

债权的标的为特定物的交付的,清偿人应按照应交付时的现物交付该物。

本条规定了特定物之债的现物交付原则,在新法中有重大修改。

依特定物理论,当事人约定特定物之债时,无法就物的性质形成效果意思,出卖人仅负交付义务(物的瑕疵由法定的瑕疵担保责任解决)。标的物的状态在缔约后恶化时,旧法第 483 条规定,债务人仅依应交付时的现状负交付义务,不担保标的物的性质。[3] 这里的“应交付时”是指履行期。履行期之后状态恶化的,债务人须使其恢复至履行期的状态,否则不构成有效的清偿。

---

〔1〕 部会資料 83－2,28 頁参照。

〔2〕 部会資料 70A,30 頁参照。

〔3〕 关于本条,有从风险负担的角度展开的解释论。但是法制审议会的理解是,本条是建立在特定论理论的底流上的规定,即考虑到是特定物的交付义务,无修补或替代物给付可言,只能交付特定物(部会資料 70A,31 頁参照)。

但是,新法不采特定物理论,允许当事人就特定物的性质作出约定。依本条的规定,债务人只有在依合同及其他的债权发生原因以及交易上的社会通常观念不能确定应交付时的品质时,才依现物交付原则负交付义务。在新法中,本条几乎没有适用余地。理论上,既然当事人约定了性质,那么实际交付的物必须符合性质约定,没有必要再规定确定性质的基准时。按照起初的立法计划,本条应予废止。但是在之后的审议中,有意见提出,在侵权行为、不当得利、无因管理等法定之债中仍存在特定物的返还请求权,故建议保留本条。[1] 本条虽然保留下来,但适用范围非常有限。

(三)清偿地及时间(新法第484条)

新法第484条 (一)关于清偿地无另外的意思表示时,特定物的交付应于债权发生时该物的所在地作出,其他的清偿应于债权人的现在的住所作出。 (二)依法律或习惯有交易时间的规定时,限于该交易时间内,可以清偿或请求清偿。
旧法第484条 关于清偿地无另外的意思表示时,特定物的交付应于债权发生时该物的所在地作出,其他的清偿应于债权人的现在的住所作出。

本条是关于清偿地和交易时间的规定。关于清偿地,本条未作变动;关于交易时间,本条新增了第2款。

改革之前,日本《商法》第520条规定了商人的交易时间,而民法未设规定。审议会认为,日本《商法》第520条并非商事交易特有的规则,应予一般化,于是将该条的内容移至新法本条。相应地,日本《商法》第520条被删除。

(四)受领证书的交付请求权(新法第486条)

新法第486条 清偿人,作为清偿的交换,可以向受领清偿的人请求交付受领证书。

[1] 部会資料83－2,29頁参照。

> **旧法第 486 条**
> 作出清偿的人,可以向受领清偿的人请求交付受领证书。

本条规定了债务人的收据交付请求权。新法明确了清偿和受领证书的交付之间的交换给付关系。

从旧法第 486 条的表述方式来看,清偿和受领证书的交付之间是先履行关系,即先清偿再请求交付受领证书。但是,依照判例,取得受领证书是作出清偿的重要证据,所以清偿和受领证书的交付之间处于同时履行的关系。[1] 本条即对判例立场的确认。

本条未使用"同时履行",而是使用"交换给付"一词,是为了表达下述立场。即清偿和受领证书的交付之间不是真正意义上的同时履行关系。未交付受领证书的受领权人依然可以向债务人请求履行;债务人不得以受领权人未交付受领证书为由主张同时履行抗辩,以摆脱受领迟延责任。债务人避免陷入履行迟延的方法就是作出清偿的提供。在债务人作出清偿的提供后,受领权人不交付受领证书的,发生拒绝受领的效果(受领迟延构成)。[2]

四、清偿的抵充(新法第 488 ~ 491 条)

(一)数个以同种给付为标的的债务的抵充(新法第 488 条)

> **新法第 488 条**
> (一)债务人对同一债权人负担以同种给付为标的的数个债务的情形下,作为清偿而提供的给付不足以消灭全部债务时(除次条第一款规定的情形外),清偿人可以于给付之时,指定应抵充清偿的债务。
> (二)清偿人未依前款的规定作出指定的,清偿受领人可以于受领之时,指定应以该清偿抵充的债务。但是,清偿人对该抵充立即提出异议的,不在此限。

〔1〕 大審院 1941 年 3 月 1 日判决,最高裁判所民事判例集 20 卷 163 頁。
〔2〕 部会資料 70A,33 頁参照。

（三）前两款情形中的清偿抵充的指定，以向相对人的意思表示为之。

（四）清偿人及清偿受领人均未依第一款和第二款的规定指定清偿的抵充的，按下列各项的规定进行清偿的抵充。

1. 债务中有已届清偿期的债务和未届清偿期的债务的，先抵充已届清偿期的债务。

2. 全部债务均已届清偿期，或均未届清偿期的，先抵充对债务人清偿利益较多的债务。

3. 对债务人清偿利益相等的，先抵充清偿期先到来的或应当先到来的债务。

4. 前两项所列事项相等的债务的清偿，按各债务的金额抵充。

旧法第488条

（一）债务人对同一债权人负担以同种给付为标的的数个债务的情形下，作为清偿而提供的给付不足以消灭全部债务的，清偿人可以于给付时指定应抵充清偿的债务。

（二）清偿人未依前款的规定作出指定的，清偿受领人可以于受领之时，指定应以该清偿抵充的债务。但是，清偿人对该抵充立即提出异议的，不在此限。

（三）前两款情形中的清偿抵充的指定，以向相对人的意思表示为之。

旧法第489条

清偿人及清偿受领人均未依前条的规定指定清偿的抵充的，按下列各项的规定进行清偿的抵充。

1. 债务中有已届清偿期的债务和未届清偿期的债务的，先抵充已届清偿期的债务。

2. 全部债务均已届清偿期，或均未届清偿期的，先抵充对债务人而言清偿利益较多的债务。

3. 对债务人而言清偿利益相等时，先抵充清偿期先到来的或应当先到来的债务。

4. 前两项所列事项相等的债务的清偿，按照各债务的金额抵充。

本条规定了数个同种债务存在时的清偿抵充。新法对旧法第 488 条略加修改后，与旧法第 499 条合并规定。

本条第 1 款至第 3 款规定了指定抵充，与旧法第 488 条无实质变化。唯一的变动之处，是本条第 1 款加入了括号内的提示规定，即"除次条第一款规定的情形外"。这是因为新法第 489 条就费用、利息在原则上也允许适用指定抵充，所以本条有必要提示例外情形（详见第 489 条的解说）。

本条第 4 款规定了法定抵充，与旧法第 489 条相比无变化。

（二）本金、利息及费用的抵充（新法第 489 条）

新法第 489 条

（一）债务人就一个或数个债务，除本金外，亦应支付利息及费用的情形（于债务人负担数个债务的情形，仅限于对同一债权人负担以同种给付为标的的数个债务时）下，清偿人作出的给付不足以消灭全部债务的，应以该给付依次抵充费用、利息及本金。

（二）于前款的情形，所作出的给付不足以消灭费用、利息或本金中的任何一个的全部的，准用前条的规定。

旧法第 491 条

（一）债务人就一个或数个债务，除本金外，亦应支付利息及费用的情形下，清偿人作出的给付不足以消灭全部债务的，应以该给付依次抵充费用、利息及本金。

（二）第四百八十九条的规定，准用于前款的情形。

本条规定了对本金、利息及实现债权的费用的清偿抵充。本条对旧法第 489 条的两款均有修改。

本条第 1 款新增了括号中的限定性规定，对法定的依次抵充的适用范围作了限定，即在债务人负担数个债务时，法定的依次抵充仅限于对同一债权人负担以同种给付为标的的数个债务的情形。

本条第 2 款的修改尤为重要，变更了对旧法第 491 条第 2 款的传统通说。详言之，关于清偿的抵充，存在"本金—本金"之间、"利息—利息"之间、"费用—费用"之间、"本金—利息—费用"之间等多种关系。排列组合起来，会形成三大类法律问题:(1)债务人只有数个本金债务,且给付不足以清偿所有本金;(2)债务人只有一个本金债务,就本金债务有利息、费用,且给付不足以清偿所有本金、利息或费用;(3)债务人有数个本金债务,就各个本金债务都有利息、费用,且本金不足以清偿所有本金、利息和费用。

以上三类问题中,第一类是新法第 488 条(旧法第 488 条及第 489 条)的问题,适用指定抵充和法定抵充;第二类是本条第 1 款(旧法第 491 条第 1 款)的问题,适用依费用、利息、本金的次序的法定抵充;第三类存在争议。严格而言,第三类可以再分为两个层面的问题。

第一,第三类问题固然在旧法第 491 条第 1 款的适用范围内,但是旧法第 491 条第 1 款(依次序的法定抵充)和旧法第 488 条(指定抵充),谁优先适用?申言之,究竟是先抵充所有债务的费用之后,再依次抵充所有债务的利息,然后再抵充本金;还是先指定抵充后,再就指定的债务依次抵充费用、利息和本金,都有解释的余地。对此,判例的立场是前者。[1] 理由在于,制度设置不能以违反债权人的期待的方式过度地照顾债务人。对此,新法予以维持。

第二,按照费用、利息、本金的次序,当给付不能清偿所有费用,或者清偿所有费用之后不能清偿所有的利息时,在"费用—费用"之间或"利息—利息"之间的关系上,究竟适用旧法第 488 条(指定抵充),还是适用旧法第 489 条(法定抵充)?通说认为,既然旧法第 491 条第 2 款规定了准用旧法第 489 条,那么当然应当适用法定抵充的规定。[2] 有力的反对意见则认为,依第 488 条的规定,"本金—本金"之间的关系可以适用指定抵充,那么在"费用—费用"之间或"利息—利息"之间的关系上,也应当适用指定抵充才更为合理,不能机械地适用旧法第 491 条第 2 款。[3] 新法接受了学界的新观点,认为此时适用指定抵充更能够反映当事人的意思。因此,本条第 2 款规定,债务人就一个或数个债务,同时负担本金、利息和费用,而债务人作出的给付不足以消灭费用、利息或本金中的任何一个的全部时,准用前条的规定(以指定抵充为原则的新法第 488 条)。[4]

---

〔1〕 大審院 1917 年 3 月 31 日判决,大審院民事判決録 23 辑 591 頁参照。

〔2〕 我妻栄『新訂債権総論』(岩波書店,1964 年)291 頁参照。

〔3〕 中田裕康『債権総論〔第 3 版〕』(岩波書店,2013 年)349 頁参照。

〔4〕 部会資料 70A,35 – 36 頁参照。

(三)合意抵充(新法第490条)

> **新法第490条**
>
> 虽有前两条的规定,清偿人与清偿受领人之间有关于清偿抵充的顺序的合意时,依该顺序为清偿的抵充。

1. 合意抵充

本条系新增,规定了合意抵充。在条款安排上,如前二条所述,旧法第489条(法定抵充)和第488条合并为新法第488条,旧法第491条经修改调至新法第489条,故第491条条文号空出;旧法第490条经修改调至新法第491条,故第490条条文号空出。新法在此新增了关于合意抵充的规定。

明治民法未规定合意抵充。这是因为起草人认为,若双方当事人对抵充有合意,那么当然优先于指定抵充和法定抵充,无须专门规定。[1] 此次改革考虑到实务中合意抵充的重要性,也为了明晰清偿抵充规则的适用关系,所以明确规定了合意抵充的优先性。[2]

2. 民事执行程序中的抵充

在民事执行程序中,对于债务人的财产不足以清偿所有债务时,是否也适用关于清偿抵充的一般规则,存在严重的争议。判例的立场是,即使当事人对抵充有合意,也应当按照法定抵充的规则处理,因为执行是司法执行机关的职权行为,不受当事人合意的左右。[3] 持合意抵充说的观点认为,如果按照法定抵充,有担保的债务会被优先抵充("对债务人清偿利益较多的债务"),不利于债权人,反之费用和利息会被先抵充,最后只留下本金债权,对债务人也不利,因此没有理由拒绝合意抵充。此外,在分配程序中,分配方案只是确定每个债权人的分配顺序和额度,至于某一个债权人的数个债权之间先抵充哪一个,当事人当然可以自己决定,不影响分配程序。[4] 持法定抵充说的观点认为,以继续性给付为

---

〔1〕 梅謙次郎『民法要義卷之三債権編〔訂正增補第三十四版〕』(有斐閣書房,1914年)267頁参照。

〔2〕 法務省民事局参事官室編『民法改正中間試案の補足説明』(信山社,2013年)287頁参照。

〔3〕 最高裁判所1987年12月18日判決,最高裁判所民事判例集41卷8号1592頁。

〔4〕 参见沖野眞已「判例批評」法学協会雜誌106卷6号(1989)1086頁参照。

目的的债权往往不会一次分配完毕，需要二次甚至多次分配，如果允许债权人和债务人约定合意抵充，则会影响第二次分配，使债权人提出的待分配债权额和法定抵充所抵充的债权额不一致，这种情况的大量发生会导致分配程序的延迟和混乱，也会引发债权人之间的不公平的问题。例如，部分债权人会利用合意抵充，先抵充利率低的债权，留下利率高的债权，使自己的债权在第二次分配时能够获得更高比例的分配额。〔1〕 最终，法制审议会放弃在该问题上的明文化，留待未来解释论的发展。〔2〕

（四）数个给付的抵充（新法第 491 条）

新法第 491 条 作为一个债务的清偿而应作出数个给付的情形，清偿人所作出的给付不足以消灭全部债务的，准用前三条的规定。
旧法第 490 条 作为一个债务的清偿而应作出数个给付的情形，清偿人所作出的给付不足以消灭全部债务的，准用前两条的规定。

本条规定了以数个给付清偿一个债务之情形的清偿抵充问题。本条的内容与旧法第 490 条无实质变动，都规定了可以准用前述合意抵充、指定抵充和法定抵充的规定。准用条款数的增加是因为新法第 490 条新增了合意抵充的规定。

五、清偿的提供（新法第 492 条）

新法第 492 条 债务人自清偿的提供之时起，免于因不履行债务所生的责任。
旧法第 492 条 债务人自清偿的提供之时起，免于因不履行债务所生的一切责任。

〔1〕 关于反对合意抵充说的理由，部会資料 64－8，82 頁以下；『法制審議会民法（債権関係）部会第 80 回会議議事録』（2013. 11. 19）52 頁以下参照。

〔2〕 部会資料 80－3，26 頁参照。

本条规定了清偿的提供的效果。新法对旧法第 492 条未作实质变化，只是删除了“一切”二字。

1. 清偿的提供的效果[1]

日本法上区分清偿的提供和受领迟延。前者是指债务人为清偿的完成做了自己一方所能做的一切事情，是债务人的行为的效果；后者是指在清偿需受领人协助才成完成的情形下，债务人作出了清偿的提供，但债权人拒绝受领或因故不能受领，这是对债权人行为的评价。

至于清偿的提供和受领迟延各自产生怎样的效果，法制审议会认为，两者共发生五个效果：(1)债务人免于履行迟延的债务不履行责任；(2)债权人的同时履行抗辩权消灭；(3)交付特定物的场合中债务人的注意义务减轻；(4)新增费用由债权人承担；(5)标的物灭失等履行不能的风险转移至债权人。其中，前两项是清偿的提供的效果，后三项是受领迟延的效果。

在体系上，由于效果(2)(同时履行抗辩权消灭)在第 533 条已有规定，所以本条仅规定效果(1)即可。从这个角度来看，本条的适用效果其实相当限定，条文表述上不适于“一切”二字。此外，旧法第 492 条的表述还会使人误以为效果(5)(风险转移)也是发生自本条的效果。实际上，效果(5)是对受领迟延后的履行不能的应对，而非履行迟延的债务不履行责任的问题。因此，“一切”二字被删去。

2. 债权人不得解除合同

按照法制审议会的意见，本条所谓“不履行债务所生的责任”，不仅包括损害赔偿责任，而且包括债权人的解除，即当债务人作出清偿的提供时，债权人不再享有解除权。在结论上的确如此，但是在体系上存在问题，与新法中的解除的制度目的不相符。[2] 因为新法对解除的定位不再是债务不履行的责任方式，而是旨在使当事人从合同的拘束力中解放出来的制度安排(参见新法第 541～543 条的解说)。既然解除不属于债务不履行的责任，那么“债权人不得解除”的效果就不可能从本条发生出来，而是需要另设条款。从《基本方针》3. 1. 3. 12 到《中间试案》22－8(2)都对“债权人不得解除”有单独的规定，但是该规定在最后

---

〔1〕 部会資料 70A，37 頁参照。

〔2〕 潮見佳男『民法(債権関係)改正法の概要』(きんざい，2017 年)186－187 頁参照。

阶段被删除了,其效果被合并到本条之中。

六、提存(新法第 494 条、第 497 条、第 498 条)

(一)提存可能性(新法第 494 条)

新法第 494 条

(一)于下列情形下,清偿人可以为债权人提存清偿的标的物。于此情形下,清偿人提存之时,该债权消灭。

1. 于债务人作出清偿的提供的情形下,债权人拒绝受领的。

2. 债权人不能受领清偿的。

(二)清偿人不能确知债权人的,亦与前款同。但是,清偿人有过失的,不在此限。

旧法第 494 条

债权人拒绝受领或不能受领清偿的,可以作出清偿的人(以下于本目称"清偿人"),可以为债权人提存清偿的标的物并免于该债务。清偿人无过失地不能确知债权人的,亦同。

本条规定了债务人可以选择提存的情形,内容上基本维持了旧法第 494 条。

1. 债权人拒绝受领或不能受领的情形(第 1 款)

本条第 1 款有两处改动:第一,关于以债权人拒绝受领为理由的提存是否以"债务人已经作出清偿的提供"为要件,存在争议。提存是一种不经债权人受领即使债务消灭的方式,对债权人而言是很不利的制度。判例的立场是,提存必须以债务人作出清偿的提供为前提。〔1〕 本条第 1 款将判例法理明文化。关于(作为提存的要件的)清偿的提供的方式,另有重要判例认为,即使债务人只进行了口头的提供,但是债权人显然不会受领的情形下,债务人不必提供现实的清偿,亦可直接提存标的物。〔2〕 本来,该判例也有明文化的计划(参见《基本方针》3.1.3.16),但是在条文表述上未达成共识。在新法之下,该判例也继续有效,并

〔1〕 大審院 1921 年 4 月 30 日判决,大審院民事判决録 27 辑 832 頁。

〔2〕 大審院 1922 年 10 月 25 日判决,最高裁判所民事判例集 1 卷 616 頁。

不受本条改动的影响。[1] 第二，本条第 1 款明确了提存的效果，即在提存的时点上债务消灭。

2. 债务人不能确知债权人的情形（第 2 款）

本条第 2 款对旧法第 494 条的但书规定作了条文结构上的修改，明确了举证责任。旧法第 494 条但书规定，“清偿人无过失地不能确知债权人的”，可以提存标的物。至于“清偿人无过失”由谁证明，并不明确。新法将债务人不能确知债权人的情形单列为本文第 2 款，并将“清偿人有过失”作为第 2 款的但书，以此方式明确了由对提存的效果有争议的一方就“清偿人有过失”负举证责任。[2]

（二）不适于提存的物（新法第 497 条）

新法第 497 条 于下列情形下，经法院的许可，清偿人可以将清偿的标的物提交拍卖并提存其价金。 1. 该物不适于提存的。 2. 该物有因毁损、灭失或其他事由而致价格跌落之虞的。 3. 该物的保存需要过多费用的。 4. 除前三项所列情形外，有其他难以提存该物的情事的。
旧法第 497 条 清偿的标的物不适于提存，或该物有毁损或灭失之虞的，清偿人经法院的许可，可以将该物提交拍卖并提存其价金。保存该物需要过多费用的，亦同。

本条规定了不适于提存的标的物。与旧法第 497 条相比，本条扩大了不适于提存的标的物的范围，允许债务人在更多情形下采用“自助变卖”（Selbsthilfverkauf）的方式，提存拍卖后的价金。[3]

第一，本条第 2 项在标的物有毁损或灭失之虞的情形之外，增添了“其他事

〔1〕 部会資料 70A，39－40 頁参照。

〔2〕 部会資料 70A，40 頁参照。

〔3〕 关于自助变价的形式，本条采用的是形式拍卖。关于日本民事执行法上的形式拍卖，参见新法第 148 条的解说。

由而致价格跌落之虞”。这是参考日本《商法》第 524 条第 2 款的规定。申言之,本条第 2 项不仅包括因物理原因可能导致的价格跌落,而且包括因市场原因可能导致的价格跌落。

第二,本条第 4 项新增了兜底条款。兜底条款所称“其他难以提存该物的情事”,主要指债务的履行地没有提存所,或即便有提存仓库也难以期待法院能及时指定提存所或选任保管人的情况。依日本提存法,提存所是指法务大臣指定的银行和仓库,而由法务大臣依法指定的仓库全日本只有 18 家。实践中经常出现履行地无提存仓库,或者提存仓库以提存物不属于经营类别或仓库已满等理由拒绝接收提存物的情况。[1] 实践中对于扩大自助变卖的范围有很强的需求。

(三)提存物的返还请求等(新法第 498 条)

新法第 498 条 (一)清偿的标的物或前条的价金被提存的情形下,债权人可以请求返还提存物。 (二)债务人对债权人的给付应作出清偿的情形下,债权人若非作出该给付,不得领取提存物。
旧法第 498 条 债务人对债权人的给付应作出清偿的情形下,债权人若非作出该给付,不得领取提存物。

本条规定了债权人对提存物的返还请求。新法在维持旧法第 498 条的基础上新增了第 1 款。

提存有两个基本效果:一是债务消灭,二是债权人取得提存物返还请求权。由于是理所当然的效果,明治民法都未予直接规定。此次改革中,出于条文明确化的考虑,新法第 494 条第 1 款明确规定了前者,新法第 498 条第 1 款明确规定了后者。

---

〔1〕 部会資料 70A,41 頁参照。

七、清偿代位(新法第499～502条、第504条)

(一)法定代位和任意代位(新法第499条、第500条)

新法第499条 为债务人作出清偿的人,代位债权人。 **新法第500条** 第四百六十七条的规定准用于前条的情形(就清偿享有正当利益的人代位债权人的情形除外)。
旧法第499条 (一)为债务人作出清偿的人,于清偿的同时,经债权人的承诺,可以代位债权人。 (二)第四百六十七条的规定准用于前款的情形。 **旧法第500条** 就清偿有正当利益的人,因清偿当然代位债权人。

关于清偿代位,旧法第499条和第500条在区分任意代位(无正当利益)和法定代位(有正当利益)的基础上,分别规定了两者的要件。两者共通的要件有三个:一是债权的存在;二是清偿人通过清偿等行为,使债权得到满足;三是清偿人对债务人享有追偿权。此外,任意代位比法定代位多出两个特别要件,即债权人的承诺(要件四);与债权让与的通知(第467条准用)(要件五)。严格而言,要件五不是任意代位的构成要件,只是对债务人或第三人的对抗要件而已。

此次改革中,任意代位的要件中的"债权人的承诺"(要件四)被删除。这样,任意代位和法定代位在构成要件层面的区别就不存在了。因此,两者被合并规定在新法第499条中。在此基础上,由新法第500条单独规定任意代位的对抗要件。

至于新法为何删去"债权人的承诺",这涉及清偿代位的基本原理。通说认为,清偿代位制度的存在目的是确保追偿权的实现,即在清偿人享有追偿权的前提下,在清偿人作出清偿时,使原债权不因清偿而消灭,而是作为追偿权的担保,法定地转移至清偿人处(法定债权转移说)。概言之,只要清偿人有追偿权,就有基于清偿的代位权。

关于清偿人的追偿权，其理论基础包括以下四种。

第一，清偿人为保证人、物上担保人、连带债务人、并存的债务承担的债务人和承担人时，法律对追偿权设有明文规定。

第二，清偿人为受委托而为清偿的第三人时，追偿权的基础为基于委托合同的费用偿还请求权。

第三，清偿人未受委托，但清偿不违反债务人的意思时，追偿权的基础为基于无因管理的费用偿还请求权。

第四，清偿人未受委托，且清偿违反债务人的意思时，追偿权的基础为不当得利返还请求权。〔1〕

最终，追偿权的本质是债务人的责任财产因他人的清偿而获解放，从而发生的追偿型不当得利。只要该不当得利返还请求权存在，且清偿人未放弃追偿权，那么追偿权的基础始终存在，清偿人也始终享有基于清偿代位的权利。因此，无论法律对于追偿权有无明文规定，也无论清偿人是否享有正当利益，都不影响清偿代位的构成。〔2〕 认为清偿人就清偿无正当理由就不享有清偿代位权的观念，混淆了清偿代位和第三人清偿的关系。当第三人就清偿无正当利益时，基于第三人清偿的规则，债权人自然可以拒绝受领，使债务不消灭。但是，债权人若受领了清偿，那么清偿人的追偿权基础就发生了。债权人受领了清偿，却唯独拒绝同意清偿人享有清偿代位的权利的做法，是不正当的。对此，法制审议会贯彻了法定债权转移说的立场，认为清偿代位的效果系基于法定，无须债权人同意，故删去了“债权人的承诺”。〔3〕 这样，任意代位和法定代位的区别就仅剩下新法第500条规定的对抗要件，即对债务人的债权让与通知。

---

〔1〕 潮見佳男『新債権総論Ⅱ』（信山社，2017年）131頁参照。

〔2〕 参见林良平「弁済による代位における求償権と原債権」同『金融法論集：金融取引と担保』（有信堂高文社，1989年）311頁参照；潮見佳男『新債権総論Ⅱ』（信山社，2017年）101頁参照。

〔3〕 部会資料70A，42－43頁参照。

(二)清偿代位的效果(新法第 501 条)

新法第 501 条

(一)依前两条的规定代位债权人的人,可以行使债权人作为债权的效力及担保所享有的一切权利。

(二)前款所规定的权利,其行使限于代位债权人的人基于自己的权利可以向债务人追偿的范围内(保证人的一人对其他保证人代位债权人的情形下,限于基于自己的权利得对该其他保证人追偿的范围内)。

(三)于第一款的情形下,除依前款的规定外,依照下列规定。

1. 第三取得人(自债务人处受让担保标的财产的人。以下于本款中同)不对保证人及物上担保人代位债权人。

2. 第三取得人的一人,按各不动产的价格,对其他第三取得人代位债权人。

3. 前项的规定,准用于物上保证人的一人对其他物上保证人代位债权人的情形。

4. 保证人与物上保证人之间,按其人数代位债权人。但是,物上担保人为数人的,就除去保证人的负担部分的余额,按各财产的价格代位债权人。

5. 自第三取得人处受让担保标的财产的人,视为第三取得人并适用第一项及第二项之规定;自物上担保人处受让担保标的财产的人,视为物上担保人并适用第一项、第三项及前项的规定。

旧法第 501 条

依前两条的规定代位债权人的人,于基于自己的权利可得追偿的范围内,可以行使债权人作为债权的效力及担保所享有的一切权利。于此情形,应依照下列各项的规定。

1. 保证人若未事先于先取特权、不动产质权或抵押权的登记上备注其代位,不得对作为先取特权、不动产质权或抵押权的标的物的不动产的第三取得人代位债权人。

> 2. 第三取得人不对保证人代位债权人。
>
> 3. 第三取得人的一人,按各不动产的价格,对其他第三取得人代位债权人。
>
> 4. 物上担保人的一人,按各财产的价格,对其他物上担保人代位债权人。
>
> 5. 保证人与物上保证人之间,按其人数代位债权人。但是,物上担保人为数人的,就除去保证人的负担部分的余额,按各财产的价格代位债权人。
>
> 6. 于前项的情形,该财产为不动产时,准用第一项的规定。

本条规定了清偿代位的效果,即原债权的法定移转、追偿权和原债权的主从竞合关系以及法定代位权人间的竞合关系。本条将旧法第 501 条分为 3 款规定,并有所增改。

1. 原债权的法定移转(第 1 款)

本条第 1 款规定了清偿人可以代位债权人,行使包括担保在内的债权人的一切权利。本款和旧法第 501 条无变化。

2. 追偿权和原债权的主从竞合(第 2 款)

本条第 2 款规定了清偿人可以代位行使债权人的权利以清偿人对债务人的追偿权的范围为限。本条确认了追偿权和原债权的分别债权性和主从竞合关系,即追偿权和原债权系分别的债权,后者是为了确保前者的实现而基于清偿代位制度法定地移转至清偿人处的,与前者具有从属关系,故行使范围以前者为限。在这一点上本款和旧法第 501 条无变化。

本条第 2 款在括号中新增了共同保证人之间的代位关系,即保证人作出清偿后,可以代位债权人向其他保证人追偿,但是清偿代位的范围限于其追偿权。在理论上,关于共同保证人的追偿和代位有三种不同的立场:(1)共同保证人的追偿权和其他清偿人的追偿权性质不同,其法律效果所欲达成的不是如何确保对债务人的追偿,而是如何在承担保证责任的人之间分配债务人或其他保证人的无资力的风险,因此,在保证人的损失调整问题上不动用功能过于强大的清偿代位制度,而是应当仅基于共同保证人之间的追偿权来处理(第 465 条)。

(2)共同保证人之间也可以以追偿权为依据代位债权人要求其他保证人履行,只不过不能超过追偿权的限度。由于其他共同保证人和债权人之间的保证债务上可能附有担保,而且债权人也可能已取得对其他共同保证人的债务名义,所以允许作出清偿的保证人代位债权人具有实践意义。(3)共同保证人之间不仅可以以追偿权为依据代位债权人要求其他保证人履行,而且不受追偿权的范围的限制,因为旧法第 501 条本文所说的“追偿权”是指对债务人的追偿权,不是对其他共同保证人的追偿权。在以上三个立场中,新法采用了第二种,在保持和第 465 条的整合性的基础上,允许清偿人代位债权人。[1]

3. 法定代位权人的竞合(第 3 款)

本条第 3 款规定了保证人、物上担保人或第三取得人竞合时的清偿代位问题。三者之间的关系有以下几类,本条并不周延。

(1)保证人和第三取得人的关系之一。保证人作出清偿后,可以向第三取得人主张清偿代位。对此旧法第 501 条第 1 项有明确规定。不过,旧法第 501 条第 1 项设有主张的条件——保证人须事先在不动产登记簿上就代位做备注登记。新法的立场是,代位的备注登记不是清偿代位的要件,因为在附抵押权的债权被让与时,新债权人取得该抵押权也不以备注登记为前提,那么单单在第三人清偿时有此要求,有失平衡。[2] 新法不仅删除了备注登记的要件,而且将规定保证人对第三取得人的清偿代位的旧法第 501 条第 1 项整体删除。因为“允许代位”这一基础效果可以从本条第 1 款中推导出来,无须专门规定,如果规定反而造成条文重复。[3]

(2)保证人和第三取得人的关系之二。第三取得人作出清偿后,不得向保证人主张清偿代位。对此旧法有明确规定(旧法第 501 条第 2 项),新法未作变动(本条第 3 款第 1 项)。需要注意的是,这里的第三取得人不仅包括从债务人处受让担保标的财产的人,还包括从第三取得人处受让财产的人(本条第 3 款第 5 项前段);而从物上担保人处受让担保标的财产的人,不属于这里的第三取得人,而是被视为物上担保人(本条第 3 款第 5 项后段)。

---

〔1〕 部会資料 70B,13 頁以下。
〔2〕 法務省民事局参事官室編『民法改正中間試案の補足説明』(信山社,2013 年)297 頁参照。
〔3〕 部会資料 80 - 3,27 頁参照。

(3)物上担保人和第三取得人的关系之一。物上担保人作出清偿后,可以向第三取得人主张清偿代位。对此旧法和新法都无明确规定。法制审议会认为,“物上担保人可以代位”这一效果可以从本条第 1 款中推导出来,无须专门规定。[1]

(4)物上担保人和第三取得人的关系之二。第三取得人作出清偿后,不得向物上担保人主张清偿代位。对此旧法无规定。本条第 3 款第 1 项作了补充规定。

(5)保证人和物上担保人之间的关系。保证人作出清偿后,可以向物上担保人主张清偿代位;反之亦然。对此旧法有明确规定(旧法第 501 条第 5 项),新法也未作变动(本条第 3 款第 4 项)。至于代位的数额,日本法的立场是“人数 + 财产价格比例”,即先按照人数确定保证人方面和物上担保人方面各自承担的比例;在保证人方面,由于保证人都是以全部责任财产承担责任,所以继续按照人数均摊至每一人;在物上担保人方面,由于每个担保物所提供的担保价值不同,所以不按照人数,而是按照担保物的价格比例将份额划分至每一人。这一计算方式的宗旨是在有相互保证性的担保人之间均摊债务人或其他担保人的无资力的风险。由于计算的第一步是数人数,所以实践中常见且重要的问题是,担保人兼有保证人和物上担保人的双重资格时人数上算一人还是二人。对此,判例的立场是,将具有双重资格的担保人按照一个保证人来计算,全员均摊份额。[2] 此次改革中曾经有立法计划[《中间试案》22 - 10(2)],但是最终未达成共识,留待未来的解释。[3]

(6)第三取得人之间的关系。第三取得人的一人作出清偿后,可以按照财产的价格比例向其他第三取得人主张清偿代位。对此旧法有明确规定(旧法第 501 条第 3 项),新法未作变动(本条第 3 款第 2 项)。

---

〔1〕 部会資料 80 - 3,27 頁参照。

〔2〕 最高裁判所 1986 年 11 月 27 日判决,最高裁判所民事判例集 40 卷 7 号 1205 頁。本案中担保人有四人,担保类型分别是保证人、保证人、保证人兼物上担保人、保证人兼物上担保人。对该案的理解各异。多数观点对该判例的理解是,在有二重资格人的场合,不适用旧法第 501 条第 5 项的规定,而是由所有的担保人均摊,即“头数一人说”。但是,也有观点认为,最高裁判所实际上采用的是“保证人一人说”,只不过本案中恰好没有单独的物上担保人,所以看起来像“头数一人说”而已。

〔3〕 部会資料 83 - 2,31 頁参照。

(7)物上担保人之间的关系。物上担保人的一人作出清偿后,可以按照财产的价格比例向其他物上担保人主张清偿代位。对此旧法有明确规定(旧法第501条第4项),新法未作变动(本条第3款第3项)。

(8)共同保证人之间的关系。关于共同保证,旧法没有规定。新法明确规定,作出清偿的保证人可以向其他保证人主张代位,其代位的比例依第465条规定的追偿权而定,故不规定在本条第3款,而规定在本条第2款(参见第2款的解说,在此不再赘述)。

综上,本款规定了保证人、物上担保人和第三取得人这三类法定代位权人之间的追偿和代位问题。除了这个三者之外的其他法定代位权人,如连带债务人,直接按照其追偿权的规定确定追偿比例(第442条),之后依据本条第2款主张清偿代位即可。

(三)一部清偿的代位(新法第502条)

新法第502条

(一)就债权的一部存在代位清偿的,代位人经债权人的同意,可以按其清偿的价额,与债权人一同行使该权利。

(二)于前款的情形下,债权人亦可单独行使其权利。

(三)于前两款的情形中债权人行使的权利,就该债权的担保标的财产的变卖价款或其他因该权利的行使所得的金钱,优先于代位人行使的权利。

(四)于第一款的情形下,基于债务不履行的合同解除权,仅债权人可以行使。于此情形,应对代位人偿还其清偿的价额及其利息。

旧法第502条

(一)就债权的一部存在代位清偿的,代位人可以按其清偿的价额,与债权人一同行使该权利。

(二)于前款的情形下,基于债务不履行的合同解除权,仅债权人可以行使。于此情形,应对代位人偿还其清偿的价额及其利息。

本条规定了一部清偿时代位人和原债权人之间的关系,确立了原债权人优先主义。本条对旧法第502条有以下三点增改。

1. 代位行使权利以债权人的同意为前提(第 1 款)

在清偿人仅作出一部清偿时,原债权尚有部分未消灭,这就出现了代位人和原债权人都可以行使债权的局面。旧法第 502 条对于一部清偿情形下的清偿代位未设限制(条文用语是“一同〔とともに〕”,不是“共同〔共同で〕”),所以判例认为,代位人可以按照其清偿的债权额单独行使债权并实现债权上的抵押权。[1] 对此,学界持反对意见。通说认为,清偿代位的制度目的是确保追偿权的实现,但是这不能以危害原债权为代价,关于债权上的担保权的实现时期,需要与债权人共同决定。[2] 下级审中,也出现了不允许代位人单独行使抵押权的判决。[3] 此次改革接受了学界的批评,就一部清偿情形下的清偿代位,新增了“经债权人的同意”的要件。

2. 原债权人可以单独行使债权(第 2 款)

本条第 2 款系新增,规定了基于一部清偿的代位不影响债权人的权利行使。如通说指出的那样,清偿代位制度只是为了强化追偿权,不危害原债权。既然在一部清偿之前债权人可以单独行使债权,那么该权利不受代位的影响。[4]

3. 原债权人在价金分配上的优先地位(第 3 款)

本条第 3 款系新增。在担保权实现后的价金分配问题上,旧法第 502 条第 1 款采按份主义,对原债权人和代位人进行平等的分配,这和立法当时采原债权人优先主义的法国法、德国法都不同。日本法之所以采按份主义,是因为当时的《意大利民法典》第 1254 条采该主义,勃瓦索纳多受其影响制定了旧民法的财产编第 485 条第 1 款,该条成为旧法第 502 条第 1 款的前身。[5] 但是,按份主义会影响债权人本来的分配利益。例如,债权人甲对债务人乙享有 1000 万元的债权,乙在自己的价值 500 万元的房产上设定抵押权,此外保证人丙为连带保证人。本来甲在实现 500 万元的抵押权之后向丙请求 500 万元即可以全部回收债权,但是如果丙先清偿了 500 万元之后,可以代位甲行使甲对乙的抵押权并与甲

〔1〕 大審院 1931 年 4 月 7 日裁决,最高裁判所民事判例集 10 卷 535 頁。

〔2〕 我妻栄『新訂債権総論』(岩波書店,1964 年)255 頁;奥田昌道『債権総論〔増補版〕』(悠悠社,1992 年)547 頁;中田裕康『債権総論〔第 3 版〕』(岩波書店,2013 年)370 頁参照。

〔3〕 東京高等裁判所 1980 年 10 月 20 日判决,判例タイムズ429 号 106 頁。

〔4〕 部会資料 70A,44 頁参照。

〔5〕 前田達明『口述債権総論』(成文堂,1987 年)440 頁以下参照。

均分该500万元,最终甲只能回收750万元。从通说的角度来看,这一效果就超出了清偿代位制度本来的目的,损害了原债权。此后,判例在抵押权实现所得价金的分配上开始采原债权人优先主义。[1] 此次改革中,新法不仅对判例法理作出了确认,而且将其一般化,将抵押权实现之外的担保权实现以及强制执行程序所得的金钱的分配也纳入原债权人优先主义的效力范围。[2]

(四)债权人的担保保存义务(新法第504条)

新法第504条 (一)对清偿有正当利益的人(以下于本款称"代位权人"),于债权人因故意或过失而丧失担保或减少担保时,在其代位时因担保的丧失或减少而不能受偿的限度内,免去其责任。该代位权人为物上保证人的情形,就从该代位权人处受让担保标的财产的第三人及其特定承继人,亦同。 (二)依交易上的社会通常观念,债权人丧失担保或减少担保可以被认为有合理理由的,不适用前款的规定。
旧法第504条 依第五百条的规定可以代位的人,于债权人因故意或过失而丧失担保或减少担保时,在因担保的丧失或减少而不能受偿还的限度内,免去其责任。

本条规定了债权人的担保保存义务。新法在基本维持旧法第504条的基础上对其作了增改。

1. 担保保存义务的规定方式(第1款)

担保保存义务,是指债权人为法定代位权人的利益,尽合理的注意使担保不丧失或减少的义务。旧法第504条只规定了债权人违反该义务的效果,即法定代位权人可以主张免责,但是未直接使用"担保保存义务"的概念。《中间试案》

〔1〕 最高裁判所1985年5月23日判决,最高裁判所民事判例集39卷4号940頁;最高裁判所1987年4月23日判决,金融法務事情1169号29頁。

〔2〕 部会資料70A,45頁参照。

22-10(4)本来对担保保存义务设有明确规定,但是在审议的第三阶段被删去了。[1]

本条第1款增加的内容是,从物上担保人处受让担保物的人也有权主张基于债权人违反担保保存义务的免责。这是对判例法理的确认。[2]

2. 担保保存义务的界限(第2款)

本款系新增。在改革之前,旧法第504条在规定债权人的担保保存义务时未设定义务的界限,很容易使人产生误解,即只要债权人有使担保物丧失或减少的行为,法定代位权人即可主张免责(结果债务)。然而,在银行业务中,因经营状况的变化经常会出现债务人要求更换担保方式或一部解除的情况。债务人的要求可能是合理的,银行也愿意接受,但是严格而言,这种情况属于使担保物丧失或减少的行为。所以为了避免法定代位权人事后主张免责,银行必须在取得所有法定代位权人同意的前提下才会答应债务人的要求。当然,银行可以在事前和保证人、物上担保人等法定代位权人一一订立免除担保保存义务的特约。一方面,除保证人、物上担保人外,担保物的第三取得人也是法定代位权人,而此人是谁事前无人知晓,不可能与其订立特约;另一方面,以免除担保保存义务为内容的特约在法律上的有效性并非"板上钉钉"。[3] 所以在这一领域,如果没有一个条款能够折冲其间,那么当事人不得不采用缺乏稳定性的极端方式解决。针对这一问题,新法新增了本条第2款,设置了担保保存义务的界限规定(手段债务)。虽然界限规定本身并不明确,但是可以作为规则形成的平台,由未来的判例法理形成具体规则,实务界也能够因此稳定下来。

---

〔1〕 部会資料84-3,11頁参照。

〔2〕 最高裁判所1991年9月3日判决,最高裁判所民事判例集45卷7号1121頁参照。

〔3〕 部会資料70A,46頁以下。

第十节　抵　销

一、抵销的要件(新法第505条)

新法第505条 (一)二人互负同种标的的债务,且双方的债务均已届清偿期的,各债务人可以就其对等额依抵销而免去其债务。但是,债务的性质不允许抵销的,不在此限。 (二)虽有前款的规定,当事人作出旨在禁止或限制抵销的意思表示的情形下,该意思表示仅限第三人知道或因重大过失而不知时,可以对抗该第三人。
旧法第505条 (一)二人互负同种标的的债务,且双方的债务均已届清偿期的,各债务人可以就其对等额依抵销而免去其债务。但是,债务的性质不允许抵销的,不在此限。 (二)前款的规定不适用于当事人有相反的意思表示的情形。但是,该意思表示不得对抗善意的第三人。

本条规定了抵销的要件,包括积极要件和消极要件两个方面。新法维持了旧法第505条第1款的规定,对第2款作了修改。

1. 抵销的积极要件(第1款本文)

本条第1款本文规定了抵销的积极要件:(1)抵销适状,即"二人互负同种标的的债务,且双方的债务均已届清偿期"。(2)抵销的意思表示,即表示以主动债权抵销被动债权的单方行为(意思表示主义)。

这里需要指出的是,关于抵销适状,日本法上曾经有观点认为,被动债权的期限利益由其债务人(抵销人)享有,抵销人可以放弃该期限利益,在被动债权到期之前主张抵销,所以不必以清偿期作为抵销适状的标准。[1] 这里,"被动债

〔1〕 我妻栄『新訂債権総論』(岩波書店,1964年)327頁参照。

权的债务人可以放弃期限利益”这一点诚然是正确的，抵销人可以在放弃期限利益的基础上主张抵销权。但是，抵销适状和抵销权是不同层面的效果，后者以抵销人作出放弃期限利益的意思表示为前提。在抵销人放弃期限利益之前，双方的债权并不因抵销人有放弃被动债权的期限利益的可能而直接处于抵销适状。这一点在第508条（以罹于时效的债权为主动债权的抵销）的适用上具有重要意义。〔1〕 因此，在抵销适状的规定上，新法未做任何变动。

2. 抵销的消极要件（第1款但书和第2款）

本条第1款但书和第2款分别规定了两个消极要件：（1）性质上的限制；（2）基于当事人的意思表示的限制。新法对旧法第505条第2款作了表述上的修改，即将意定的抵销限制特约的对抗效力从“不得对抗善意的第三人”改为“仅限第三人知道或因重大过失而不知时，可以对抗该第三人”。修改的意图是在抵销限制特约的处理上，和规定债权让与限制特约的新法第466条保持一致。〔2〕

第一，明确第三人有重大过失时的对抗效力。关于债权让与限制特约，旧法第466条第2款也只提到“不得对抗善意的第三人”，但是判例认为，受让人因重大过失而不知的情形应当和明知的情形一样处理。〔3〕 新法第466条第3款将判例法理明文化。本条亦与之保持一致。

第二，明确举证责任。关于债权让与限制特约，旧法第466条第2款以但书的方式规定“不得对抗善意的第三人”。这在语意上使人误以为需要由第三人证明自己非恶意。判例的立场是，应当由主张债权让与限制特约的一方（债务人、扣押债权人）就第三人的主观状态负举证责任。〔4〕 新法第466条第3款在条文表述上放弃了但书，改采构成要件式的规定方式。关于抵销限制特约，法制审议会认为，从债权让与自由的角度来看，受让人有正当理由相信自己受让的债权是不附限制的，因此也应当和债权让与限制特约的情形一样，由主张抵销限制特约的一方负举证责任。在条文表述上，本条和新法第466条第3款保持一致。

〔1〕 潮見佳男『新債権総論Ⅱ』（信山社，2017年）273頁参照。

〔2〕 部会資料69A，第26頁参照。关于债权让与禁止特约和抵销禁止特约的相似性，星野英一『民法概論Ⅳ（契約）』（良書普及会，1986年）195頁参照。

〔3〕 最高裁判所1973年7月19日判決，最高裁判所民事判例集27卷7号823頁参照。

〔4〕 大審院1905年2月28日判決，大審院民事判決録11輯278頁参照。

关于抵销的消极要件,除本条之外,新法第 509 ~ 511 条规定了关于被动债权的限制(关于新法第 509 ~ 511 条,参见下文的解说。)

二、抵销的限制(新法第 509 条、第 511 条)

(一)以侵权之债等为被动债权的抵销的禁止(新法第 509 条)

新法第 509 条

下列债务的债务人,不得以抵销对抗债权人。但是,该债权人自他人处受让该债务所涉的债权的,不在此限。

1. 基于恶意的侵权行为的损害赔偿债务。

2. 对人的生命或身体的侵害所生的损害赔偿债务(除前项中所列者外)。

旧法第 509 条

债务系因侵权行为而发生的,该债务人不得以抵销对抗债权人。

本条规定了以侵权之债为被动债权的抵销。旧法第 509 条全面禁止以侵权之债为被动债权的抵销。这主要是考虑到:一方面,侵权之债的债权人是受害人,其损害必须以现实的履行来填补;另一方面,如果允许抵销会诱发道德危机,一些无法回收债权的债权人可能会故意实施以抵销为目的的侵权行为。[1]

从立法目的而言,如果侵权之债不是基于抵销人的恶意加害,也不是造成人身损害,那么是否一律禁止抵销,是有疑问的。旧法第 509 条的规定方式(全面禁止)在部分情形超出了立法目的,导致有失衡平的局面。在一起因交通事故导致的双方财产损害的案件中,最高裁判所严格依照条文规定,不允许两个侵权之债相互抵销。[2] 新法对本条的适用范围做了限缩。

1. 恶意的侵权行为(本条第 1 项)

本条第 1 项禁止以基于恶意的侵权行为的损害赔偿债权为被动债权的抵

〔1〕 梅謙次郎『民法要義巻之三債権編〔訂正増補第三十四版〕』(有斐閣書房,1914 年)342 頁参照。

〔2〕 最高裁判所 1974 年 6 月 28 日判決,最高裁判所民事判例集 28 巻 5 号 666 頁。

销。这是为了防止诱发抵销人的侵权行为。本项所称“恶意”,是借用日本《破产法》第253条第1款第2项关于非免责债权的表述,是指有积极的加害意图的故意,仅故意是不够的。[1]

2. 人身损害(本条第2项)

即使不是恶意加害,本条第2项禁止以对人的生命或身体的侵害所产生的损害赔偿债权为被动债权的抵销。这是为了使受害人的损害能够得到现实的填补。这里有必要指出的是,本条第2项不仅包括基于侵权行为的人身损害赔偿债权,还包括基于债务不履行(如违反保护义务、安全照顾义务等)的人身损害赔偿债权。这是为了避免出现失衡的结果,即在请求权竞合的情形下,法律构成上采侵权行为构成时加害人不得抵销,而采债务不履行构成时加害人就可以抵销。[2]

3. 债权未被让与(本条但书)

本条关于禁止抵销的规定不适用于被动债权系从他人处受让的情形。原因在于,被动债权的债权人(抵销的相对方)并非受害人,没有确保其接受现实履行的必要,故不在本条的保护范围内。[3]

(二)以被扣押的债权为被动债权的抵销的禁止(新法第511条)

新法第511条 (一)被扣押的债权的第三债务人,不得以基于扣押后取得的债权的抵销对抗扣押债权人,但是可以以基于扣押前取得的债权的抵销与之对抗。 (二)虽有前款的规定,扣押后取得的债权系基于扣押前的原因发生的,该第三债务人可以基于该债权的抵销对抗扣押债权人。但是,第三债务人于扣押后取得他人的债权的,不在此限。
旧法第511条 受支付停止命令的第三债务人,不得以基于之后取得的债权的抵销对抗扣押债权人。

〔1〕 部会資料69B,3頁;同80-3,29頁参照。
〔2〕 平井宜雄『債権総論〔第2版〕』(弘文堂,1994年)226頁参照。
〔3〕 部会資料83-2,33頁参照。

本条规定了被动债权系被扣押债权时的第三债务人的抵销权。旧法第 511 条只规定了主动债权系被动债权被扣押后取得的情形下，第三人债务人不得以后取得的主动债权向扣押债权人主张抵销。但是，关于主动债权系被动债权被扣押之前取得的情形，以及被动债权被扣押之前主动债权的取得原因已经发生的情形，旧法第 511 条未设明确规定，引发了学说上的争议。对此，新法作出了明确规定。

1. 以扣押之前取得的债权为主动债权的情形（第 1 款后段）

明治民法的起草人认为，扣押不应当改变扣押之前已经形成的法律关系。[1] 从这一立场出发，既然扣押之前被扣押债权（被动债权）的债务人（以下简称第三债务人）已取得主动债权，那么应当允许其主张抵销。不过，第三债务人于扣押之前已取得主动债权的情况有多种，是否都允许债务人主张抵销，存在很大争议。例如，(1)主动债权和被动债权都已届清偿期；(2)主动债权已届清偿期，被动债权尚未届清偿期，但是第三债务人放弃期限利益；(3)主动债权未届清偿期。对以上三种情况，“抵销适状说”认为，扣押时主动债权和被动债权须处于抵销适状，以上情况(2)(3)都不允许第三债务人主张抵销。“限制说”认为，只要主动债权已届清偿期，那么第三债务人就对抵销产生期待，因此情况(2)不妨允许其主张抵销，而在情况(3)，被动债权先到期，主动债权后到期，这说明第三债务人未履行自己的到期债务，而是在等待主动债权到期后主张抵销，这种对抵销的期待不值得保护。“无限制说”认为，抵销具有对抗第三人的担保功能，即便第三债务人的清偿期在后，也应当保护其通过抵销回收主动债权的期待，至于未履行先到期义务的法律责任，第三债务人支付迟延损害赔偿金即可，不能因突如其来的扣押就剥夺其对抵销的期待，因此，情况(3)也应当允许第三债务人主张抗辩。

判例的发展较为曲折。早期的判例采抵销适状说；[2] 战后，最高裁判所开始采限制说，甚至 1964 年作出了确认限制说的大法庭判决；[3] 但是，1970 年最

---

[1] 梅謙次郎『民法要義巻之三債権編〔訂正増補第三十四版〕』（有斐閣書房，1914 年）345 頁参照。

[2] 大審院 1898 年 2 月 8 日判決，大審院民事判決録 4 輯 11 頁。

[3] 最高裁判所 1957 年 7 月 19 日判決，最高裁判所民事判例集 11 巻 7 号 1297 頁；最高裁判所 1964 年 12 月 23 日大法廷判決，最高裁判所民事判例集 18 巻 10 号 2217 頁。

高裁判所又作出了采无限制说的新的大法庭判决,推翻了1964年判决。[1] 自1970年起,最高裁判所的立场未有变动。此次改革将无限制说的现行判例法理明文化。[2] 新法第511条在规定"可以以基于扣押前取得的债权的抵销与之对抗"时,没有附加任何限制。

2. 以扣押之后取得的债权为主动债权的情形(第2款)

本条第2款规定,即便是扣押后取得的债权,只要是基于扣押之前的原因发生的,那么第三债务人就可以以之为主动债权,向扣押债权人主张抵销。这是为了保护第三债务人对抵销的期待。本款的表述"基于扣押之前的原因"系参考日本《破产法》第2条第5款。本款的立法目的在于使民法中可以向扣押债权人主张的抵销权的范围和破产法中可以向破产债权人主张的破产抵销权的范围相一致。在此基础上,本款但书规定,主动债权系第三债务人于扣押后从他人处取得的,则不得向扣押债权人主张抵销。此时第三债务人对抵销没有合理期待。[3]

三、抵销的抵充(新法第512条、第512条之2)

(一)一个或数个债权债务之间的抵充(新法第512条)

新法第512条

(一)债权人就其对债务人所享有的一个或数个债权,与其对债务人所负担的一个或数个债务,作出抵销的意思表示的情形下,当事人无其他合意时,债权人所享有的债权与其所负担的债务,依发生抵销适状的时间顺序,就其对等额因抵销而消灭。

(二)于前款的情形下,主张抵销的债权人所享有的债权不足以消灭其负担的全部债务,且当事人无其他合意时,依下列规定。

1. 债权人负有数个债务的(除次项规定的情形外),准用民法第四百八十八条第四款第二项至第四项的规定。

〔1〕 最高裁判所1970年6月24日大法廷判決,最高裁判所民事判例集24卷6号587頁。

〔2〕 部会資料69A,29頁参照。

〔3〕 部会資料69A,30頁参照。

2. 就债权人所负担的一个或数个债务，除本金外亦应支付利息及费用的，准用第四百八十九条的规定。于此情形下，同条第二款中的“前条”更换为“前条第四款第二项至第四项”。

（三）于第一款的情形下，主张抵销的债权人所负担的债务不足以消灭其享有全部债权时，准用前款的规定。

旧法第 512 条

第四百八十八条至第四百九十一条的规定，准用于抵销。

本条规定了抵销的抵充。新法对旧法第 512 条作了大幅增改（条文中不再一一画线标注修改部分）。

旧法第 512 条规定，清偿抵充的规则准用于抵销的抵充。申言之，主动债权不能抵充全部被动债权时，当事人之间有合意的，从其合意；若无合意，依抵销人的指定（旧法第 488 条）；若无指定，依法定抵充的规则（旧法第 489 条）；被动债权上有利息、费用的情形，先抵充利息、费用后再抵充本金（旧法第 491 条）。反之，在被动债权不能抵充全部主动债权时，亦同。[1]

不过，抵销和清偿虽然同属债的消灭方式，但是两者在效果上有很大差异。清偿使债向未来消灭，而抵销使债溯及地消灭，效力溯及至抵销适状发生时（第 506 条第 2 款）。正因如此，在抵销的抵充上全面准用清偿抵充的规则并不合适。第一，被动债权上有利息、费用的情形下，不可能先按照旧法第 491 条的顺序先抵充利息、费用，因为这些费用、利息的产生是以本金债权在抵销时现存为前提的。由于抵销的效力溯及至抵销适状，部分本金债权在抵销适状的时点上既已消灭，不会发生利息、费用。如果不先按照抵销适状的发生时间来确定抵销的顺序，那么利息、费用的数额本身都无法确定。第二，在抵销适状的发生时点上也有可能出现数个债权同时存在的情形，或者数个债权都有利息、费用，而主动债权连利息、费用都不能全部抵充的情形。此时，如果准用清偿抵充的规则，则由抵销人指定被抵充的被动债权（旧法第 488 条准用）。但是在抵销适

〔1〕 梅謙次郎『民法要義巻之三債權編〔訂正增補第三十四版〕』（有斐閣書房，1914 年）346 – 347 頁参照。

状发生时,当事人对抵销有所期待,不应当允许抵销人做有悖于相对人期待的指定。

针对上述问题,最高裁判所 1981 年判例表示,在抵销的抵充问题上适用下述规则:(1)先按照抵销适状的发生时点来确定抵销的顺序;(2)在抵销适状的发生时点之上若数个债权同时存在,则适用旧法第 489 条(本金的法定抵充),如果债权上有利息、费用,则适用旧法第 491 条(利息、费用的抵充)。至于指定抵充是否优先于上述规则,判例的立场并不明确。[1]

此次改革将最高裁判所 1981 年判例法理明文化。本条第 1 款确认了上述规则(1),本条第 2 款确认了规则(2),并在这两条的适用上完全排除了指定抵充(本条第 1 款未提及当事人的指定,本条第 2 款明确排除新法第 488 条第 4 款第 1 项的适用)。此外,被动债权不足以完全消灭主动债权的情形,严格而言不属于抵销的抵充,但是本条第 3 款也允许准用上述抵销的法定抵充的规则。

(二)以数个给付为内容的债权的抵充(新法第 512 条之 2)

> **新法第 512 条之 2**
>
> 债权人对债务人所享有的债权中,存在为一个债权的清偿应为数个给付的情形时,就该情形的抵销,准用前条的规定。债权人对债务人所负的债务中,存在为一个债务的清偿应为数个给付的情形时,就该情形的抵销,亦同。

本条系新增,补充规定了以数个给付为内容的债权债务的抵销抵充的问题。即债权人对债务人享有以数个给付为内容的债权的情形,以及债权人对债务人负有以数个给付为内容的债务的情形,关于债权债务之间的抵销的抵充,准用新法第 512 条的规定。

---

〔1〕 最高裁判所 1981 年 7 月 2 日判决,最高裁判所民事判例集 35 卷 5 号 881 頁。关于指定抵充的优先性,本案旁论提到“本案抵销人未指定,相对人也未指定”,似乎是以指定抵充的优先性为前提(第 885 頁)。

第十一节　更　改

一、更改的要件和效果(新法第513条)

新法第513条 当事人订立旨在取代从前的债务并发生下列内容的新债务的合同时,从前的债务因更改而消灭。 1. 对从前的给付内容作出重要变更的; 2. 从前的债务人更迭为第三人的; 3. 从前的债权人更迭为第三人的。
旧法第513条 (一)当事人订立旨在变更债务的要素的合同时,该债务因更改而消灭。 (二)变附条件的债务为无条件的债务时,对无条件的债务附加条件时,或变更债务的条件时,均视为债务的要素的变更。

本条规定了更改的要件和效果,对旧法第513条有大幅的修改。修改主要涉及更改的要件。新法明确了更改的三个要件,即旧债务的存在、更改的合意和重要变更,并删除了旧法第513条第2款,提高了更改的适用门槛。

旧法第513条第1款只规定了更改是"旨在变更债务的要素的合同"。至于何为"变更债务的要素",梅谦次郎认为就是指债权人的更迭、债务人的更迭和债的标的的变更。[1] 但问题是,债权让与、免责的债务承担和代物清偿分别就是债权人的更迭、债务人的更迭和债的标的的变更,这些行为和更改之间的差别何在,从旧法第513条中是读不出来的。对此,学说上认为,仅在客观上存在债权人的更迭、债务人的更迭和债的标的的变更是不足以认定更改的,需要在主观

〔1〕 梅謙次郎『民法要義巻之三債権編〔訂正増補第三十四版〕』(有斐閣書房,1914年)349頁参照。

上存在当事人的“变更债的同一性”的意思(理论上称为“更改的合意”)。[1] 至于如何认定当事人的意思,判例的立场是,除非当事人有明确的意思表示,否则不认定成立更改合同。[2]

可见,无论学说还是判例,在旧法第513条的解释上都十分谨慎,在“要素的变更”之外,还要求有“更改的合意”。这一点有必要通过立法予以明示。新法在慎重认定更改的立法方向上,作出以下三点修改:(1)将“更改的合意”的明文化(“旨在取代从前的债务并发生……新债务的合同”);(2)明确了“债务的要素”,即债的标的的重要变更、债务人的更迭和债权人的更迭;(3)删除了旧法第513条第2款,因为条件的内容多种多样,将条件的变更一律视为要素的变更不具合理性。[3]

二、以债务人更迭为内容的更改(新法第514条)

新法第514条

(一)以债务人更迭为内容的更改,可以依债权人与更改后成为债务人的人之间的合同而作出。<u>于此情形下,更改于债权人通知变更前的债务人已订立该合同之事时,生其效力。</u>

(二)<u>以债务人更迭为内容的更改作出后,更改后的债务人对更改前的债务人不取得追偿权。</u>

旧法第514条

以债务人更迭为内容的更改,得依债权人与更改后成为债务人的人之间的合同而作出。<u>但是,违反更改前的债务人的意思的,不在此限。</u>

本条规定了以债务人更迭为内容的更改。本条从更改和免责的债务承担的整合性的角度,对旧法第514条作出以下两点修改。

---

〔1〕 我妻栄『新訂債権総論』(岩波書店,1964年)362頁;奥田昌道『債権総論〔増補版〕』(悠悠社,1992年)599頁参照。

〔2〕 大審院1932年10月29日判决,法律新聞3483号7頁参照。

〔3〕 部会資料69A,36頁参照。

1. 以“对债务人的通知”取代“债务人的意思”（第1款）

旧法第514条规定，以债务人更迭为内容的更改不得违反更改前的债务人的意思。这是为了和第三人清偿的规定相整合（参见第474条的解说）。[1] 鉴于更改的一般理论对于“更改的合意”的要求，也避免债务人在自己未参与的情况下被迫脱离债之关系，《中间试案》24－2曾经一度采用“三方合意”构成。[2] 但是在第三读会阶段，立法方向发生转变，转而以免责的债务承担作为以债务人更迭为内容的更改的参照系。依照免责的债务承担的规则，债务人的更迭不考虑原债务人的意思，仅需通知原债务人即可（新法第472条）。这一规则的前提是，新债务人对原债务人不取得追偿权（新法第472条之3）。由于原债务人不会受到任何实质上的不利，所以没有必要仅为了维护其“武士气质”而刻意要求其意思的参与。[3] 因此，本条第1款删除了旧法第514条但书，并更换为债权人就更改一事对原债务人的通知。

2. 新债务人无追偿权（第2款）

本条第2款规定，以债务人更迭为内容的更改的新债务人对原债务人不享有追偿权。如前所述，这也是为了和免责的债务承担在效果层面上相整合所设置的规定。[4]

三、以债权人更迭为内容的更改（新法第515条，旧法第516条废止）

> **新法第515条**
>
> <u>（一）以债权人更迭为内容的更改，可以依变更前的债权人、变更后的债权人以及债务人之间的合同而作出。</u>
>
> （二）以债权人更迭为内容的更改，非以附确定日期的证书作出的，不得对抗第三人。

---

〔1〕 梅謙次郎『民法要義巻之三債権編〔訂正増補第三十四版〕』（有斐閣書房，1914年）358－359頁参照。

〔2〕 法務省民事局参事官室編『民法改正中間試案の補足説明』（信山社，2013年）313頁参照。

〔3〕 部会資料69A，37頁参照。

〔4〕 关于免责的债务承担的“新债务人无追偿权”效果，立法过程中的争议参见『法制審議会民法（債権関係）部会第46回会議議事録』（2012.5.8）第20頁以下。无论是免责的债务承担还是更改，立法决策给人以在理论基础尚不稳固的前提下贸然立法的印象。

旧法第 515 条

以债权人更迭为内容的更改,非以附确定日期的证书作出的,不得对抗第三人。

旧法第 516 条

以债权人更迭为内容的更改,准用第四百六十八条第一款的规定。

本条规定了以债权人更迭为内容的更改。新法在采用“三方合同”构成的基础上对旧法第 515 条作了增补,并废止了旧法第 516 条。

1.“三方合同”构成(本条第 1 款新增)

旧法第 515 条未明确规定,以债权人更迭为内容的更改合同的当事人是谁。传统理论认为,这是基于原债权人、新债权人和债务人之间的三方合同。[1] 新法对此予以确认,据此新增了本条第 1 款。此外,以债权人更迭为内容的更改在功能上类似于债权让与,所以为保持与债权让与的制度整合性,旧法第 515 条的规定被保留下来作为本条第 2 款。

2. 新债务人无抗辩权(旧法第 516 条废止)

旧法第 516 条规定,以债权人更迭为内容的更改,准用第 468 条第 1 款的规定。旧法第 468 条第 1 款的规定是,债务人不保留异议而作出前条的承诺时,即使有可以对抗让与人的事由,亦不得以之对抗受让人(抗辩权的截断)。实际上,旧法第 516 条对第 468 条第 1 款的准用,并不是对其内容的直接准用,而是对其反对解释的准用。因为更改合同的效果就是旧债权消灭,债务人的抗辩权自然会随之消灭。债务人不能以对旧债权的抗辩对抗新债权人,是旧债权消灭的必然结果,而不是准用旧法第 468 条第 1 款的效果。准用第 468 条第 1 款的实际意义在于,如果债务人在订立更改合同时对旧债权保留异议,那么可以以之对抗新债权人(抗辩权的接续)。这一准用的问题是,旧法第 468 条的反对解释只是回归了债权让与的基本效果——“抗辩权随债权一同转移”(同一性不变),而旧法第 516 条准用第 468 条的反对解释则背离了更改的本质(同一性变更)。新法的立场是,债务人是更改合同的当事人之一,参与了旧债权消灭的合意,所

---

〔1〕 梅謙次郎『民法要義卷之三債権編〔訂正増補第三十四版〕』(有斐閣書房,1914 年)359 頁参照。

以债务人的抗辩权随旧债权一起消灭，不因债务人在订立更改合同时保留过异议就允许其对抗新债权人。据此，新法废止了旧法第516条。[1]

四、更改的效力与旧债务的存否（旧法第517条废止）

> **旧法第517条**
>
> 因更改所生的债务，因不法原因或当事人不知的事由而不成立或被撤销的，变更前的债务不消灭。

旧法第517条规定了更改的不成立或被撤销对旧债务的影响。该条在此次改革中被废止。

因为更改的效果是旧债务消灭，所以依照基本原理，当更改因不成立或被撤销而无效时，旧债务消灭这一效果不发生，旧债务自动恢复。旧法第517条的规定似乎在复述这一基本原理。但是实际上，旧法第517条的意义在于其反对解释，即更改因不法原因之外的其他事由而不成立或被撤销，且当事人知道该事由时，旧债务确定地消灭。[2] 传统理论认为，此时法律效果不回归"旧债务不消灭"的基本原理，是因为当事人（债权人）明知新债权有瑕疵还订立更改合同，可以视为放弃了旧债权。[3]

对此，新法的立场是，仅因当事人（债权人）知道更改不成立或可撤销的事由，就一律视为其作出了免除旧债务的意思表示的立法构造不具合理性。[4] 据此，新法废止了旧法第517条，完全回归基本原理。

---

〔1〕 法務省民事局参事官室編『民法改正中間試案の補足説明』（信山社，2013年）314頁参照。

〔2〕 梅謙次郎『民法要義巻之三債権編〔訂正増補第三十四版〕』（有斐閣書房，1914年）362頁参照。

〔3〕 我妻栄『新訂債権総論』（岩波書店，1964年）362頁参照。依我妻荣的观点，旧法第517条中的三个"或"之间是并别关系，即使当事人明知可撤销的事由，旧债务也不消灭。换言之，在法律效果上不回归基本原理的情形，即旧债务确定消灭的情形，仅限于当事人明知更改不成立的事由时。我妻荣的观点已经极大限缩了旧法第517条的反对解释的适用领域。

〔4〕 法務省民事局参事官室編『民法改正中間試案の補足説明』（信山社，2013年）315頁参照。

五、担保向更改后的债务的移转(新法第518条)

新法第518条 (一)债权人(以债权人更迭为内容的更改的情形下,为变更前的债权人),于更改前的债务标的的限度内,可以将作为该债务的担保而设定的质权或抵押权移转至变更后的债务。但是,担保由第三人设定的情形下,应得其承诺。 (二)前款的质权或抵押权的移转,应依事先或同时对更改的相对人(以债权人更迭为内容的更改的情形下,为债务人)作出的意思表示而为之。
旧法第518条 更改的当事人,于更改前的债务标的的限度内,可以将作为该债务的担保而设定的质权或抵押权移转至变更后的债务。但是,担保由第三人设定的情形下,应得其承诺。

本条规定了旧债务上的担保在何种条件下可以移转至更改后的新债务。本条对旧法第518条作出了以下修改。

1. 担保权移转的主体和客体(第1款)

理论上,更改不同于免责的债务承担,更改之后债的同一性丧失,旧债务上的担保随之消灭,不发生移转。如果当事人想为新债务附加担保,不妨重新约定或设定,法律本无须规定担保权的"移转"。但是问题是,重新增定的担保会丧失原有的顺位。为了保障债权人的顺位利益,旧法第518条特别规定,"更改的当事人,于更改前的债务标的的限度内,可以将作为该债务的担保而设定的质权或抵押权移转至变更后的债务"。关于该条,此次改革主要涉及担保权移转的主体和客体两方面的争议。

第一,关于担保权移转的主体,旧法第518条规定的是"更改的当事人"。对此,新法认为,如果担保权的移转需要所有当事人的合意,那么有可能发生债务人和新债务人拒绝担保权移转的情况,而担保权移转并不会使债务人或新债务人遭受特别的不利,所以担保权移转无须债务人或新债务人的意思参与。据此,新法将担保权移转的主体改为“债权人(以债权人更迭为内容的更改的情形下,为变更前的债权人)”。[1]

第二,关于担保权移转的客体,旧法第518条规定的是“质权或抵押权”。对此,《中间试案》24-5曾经将担保权移转扩大至“担保权及保证”。但是在第三读会阶段,法制审议会将适用范围缩小至“质权或抵押权”,理由是本条的立法目的是为了解决顺位维持的问题,而质权和抵押权之外的其他担保权及保证没有顺位问题。[2]

2. 担保权移转的方式(第2款)

本条第2款系新增,规定了质权、抵押权的移转以意思表示为之,且该意思表示必须在更改的“事前或同时”向更改的相对人作出。这是基于一个有概念法学色彩的考量,即旧债务上的担保会在更改的时点上消灭(担保的从属性),所以必须赶在担保消灭之前实现移转,以避免和担保的从属性的冲突。关于免责的债务承担中的担保权移转,也有相似的规定(参见新法第472条之4的解说)。本条也是为了与此保持一致。[3]

第十二节　有价证券

有价证券,指权利和证券结合为一体的证券化的债权。理论上有观点认为有价证券和证券化债权是不同概念,但是新法的立场是两者系同义语。[4]

在改革之前,关于证券化债权的规定散落在各处。旧法第469~473条规定了指示债权、记名式持有人支付债权和无记名债权的让与;旧法第363条和第365条规定了指示债权的质权;旧法第86条第3项规定了无记名债权视为动产。在民法之外,原《商法》第516条第2款和第517条规定了指示债权和无记名债权的履行,第518条和第519条设置了关于有价证券的权利行使、让与方法和善意取得的规定。《民法施行法》第57条也有关于指示债权、记名式持有人

---

〔1〕 部会資料69A,39頁参照。

〔2〕 部会資料69A,40頁参照。法制审议会的言下之意是,其他担保物权及保证可以由当事人重新约定或设定,没有必要适用本条。

〔3〕 部会資料69A,39頁参照。

〔4〕 部会資料70A,17頁参照。

支付债权和无记名债权的规定。以上这些规定不仅位置零散,而且内容有疏漏。此次改革对于关于证券化债权的规则予以整理,并统一规定在新法第520条之2以下,统称"有价证券"。同时,上述旧法条款被删除。

按照新法,有价证券分为记名证券和无记名证券两大类,前者又分为指示证券、记名式持有人支付证券和其他记名证券。

一、指示证券(新法第520条之2~之12)

(一)指示证券的让与(新法第520条之2)

新法第520条之2 指示证券的让与,非于其证书上记载让与的背书并交付受让人,<u>不生其效力</u>。
旧法第469条 指示债权的让与,非于其证书上记载让与的背书并交付受让人,<u>不得对抗债务人及其他第三人</u>。

本条规定了指示证券让与的要件。旧法第469条规定,让与背书和证书交付为指示债权转让的对抗要件。新法基于权利和证书一体化的理念,将让与背书和证书交付规定为指示证券的生效要件。

(二)指示证券的背书方式(新法第520条之3)

新法第520条之3 关于指示证券的让与,按照该指示证券的性质,准用票据法(1932年法律第20号)中有关背书方式的规定。

本条系新增,规定了指示证券让与的背书方式,即准用票据法的规定。

关于指示证券的背书方式、持有人权利推定以及善意取得,《中间试案》19-1(1)曾经计划制定和《商法》第519条相同内容的规定。不过,《商法》第519条本来就是转介条款,在背书方式上准用《票据法》第12条、第13条及第14条第2款;在权利推定上准用《本票法》第5条第2款及第19条;在善意取得上准用《本票法》第21条。

在背书方式的问题上，法制审议会认为，不同类型的有价证券会有不同的背书方式，上述《票据法》第12条、第13条及第14条第2款的严格规定未必适合所有的有价证券。因此，新法没有具体地规定准用条款，而是采用了概括性的规定方式——“准用票据法中有关背书方式的规定”。[1]

（三）指示证券持有人的权利推定（新法第520条之4）

> **新法第520条之4**
>
> 指示证券的持有人依连续背书而证明其权利时，推定该持有人适法地享有证券上的权利。

本条系新增，规定了指示证券持有人的权利推定，规定方式同《本票法》第19条第1款（参考新法第520条之3的解说）。

（四）指示证券的善意取得（第520条之5新增）

> **新法第520条之5**
>
> 因某种事由而丧失指示证券的占有的情形下，其持有人依前条的规定证明其权利的，该持有人不负返还证券的义务。但是，该持有人因恶意或重大过失取得该证券的，不在此限。

本条系新增，规定了指示证券的善意取得，规定方式同《本票法》第21条（参考新法第520条之3的解说）。

（五）指示证券让与中债务人抗辩的限制（新法第520条之6）

> **新法第520条之6**
>
> 指示证券的债务人，除证书中记载的事项以及由该证书的性质当然产生的结果外，不得以该证券让与前可以对抗债权人的事由，对抗善意的受让人。

---

〔1〕 部会資料70A，19頁参照。

> **旧法第 472 条**
>
> 指示债权的债务人，除证书中记载的事项以及由该证书的性质当然产生的结果外，不得以该指示债权让与前可以对抗债权人的事由，对抗善意的受让人。

本条规定了指示证券让与中的债务人的抗辩的限制。本条对旧法第 472 条未作实质性修改（表述上将“指示债权”改为“指示证券”）。

（六）指示证券的出质（新法第 520 条之 7）

> **新法第 520 条之 7**
>
> 第五百二十条之二至前条的规定，准用于以指示证券为标的的质权的设定。

依本条的规定，以指示证券为标的的质权，其生效要件、背书方式、持有人权利推定、善意取得以及债务人的抗辩的限制，适用与“指示证券的让与”相同的规则。相应地，旧法第 363 条和第 365 条被删除。

（七）指示证券的履行地（新法第 520 条之 8）

> **新法第 520 条之 8**
>
> 指示证券的清偿，应于债务人现在的住所作出。

本条规定了指示证券的履行地。关于履行地，新法第 484 条第 1 款规定，关于清偿地无另外的意思表示时，特定物的交付应于债权发生时该物的所在地作出，其他的清偿应于债权人的现在的住所作出。本条规定来自《商法》第 516 条第 2 款，为上述新法第 484 条第 1 款的例外规定。

（八）指示证券的提示与履行迟延（新法第 520 条之 9）

> **新法第 520 条之 9**
>
> 指示证券的债务人，就其债务的履行即便有期限的约定，亦仅自该期限到来后持有人提示该证券并请求履行之时起，始负迟延责任。

本条规定了指示证券的履行迟延责任。关于债务的履行期，新法第412条第1款规定，债务的履行有确定期限时，债务人自期限到来时起，负迟延责任。本条规定来自《商法》第517条，为上述新法第412条第1款的例外规定。

（九）指示证券债务人的调查权（新法第520条之10）

新法第520条之10 指示证券的债务人有调查证书持有人以及其签名及盖章的真伪的权利，但不负该义务。但是，债务人有恶意或重过失的，其清偿无效。
旧法第470条 指示债权的债务人有调查证书持有人以及其签名及盖章的真伪的权利，但不负该义务。但是，债务人有恶意或重过失的，其清偿无效。

本条规定了指示证券的债务人的调查权。本条对旧法第470条未作实质性修改（表述上将“指示债权”改为“指示证券”）。

（十）指示证券的丧失（新法第520条之11）

新法第520条之11 指示证券，得依非讼案件程序法（2011年法律第51号）第一百条规定的公示催告程序而无效。

本条规定了指示证券丧失时的证券失权程序（公示催告程序），来自《民法施行法》第57条。本条对《民法施行法》第57条未作实质性修改（表述上将“指示债权”改为“指示证券”）。

（十一）指示证券丧失时的权利行使方式（新法第520条之12）

新法第520条之12 以金钱及其他物或有价证券的给付为标的的指示证券的持有人丧失该指示证券的情形下，作出非讼案件程序法第一百一十四条规定的公示催告的申请的，可以要求债务人提存该债务的标的物，或提供相应的担保后按照指示证券的意旨要求债务人履行。

本条规定了指示证券丧失时的权利行使方式，来自原《商法》第518条。本条对原《商法》第518条未作实质性修改（仅将“有价证券”改为“指示证券”）。

二、记名式持有人支付证券（新法第520条之13～之18）

（一）记名式持有人支付证券的让与（新法第520条之13）

> **新法第520条之13**
>
> 记名式持有人支付证券（指证券上的记载指名了债权人，同时备注应向其持有人作出清偿的证券。下同）的让与，非交付该证券的，不生其效力。

本条系新增，规定了记名式持有人支付证券的让与。所谓记名式持有人支付证券，如本条括号内所述，是指证券上的记载指名了债权人，同时备注应向其持有人作出清偿的证券。依本条规定，该证券的让与以证券的交付为生效要件。这反映了有价证券的权利与证券的结合的性质。本条是对判例法理的确认。[1]

（二）记名式持有人支付证券的持有人权利推定（新法第520条之14）

> **新法第520条之14**
>
> 记名式持有人支付证券的持有人，推定为适法地享有证券上的权利的人。

本条系新增，规定了记名式持有人支付证券的持有人的权利推定。推定的前提就是持有。

（三）记名式持有人支付证券的善意取得（新法第520条之15）

> **新法第520条之15**
>
> 因某种事由而丧失记名式持有人支付证券的占有的情形下，其持有人依前条的规定证明其权利的，该持有人不负返还证券的义务。但是，该持有人因恶意或重大过失取得该证券的，不在此限。

〔1〕 大審院1909年11月24日判决，大審院民事判决録15輯911頁。

本条系新增,规定了记名式持有人支付证券的善意取得。善意取得的前提是善意且无重大过失地取得占有。

(四)记名式持有人支付证券让与中债务人抗辩的限制(新法第520条之16)

> **新法第520条之16**
>
> 记名式持有人支付证券的债务人,除证书中记载的事项及由该证书的性质当然产生的结果外,不得以该证券让与前可以对抗债权人的事由,对抗善意的受让人。

本条系新增,规定了记名式持有人支付证券被让与的情形中债务人的抗辩的限制。本条的规定和新法第520条之6(指示证券让与中债务人抗辩的限制)的内容一致,都源自旧法第472条。在改革之前,判例即承认记名式持有人支付证券对旧法第472条的类推适用。[1]

(五)记名式持有人支付证券的出质(新法第520条之17)

> **新法第520条之17**
>
> 第五百二十条之十三至前条的规定,准用于以记名式持有人支付证券为标的的质权的设定。

依本条的规定,以记名式持有人支付证券为标的的质权,其生效要件、持有人权利推定、善意取得以及债务人的抗辩的限制,适用与"记名式持有人支付证券的让与"相同的规则。

(六)准用指示证券的规定(新法第520条之18)

> **新法第520条之18**
>
> 第五百二十条之八至第五百二十条之十二的规定,准用于记名式持有人支付证券。

---

〔1〕 大審院1916年12月19日判决,大審院民事判決録22輯2450頁。

依本条的规定，关于记名式持有人支付证券，在履行地、履行迟延责任、债务人的调查权以及证券丧失时使证券失权的程序，准用指示证券的规定。

三、其他记名证券（新法第 520 条之 19）

新法第 520 条之 19 （一）有指名债权人的记载的、指示证券及记名式持有人支付证券以外的证券，可以依债权让与或以之为标的的质权设定的相关方式，且仅以该效力，让与该证券或以之为质权的标的。 （二）第五百二十条之十一及第五百二十条之十二的规定，准用于前款的证券。

本条系新增，规定了指示证券及记名式持有人支付证券之外的记名证券，如禁止背书转让的票据、禁止背书转让的提单等。这类证券不能以“交付 + 背书”或“交付”的方式流通，理论上是否该当有价证券有不同意见。新法将其纳入有价证券的范围。(1)关于其转让和出质，新法沿用《票据法》第 11 条第 2 款对于禁止背书转让的票据的规定方式，即通过背书或交付转让无效，仅能够按照一般债权的方式进行让与或出质（本条第 1 款）；(2)关于权利推定、善意取得以及债务人的抗辩的限制不作规定，以明确其性质与指示证券及记名式持有人支付证券不同；(3)关于证券丧失时的证券失权程序，准用指示证券的相关规定（本条第 2 款）。

四、无记名证券（新法第 520 条之 20，旧法第 86 条第 3 款废止）

新法第 520 条之 20 第 2 节（记名式持有人支付证券）的规定准用于无记名债权。
旧法第 86 条第 3 款 无记名债权视为动产。

1. 旧法第 86 条第 3 款的废止

无记名债权指证券上不记载债权人的债权，如入场券、车票、商品券等，无记名国债、无记名公司债券等也包含其中。无记名债权的成立和变动以证券为前提,证券本身如同有价值的物一样被交易,是最彻底的“债权和证券的合体”。改革之前,日本法没有有价证券的统一规定,旧法第86条第3款只规定了“无记名债权视为动产”。在法律效果上,“视为动产”意味着要准用动产的两方面的规则:(1)转让方式上,适用动产所有权移转的意思主义(第176条、第178条);(2)从无权利人处受让债权的情形,适用动产善意取得制度(第192条)。[1]

然而,“视为动产”只是一个粗糙的填补规则:(1)日本民法上动产的所有权移转采意思主义,交付只是对抗要件,会出现债权转让和证券交付的分离,不足以实现“债权和证券的合体”的法意。通说认为,无记名债权的转让应采交付生效要件。(2)日本民法上盗赃物和遗失物不适用即时的善意取得(第193条),但是日本《商法》第519条规定,有价证券准用支票的规定,即“无论事由如何”,从持有人处背书取得支票的人可以取得支票的债权,只要无故意或重过失即可(日本《支票法》第21条)。这样一来,关于证券被盗或遗失的无记名债权可否适用善意取得,就出现了规则冲突。通说和判例认为,应当适用商法的规则,给予有价证券以动产以上的强保护,“视为动产”反而会限制其流通性。(3)关于无记名债权的时效,应适用债权的消灭时效,不会因为旧法第86条第3款规定“视为动产”而适用“物权不罹于消灭时效”的理论。(4)无记名债权的本质毕竟是债权,不仅有受让人善意取得的问题,还会有债权的准占有人的问题,即债务人信赖债权的外观善意地进行了债务清偿。关于债权的准占有人,物权法不可能提供规则,只能准用债权的规则。[2]

综上可见,动产的规则并不能完全覆盖无记名债权的问题,而且覆盖的部分也不能充分适用,不适合作为无记名债权的一般规则。新法增设了第520条之20的规定,同时删除了旧法第86条第3款。

2. 新法第520条之20的新增

新法第520条之20规定,无记名债权准用记名式持有人支付证券的规定。

---

〔1〕 林良平 = 前田達明編集『新版注釈民法(2)』(有斐阁,2010年復刻版)627頁以下(田中整爾執筆)参照。

〔2〕 我妻栄「無記名債権の動産性と債権性」同『民法研究Ⅱ』(有斐阁,1966年)94頁以下参照。我妻荣这篇论文包含了对旧法第86条第3款的集中的、完整的、理论性的批判,对通说的确立贡献甚巨。

法律效果如下:(1)证券的交付为债权移转的生效要件(新法第520条之13)。(2)证券的持有人推定为合法的权利人(新法第520条之14)。(3)证券的持有人丧失占有之时,取得证券的新持有人不负返还义务,除非取得系基于故意或重大过失(新法第520条之15)。(4)债务人不得以证券让与前可以对抗债权人的事由对抗善意的受让人(新法第520条之16)。(5)以无记名证券为标的的质权,其生效要件、持有人权利推定、善意取得以及债务人的抗辩的限制,准用无记名证券的让与的规则(新法第520条之17)。(6)指示证券的部分规则准用于记名式持有人支付证券(新法第520条之18),这些规定同样也适用于无记名证券。

与旧法第86条第3款采用的"视为动产"的构成相比,本条采用的"准用记名式持有人支付证券"的构成的差别在于:(1)无记名证券的交付是生效要件,而非对抗要件(第176条、第178条);(2)无记名证券的取得人在善意无重大过失时即受保护,而非善意无过失(第192条);(3)无记名证券的出质适用权利质权的规定,而非动产质的规定(第352条以下);(4)关于无记名证券的履行、债务人的调查权与免责、丧失证券时的证券失权程序等,准用记名式持有人支付证券的规则,而动产不可能有这些规则。其中较为重要的是,债务人对表见债权人的善意无重大过失的清偿发生清偿的效果,可以对真正的债权人主张免责(准用新法第520条之17,引致新法第520条之10)。[1]

旧法第86条第3款的"无记名债权视为动产"的规则长期以来被商法的规则所蚕食,此次改革中即使被新法第520条之20所取代,对于实务的影响也不大。[2] 不过也有实务界人士指出,动产和有价证券在民事执行上有区别,究竟有哪些影响尚须具体的讨论。[3]

---

〔1〕 法務省民事局参事官室編『民法改正中間試案の補足説明』(信山社,2013年)264頁参照。

〔2〕 日本弁護士連合会編『実務解説改正債権法』(弘文堂,2017年)285頁参照。

〔3〕 東京弁護士法友会全期会債権法改正特別委員会編『弁護士が弁護士のために説く債権法改正〔改訂増補版〕』(第一法規,2018年)191頁参照。

第四章　合同总则

第一节　合同的成立

一、契约自由原则(新法第 521 条)

> **新法第 521 条**
>
> (一)任何人,除法律另有特别规定的情形外,可以自由决定是否订立合同。
>
> (二)合同的当事人,于法律的限制内,可以自由决定合同的内容。

本条系新增,规定了契约自由原则。明治民法对契约自由未设明文规定,新法予以明文化。

契约自由原则包括以下四个方面:(1)订立合同与否的自由(缔约自由);(2)决定与谁缔约的自由(选择相对人的自由);(3)选择订立合同方式的自由(形式自由);(4)决定订立何种内容的合同的自由(内容自由)。其中前两个方面规定在本条第 1 款,第三方面规定在次条(新法第 522 条第 2 款),第四方面规定在本条第 2 款。

需要说明的是,依新法的立场,选择相对人的自由可以被理解为"决定与特定相对人缔约与否的自由",这能够为"可以自由决定是否订立合同"所涵盖,因此,上述前两个方面作为"缔约自由"被规定在同一款中。当然,当事人的缔约自由不是绝对的,《道路运输法》第 13 条和《铁道营业法》第 6 条等特定领域的规范明定了一方当事人的强制缔约义务。而且即使当事人没有强制缔约义务,也可能因拒绝缔约而负有损害赔偿责任。为此,第 1 款设置了除外规定(除法律另有特别规定的情形外)。[1]

本条新增后,旧法第 521 条经修改下移成为新法第 523 条。

二、要约和承诺(新法第 522 条、第 523 条、第 525 ~ 527 条)

(一)合同的成立及其方式(新法第 522 条)

新法第 522 条

(一)相对人对呈示合同内容并提议缔约的意思表示(以下称"要约")作出承诺时,合同成立。

(二)合同的成立,除法律另有规定的情形外,无须具备书面的作成或其他方式。

本条系新增,规定了合同的成立要件和形式。

本条第 1 款规定了合同的成立要件,即要约和承诺的合致。之所以为"要约"设置定义规定,是为了区分要约和要约邀请。《中间试案》28 - 1 曾经规定:"内容的呈示需要达到经相对人承诺即可成立合同的程度。"不过,关于合同的何种事项、呈示到何种程度才能称为要约,难以确定更为具体、明确的标准。所以新法只是围绕"内容呈示"和"提议缔约"这两个要素作了初步界定。[2]

本条新增后,旧法第 522 条被废止(原因详见旧法第 526 条的解说)。

(二)有承诺期间的要约(新法第 523 条)

新法第 523 条

(一)规定承诺期间的要约,不得撤回。但是,要约人保留撤回的权利的,不在此限。

(二)要约人对于前款的要约,于同款的期间内未收到承诺的通知的,该要约失其效力。

---

〔1〕 部会資料 75A,1 頁参照。

〔2〕 部会資料 81 - 3,6 頁参照。

> **旧法第 521 条**
>
> (一)规定承诺期间的要约,不得撤回。
>
> (二)要约人对于前款的要约,于同款的期间内未收到承诺的通知的,该要约失其效力。

本条规定了有承诺期间的要约及其失效,系旧法第 521 条经修改后下移而来。新法对于旧法第 521 条未作实质性变动,仅为第 1 款增添了但书规定,即"要约人保留撤回的权利的,不在此限"。[1]

当要约规定了承诺期间的同时,也保留了撤回的权利时,要约人的意思是否优先,存在疑义。虽然旧法第 521 条第 1 款是任意规范,但是难以适用"合意优先于任意规范"的规定(第 91 条),因为要约只是合同这一法律行为的两个意思表示之一,并非法律行为本身。因此,新法对第 1 款新增了但书规定,明确了要约人对撤回的保留也优先于任意规范。[2]

旧法第 521 条下移至本条后,旧法第 523 条下移成为新法第 524 条,内容不变。

(三)无承诺期间的要约(新法第 525 条)

> **新法第 525 条**
>
> (一)未规定承诺期间的要约,要约人于通常能够收到承诺通知的相当期间经过之前,不得撤回。但是,要约人保留撤回的权利的,不在此限。
>
> (二)向对话人作出的前款的要约,不论前款的规定,于对话持续期间,可以随时撤回。
>
> (三)向对话人作出的第一款的要约,要约人于对话持续期间未收到对该要约的承诺的通知的,该要约失其效力。但是,要约人作出过对话终止后该要约亦不失效的表示的,不在此限。

---

〔1〕 本条所称"撤回",相当于中国《民法典》第 476 条规定的"撤销"。关于日本法上的"撤销""撤回"和"解除"的术语用法,参见新法第 550 条的解说。

〔2〕 部会資料 67A,44 頁参照。

> **旧法第 524 条**
>
> 未规定承诺期间的向隔地人作出的要约，要约人于通常能够收到承诺通知的相当期间经过之前，不得撤回。

本条规定了无承诺期间的要约，系旧法第 524 条经增补后下移而来。本条对旧法第 524 条作了大幅增改。

本条第 1 款有两方面的改动：(1)删去了“向隔地人作出的”这一限定语，将旧法第 524 条的效果扩大至对话人之间。日本法上，要约具有形式拘束力，到达受要约人后原则上不得撤回，除非要约规定了承诺期间且该期间已过，或者要约人保留了撤回的权利。这一立法的宗旨是，给予受要约人一定时间对要约进行调查并考虑是否接受该要约。[1] 从这一宗旨出发，即使在要约未规定承诺期间，也未保留撤回的权利的情形下，要约人也不必一直等待受要约人作出承诺，而是在本条所规定的“通常能够收到承诺通知的相当期间经过”之后享有撤回权。在隔地人的情形下，该相当期间是要约送抵受要约人的时间、受要约人对要约进行调查并考虑的时间以及承诺送抵要约人的时间的总和。[2] 在对话人的情形下，尤其在本条第 3 款但书所规定的情形下，也有必要给予受要约人一定的调查和考虑的时间。因此，新法删去了“向隔地人作出的”这一限定语，将旧法第 524 条的效果一般化。[3] (2)新增了但书规定，即“要约人保留撤回的权利的，不在此限”。新增原因同新法第 523 条第 1 款(详见新法第 523 条的解说)。

本条第 2 款规定，对话人之间的、未规定承诺期间的要约，在对话持续期间要约人可以任意撤回，不受第 1 款的约束。这是因为，第 1 款之限制要约人于相当期间内不得撤回要约，是考虑到受要约人在接到要约后通常会为决定是否作出承诺做一定准备，如果任由要约人撤回要约，会给受要约人带来意料之外的损害。然而在对话持续期间，难以想象受要约人做上述准备工作，所以要约人可以随时撤回要约。

---

〔1〕 梅謙次郎『民法要義巻之三債権編〔訂正増補第三十四版〕』(有斐閣書房，1914 年)387 頁以下参照。

〔2〕 中田裕康『契約法』(有斐閣，2017 年)85 頁参照。

〔3〕 部会資料 67A，47 頁参照。

本条第 3 款规定,对话人之间的、未规定承诺期间的要约,在对话持续期间未获承诺的,于对话结束时失效。改革之前的民法对此没有规定,但《商法》第 507 条明确要求对话人之间的要约必须当场答复,否则要约失效。理论上,这一规定的合理性不限于商事领域,在民事领域亦应如此。判例也持同样的立场。[1] 新法对此予以确认并增添了但书规定,即"要约人作出过对话终止后该要约亦不失效的表示的,不在此限"。在本款但书的情形下,关于要约人何时可以撤回要约,适用本条第 1 款的规定。

旧法第 524 条下移至本条后,旧法第 525 条下移成为新法第 526 条。

(四)要约人死亡等情形的要约的效力(新法第 526 条)

新法第 526 条 要约人发出要约的通知后死亡,或陷入无意思能力的常态,或受到行为能力限制的情形,要约人表示过若该事实发生则要约失效的,或相对人于发出承诺的通知之前知道发生该事实的,该要约失效。
旧法第 525 条 第九十七条第二款的规定,不适用于要约人表示过相反意思的情形,或相对人已经知道要约人死亡或丧失行为能力的事实的情形。

本条规定了要约人在发出要约后死亡、陷入无意思能力状态或受行为能力限制时的要约的效力,系旧法第 525 条经修改后下移而来。

旧法第 97 条第 2 款规定:"对隔地人的意思表示不因表意人发出通知后死亡或丧失行为能力而妨碍其效力。"这是对意思表示的一般性规定。在要约的场合,按照旧法第 525 条的规定,当要约人表示过相反的意思,或者相对人知道要约人死亡或丧失行为能力时,不适用旧法第 97 条第 2 款的上述规定。此时,要约例外地失效。之所以设置例外规定,是因为要约是以成立合同为目的的意思表示,而合同需要当事人的履行。当要约发出后要约人死亡、丧失意思能力或受到行为能力的限制时,合同的履行也会受到影响。与其令要约人的继承人、监护人代替其履行合同,不如在一定条件下限制旧法第 97 条第 2 款的适用,使合

[1] 大審院 1906 年 11 月 2 日判决,大審院民事判決録 12 輯 1413 頁参照。

同不成立。[1]

新法对旧法第 525 条作了如下修改:(1)增添了要约人“陷入无意思能力的常态”的情形。这是因为新法第 97 条第 3 款新增了该情形,本条也作出相应调整。(2)明确规定受要约人“于发出承诺的通知之前”知道要约人死亡等情事的,要约失效。在改革之前,旧法第 525 条的解释论上有一个难题,即旧法第 525 条的适用范围究竟是何种情形:要约人于要约到达前发生死亡等情事的情形,还是要约人于要约到达后发生死亡等情事的情形?对此,传统通说认为,旧法第 97 条第 2 款是关于意思表示生效的条款,旨在说明意思表示作出后的死亡等情事不影响意思表示生效,所以其适用范围仅限于死亡等情事发生于意思表示到达前的情形(前者)。在后者中,旧法第 97 条第 2 款尚且不能适用,作为其特则的旧法第 525 条自然也不能适用。[2] 相反,有强有力的反对意见认为,旧法第 525 条针对的不是要约的生效,而是要约的效力(要约的实质拘束力),和旧法第 97 条第 2 款针对的并非同一问题,所以旧法第 525 条的适用范围不必受旧法第 97 条第 2 款的限制。[3] 据此,新法明确规定,相对人于“发出承诺的通知之前”知道要约人死亡等事实时,要约失效。上述情形都在新法第 526 条的适用范围内。

(五)合同的成立时点(旧法第 522 条、第 526 条第 1 款及第 527 条废止)

> **旧法第 522 条**
>
> (一)对前条第一款的要约作出的承诺的通知虽于同款的期间经过后到达,但可知该承诺系于按通常情形能够于该期间内到达的时点发出的,要约人应及时向相对人发出迟延到达的通知。但是,于承诺到达之前已发出迟延通知的,不在此限。
>
> (二)要约人怠于作出前款本文规定的迟延到达的通知的,承诺的通知视为于前条第一款的期间内到达。

[1] 梅謙次郎『民法要義巻之三債権編〔訂正増補第三十四版〕』(有斐閣書房,1914 年)390 頁参照。

[2] 末弘嚴太郎『債権各論』(有斐閣,1920 年)76 頁;我妻栄『債権各論上巻』(岩波書店,1954 年)58 頁参照。

[3] 三宅正男『契約法(総論)』(青林書院,1978 年)14 頁参照。

旧法第526条第1款

（一）隔地人之间的合同，于发出承诺的通知时成立。

（二）依要约人的意思表示或交易习惯，无须承诺通知的情形下，存在可以被认为是承诺的意思表示的事实时，合同成立。

旧法第527条

（一）撤回要约的通知虽于承诺的通知发出后到达，但可知该通知系于按通常情形能够在此之前到达的时点发送的，承诺人应及时向要约人发出迟延到达的通知。

（二）承诺人怠于作出前款规定的迟延到达的通知的，合同视为未成立。

以上条款是关于合同成立时点的规定。合同自承诺生效时成立，而关于承诺的生效时点，明治民法采发信主义（旧法第526条第1款）。此次改革废止了旧法第526条第1款，就承诺的生效时点改采达到主义。因发信主义被废止，旧法第527条和旧法第522条也受到影响，一起被废止。

1. 承诺的生效时点（旧法第526条第1款废止）

关于意思表示的生效时点，明治民法起草时有很大争议。3位起草委员中，富井政章主张到达主义，穗积陈重和梅谦次郎主张发信主义。审议的结果是，意思表示的一般规则及合同的要约采到达主义，而合同的承诺采发信主义。对于富井政章而言，“即便承诺采发信主义，也没有那么令人遗憾”。原因是，当时的日本商业界普遍认为发信主义有利于商事交易的迅速推进。[1] 发信主义的优点在于，受要约人发出承诺之后即可着手准备合同的履行，不必先行确证承诺已经到达；同时，发信主义也有明显的缺点，即承诺发出却未能到达的风险由要约人承担，要约人必须履行一个是否成立、何时成立自己都不知道的合同。在现代社会中，通信手段日益发达，受要约人想要缩短发信和到达之间的时间差有各种选择，而且想要确证承诺是否到达也十分方便，发信主义的优势已经褪色了。相

〔1〕 星野英一「編纂過程から見た民法拾遺」同『民法論集第1巻』（有斐閣，1970年）186頁以下参照。根据星野英一的研究，当时法典调查会委员中的三位商业界代表（涩泽荣一、阿部泰藏和末延道成）以及各地商业会议所的绝大部分代表都赞成发信主义。

反,发信主义的缺点依然存在,受要约人即使使用现代通信手段,承诺发出后不到达的情况也时有发生。因此,法制审议会认为,就合同的承诺无须继续采发信主义,适用到达主义的一般规定即可,令要约人承担承诺不能达到的风险不具合理性。[1] 故旧法第 526 条第 1 款被废止。

2. 承诺通知迟延到达(旧法第 522 条废止)

旧法第 522 条规定,在要约规定了承诺期间的情形下,受要约人发出的承诺按通常情形能够在承诺期间内到达要约人,但是因其他原因超出承诺期间时,要约人必须及时通知受要约人,否则视为要约人在承诺期间内收到了承诺。之所以如此规定,是考虑到在这种情况下,受要约人相信承诺会及时到达要约人并为合同的履行做准备工作。[2] 可见该条是以受要约人发信之后即可着手准备履行合同,承诺未能按时到达的风险由要约人承担为前提的。然而,如上文所述,此次改革中旧法第 526 条第 1 款被废止,承诺的生效改采到达主义。到达主义要求受要约人自己承担承诺未能按时到达的风险。从到达主义的立场来看,受要约人若想防范承诺未能按时到达的风险,就应当在着手准备履行合同之前联系要约人,确认承诺是否成功到达,而非指望要约人一一查阅迟延到达的承诺的发信时间和通讯方式并"及时通知"自己承诺迟延到达。[3] 故旧法第 522 条被废止。

3. 要约撤回通知迟延到达(旧法第 527 条废止)

随着旧法第 526 条第 1 款一起被废止的还有旧法第 527 条。在发信主义之下,受要约人发出承诺之时合同即成立,要约人欲撤回要约时,撤回的通知必须在承诺发出之前到达受要约人。不过,撤回是否成功要约人难以知悉,如果受要约人不提供信息,要约人会处于连合同成立与否都不清楚的状态。[4] 因此旧法第 527 条规定,撤回要约的通知按照通常情形能够在承诺发出之前到达受要约

---

〔1〕 部会資料 67A,52 頁参照。

〔2〕 梅謙次郎『民法要義巻之三債権編〔訂正増補第三十四版〕』(有斐閣書房,1914 年)384 頁参照。

〔3〕 法務省民事局参事官室編『民法改正中間試案の補足説明』(信山社,2013 年)348 頁;部会資料 67A,45 頁以下参照。

〔4〕 梅謙次郎『民法要義巻之三債権編〔訂正増補第三十四版〕』(有斐閣書房,1914 年)395 頁参照。

人,但是因其他原因在承诺发出之后到达时,受要约人必须及时通知要约人,否则视为合同未成立。该条是以发信主义为前提的规则。在到达主义之下,要约人欲撤回要约的通知在承诺到达要约人之前到达受要约人即可。合同成立与否取决于撤回要约的通知和承诺的通知的到达顺序。受要约人也不掌握这一信息,不能仅由受要约人负撤回通知迟延达到的通知义务。故旧法第527条也被废止。[1]

(六)意思实现(新法第527条)

新法第527条 依要约人的意思表示或交易习惯,无须承诺通知的情形,存在可以被认为是承诺的意思表示的事实时,合同成立。

因旧法第527条被废止,条文号空出,旧法第526条第2款成为新法第527条。本条规定了意思实现,内容和旧法第526条第2款一致。

三、悬赏广告(新法第529～530条)

(一)悬赏广告(新法第529条)

新法第529条 以广告声明对于作出特定行为的人给予一定报酬的人(以下称"悬赏广告人"),不论作出该行为的人是否知道该声明,对该人负给予报酬的义务。
旧法第529条 以广告声明对于作出特定行为的人给予一定报酬的人(以下于本分节称"悬赏广告人"),对作出该行为的人负给予报酬的义务。

本条规定了悬赏广告的要件及效果,即悬赏广告人的报酬支付义务。新法在维持旧法第529条的内容的前提下,增添了"不论作出该行为的人是否知道该

〔1〕 法務省民事局参事官室編『民法改正中間試案の補足説明』(信山社,2013年)355頁;部会資料67A,52頁参照。

声明与否”一语。这是为了明确悬赏广告人的报酬支付义务不以完成悬赏行为的人知道悬赏广告的存在为条件。

以下，新法对于悬赏广告的效力（新法第529条之2、之3）以及撤回的方式（新法第530条）作了整理补充性质的修改。整体而言，日本民法对于悬赏广告设置了较为细致的规定，但是其社会重要性并不高。[1]

（二）设有悬赏期间的悬赏广告（新法第529条之2）

> **新法第529条之2**
>
> （一）悬赏广告人不得撤回规定了作出指定行为的期间的广告。但是，该广告中保留了撤回的权利的，不在此限。
>
> （二）前款的广告，于该期间内无完成指定行为的人时，失其效力。

本条规定了设有悬赏期间的悬赏广告的效力。

本条第1款系旧法第530条第3款经修改而来。旧法第530条第3款规定：“悬赏广告人规定了作出该指定行为的期间的，推定其放弃了撤回的权利。”依照该条，悬赏广告人可否撤回悬赏广告，取决于其能否反证自己并未放弃撤回的权利。由于悬赏广告人仍有撤回的可能，对于完成指定行为的人而言，该条欠缺明确性和安定性。尤其是在设有悬赏期间的情形下，欲完成指定行为的人通常会期待悬赏广告在期间内不被撤回。法制审议会认为，对于该期待应当给予一定的保护，只要悬赏广告人未在广告中保留撤回的权利，那么在悬赏期间内完成指定行为的人将确定地取得报酬请求权。[2]

本条第2款系新增，规定了悬赏广告设有悬赏期间的情形，该期间内无完成指定行为的人时，悬赏广告失效。这是因为依照通常观念，设定不得撤回的期间意味着希望对方在这一期间内作出承诺。[3]

---

〔1〕 大村敦志＝道垣内弘人編『民法（債権法）改正のポイント』（有斐閣，2017年）366頁参照。

〔2〕 部会資料67A，55頁参照。

〔3〕 部会資料67A，54頁参照。

（三）未设悬赏期间的悬赏广告（新法第 529 条之 3）

> **新法第 529 条之 3**
>
> 尚无完成指定行为的人时，悬赏广告人可以撤回未规定作出该指定行为的期间的广告。但是，该广告中表示了不撤回的意旨的，不在此限。

本条规定了未设悬赏期间的悬赏广告的效力。新法对旧法第 530 条第 1 款作了拆分，关于撤回方式的部分留在新法第 530 条第 1 款，关于悬赏广告的效力规定在了本条。

悬赏广告不同于一般的要约，在未设定悬赏期间的情形下，原则上不具有形式拘束力，不适用新法第 525 条（未设承诺期间的要约）的规定。这是因为悬赏广告是向不特定多数人作出的，欲完成指定行为的人只有先于他人完成指定行为才能取得报酬请求权，所以仅着手准备指定行为不足以使其产生对报酬的期待。[1]

此外，有必要提及的是，《中间试案》28－7（2）曾经建议规定未设定悬赏期间的悬赏广告的失效，即经过了可以认为不会有指定行为完成的合理期间。不过，该建议未能实现立法化。

（四）悬赏广告的撤回方式（新法第 530 条）

> **新法第 530 条**
>
> （一）依与之前的广告同一的方式撤回广告的，对不知道撤回的人亦有其效力。
>
> （二）广告的撤回，亦可依与之前的广告不同的方式作出。但是，该撤回仅对知道撤回的人有其效力。

> **旧法第 530 条**
>
> （一）于前条的情形下，悬赏广告人于尚无完成该指定行为的人时，可以依与之前的广告同一的方式撤回该广告。但是，该广告中表示了不

〔1〕 部会資料 67A，56 頁参照。

> 撤回的意旨时，不在此限。
>
> （二）不能依前款本文规定的方式撤回的情形下，可依其他方式撤回。于此情形，该撤回仅对知道撤回的人有其效力。
>
> （三）悬赏广告人规定了作出该指定行为的期间的，推定其放弃了撤回的权利。

本条规定了悬赏广告的撤回方式，系旧法第530条第1款的一部分和第2款经修改而来。在旧法第530条中，撤回方式的规定仅针对未设悬赏期间的悬赏广告，而在新法中，设有悬赏期间的悬赏广告亦有撤回的问题（新法第529条之2第1款但书），所以对于悬赏广告的撤回方式，有必要以更抽象的方式单独规定。

新法对旧法第530条作了如下修改：（1）关于依同一方式的撤回，本条第1款确认了其有效性，并明确了其效力范围，即“对不知道撤回的人亦有其效力”。（2）关于依不同方式的撤回，本条第2款对旧法第530条第2款作了修改，规定了悬赏广告人的选择权。按照旧法第530条第2款的规定，悬赏广告人仅在不能依同一方式撤回的前提下，才可以依不同方式撤回。这是因为，依不同方式的撤回可能会给不知道撤回的人带来预料之外的损害。对此，新法的立场是，只要依不同方式的撤回的效力不及于不知道撤回的人，那就没有必要将依不同方式的撤回限定在不能依同一方式撤回的情形，悬赏广告人有选择撤回方式的权利。[1]

第二节　同时履行抗辩（新法第533条）

> **新法第533条**
>
> 双务合同的一方当事人，于相对人提供其债务的履行（包括替代债务履行的损害赔偿债务的履行）之前，可以拒绝履行自己的债务。但是，相对人的债务未届清偿期时，不在此限。

〔1〕 部会資料67A，56頁参照。

旧法第533条

双务合同的一方当事人，于相对人提供其债务的履行之前，可以拒绝履行自己的债务。但是，相对人的债务未届清偿期时，不在此限。

本条规定了同时履行抗辩。新法在旧法第533条的基础上增添了括号内容，明确了债务人不履行填补赔偿债务时，债权人也可以行使同时履行抗辩权。这扩大了同时履行抗辩的适用范围。

日本法上，关于同时履行抗辩的适用，有两个层面的问题：一是旧法第533条自身的适用问题，即同一双务合同的两个债务是否被认为是“有对价关系的”[1]“重要的”[2]“有牵连性”[3]的债务。在这一点上，日本法上的争点是，在物权变动采用意思主义的条件下，不动产买卖的出卖人的登记协助义务和交付义务与买受人的价金支付义务之间是否存在同时履行关系。二是旧法第533条的扩张适用问题，即同一双务合同之外的两个债务之间可否准用同时履行抗辩。民法中，有明文规定的是以下四种情形：(1)合同解除后双方当事人之间的原状恢复义务（第546条）；(2)买卖合同中，出卖人因担保责任所负的损害赔偿义务和买受人的价金支付义务（旧法第571条）；(3)承揽合同中，承揽人因标的物瑕疵所负的损害赔偿义务和定作人的价金支付义务（旧法第634条第2款）；(4)终身定期金合同解除后的债务人的本金返还义务和债权人的残值返还义务（第692条）。此外，依据判例，合同无效或被撤销时的双方当事人之间的相互的返还义务也处于同时履行抗辩关系。[4] 理论上，这是“基于诚实信用原则对同时履行抗辩权的扩张”。[5]

---

〔1〕 星野英一『民法概論Ⅳ（契約）』（良書普及会，1986年）44頁；平井宜雄『債権各論Ⅰ上　契約総論』（弘文堂，2008年）190頁参照。

〔2〕 我妻栄『債権各論上巻』（岩波書店，1954年）93頁参照。

〔3〕 潮見佳男『新債権総論Ⅱ』（信山社，2017年）300頁参照。

〔4〕 最高裁判所1953年6月16日判決，最高裁判所民事判例集7卷6号629頁（限制行为能力人）；最高裁判所1972年9月7日判决，最高裁判所民事判例集26卷7号1327頁（欺诈）；最高裁判所2009年7月17日判决，判例時報2056号61頁（错误）。另外，旧法第486条规定，债权人有向清偿人交付受领证书的义务，判例认为同时履行抗辩关系，但是新法未采用同时履行构成，而是采用受领迟延构成（详见新法第486条的解说）。

〔5〕 潮见佳男『新債権総論Ⅱ』（信山社，2017年）301頁参照。

新法将上述第二个层面第二、第三种情况的规范——旧法第 571 条和旧法第 634 条第 2 款加以抽象化，作为括号内容加进本条，即一方当事人因其债务不履行所负的填补赔偿义务和另一方当事人的对价给付义务处于同时履行抗辩关系。依明治民法起草者的立场，填补赔偿不是合同义务，而是法定责任，和对待给付之间不是同一双务合同中的双务关系，当然不适用同时履行抗辩，这也正是必须明文规定旧法第 571 条和旧法第 634 条第 2 款的原因。[1] 从这个角度来看，将填补赔偿义务纳入本条适用范围，相当于承认本条在上述第二个层面的扩张适用。反之，也有观点认为，填补赔偿义务系合同债务转化而来的，与合同债务具有同一性，所以转化之后抗辩权依然存续。[2] 从这个角度来看，新法或许只是确认了填补赔偿义务和对价给付之间也有对价关系，处理的仍是第一个层面的问题。

至于新法究竟是作为哪一个层面的问题将填补赔偿义务纳入本条适用范围的，立法资料未予明确，而且审议也不充分。这一修改（在本条加入括号内容并删除旧法第 571 条和旧法第 634 条第 2 款）是在审议的最后阶段突然出现的。[3]

第三节　风险负担

一、债权人风险负担规则的废止（旧法第 534 条、第 535 条废止）

> **旧法第 534 条**
>
> （一）以特定物的物权设定或移转为双务合同的标的的情形下，该物因不可归责于债务人的事由而灭失或毁损的，该灭失或毁损归于债权人负担。

---

〔1〕 梅謙次郎『民法要義巻之三債権編〔訂正増補第三十四版〕』（有斐閣書房，1914 年）527 頁、709 頁参照。

〔2〕 谷口知平 = 五十嵐清『新版注釈民法（13）』（有斐閣，1996 年）471 頁以下参照（沢井裕 = 清水元執筆）。

〔3〕 部会資料 84 – 3，13 頁参照。这一修改是直接在《要纲案》的原案中出现的。按照部会资料的说明，之所以作这一修改，是因为“卖主的担保责任已被重构为通常的债务不履行责任，所以民法第 533 条应当直接适用，故对条款进行整理”。至于为何重构为债务不履行责任后就能直接适用第 533 条，语焉不详。

（二）关于不特定物的合同，依第四百零一条第二款的规定可以特定该物之时起，适用前款的规定。

旧法第 535 条

（一）附停止条件的双务合同的标的物，于条件成就与否未定时即灭失的情形，不适用前条的规定。

（二）附停止条件的双务合同的标的物因不可归责于债务人的事由而毁损的，该毁损归于债权人负担。

（三）附停止条件的双务合同的标的物因可归责于债务人的事由而毁损的情形下，当条件成就时，债权人可以依其选择，请求合同的履行或行使解除权。于此情形，不妨碍损害赔偿的请求。

关于双务合同的价金风险负担，明治民法设有旧法第 534 条、第 535 条和第 536 条 3 个条款。其基本构造如下：（1）旧法第 536 条规定了风险负担的基本原则——债务人主义，即因不可归责于债务人的原因致合同履行不能时，债务人的义务消灭，债权人的对待给付义务也随之自动消灭。（2）旧法第 534 条和旧法第 535 条规定了特定物债务的特则——债权人主义，即因不可归责于债务人的原因致特定物债务履行不能时，债权人的对待给付义务不消灭。此次改革中，旧法第 534 条和旧法第 535 条被废止，旧法第 536 条被重构（关于后者，详见新法第 536 条的解说）。

旧法第 534 条之所以采债权人主义，一方面是出于罗马法、法国《民法典》以及勃瓦索纳多旧民法以来的传统，另一方面是基于“利益之所在，损害之所归”（*Ubi emolumentum，ibi onus*）的理念。以特定物买卖为例，合同订立之后物的涨价利益即由债权人（买受人）享有，故立法令其承担风险。[1] 不过，对于这一说法一直有很强的反对意见。在理论上，与物的涨价利益相对的是价格跌落的风险，而非毁损灭失的风险。毁损灭失的风险由谁承担，应当考察风险发生在谁的风险支配领域内而定。在占有、登记，甚至所有权都不移转的情形下，仅因合同的订立就使风险移转至债权人，欠缺合理性。尤其在种类物的往取债务中，

〔1〕 梅謙次郎『民法要義卷之三債權編〔訂正增補第三十四版〕』（有斐閣書房，1914 年）415 頁以下参照。

债务人仅通过简单的“分离＋通知”就可以将种类物特定化，使债权人承担风险（旧法第534条第2款），殊为不公。[1] 学说在对旧法第534条的解释上，都尽量限缩其适用，延缓风险移转的时点。比如，认为当事人有风险移转的合意时从其合意；认为标的物的支配移转时风险移转（支配移转时说）；认为标的物的所有权移转时风险移转（所有权移转时说）等。[2] 新法的立场是，即使是特定物债务，标的物在交付之前毁损灭失的，债权人不承担风险。[3] 该意旨体现在关于买卖合同的新法第567条中（详见新法第567条的解说），而作为对特定物债务的一般规定，旧法第534条被废止。

旧法第535条是以旧法第534条为前提的条款。后者被废止时，前者无单独存在的意义，一同被废止。

二、风险负担的履行拒绝权构成（新法第536条）

新法第536条 （一）因不可归责于双方当事人的事由致债务不能履行的，债权人可以拒绝履行对待给付。 （二）因可归责于债权人的事由致债务不能履行的，债权人不得拒绝履行对待给付。于此情形，债务人因免去自己的债务而获利益的，应将其偿还给债权人。
旧法第536条 （一）除前两条规定的情形外，因不可归责于双方当事人的事由致债务不能履行的，债务人无受有对待给付的权利。 （二）因可归责于债权人的事由致债务不能履行的，债务人不失受有对待给付的权利。于此情形，因免去自己的债务而获利益的，应将其偿还给债权人。

〔1〕 星野英一『民法概論Ⅳ（契約）』（良書普及会，1986年）57頁参照。
〔2〕 中田裕康『契約法』（有斐閣，2017年）163頁参照。
〔3〕 部会資料68A，33頁以下参照。

本条规定了风险负担的基本原则——债务人主义。新法对旧法第 536 条的改动在于,关于债权人的对待给付义务,将旧法第 536 条中的“债务人无受有对待给付的权利”改为“债权人可以拒绝履行对待给付”。虽然只有寥寥数字的改动,但是涉及此次改革中合同总则部分的最大争点——风险负担制度的存废论。申言之,在解除和风险负担的制度设计上,究竟应采“解除和风险负担并存论”还是“解除一元论”。

明治民法在解除和风险负担的制度分工上是明确的。因可归责于债务人的事由致履行不能时,适用解除制度,由债权人行使解除权,决定对价给付义务的去留。反之,因不可归责人债务人的事由致履行不能时,则适用风险负担制度。此时,除特定物债务的情形外,作为风险负担的一般规则,适用旧法第 536 条的债务人主义,即债权人的对待给付义务随债务人的义务一同消灭。这是双务合同的两个义务之间的牵连关系的体现(消灭上的牵连性)。对待给付债务的消灭方式为自动消灭(对待给付自动消灭构成)。

然而,当解除的制度功能从“债务不履行的救济”转向“脱离有履行障碍的合同”时,制度功能的板块就发生了位移。关于解除的适用,新法的立场是,解除不以债务人的可归责性为要件(《基本方针》3. 1. 1. 77、《中间试案》11 - 1、新法第 541 条和第 542 条。参见新法第 541 条的解说)。这样一来,因不可归责于债务人的事由致债务履行不能时,债权人既可以解除合同,也可以主张风险负担,两者在对待给付义务消灭这一法律效果上发生了重叠。问题是,两者在使对待给付义务消灭的方式上并不相同,风险负担制度中合同自动消解,而解除制度需要债权人行使解除权。此时的问题是,在两者重叠的领域,究竟采对待给付自动消灭构成,还是采解除权构成?

对此,较早提出的立场是“竞合的并存说”,即由当事人约定或债权人自己选择所适用的制度,两者在法律效果上形成“某种二重效”。[1] 之后,有强有力的观点主张“解除一元论”,理由如下:(1)无论是履行不能还是合同解除,都是规范性判断,前者要考虑社会通常观念,后者要考虑合同目的能否达成,这些规

〔1〕 能見善久「履行障害」山本敬三ほか『債権法改正の課題と方向——民法 100 周年を契機として』別冊 NBL 51 号(商事法務研究会,1998 年)139 頁;山田到史子「契約の解除と危険負担——解除理論の新たな展開を受けて」私法 61 号(1999 年)186 頁以下。

范性判断的结果对于债务人而言都是不明确的。如果采用对待给付自动消灭构成,债务人甚至不清楚合同是否或在哪一个时点上消解。(2)在履行障碍发生时,使合同消解并非唯一的方案,基于再交涉的合同改订也是可能的。如果采用对待给付自动消灭构成,就等于断绝了这种可能性。(3)合同自动消解的结果也未必符合债权人自身的意愿。采用对待给付自动消灭构成,会使债权人丧失在维持合同存续的基础上主张代偿请求权的选项(该理由针对“风险负担优先说”)。[1] 作为立法建议,《基本方针》3.1.1.85 明确主张解除一元论,建议“废止现行民法第 534 条、第 535 条和第 536 条第 1 款”。审议过程中,直至《中间试案》的阶段还保持着解除一元论的立法方向(《中间试案》12 -1)。但是,当时已经有反对意见指出,如果采用解除一元论,在债权人行使解除权之前,其对待给付义务始终不得消灭,这对于债权人非常不利。在发生灾害等情况下,债权人往往找不到债务人,难以行使解除权,而且并不是所有债权人都知道必须以行使解除权的方式结束合同,当债权人误以为对待给付义务已消灭而未行使解除权时,有待风险负担制度提供一个缓冲性质的履行拒绝权。[2] 同时,学界也提出了“履行拒绝权构成”的方案,指出风险负担制度的效力是使债权人在行使解除权之前享有拒绝履行权,使债权人不至因未行使解除权而陷入对待给付义务的履行迟延。[3] 最终,新法在履行拒绝权构成上尘埃落定。这就是新法第 536 条。

新法第 536 条规定的债权人的履行拒绝权,其本质是解除权的效果在行使之前的投影。如果说解除是当事人从合同拘束力中的终局的、确定的解放,那么风险负担提供的就是抗辩权层面的、暂时的解放(履行拒绝权为永久的抗辩)。两者是同一要件下的合同解放制度,只不过解放的阶段和方式不同。

---

〔1〕 松岡久和「履行障害を理由とする解除と危険負担」ジュリスト1318 号(2006)145 頁以下,山本豊「契約責任論の新展開(その6)——解除の要件・危険負担」法学教室 349 号(2009)97 頁参照。

〔2〕 『法制審議会民法(債権関係)部会第 39 回会議議事録』(2012.1.17)54 - 56 頁(中井康之発言)。

〔3〕 森田宏樹『債権法改正を深める』(有斐閣,2013 年)103 頁参照。实际上,辰巳直彦在 20 世纪 90 年代就提出过履行拒绝权构成[辰巳直彦「契約解除と帰責事由」林良平ほか編『谷口知平先生追悼論文集(2)契約法』(信山社,1993 年)346 ~ 347 頁参照]。

第四节　利益第三人合同

一、利益第三人合同的成立及其效力(新法第537条)

新法第537条 (一)合同约定一方当事人对第三人为特定给付的,该第三人享有直接请求债务人为该给付的权利。 (二)前款的合同,其成立时第三人未现实存在或第三人未特定的,其效力亦不因此而受妨碍。 (三)于第一款的情形下,第三人的权利于该第三人向债务人作出享受同款规定的合同利益的意思表示时发生。
旧法第537条 (一)合同约定一方当事人对第三人为特定给付的,该第三人享有直接请求债务人为该给付的权利。 (二)于前款的情形下,第三人的权利于该第三人向债务人作出享受同款规定的合同利益的意思表示时发生。

本条规定了利益第三人合同的成立及其效力。新法在维持旧法第537条的基础上加入了第2款。

当事人约定利益第三人合同时,若第三人未现实存在(如胎儿、设立中的法人等)或第三人未特定,利益第三人合同能否成立,旧法第537条未予明示。依照判例,利益第三人合同的成立不以第三人现实存在为前提,[1]也不以第三人被特定为前提。[2] 本条第2款是对判例法理的明文化。

---

〔1〕 最高裁判所1962年6月26日判决,最高裁判所民事判例集16卷7号1397頁。

〔2〕 大審院1918年11月5日判决,大審院民事判決録24輯2131頁。

二、第三人的权利的确定(新法第538条)

新法第538条 (一)依前条的规定,第三人的权利发生后,当事人不得使其变更,或使其消灭。 (二)依前条的规定,第三人的权利发生后,债务人不履行对该第三人的债务的,同条第一款的合同的相对人,非经该第三人的承诺,不得解除合同。
旧法第538条 依前条的规定,第三人的权利发生后,当事人不得使其变更,或使其消灭。

本条保障了利益第三人合同中的第三人的受益期待。新法在维持旧法第538条的基础上新增了第2款。

旧法第538条规定,在第三人通过向债务人作出受益的意思表示使其对第三人的直接请求权发生之后,利益第三人合同的双方当事人(债权人和债务人)不得意定变更合同内容,或使合同消灭。不过,当合同存在意思表示瑕疵,或者债务人不履行对第三人的债务时,债权人能否行使法定的撤销权或解除权,并不在旧法第538条的适用范围内。依据通说,债权人可以行使针对意思表示瑕疵的撤销权,但是非经第三人同意,不得行使针对债务不履行的解除权。本条第2款是对通说的确认。[1]

〔1〕 部会资料67A,60頁以下参照。

第五节　合同地位的移转(新法第539条之2)

> **新法第539条之2**
>
> 合同的一方当事人与第三人之间作出旨在让与合同上的地位的合意的情形,该合同的相对人承诺该让与的,合同上的地位移转至该第三人。

本条系新增,规定了合同地位的移转。关于合同地位的移转,明治民法未设规定,但是理论和实践都予以承认。合同地位的移转不同于债权让与或债务承担,亦不是两者的合体,而是包括形成权、抗辩权在内的整个合同关系的移转。对于继续性合同而言,合同地位的移转保障了合同在当事人更迭时也能向将来存续其效力,具有重要意义。故本条将该制度明文化。

本条规定了合同地位移转的要件和效果。(1)要件。①合同地位的移转是合同的一方当事人和第三人之间的合意,并非三方协议;②合同地位的移转原则上需要合同相对人的承诺。这里所称"承诺",即指同意。[1] 当然,不是所有的合同地位的移转都需要合同相对人的同意。例如,在租赁合同的出租人地位移转的情形,由于合同相对人(承租人)对于固定出租人的身份通常没有特别值得保护的利益,所以例外地不要求合同相对人的同意(参见新法第605条之3的解说)。至于其他的例外,在审议过程中,有提案建议明示存在不需要合同相对人同意的场合,至于具体为何种场合,依"合同的性质"决定。[2] 到了审议的后期,法制审议会认为,尚未有理论和实践一致认为不需要合同相对人同意的场合,所以不做具体规定,留待未来的解释。[3] (2)效果。即合同地位移转至第三人,让与方从合同中脱离出来。

---

〔1〕 大審院1925年12月15日判决,大審院民事判例集4卷710頁参照。

〔2〕 部会資料38,18頁以下参照。

〔3〕 部会資料74A,16頁参照。

第六节　合同解除

在传统理论中，解除的体系定位是债务人因可归责的事由而不履行债务时的债权人的救济手段。然而，自 20 世纪 70 年代起，学界对于解除的观念发生了根本性的转变。解除的定位从“对债务不履行的救济”变为“当事人脱离合同拘束力，避免对待给付的手段”。申言之，解除并不以债务的可归责性为前提，而只是一个旨在消灭合同义务，使当事人的经济地位恢复原状的价值中立的技术概念。在一方当事人有客观的履行障碍时，为使他方当事人能够不失时机地转向下一个合同，应当给予其从合同拘束力中解放出来的机会，并通过对合同履行的清算使其保有缔结下一个合同的资本。[1]

在新的理念下，解除的制度构造也发生变化。一方面，解除不以债务人的可归责性为要件，不会因为履行障碍事由系非可归责于债务人的原因所致，就将债权人继续束缚在合同上；另一方面，解除以债务人的重大不履行为要件，只要债权人的合同利益仍然能够达成，就不允许债权人轻易地脱离合同拘束力。

上述关于合同解除的基本观念的转变，在新法第 541 条、第 542 条和第 543 条中都有所体现。

一、催告解除(新法第 541 条)

> **新法第 541 条**
>
> 一方当事人不履行其债务的情形下，相对人规定相当的期间并催告其履行，而该期间内无履行的，相对人可以解除合同。<u>但是，该期间经过时的债务不履行，依该合同及交易上的社会通常观念为轻微者时，不在此限。</u>

---

〔1〕 木村常信「解除とその機能」産大法学 11 巻 2 = 3 号(1977)95 頁；好美清光「契約の解除の効力」遠藤浩 = 林良平 = 水本浩監修『現代契約法大系第 2 巻』(有斐閣，1984 年)180 頁；辰巳直彦「契約解除と帰責事由」林良平ほか編『谷口知平先生追悼論文集(2)契約法』(信山社，1993 年)335 頁参照。

> **旧法第 541 条**
>
> 一方当事人不履行其债务的情形下，相对人规定相当的期间并催告其履行，而该期间内无履行的，相对人可以解除合同。

本条规定了催告解除。新法在旧法第 541 条的基础上加入了但书规定。

在对旧法第 541 条的解释上，传统理论认为，在债务人履行迟延的情形下，债权人的解除权须满足以下要件：(1)债务人就履行迟延有可归责性；(2)债权人设定相当期间并催告债务人履行；(3)期间经过而债务人未履行。〔1〕 新法废止了债务人的可归责性要件，同时加进了新的要件，即催告设定的合理期间经过时，债务人不履行的程度不能仅是“轻微”的(本条但书)。

关于债务人的可归责性要件，旧法第 541 条自身并无明文规定，所以新法的立场转变在条文并无明确体现。在条文的表述上能够体现新法不以债务人的可归责性为解除的要件的，是新法第 543 条(参见新法第 543 条的解说)。

关于本条但书，按照本来的立法设想，履行迟延和履行不能的区分仅决定履行请求权的存否，并不会对解除产生根本性影响，所以催告解除和即时解除的标准应当一致化。正因为此，《基本方针》3.1.1.77 对两者都要求“重大不履行”，《中间试案》11-1 对两者都要求“合同目的不达”。但是，经第三阶段的审议，新法最终采用的方案是——关于即时解除的一般标准采“合同目的不达”的标准，而关于催告解除则采“非轻微”的标准。“非轻微”和“重大不履行”或“合同目的不达”之间看似有明显差异，但从立法过程来看，其实并无实质区别。以《基本方针》为例，作为催告解除的判断标准，“重大不履行”不是对催告期间经过之时的客观履行状态的评价，而是对“履行期未履行 + 催告后无反应”的整体评价，即这种情况即使客观上未达到“重大不履行”的程度，但是考虑到此时债权人已不能期待从该合同中实现其合同利益，所以也认为构成“重大不履行”，允许债权人解除。〔2〕 当然，履行期未履行和催告后无反应这两个要件在条款中

〔1〕 以上为催告解除权的发生要件。作为催告解除权的行使要件，还要求“债务人于债权人行使解除权时仍未履行债务”。如果债务人在债权人行使催告解除权之前依债的本旨履行了合同，那么催告解除权消灭。我妻栄『債権各論上巻』(岩波書店，1954 年)152 頁参照。

〔2〕 民法(債権法)改正検討委員会編『債権法改正の基本方針』別冊 NBL/No. 126(2009)145－146 頁参照。

都有明定，除了理论构造的明确化之外，立法上似乎没有必要专门使用“重大不履行”这个仅具总结性质的表述。《基本方针》之所以使用这一表述，是因为依照判例，如果债务人未履行的仅是“轻微的”附随义务，则即使债权人催告后债务人于合理期限经过后仍未履行，债权人也不得解除合同。[1] 除了附随义务之外，主给付义务的不履行也可能属于轻微的不履行，如零件供应合同的履行中极少量的零件供应不足。[2] 综上，在催告解除的判断上，“重大不履行”一词实际上是对以下三者的整体评价：(1)履行期未履行；(2)催告后无反应；(3)“非轻微”的债务不履行。只不过新法最终放弃了整体评价模式，而是在明定前两个要件的基础上，在但书中使用“非轻微”这一仅能涵盖第三个要件的表述。在这种分别规定的模式下，虽然评价的内容和标准与整体评价模式并无不同，但是旨在使催告解除与即时解除同质化的立法方向被淡化了。

二、无须催告的解除（新法第 542 条）

新法第 542 条

（一）于下列情形，债权人无须前条的催告，可以即时解除合同。

1. 债务全部履行不能的。

2. 债务人明确表示拒绝履行全部债务的意思的。

3. 债务部分履行不能的情形或债务人明确表示拒绝履行部分债务的意思的情形，仅以剩余部分不能达成缔约的目的的。

4. 依合同的性质或当事人的意思表示，于特定的日时或一定的期间内不履行则不能达成缔约的目的的情形，债务人未履行而该期间已经过的。

5. 除上述各项所列情形外，债务人不履行其债务，债权人即使为前条的催告，也不能期待债务人作出足以达成缔约目的的履行的。

---

〔1〕 大審院 1938 年 9 月 30 日判決，大審院民事判例集 17 卷 1775 頁；最高裁判所 1961 年 11 月 21 日判決，最高裁判所民事判例集 15 卷 10 号 2507 頁；法務省民事局参事官室編『民法改正中間試案の補足説明』（信山社，2013 年）133 頁参照。

〔2〕 部会資料 79－3，13 頁参照。

(二) 于下列情形,债权人无须前条的催告,可以即时解除部分合同。 1. 债务部分履行不能的。 2. 债务人明确表示拒绝履行部分债务的意思的。
旧法第 542 条 依合同的性质或当事人的意思表示,于特定时日或一定期间内不履行,缔约的目的就不能达成的情形,债务人未履行而该期间已经过的,相对人无需前条的催告,可以即时解除该合同。 **旧法第 543 条** 履行全部或部分不能的,债权人可以解除合同。但是,该债务的不履行系不可归责于债务人的事由所致的,不在此限。

本条规定了无须催告的即时解除。本条在吸收了旧法第 542 条和第 543 条本文的基础上全面规定了即时解除,并新增了部分解除的规则。

1. 即时解除(第 1 款)

关于债权人无须催告即可解除合同的情形,旧法只规定了定期行为(旧法第 542 条)和全部或部分的履行不能(旧法第 543 条本文),而且关于部分履行不能,未设解除的限定条件。新法在维持了全部履行不能(本款第 1 项)和定期行为(本款第 4 项)的原有规则的基础上,补充了全部履行拒绝的规则(本款第 2 项)、部分履行不能和部分履行拒绝情形的解除的限定条件(本款第 3 项)以及兜底条款(本款第 5 项)。无论哪种,都属于可以评价为"因债务不履行致合同目的不能达成"的情形。[1]

2. 部分解除(第 2 款)

本款系新增,规定了部分履行不能或部分履行拒绝时的合同的部分解除。至于其他情形,如部分履行迟延、部分不完全履行、仅违反附随义务、复合合同的部分合同不履行等情形中债权人可否主张部分解除,不能一概而论。依具体情

〔1〕 部会資料 79 - 3,14 頁参照。

况,可能是解除的问题,也可能是减价请求权或合同解释的问题。[1]

三、因可归责于债权人的原因的债务不履行和解除(新法第 543 条)

新法第 543 条 债务不履行系可归责于债权人的事由所致的,债权人不得依前两条的规定解除合同。
旧法第 543 条 履行全部或部分不能的,债权人可以解除合同。但是,该债务的不履行系不可归责于债务人的事由所致的,不在此限。

本条规定了债权人的解除权的行使限制,对旧法第 543 条作了重大修改。

在改革之前,解除和风险负担有着明确的制度分工。两者都旨在使债权人摆脱对待给付,但风险负担处理的是债务人无可归责性的情形,而解除处理的是债务人有可归责性的情形。正因如此,作为限制债权人摆脱对待给付的规定,风险负担的规则是,因可归责于债权人的事由致债务不能履行的,债权人继续负对待给付义务(旧法第 536 条第 2 款前段);解除的规则是,该债务的不履行系不可归责于债务人的事由所致的,债权人不得解除合同(旧法第 543 条但书)。这两套规则的区别在于,履行不能系不可归责于双方的事由所致时,依风险负担的规则,债权人的对待给付义务消灭,因为债权人无可归责性;依解除的规则,债权人不得解除合同,因为债务人无可归责性。如本节前言所述,新法的立场是,合同的解除也不以债务人可归责性为要件。债务人有无可归责性,不影响债权人的解除权。这样,关于解除的旧法第 543 条但书就无法维持,有必要向风险负担的规则靠拢。因此,本条修改为和新法第 536 条相同的规则。

此外,需要特别指出的是,关于履行不能债权人和债务人都有可归责性的情形,本条的修改并不当然能够导出"只要债权人有可归责性,就一定不得解除合同"的结论。本条所规定的"债权人的可归责性"不同于过失相抵中的"债权人

---

[1] 平野裕之「契約の数量的一部解除——売買契約を中心として」野村豊弘先生古稀記念論文集『民法の未来』(商事法務,2014 年)181 頁参照。

的过失”,不是说债权人有些许“可归责性”就可以立即启动本条的效果。本条评价的是债权人的何种程度的可归责性足以使其在债务履行不能时也必须继续履行对待给付,是关于债权人的解放的制度,而非向债务人请求损害赔偿的制度。法制审议会指出了本条和过失相抵的理论差异,但就具体标准未下定论。[1]

四、解除的效果(新法第545条)

新法第545条
(一)一方当事人行使其解除权的,各当事人负有使相对人恢复至原状的义务。但是,不得损害第三人的权利。 (二)于前款本文的情形下,返还金钱的,应自其受领之时起加算利息。 (三)于第一款本文的情形下,返还金钱之外的物的,亦应返还受领之时以后所生的孳息。 (四)解除权的行使,不妨碍损害赔偿的请求。
旧法第545条
(一)一方当事人行使其解除权的,各当事人负有使相对人恢复至原状的义务。但是,不得损害第三人的权利。 (二)于前款本文的情形下,返还金钱的,应自其受领之时起加算利息。 (三)解除权的行使,不妨碍损害赔偿的请求。

本条规定了合同解除后的当事人之间的恢复原状义务。

旧法第545条第2款规定,作为解除的效果返还金钱的,应自其受领之时起加算利息。关于金钱之外的物是否应当返还孳息,旧法没有规定。为了避免误

〔1〕 部会資料79－3,15頁参照。对此,潮見佳男认为,只有债权人的可归责性是唯一的归责原因,或者债权人的可归责性远高于债务人时,才足以使债权人丧失解除权[潮見佳男『債務不履行の救済法理』(信山社,2010年)371頁参照]。

解,新法增补了相应的规定(本条第3款)。[1]

五、因解除权人的原因致标的物毁损或返还不能时的解除权的限制(新法第548条)

新法第548条 有解除权的人因故意或过失显著地毁损标的物或致其不能返还时,或因加工或改造使其变为其他种类的物时,解除权消灭。但是,有解除权的人不知其有解除权的,不在此限。
旧法第548条 (一)有解除权的人因自己的行为或过失显著地毁损标的物或致其不能返还时,或因加工或改造使其变为其他种类的物时,解除权消灭。 (二)合同的标的物非因有解除权的人的行为或过失而灭失或毁损的,解除权不消灭。

本条规定了因解除权人的原因致标的物毁损或返还不能时的解除权的限制。新法对旧法第548条作了重大修改。

旧法第548条第1款规定,标的物因解除权人的原因而毁损、不能返还或被加工改造成为其他种类的物时,解除权消灭。这是基于以下两方面的理由:(1)解除的效果是恢复原状,如果标的物的毁损等情事非因解除权人的原因而发生,则意味着债务人本来也有遭受上述情事的风险。债务人无法从解除权人处取回标的物这个结果本身就是"原状"。(2)反之,如果标的物的毁损等情事系因解除权人的原因而发生,那么解除权人有损害赔偿义务(起草者采侵权构成),而损害赔偿有高度不确定性,此时使债权人丧失解除权,更有利于平衡双方的利益。从解除权人方面来看,对标的物的保存未尽注意义务,意味着解除权人不准备解除合同,可以视为对解除权的放弃(解除权放弃构成)。[2] 对此,《中间试案》认为,即使标的物毁损等情事系因解除权人的原因而发生,解除权

〔1〕 部会資料68A,30頁参照。

〔2〕 梅謙次郎『民法要義卷之三債權編〔訂正增補第三十四版〕』(有斐閣書房,1914年)459頁以下。实际上本条的起草负责人为穗积陈重。

人有通过价额偿还的方式恢复原状的义务,允许其解除合同并不会影响债务人的利益,故建议废止旧法第 548 条第 1 款。[1] 在此后的审议中,有意见指出,毕竟存在解除权人在明知自己有解除权的前提下还不尽保存义务,因故意或过失致标的物毁损等情事发生后又主张解除的情况,此时和撤销的法定追认的情况类似,不应当允许其主张解除。据此,新法没有废止旧法第 548 条,继续保留了解除权消灭的可能性,但是作了以下两点修改:(1)将"因自己的行为或过失"改为"故意或过失"。"因自己的行为或过失"一语来自于法国民法(*le fait ou la faute*),其语意应当解释为"故意或过失"。[2] (2)在"解除权放弃构成"的前提下加入了但书规定,即解除权人不知其有解除权时,解除权不消灭。因为解除权人不知道自己有解除权时,不可能做出放弃的意思表示,其故意或过失行为也不能被视为解除权的放弃。[3]

至于旧法第 548 条第 2 款,其内容与第 1 款的反对解释的内容一致,无须专门规定,故新法将其删除。

第七节 格式条款

关于格式条款的规定,是此次民法改革过程中分歧最大,同时也是业界介入最深的部分之一。包括突袭条款的禁止(《中间试案》30－3)、不当条款规制(《中间试案》30－5)、不当条款清单以及不当条款的视为和推定规则(《基本方针》3.1.1.32～34)在内的不利于不当条款提供方的立法计划在审议过程中被一一否定、变形和模糊化。反之,诸如"视为合意"(新法第 548 条之 2 第 1 款)、格式条款的变更(新法第 548 条之 4)等有利于不当条款提供方的规则被陆续加进。很难说新法的规定能够反映日本法在格式条款问题上长期以来的议论和积累。[4]

---

〔1〕 法務省民事局参事官室編『民法改正中間試案の補足説明』(信山社,2013 年)141 頁参照。

〔2〕 谷口知平＝五十嵐清『新版注釈民法(13)』(有斐閣,1996 年)744 頁(山下末人執筆)参照。

〔3〕 部会資料 68A,31 頁以下参照。

〔4〕 大村敦志＝道垣内弘人編『民法(債権法)改正のポイント』(有斐閣,2017 年)375 頁(角田美穂子執筆)参照。

一、格式条款的合意(新法第548条之2)

> **新法第548条之2**
>
> (一)作出进行定型交易(指某特定人以不特定多数人为相对人进行的、其全部或部分内容划一对双方而言有合理性的交易。下同)的合意(于次条称"定型交易合意")的人,于下列情形下,视为就格式条款(指定型交易中,以订入合同的内容为目的,由该特定人准备的条款的整体。下同)的个别条款亦作出合意。
>
> 1. 作出旨在以格式条款为合同内容的合意的。
>
> 2. 准备格式条款的人(下称"格式条款准备人")事先对相对人表示了将以该格式条款为合同内容的。
>
> (二)不论前款的规定,同款规定的格式条款中,限制相对人的权利或加重相对人的义务的,且依该定型交易的样态及实际情况以及交易上的社会通常观念,可以认为该条款违反了第一条第二款规定的基本原则,单方面地损害了相对人利益的条款,视为未作出合意。

本条系新增,规定了格式条款的定义、订入和内容规制。

1. 格式条款的定义(第1款括号)

本书译为"格式条款"的法律术语,日语称"定型约款"。这个术语是新法新创设的概念。日本法上一直以来使用的术语是"约款"。近年来,"约款"的概念范畴有扩大的趋势,所以此次改革启用了新的概念,旨在限制了相关规则的适用范围。

依本条第1款规定,格式条款需要符合"定型交易"和"约款性"的要求。具体而言,可以拆分为以下三个要件:(1)特定人以不特定多数人为相对人进行的交易;(2)其全部或部分内容划一对双方而言有合理性的交易;(3)以订入合同的内容为目的,由该特定人一方准备的条款。[1] 依以上三个要件,下述合同不

---

〔1〕 部会資料86-2,1頁参照。

适用本节的规则:(1)劳动合同。因为劳动合同注重相对人的个性,不满足要件一。[1] (2)企业间交易。例如,原材料企业和生产企业之间的原材料供给合同中,合同内容的划一性只是出于交涉能力强的一方当事人的交易方便,并不对双方都具有合理性,不满足要件二。[2] (3)待交涉的合同草案。合同草案虽然为一方当事人起草,但是双方都有形成合同内容的可能,合同的起草难谓以订入合同内容为目的,不满足要件三。[3]

2. 格式条款的拘束力的依据——“视为合意”(第1款正文)

关于格式条款的拘束力的依据,可谓众说纷纭。新法采合意说,和判例的立场基本一致。[4] 依本条第1款规定,即使非提供方对格式条款的内容没有具体的认识,在以下两种情形下,视为双方当事人就格式条款的具体内容存在合意。(1)双方当事人概括性地达成旨在以格式条款为合同内容的合意时(本款第1项);(2)格式条款提供方事先对相对人表示了将以该格式条款为合同内容时(本款第2项)。在第2项中,“该格式条款”的“该”字至关重要,这个字传达的含义是,格式条款提供方不仅需要向相对人概括地表示出“欲以格式条款形成合同内容”的意图,还必须具体地表示出“欲以该格式条款形成合同内容”的意图。[5] 这里需要指出的是,第2项规定的“表示”是一种不涉及格式条款具体内容的表层合意,即格式条款提供方表示“欲以该格式条款形成合同内容”,而相对人予以默认。在立法构造上,第2项的“表示”不同于新法第548条之3的“内容开示”(参见新法第548条之3的解说)。

除上述的“合意”和“表示”这两种情形外,特别法上还存在“公表”这种视为合意的形式。铁路、轨道交通、公交、航空等领域的交易有很强的公共性,有以格式条款补充合同内容的必要,但是难以期待格式条款的提供方向相对人逐一“表示”以格式条款缔结合同的意图,所以特别法会特别规定以“公表”作为视为

---

〔1〕 部会資料86-2,1頁参照。

〔2〕 部会資料78B,15頁以下参照。反之,生产企业从IT企业处购买通用的办公软件时合同内容划一,企业间不进行个别交涉。这种情形在交易观念上有合理性,满足要件二。

〔3〕 部会資料83-2,38頁参照。

〔4〕 大審院1915年12月24日判决,大審院民事判決録21輯2182頁;最高裁判所1962年2月6日判決集民58号513頁。

〔5〕 大村敦志=道垣内弘人編『民法(債権法)改正のポイント』(有斐閣,2017年)382頁(角田美穂子執筆)参照。

合意的形式。[1] 此前,这些特别法使用的是“表示”一词,但是为了和本条的“表示”相区别,都改成了“表示或公表”。[2]

3. 突袭条款禁止和不当条款规制的一体化(第2款)

《中间试案》中同时规定了突袭条款的禁止(30－3)和不当条款规制(30－5)。前者规定:“约款中包含的合同条款,参照合同的其他条款、相对人的知识经验及其他的一切合同相关情事,相对人不能合理地预测约款中包含该条款的,不构成合同的内容。”后者规定:“已成为合同内容的合同条款,与不存在该条款的情形相比,限制了约款使用者的相对人的权利,或加重了相对人的义务的,考虑合同内容的整体、合同缔结时的状况及其他一切情事,给合同相对人带来过大的不利益时,条款无效。”前者是在合同订入层面考虑合同的透明度,认为突袭条款因违反诚实信用原则而不订入合同内容。后者是在承认不当条款已成为合同内容的基础上,基于其内容的不当性而使之无效。

新法未采用上述构成,而是将合同内容的不当性的判断也纳入合意拟制规则。申言之,格式条款在满足以下两个要件时,法律效果上不是无效,而是不构成合同内容(“视为合意”的例外):(1)限制相对人的权利或加重相对人的义务;(2)依该定型交易的样态及实际情况以及交易上的社会通常观念,可以认为该条款违反了第一条第二款规定的基本原则,单方面地损害了相对人利益的条款。依立法资料,上述要件二中所言“定型交易的样态”,包含了“鉴于交易的特殊性,当合同中包含相对人难以预测的条款时,如果(格式条款提供方)不采取使相对人易于了解的措施时,那么很可能违反诚实信用原则”。也就是说,本条在一定程度上也含有防止突袭条款的功能。[3] 不过,在《中间试案》中突袭条款的禁止和不当条款规制之间是“或”的关系,而在新法中两者是“且”的关系。

---

〔1〕 部会資料86－2,2頁参照。

〔2〕 因本条的制定而修改用语的有铁道营业法、轨道法、海上运送法、道路运送法、航空法、道路整备特别措施法等法律[「民法の一部を改正する法律の施行に伴う関係法律の整備等に関する法律」参照]。

〔3〕 部会資料83－2,40頁参照。

二、格式条款的内容开示义务(新法第 548 条之 3)

新法第 548 条之 3

(一)进行或欲进行定型交易的格式条款准备人,于定型交易合意之前或定型交易合意之后的适当期间内受有来自相对人的请求的,应及时以适当方式表示该格式条款的内容。但是,格式条款准备人已经向相对人交付记载格式条款的书面,或提供记录格式条款的电磁记录的,不在此限。

(二)格式条款准备人于定型交易合意之前拒绝了前款的请求的,不适用前条的规定。但是,发生暂时的通信障碍的情形或其他有正当事由的情形,不在此限。

本条系新增,规定了格式条款提供方的内容开示义务。

1. 内容开示义务与订入规则的分离

理论上,如果就格式条款的拘束力采合意说,那么内容开示义务是订入规则的一环,即格式条款提供方违反内容开示义务时,相对人无从知悉格式条款的内容,因此格式条款不订入合同。正如《中间试案》30 - 2 规定的那样:“合同的当事人作出以约款为合同内容的合意,且准备约款的人确保在缔约前相对人有只要采取合理行动就能够知悉格式条款的内容的机会,该约款构成合同的内容。”但是,新法将内容开示义务和订入规则(前条第 1 款)相分离,在本条作了单独规定。这一立法构造意味着,在格式条款的拘束力的层面,只要当事人有“以某格式条款为合同内容”的表层合意,就“视为”双方就具体内容达成合意,至于相对人是否认识到格式条款的具体内容的机会,则是格式条款提供方的内容开示义务的问题,不影响格式条款的订入。这是因为相对人基本不会“采取合理行动”主动查阅格式条款,所以要求格式条款的开示对于相对人的保护而言并无显著的效果。[1]

---

〔1〕 部会資料 75B,12 頁参照。

2. 内容开示义务的要件(第1款)

依本条第1款的规定,在下述条件满足时,格式条款提供方应当以适当方式及时开示格式条款的内容。(1)于定型交易合意之前或定型交易合意之后的适当期间内。内容开示义务的期间不仅包括交易之前,还包括交易之后的适当期间。继续性合同的情形下则指合同终止后的适当期间。(2)相对人的请求。对此,理论上有两种对立的观点,一是不要求相对人有特定的行为,而是要求格式条款的提供方将格式条款置于相对人易于认知的状态;二是要求相对人有开示的请求,在此基础上格式条款的提供方才必须履行开示义务。《中间试案》30-2采用的是折中的方案(开示义务的履行是否以相对人的请求为前提,视交易和相对人的性质而定),而新法的立场是后者。新法的理由是,很多相对人并不会细致查阅格式条款的内容,如果要求格式条款提供方在相对人不查阅时也必须履行开示义务将过于"烦杂"。[1] 通过上述条件的设置,新法将格式条款提供方的开示负担降到相当低的程度。

此外,依本款但书的规定,格式条款准备人已经向相对人交付记载格式条款的书面或提供记录格式条款的电磁记录的,无须重复开示。

3. 内容开示义务的效果(第2款)

依本条第2款的规定,如果格式条款提供方拒绝了相对人于交易前提出的开示请求,除非发生暂时的通信障碍或其他有正当事由的情况,那么前条第1款规定的"视为合意"不适用,格式条款未订入合同。

三、格式条款的单方变更(新法第548条之4)

新法第548条之4

(一)于下列情形下,因格式条款准备人作出格式条款的变更,视为双方就变更后的格式条款存在合意,格式条款准备人无须与相对人达成个别合意,得变更合同的内容。

1. 格式条款的变更符合相对人的一般利益的。

---

〔1〕 部会資料75B,11頁参照。

> 2. 格式条款的变更不违反缔约的目的，且参照变更的必要性、变更后的内容的适当性、是否有依本条的规定变更格式条款的约定及约定的内容以及其他有关变更的情事，变更有合理性的。
>
> （二）格式条款准备人依前款的规定变更格式条款的，应规定其生效时期，并使用互联网或以其他适当方式，将格式条款变更之事、变更后的格式条款的内容及其生效时期周知于众。
>
> （三）依第一款第二项的格式条款变更，非于前款规定的生效时期到来之前依同款的规定公之于众的，不生其效力。
>
> （四）第五百四十八条之二第二款的规定，不适用于第一款规定的格式条款的变更。

本条系新增，规定了格式条款提供方的单方变更权。关于这一规定，起初并没有立法计划。非但没有立法计划，《基本方针》3.1.1.34 甚至将“赋予约款使用方以单方变更合同的权限”的格式条款列为不当条款灰名单中的一条，认为其违反诚实信用。[1] 然而，应业界的强烈要求，法制审议会在审议的第一阶段仍接受了这一规定。[2]

本条第 1 款规定了单方变更权的行使条件：（1）格式条款的变更符合相对人的一般利益；（2）格式条款的变更不违反缔约的目的，且参照变更的必要性、变更后的内容的适当性、是否有依本条的规定变更格式条款的约定及约定的内容以及其他有关变更的情事，变更有合理性。本款第 2 项中提到的“变更格式条款的约定”，即指赋予格式条款提供方以单方变更权的条款。如前所述，这种条款本来是不当条款灰名单中的一条，用松本恒雄的话说是“相当黑”，[3] 但是新法显然是将其作为易于认定单方变更合理性的考量因素列出来的。[4]

---

〔1〕 民法（債権法）改正検討委員会編『債権法改正の基本方針』別冊 NBL/No. 126（2009）116 頁；部会資料 13－2，20 頁同旨。

〔2〕 『法制審議会民法（債権関係）部会第 11 回会議議事録』（10.6.29）4 頁（岡本雅弘発言），商事法務編『民法（債権関係）の改正に関する中間的な論点整理の補足説明』（商事法務，2011 年）224 頁参照。

〔3〕 『法制審議会民法（債権関係）部会第 11 回会議議事録』（10.6.29）46 頁（松本恒雄発言）。

〔4〕 部会資料 88－2，6 頁参照。

本条第 2 款规定了格式条款提供方行使单方变更权时的程序要件，即周知义务。

本条第 3 款规定，依第 1 款第 2 项的单方变更，不在生效时期到来之前履行周知义务的，不生其效力。反之，依第 1 款第 1 项的单方变更，由于变更符合相对人的一般利益，所以不会产生不生效的结果。

本条第 4 款排除了新法第 548 条之 2 第 2 款（不当条款规制）的适用。理由是，本条第 1 款的要件比新法第 548 条之 2 第 2 款严格。[1]

从原理上来看，格式条款的变更相当于在合同中订入新内容的格式条款，因此在订入规则和内容规制上应当符合新法第 548 条之 2 的规定。既然新法第 548 条之 2 以合意为格式条款的拘束力的来源，那么允许格式条款提供方随意变更条款内容就是不合适的。[2] 本条创造了一个很特别的立法例。

---

〔1〕 部会資料 88 - 2，6 頁参照。

〔2〕 潮見佳男『民法（債権関係）改正法の概要』（きんざい，2017 年）233 頁参照。

第五章　合同分则

第一节　赠　与

一、赠与的定义(新法第 549 条)

新法第 549 条 赠与,因一方当事人作出将某财产无偿给予相对人的意思表示,相对人对此表示同意,而生其效力。
旧法第 549 条 赠与,因一方当事人作出将自己的财产无偿给予相对人的意思表示,相对人对此表示同意,而生其效力。

本条是赠与的定义条款。关于赠与的客体,新法将旧法第 549 条中的"自己的财产"改为"某财产"。这是为了表明赠与和买卖(旧法第 560 条、新法第 561 条)一样,不以赠与人对赠与的标的有处分权为要件。最高裁判所 1969 年判例也认为,以他人物为标的的赠与合同有效,赠与人有取得该物并移转给受赠人的义务。[1] (此处引用该判例,只用于说明他人物赠与并不当然无效。至于赠与人是否一律有赠与物取得移转义务,新法未持明确立场。关于他人物赠与中的赠与人责任,详见新法第 551 条的解说。)

---

〔1〕 最高裁判所 1969 年 1 月 31 日判決,判例時報 552 号 50 頁;部会資料 75A,34 頁参照。

二、非依书面的赠与的解除（新法第550条）

新法第550条 非依书面的赠与，各当事人可以解除。但是，履行完成的部分，不在此限。
旧法第550条 非依书面的赠与，各当事人可以撤回。但是，履行完成的部分，不在此限。

本条规定了非依书面形式的赠与的解除。新法将旧法第550条规定的“撤回”改为“解除”。

在明治民法中，旧法第550条的用语是“撤销”，但是在2004年民法现代语改革时被改为“撤回”。[1] 此次改革中，法制审议会重新整理了“撤销”“撤回”和“解除”的用法：“撤销”用于意思表示瑕疵致意思表示的效力消灭；“撤回”用于瑕疵之外的原因致意思表示的效力消灭；“解除”用于瑕疵之外的原因致合同效力消灭。从术语使用规则来看，由于赠与是合同，所以旧法第550条在“因瑕疵之外的原因致赠与合同效力消灭”的含义上使用“撤回”一词并不恰当，故新法更正为“解除”。[2]

三、赠与人的交付义务等（新法第551条）

新法第551条 （一）推定赠与人约定以作为赠与的标的而特定之时的状态，交付或移转作为赠与的标的的物或权利。 （二）就附负担的赠与，赠与人于该负担的限度内，负与出卖人相同的担保责任。

〔1〕 旧法第550条的原文是“書面ニ依ラサル贈与ハ各当事者之ヲ取消スコトヲ得但履行ノ終ハリタル部分ニ付テハ此限ニ在ラス”。

〔2〕 部会資料84－3，15頁参照。

旧法第 551 条

（一）赠与人，就赠与的标的物或权利的瑕疵或不存在，不负其责任。但是，赠与人明知该瑕疵或不存在而不告知受赠人的，不在此限。

（二）就附负担的赠与，赠与人于该负担的限度内，负与出卖人相同的担保责任。

本条规定了赠与人的交付义务。新法对旧法第 551 条第 1 款作了修改，对第 2 款未作变动。

1. 现物交付约定的推定（第 1 款）

旧法第 551 条规定，赠与人就标的物的瑕疵原则上不负担保责任。然而，关于标的物的瑕疵，新法不采法定责任说，而采合同责任说，即赠与人的担保责任不是法定的，赠与人有交付符合合同约定的标的物的义务。至于义务内容为何，则视合同内容而定。考虑到赠与系无偿合同，在赠与人的义务内容上减轻其责任更符合当事人通常的意思，所以本条第 1 款规定，推定当事人约定了赠与人仅负现物交付义务，不负担保责任。之所以采用推定规则而非任意规范，是为了明确赠与人有交付符合合同约定的标的物的义务这个基本出发点，避免引起“新法在赠与问题上仍采特定物理论”的误解。

2. 他人物赠与（无明文规定）

关于他人物赠与，新法未予明确规定。新法第 549 条的解说中提到了最高裁判所 1969 年判例，该判例认为赠与人有取得他人物并移转给受赠人的义务。〔1〕《中间试案》36－2（2）的立场是，在他人物赠与的情形下，赠与人不负取得移转义务，仅在已经取得的情形下负移转给受赠人的义务。在第三阶段的讨论中，法制审议会认为，他人物的赠与人是否负取得移转义务，只是一个任意性的默认规则而已。现实中他人物赠与的案件并不多，而且还有最高裁判所 1969 年判例的认定，应将默认规则置于何种立场并不十分明确。因此，法制审议会放弃了对他人物赠与的明文化。〔2〕

---

〔1〕 最高裁判所 1969 年 1 月 31 日判決，判例時報 552 号 50 頁。

〔2〕 部会資料 81B，19～20 頁参照。

第二节　买　卖

新法对买卖合同的规定作了重大修改。修改的背景是关于瑕疵担保责任的法律性质的学说转向，即从传统的法定责任说转向合同责任说。

日本法上，出卖人的义务包括两部分：一是财产权移转义务，包括他人物买卖中的他人物取得移转义务（旧法第560条）。二是担保责任，包括权利瑕疵担保责任和物的瑕疵担保责任。权利瑕疵担保又包括财产权全部属于他人（旧法第561条、第562条）、财产权部分属于他人（旧法第563条及第564条）、数量不足或一部灭失（旧法第565条）、标的物上附有他人的用益物权（旧法第566条）、标的物上附有他人担保物权（旧法第567条）等情形。关于物的瑕疵担保，民法规定了隐蔽的瑕疵（旧法第570条），其法律效果为准用标的物上附有他人的用益物权的情形的规定（旧法第566条）。

关于上述瑕疵担保责任，明治民法的起草者认为其"不过是权利移转义务的当然结果"，不是独立的义务，本质上仍是债务不履行责任。[1] 但是，自20世纪20年代起，学说上开始主张瑕疵担保责任的法定责任说，并成为传统通说。法定责任说主张，财产权移转义务和担保责任之间有本质差异，前者是法律行为上的效果，而后者并非法律行为上的效果；由于当事人无法就特定物的性质作出法律行为效果上的约定（特定物教条），出卖人的合同义务仅止步于财产权的移转，财产权转移后，出卖人的合同义务就结束了；为了恢复对待给付的衡平，法律特别规定了瑕疵担保责任，因此，瑕疵担保责任在本质上不是债务不履行责任，而是以特定物为对象的、法定的无过失责任。[2]

依法定责任说，瑕疵担保责任和债务不履行责任有显著差异：(1)关于瑕疵的判断时点，瑕疵担保责任认为是缔约时，缔约之后的性质恶化时按照"现物交付原则＋善良管理人的保存义务"处理（旧法第483条、旧法第400条），而债务

---

〔1〕 梅謙次郎『民法要義卷之三債權編〔訂正增補第三十四版〕』（有斐閣書房，1914年）486頁参照。

〔2〕 石田文次郎『財産法における動的理論』（巌松堂書店，1928年）362頁；鳩山秀夫『增訂改版日本債權法各論（上卷）』（岩波書店，1934年）309頁以下；我妻栄『債權各論中卷一』（岩波書店，1957年）270頁以下；柚木馨『売主瑕疵担保責任の研究』（有斐閣，1963年）166頁以下参照。

不履行责任认为是交付时;(2)关于出卖人的归责事由,瑕疵担保责任采不要说,债务不履行责任采必要说;(3)关于买受人的补正请求权(瑕疵修补请求权和代物交付请求权),瑕疵担保责任认为补正请求权系履行请求权的延伸,不是瑕疵担保责任的内容,而债务不履行责任中则包含补正请求权;(4)关于损害赔偿,瑕疵担保责任认为履行利益的赔偿系给付义务的变形,不是瑕疵担保责任的内容,瑕疵担保责任只包含信赖利益,而债务不履行责任则承认履行利益;(5)关于解除,瑕疵担保责任以合同目的不达为前提,允许买受人即时解除合同(旧法第570条、第566条第1款),而债务不履行责任不以合同目的不达为前提,但区分瑕疵可否补正,若不能补正,按履行不能的规则允许即时解除,若可以补正,按履行迟延的规则允许催告解除;(6)关于减价,瑕疵担保责任中只有部分类型允许买受人主张减价请求权(旧法第563条、第565条),而债务不履行责任中减价是合同的一部解除的问题;(7)关于权利行使期限,瑕疵担保责任设有1年的行使期限(旧法第570条、第566条第3款),而债务不履行责任适用10年的普通消灭时效期间(旧法第167条第1款)。

上述区分建立在特定物教条的基础上,除了教条本身外,实质依据不足。自20世纪60年代起,合同责任说兴起。合同责任说主张,当事人就特定物的品质、性能也能够形成法律行为上的效果,担保责任在本质上就是债务不履行责任。[1] 依合同责任说,瑕疵担保责任只是债务不履行责任的特则,当瑕疵担保责任的部分无规定时,就适用债务不履行的一般规定。这套规则体系,无论是特定物还是非特定物,都可以适用。在判例上,最高裁判所1961年判例认为,当买受人认识到瑕疵的存在并容忍其履行时,适用瑕疵担保责任,但是除此之外的情况则适用债务不履行责任的履行请求权、损害赔偿请求权和解除权。[2] 这样,判例在维持瑕疵担保责任的法定责任说的前提下,大幅限缩了其适用范围。

经过近半个世纪的论战,合同责任说已经取代法定责任说,成为新的学界通说。此次改革对买卖合同的修改就是在上述学说变迁的背景下展开的,全面反

〔1〕 北川善太郎『契約責任の研究』(有斐閣,1963年)168頁以下;星野英一「瑕疵担保の研究——日本」同『民法論集第3巻』(有斐閣,1972年)171頁以下;五十嵐清『比較民法学の諸問題』(1976年)80頁以下;森田宏樹『契約責任の帰責構造』(有斐閣,2002年)241頁以下;潮見佳男『契約各論Ⅰ』(信山社,2002年)190頁以下参照。

〔2〕 最高裁判所1961年12月15日判決,最高裁判所民事判例集15巻11号2852頁。

映了合同责任说的立场。在立法论层面,传统理论在卖主义务上的三大区分,即财产权移转义务和担保责任的区分、权利瑕疵和物的瑕疵的区分以及特定物和非特定物的区分,已失去存在的必要,立法上应当建立起统一的救济体系。这一立法目标在此次改革中已经基本实现。新法在整体构造上的变化如下。

第一,特定物和非特定物的区分被否定,特定物的性质不符合合同约定时,也适用补正请求权、催告解除权等债务不履行责任的救济方式(参见新法第 562 条、第 565 条的解说)。

第二,"瑕疵"概念被废止,为"不符合合同约定"所取代。(1)权利瑕疵和物的瑕疵的区分以及各自内部的类型被打破,救济方式被统一。改革之前,旧法关于各种瑕疵类型,规定了各自的救济方式(旧法第 561 ~ 570 条),之间以大量准用条款相连接,适用关系紊乱。在新法中,这些条款全部被删除,为三条关于物的瑕疵的救济方式的条款(新法第 562 ~ 564 条)和一条权利瑕疵对物的瑕疵的准用条款(新法第 565 条)所取代。(2)"隐蔽的瑕疵"概念被废止。改革之前,旧法中有若干条款规定,买受人对瑕疵的存在为恶意时,排除或限制瑕疵担保责任的适用(旧法第 561 ~ 563 条、第 565 条、第 566 条及第 570 条)。新法的立场是,即使买受人知道标的物有"瑕疵",出卖人也未必不负担保责任。仅以买受人的恶意就剥夺其基于标的物不符合约定的救济手段,缺乏合理性。〔1〕 在新法中,买受人的主观认识状态只是判断标的物"是否符合合同约定"的一个考量因素而已。

第三,虽然"瑕疵"概念被废止,但是"担保责任"概念依然保留。新法的立场是,"担保责任"一词在明治民法起草之时就是在"出卖人担保标的物的某种权利或性质"的含义上使用的,就是指代标的物不符合约定所引发的债务不履行责任。〔2〕 即便如此,担保责任和财产权移转义务等其他债务不履行责任之间的区别在新法中仍然存在(新法第 565 条、第 566 条)。

---

〔1〕 部会資料 75A,21 頁参照。

〔2〕『法制審議会民法(債権関係)部会第 97 回会議議事録』(2014. 12. 16)38 頁(内田貴発言)参照。

一、定金(新法第557条)

新法第557条 (一)买受人向出卖人交付定金的,买受人可以放弃该定金,出卖人可以现实提供双倍定金,从而解除合同。但是,相对人已着手履行合同后,不在此限。 (二)第五百四十五条第四款的规定,不适用于前款的情形。
旧法第557条 (一)买受人向出卖人交付定金的,于一方当事人着手履行合同前,买受人可以放弃该定金,出卖人可以偿还双倍定金,从而解除合同。 (二)第五百四十五条第三款的规定,不适用于前款的情形。

本条规定了买卖的定金。与中国法不同,日本法以解约定金为原则,当事人交付定金时就定金的性质无明确约定的,推定为解约定金(旧法第557条)。新法对旧法第557条第1款作了两处修改,对第2款未作实质变动。

第一处修改是将“于一方当事人着手履行合同前”改为“相对人已着手履行合同后,不在此限”。原因是,“一方当事人”这一表述会使人误以为着手履行合同的一方当事人自己也不能解除合同。判例的立场是,本条只是为了保护着手履行合同的一方当事人的信赖,限制非着手履行方的解除,不妨碍着手履行方自己行使解除权。[1] 此处修改是对判例的明文化。

第二处修改是将“偿还”改为“现实提供”。这也是对判例的明文化。[2]

---

〔1〕 最高裁判所1965年11月24日判决,最高裁判所民事判例集19卷8号2019頁。

〔2〕 最高裁判所1976年12月20日判决,判例時報843号46頁。

二、出卖人的义务(新法第560条、第561条)

(一)出卖人的对抗要件具备义务(新法第560条)

新法第560条 出卖人向买受人负有使其具备登记、注册及其他关于买卖标的权利移转的对抗要件的义务。

本条系新增,规定了出卖人的对抗要件具备义务。

日本法上,物权变动采意思主义,缔约时所有权即移转,似乎不存在财产权转移义务。但是,在物权变动论上,所有权的移转时点可能在缔约之后(不完全物权变动说),而且当事人之间也可能有所有权移转时点的特约,所以财产权移转义务是存在的。[1] 除此之外,买受人若不具备对抗要件,则无法安全、终局地取得所有权。通说和判例认为,出卖人负有使买受人具备对抗要件的义务,这是出卖人的财产权移转义务的一部分。[2] 本条是对判例和通说的明文化。

(二)他人物买卖(新法第561条)

新法第561条 以他人的权利(包括权利的一部属于他人的情形中该权利的一部)为买卖标的的,出卖人负有取得该权利并移转至买受人的义务。
旧法第560条 以他人的权利为买卖标的的,出卖人负有取得该权利并移转至买受人的义务。

本条规定了他人物买卖的效力以及出卖人的义务,即他人物取得移转义务。

关于旧法第560条规定的他人物取得移转义务的性质,存在立场分歧:(1)法定责任说。在他人物买卖的情形,所有权移转义务本来因原始履行不能

〔1〕 中田裕康『契約法』(有斐閣,2017年)288頁参照。

〔2〕 我妻栄『債権各論中巻一』(岩波書店,1957年)267頁;大審院1920年11月22日判決,大審院民事判決録26輯1856頁参照。

而无效,但是本条特别规定了他人物取得移转义务,所以其性质为法定责任。[1] (2)债务不履行责任说。标的物归属于他人的事实只是主观不能,不足以使所有权移转义务无效。从立法史上看,法国法规定他人物买卖无效(《法国民法典》第1599条),勃瓦索纳多旧民法也采用这一规定(财产取得编第42条第1款)。但是,明治民法立法时未承袭旧民法的上述规定,而是参考了比利时和德国的民法草案,在第555条明确规定出卖人负有所有权移转义务,又在旧法第560条规定了他人物买卖时的他人物取得移转义务。从这个角度来看,不仅他人物取得移转义务是债务不履行责任,而且旧法第561~564条也具有债务不履行责任的性质。[2] 本条新增的括号内容即旨在将旧法第563条(标的物的权利部分属于他人)的情形和旧法第560条(标的物的权利完全属于他人)的情形一体处理。

新法在旧法第560条的"他人的权利"后增添了括号内容,明确了标的物的一部属于他人时出卖人也有他人物取得移转义务。

(三)关于出卖人义务的一般规定

此次改革中,财产权移转义务和担保责任之间的区分被打破,包括权利瑕疵和物的瑕疵在内的所有担保责任和财产权移转义务被统合在一起(债务不履行责任一元化)。[3]

本来,在本条的位置上应当设有一条以"不符合合同约定"为标准的,能够概括所有出卖人义务的一般规定。《中间试案》35-3曾经统一规定了:(1)包括交付义务、对抗要件具备义务在内的财产权移转义务;(2)使标的物符合合同约定的义务;(3)使标的权利符合合同约定的义务;(4)他人物买卖时(包括标的物的一部属于他人时)的他人物取得移转义务。[4] 但是,这一规定在《要纲草案》的决定阶段被删除,只留下了其中的(1)和(4),分别对应新法第560条和新法第561条。删除的理由是,补正请求权(新法第562条)的规定包含了(2)和

---

〔1〕 高木多喜男『不動産法の研究』(成文堂,1981年)77頁参照。

〔2〕 山下末人「担保責任と債務不履行」『契約法大系Ⅱ』(有斐閣,1962年)135頁;柚木馨=高木多喜男編『新版注釈民法(14)』(有斐閣,1993年)192頁(高橋真執筆)参照。

〔3〕 大村敦志=道垣内弘人編『民法(債権法)改正のポイント』(有斐閣,2017年)400頁(石川博康執筆)参照。

〔4〕 部会資料81-1,5頁参照。

(3)的情形,所以不必重复规定。[1] 按照立法的原理,本来应当先规定出卖人提供符合合同约定的物或权利的义务,再规定相应的救济方式。结果,新法现在在未明确义务来源的前提下就直接规定了救济方式,给人一种法定责任的错觉。从“条文应当能够清楚地反映立法意图”的角度来看,这不得不说是一种倒退。[2]

三、标的物或权利不符合合同约定时的买受人的救济手段(新法第562～565条)

(一)履行补正请求权(新法第562条)

> **新法第562条**
>
> (一)交付的标的物的种类、品质或数量不符合合同内容的,买受人可以请求出卖人修补标的物、交付替代物或交付不足部分,以补正其履行。但是,出卖人未使买受人承受不适当的负担的,可以以不同于买受人请求的方法补正其履行。
>
> (二)前款的不符合系因可归责于买受人的事由所致的,买受人不得请求同款规定的履行的补正。

本条系新增,规定了买主的履行补正请求权(以下简称补正请求权)。[3] 补正请求权的内容包括瑕疵修补请求权、替代物交付请求权、不足部分的继续履行

---

〔1〕 部会資料83－2,42頁参照。

〔2〕 日本弁護士連合会編『実務解説改正債権法』(弘文堂,2017年)378頁参照。

〔3〕 补正请求权的日文为“追完請求権”。日本民法中被称为“追完”的有两个概念,容易产生误解,有必要澄清。一是本条所涉的作为“瑕疵修補請求権”和“代替物給付請求権”的上位概念的“履行追完請求権”(Nacherfüllunganspruch),本书译为“补正请求权”(参见史尚宽:《债权各论》,中国政法大学出版社2000年版,第42页)。二是法律行为因欠缺效果归属要件(处分权、代理权)而处于效力待定状态时通过真正的权利人的追认或嗣后取得权利从而满足效果归属要件意义上的“追完”(Konvalenzenz),译为“完补”(参见王泽鉴:《民法学说与判例研究》(第4册),中国政法大学出版社1998年,第146页)。在日本法上,限制行为能力人的行为的效果是可撤销,法定代理人的追认被定性为撤销权的放弃(参见新法第124条的解说),不是完补;无权代理行为的效果的确是效力待定,本人亦享有追认权,但是除了追认之外日本法不承认其他的完补方式(第113条),讨论完补的概念没有实益;无权处分行为的权利移转效果在日本法上就是无效,只有部分学者会提到完补的概念,以追求无须再次合意以及溯及力的效果[四宮和夫＝能見善久『民法総則(第8版)』(弘文堂,2010年)258頁参照]。

请求权。

1. 合同责任说的基本立场

改革之前，旧法关于物的瑕疵担保责任只有一条，即旧法第570条，其内容为准用权利瑕疵担保中的旧法第566条的规定（标的物上附有他人用益物权的情形）。其法律效果为解除和损害赔偿，并无补正请求权。整个民法中，关于补正请求权的规定只有关于承揽合同的旧法第634条（现已因本条的规定而被删除）。在传统理论上，补正请求权是履行请求权在非特定物上的效果，就特定物的瑕疵允许买受人主张履行的补正，则意味着承认瑕疵担保责任具有债务不履行责任的性质。可以说，补正请求权是法定责任说和合同责任说的重要争议点。法制审议会认为，现代社会中存在大量的房屋、二手车买卖等交易，对于这些交易严格按照特定物和非特定物的分类适用不同的规则，并不具有合理性。因此，本条规定了补正请求权，明确显示了合同责任说的基本立场。[1]

2. 补正方法的选择及限制（第1款）

本条第1款规定了瑕疵修补请求权、替代物交付请求权和不足部分的继续履行请求权等三种补正的方法。这里需要注意的是，本条对数量瑕疵和品质瑕疵作了一体规定。在履行无品质瑕疵仅履行不足的情形下，买受人可以请求出卖人继续履行不足部分；在履行数量充足但有品质瑕疵时，买受人可以在瑕疵修补请求权和替代物交付请求权中选择补正的方法（第一次选择权）。买受人的选择权并不是绝对的，当出卖人选择的其他方法不会给买受人带来“不适当的负担”时，允许出卖人依其选择的方式进行补正。

3. 不符合合同约定系基于可归责于买受人的事由的情形（第2款）

本条第2款规定，标的物不符合合同约定系因可归责于买受人的事由所致时，买受人不享有补正请求权。这是补正请求权、减价请求权和解除权所共通的规定（详见新法第563条、第564条的解说）。[2]

---

〔1〕 部会資料75A，12頁参照。

〔2〕 部会資料81－3，9頁参照。

（二）减价请求权（新法第563条）

> **新法第563条**
>
> （一）于前条第一款本文规定的情形下，买受人规定适当期间催告履行的补正，而该期间内无履行的补正的，买受人可以按照不符合的程度请求减少价金。
>
> （二）虽有前款的规定，于下列情形下，买受人无须为同款的催告，可以即时请求减少价金。
>
> 1. 履行补正不能的。
>
> 2. 出卖人明确表示拒绝履行补正的意思的。
>
> 3. 依合同的性质或当事人的意思表示，非于特定的时日或一定的期间内不履行则不能达成缔约目的的情形，出卖人未补正履行而该期间已经过的。
>
> 4. 除前三项所列情形外，买受人即使为前条的催告，也显然不能期待受有履行的补正的。
>
> （三）第一款的不符合系因可归责于买受人的事由所致的，买受人不得依前两款的规定请求减少价金。

本条系新增，规定了买主的减价请求权。

1. 减价请求权的扩张

改革之前，旧法中只有第563条（标的物的一部属于他人）和第565条（数量指示买卖中的数量不足或一部灭失）规定了买受人的减价请求权。之所以不设一般性规定，理由是物的瑕疵不存在比例，无法计算减价额。但是，即便在旧法中，因瑕疵导致的价值减损的部分也允许请求损害赔偿，所以“无法计算减价额”的说法不足以否定减价请求权。新法明确承认，标的物不符合合同约定时，减价请求权是维持合同对价均衡的一般性的救济方式。[1]

2. 减价请求权的“一部解除构成”

新法认为，减价请求权具有一部解除的性质，因此，关于减价请求权的要件

〔1〕 部会資料75A，14頁参照。

套用了解除的规则。(1)本条第 1 款规定，买受人在行使减价请求权之前，原则上要先进行催告，这和催告解除的规则一致(新法第 541 条)。这一规定显示了补正请求权优先于减价请求权。(2)本条第 2 款规定了无须催告的即时减价请求权，其要件和即时解除的规则一致(新法第 542 条)。(3)本条第 3 款规定，标的物不符合合同约定系因可归责于买受人的事由所致的，买受人不得请求减价。这也和解除的规则一致(新法第 543 条)。当标的物的瑕疵系因不可归责于出卖人的原因发生的不能补正的瑕疵时，买受人虽然不能主张补正请求和损害赔偿，但不妨碍其主张减价。[1]

最后，和解除权一样，减价请求权的性质为形成权，在诉讼外依买受人一方的意思表示即发生效力。[2]

(三)损害赔偿请求权及解除权(新法第 564 条)

> **新法第 564 条**
>
> 前两条的规定，不妨碍依第四百一十五条的规定请求损害赔偿以及依第五百四十一条及第五百四十二条的规定行使解除权。

本条系新增，规定了买受人的损害赔偿请求权及解除权。本条的规定有两个层面的意义：一是赋予买受人以损害赔偿请求权及解除权；二是调整补正请求权、减价请求权、损害赔偿请求权、解除权等四种救济方式之间的关系。

1. 损害赔偿请求权及解除权的意义

新法第 415 条(损害赔偿)、第 541 条(催告解除)和第 542 条(即时解除)为债务不履行的一般救济方式。本条就物的瑕疵担保责任适用上述规定，显示了新法采用合同责任说。

具体而言，本条与旧法相比在以下方面有显著不同：(1)关于损害赔偿，按照传统的法定责任说，瑕疵担保责任的损害赔偿为无过失责任，赔偿内容为信赖利益赔偿。新法对损害赔偿要求归责事由，但不是过失责任，赔偿内容为履行利益(参见新法第 415 条的解说)。(2)关于解除，按照传统的法定责任说，标的物

---

〔1〕 大村敦志 = 道垣内弘人編『民法(債権法)改正のポイント』(有斐閣，2017 年)406 頁以下(石川博康執筆)参照。

〔2〕 部会資料 75A，15 頁参照。

为特定物的,仅在瑕疵致合同目的不能实现时才可以解除(旧法第 566 条、第 570 条),其他情形只能请求损害赔偿;标的物为非特定物的,瑕疵有补正可能性的类推适用履行迟延的催告解除,无补正可能性的类推适用履行不能的即时解除,无论何种都不受合同目的不达的限制。在新法中,特定物和非特定物的区分被消除,适用统一的规则。当标的物的瑕疵达到合同目的不能实现的程度时,买受人可以即时解除合同(新法第 542 条);反之,当标的物的瑕疵未达到合同目的不能实现的程度,但也并非轻微时,买受人可以行使催告解除权(新法第 541 条)。瑕疵担保责任的内容包括催告解除整个合同这一点对实务的影响非常大。这是新法赋予买受人应对瑕疵问题的撒手锏。

2. 四种救济方式之间的关系

依本条的规定,补正请求权和减价请求权不影响损害赔偿请求权和解除权的行使。在四种救济方式中,解除权和减价请求权的行使有形成效力。解除权一旦行使,除了损害赔偿请求权外(新法第 545 条第 4 款),补正请求权和减价请求权都会受到影响,这是理论的必然归结。问题是,减价请求权行使之后,补正请求权是否必然受到影响?如果认为买受人一旦要求减价即丧失补正请求权,那么势必妨碍继续交涉。一方面,失权可能出乎买受人的意料;另一方面,知道减价请求会导致失权的买受人会因担心失权而不敢采用轻易提出降价的请求。对此,《中间试案》35 – 5(3)曾经建议规定减价请求权的行使以补正请求权的放弃为前提。[1] 这样,不放弃补正请求权而直接要求“减价”的行为只是要求降价的要约。不过,法制审议会最终放弃了对救济方式之间的关系作更为具体的规定。[2]

(四)权利不符合合同约定时的买受人的救济手段(新法第 565 条)

> **新法第 565 条**
>
> 出卖人移转至买受人的权利不符合合同内容的情形(包括权利的一部分属于他人的情形中未移转该权利的一部分时),准用前三条的规定。

---

〔1〕 法務省民事局参事官室編『民法改正中間試案の補足説明』(信山社,2013 年)410 頁参照。

〔2〕 部会資料 75A,16 頁参照。

旧法第 561 条

于前条的情形下，出卖人不能取得其出卖的权利并移转至买受人的，买受人可以解除合同。于此情形下，买受人于订立合同时知道该权利不属于出卖人的，不得请求损害赔偿。

旧法第 562 条

（一）出卖人于缔约时不知其出卖的权利不属于自己的情形，于不能取得该权利并移转于买受人的，出卖人可以赔偿损害，而解除合同。

（二）于前款的情形下，买受人于缔约时知道其买受的权利不属于出卖人的，出卖人只需将不能移转其变卖的权利之事通知买受人，即可解除合同。

旧法第 563 条

（一）出卖人因买卖标的权利的一部属于他人而不能使之移转至买受人的，买受人可以按不足部分的比例，请求减少价金。

（二）于前款的情形下，若仅有剩余部分则买受人无意买受的，善意的买受人可以解除合同。

（三）价款减额的请求或合同的解除，不妨碍善意的买受人请求损害赔偿。

旧法第 565 条

指定数量的买卖的标的物数量不足，或物的一部于缔约时既已灭失的情形下，买受人不知其不足或灭失的，准用前两条的规定。

旧法第 566 条

（一）买卖的标的物为地上权、永佃权、地役权、留置权或质权的标的的情形，买受人不知其事且合同目的因此不能达成的，买受人可以解除合同。于此情形，买受人不能解除合同的，仅可以请求损害赔偿。

（二）声称为买卖标的不动产存在的地役权不存在，以及该不动产在存在已登记的租赁的情形，准用前款的规定。

（三）于前两款的情形下，合同的解除或损害赔偿的请求，应自买受人知道事实起一年内为之。

> **旧法第 570 条**
>
> 买卖标的物存在隐蔽的瑕疵的，准用第五百六十六条的规定。但是，强制拍卖的情形，不在此限。

本条规定了权利瑕疵担保责任的救济方式。

旧法第 561 ~ 567 条就各种权利瑕疵的类型规定了不同的担保责任，在此基础上旧法第 570 条规定物的瑕疵担保责任准用其中的第 566 条（标的物上附有他人的地上权等权利时的担保责任）。在新法中，两者的规定顺序被调整。新法先于第 562 ~ 564 条规定了物的瑕疵担保责任的救济方式，之后于本条中规定权利瑕疵担保责任准用新法第 562 ~ 564 条。相应地，旧法第 561 ~ 567 条被删除。在本条的适用范围内，权利瑕疵担保责任和物的瑕疵担保责任的内容基本一致，两者的区别主要在于权利期限（参见新法第 566 条的解说）。

关于本条的适用范围，本条的括号中只写明"包括权利的一部分属于他人的情形中未移转该权利的一部分时"。这意味着，权利全部属于他人的情形（他人物买卖）不适用本条。理由是，担保责任处理的标的物"不符合合同约定"的情形，而标的物完全属于他人时，出卖人的权利移转义务完全未履行，这不属于"不符合合同约定"。[1]

四、买受人的权利的期间限制（新法第 566 条）

> **新法第 566 条**
>
> 出卖人向买受人交付了在种类或品质上不符合合同内容的标的物时，买受人自知道该不符合时起一年内未将此事通知出卖人的，买受人不得以该不符合为由作出履行补正的请求、价金减额的请求、损害赔偿的请求及合同的解除。但是，出卖人于交付时知道或因重过失而不知该不符合的，不在此限。

---

〔1〕 部会資料 84 - 3，13 頁参照。

旧法第 564 条

前条规定的权利，于买受人善意时自知道事实之时起，于买受人恶意时自缔约之时起，各自应于一年内行使。

旧法第 566 条

（一）买卖的标的物为地上权、永佃权、地役权、留置权或质权的标的的情形下，买受人不知其事且合同目的因此不能达成的，买受人可以解除合同。于此情形下，买受人不能解除合同的，仅可以请求损害赔偿。

（二）声称为买卖标的不动产存在的地役权不存在的情形，以及该不动产存在已登记的租赁的情形下，准用前款的规定。

（三）于前两款的情形下，合同的解除或损害赔偿的请求，应自买受人知道事实起一年内为之。

本条规定了物的瑕疵担保责任的期间限制。新法对旧法作了根本性的修改（此处不一一画线指出修改之处）。

明治民法就不同类型的瑕疵规定了各自的担保责任，所以关于买受人权利的行使期限也不存在统一的规定。以下类型的瑕疵有一年的行使期限：（1）标的物的权利的一部属于他人的情形以及指定数量买卖中数量不足或一部灭失的情形（旧法第 563 条、第 565 条），买受人善意时自知道事实之时起，买受人恶意时自缔约之时起，各自应于一年内行使减价请求权、解除权和损害赔偿请求权（旧法第 564 条）。（2）标的物上附有他人的用益物权等权利的情形以及标的物有隐蔽的瑕疵的情形（旧法第 566 条、第 570 条），买受人应当自知道事实起一年内行使解除权或损害赔偿请求权（旧法第 566 条第 3 款）。

上述两种情形，无论是旧法第 564 条还是旧法第 566 条第 3 款，条文表述都是“权利行使”。关于权利行使的方式，最高裁判所 1992 年判例认为，买受人为了保存瑕疵担保责任的权利，无须在期间内以诉讼的方式行使权利，但是买受人至少要向出卖人表明其欲追究出卖人的瑕疵担保责任的意图，并明示损害赔偿额的依据。[1] 基于瑕疵担保责任的买受人的权利不仅适用 1 年的权利行使期间，同时也适用以标的物的交付为起算点的普通时效（改革前为 10 年）。[2]

在改革过程中，由于改革方向是承认瑕疵担保责任为债务不履行责任，所以有意见认为不必为瑕疵担保责任规定专门的行使期限。《中间试案》35－6 对此提出过甲乙两个提案，甲案建议和债务不履行责任一体化，乙案建议为瑕疵担保责任设置 1 年的短期时效。在之后的审议中，甲案被废弃，本条的规定是在乙案的基础上形成的。立法理由如下：(1)出卖人交付标的物之后会对合同履行已终了产生期待，这一期待值得保护；(2)标的物交付后，随着标的物的使用和自然劣化，标的物是否存在瑕疵越来越难以判断，因此有必要设置较短的权利期限使法律关系尽早安定下来；(3)至于为何不采短期时效，是因为"一年内必须作出权利行使的决定否则即失权"的构造对买受人保护不周。上述最高裁判所 1992 年判例所采的标准比起立法的文意而言的确有所缓和，但是仍然给买受人施加了过重的负担。因此，新法将权利保存的标准继续缓和为买受人的通知义务。[3]

关于通知义务的内容，新法的立场是，和《商法》第 526 条第 2 款规定的通知的程度相同。该通知只是为了使出卖人知悉此事并做好应对之策，所以只需将瑕疵和数量不足的种类及大致范围告诉出卖人即可，无须表明追究其瑕疵担保责任的意图和损害赔偿额的计算依据。[4]

最后，关于本条的适用范围，有必要指出以下两点：(1)本条只适用于物的瑕疵，不适用于权利瑕疵。原因是，财产权移转义务的不完全履行并不是一个过了较短的期间就难以判断的瑕疵类型。(2)本条只适用于种类和品质引起的物的瑕疵，不适用于数量引起的物的瑕疵。原因是，数量上的不完全履行在标的物交付时比较容易判断，出卖人对合同履行已终了的期待无须高强度保护。[5]

---

〔1〕 最高裁判所 1992 年 10 月 20 日判决，最高裁判所民事判例集 46 卷 7 号 1129 頁。

〔2〕 最高裁判所 2001 年 11 月 27 日判决，最高裁判所民事判例集 55 卷 6 号 1311 頁。

〔3〕 部会資料 75A，23－24 頁参照。

〔4〕 大審院 1922 年 4 月 1 日判决，大審院民事判例集 1 卷 155 頁。

〔5〕 部会資料 75A，24 頁参照。

五、标的物灭失的风险负担(新法第 567 条)

> **新法第 567 条**
>
> (一)出卖人向买受人交付了标的物(仅限作为买卖的标的已特定者。以下于本条同)的情形下,自交付时以后该标的物因不可归责于双方当事人的事由而灭失或毁损的,买受人不得以该灭失或毁损为由作出履行补正的请求、价金减额的请求、损害赔偿的请求及合同的解除。于此情形,买受人不得拒绝支付价金。
>
> (二)出卖人虽以符合合同内容的标的物,就交付标的物的债务作出了履行的提供,但买受人拒绝接受或不能接受该履行的情形下,自履行的提供作出以后该标的物因不可归责于双方当事人的事由而灭失或毁损的,亦与前款同。

本条规定了买卖合同中的标的物风险负担的交付主义。

关于风险负担,旧法第 534 条一般性地规定了特定物之债的债权人主义,但是在此次改革中被废止(详见旧法第 534 条的解说)。新法中,无论是特定物还是种类物,风险负担的基本原则为债务人主义。当然,这并不意味着债务人在任何情况下都必须承担风险,直至债务消灭。本条第 1 款即规定,买卖合同的风险负担规则采交付主义,毁损灭失的风险与标的物的支配一起移转。[1]

本条的适用以特定物和已被特定的种类物为前提,不适用于未特定的种类物(本条第 1 款括号内容)。这包含两层问题:(1)标的物已交付但未被特定的情形不适用本条的规定。该情形中,标的物因不符合合同约定而无法被特定。例如,合同约定标的物为 iPhone X 而出卖人交付了 iPhone 8 时,即便标的物交付后因不可归责于双方的原因而毁损灭失,但由于标的物未特定,风险不移转至买受人(至于何种程度的不符合才足以导致交付的物“不特定”,尚有解释的空间)。(2)标的物已特定但未交付的情形下,依本条的规定,也不发生风险移转。例如,在往取之债中,“分离 + 通知”足以使标的物特定(第 401 条),但是在标的

〔1〕 部会資料 75A,30 頁参照。

物交付之前，风险不移转至买受人。此外，在解释论上有重要意义的是，本条第1款不仅规定了价金风险的移转，而且规定了给付风险的移转（补正请求权）。在本条的解释上有可能得出“在标的物特定之后交付之前，给付风险不移转”的结论。[1] 这相当于在第401条中开辟了一个特则，即买卖合同中，给付风险和价金风险的移转时点是一致的。

六、拍卖中的买受人的权利的特则（新法第568条）

新法第568条 （一）基于民事执行法及其他法律规定的拍卖（以下于本条中仅称“拍卖”）中的买受人，可以依第五百四十一条及第五百四十二条的规定以及第五百六十三条（含第五百六十五条中的准用情形）的规定，向债务人行使合同解除权或请求减少价金。 （二）于前款的情形下，债务人无资力的，买受人可以向受有价金分配的债权人请求返还该价金的全部或一部分。 （三）于前两款的情形下，债务人明知物或权利不存在却不声明的，或债权人明知物或权利不存在却请求拍卖的，买受人可以向其请求损害赔偿。 （四）前三款的规定，不适用于拍卖标的物的种类或品质不符合合同约定的情形。
旧法第568条 （一）强制拍卖中的买受人得依第五百六十一条至前条的规定，向债务人行使合同解除权或请求减少价金。 （二）于前款的情形下，债务人无资力的，买受人可以向受有价金分配的债权人请求返还该价金的全部或一部分。

〔1〕 大村敦志＝道垣内弘人編『民法（債権法）改正のポイント』（有斐閣，2017年）416頁（石川博康執筆）参照。

（三）于前两款的情形下，债务人明知物或权利不存在却不声明的，或债权人明知物或权利不存在却请求拍卖的，买受人可以向其请求损害赔偿。

旧法第 570 条

买卖标的物存在隐蔽的瑕疵的，准用第五百六十六条的规定。但是，强制拍卖的情形，不在此限。

本条规定了拍卖中的瑕疵担保责任的特则。与旧法第 568 条相比，新法有以下两处变动。

首先，本条第 1 款将旧法第 568 条中的"强制拍卖"修改为"拍卖"。这一修改并未实质性地扩大本条的适用范围，只是改换了表述。在日本民事执行法上，拍卖有三种类型：(1)强制拍卖（《民事执行法》第 45 条以下）；(2)实现担保物权的拍卖（《民事执行法》第 180 条以下）；(3)留置权拍卖和形式拍卖（《民事执行法》第 195 条）。需要注意的是，旧法第 568 条使用的"强制拍卖"一词并不特指《民事执行法》第 45 条以下规定的强制拍卖，而是泛指"基于国家权力的强制性的变价方式"，严格而言应当称为"强制变价"。[1] 新法改换本款的表述只是为了避免误解。

其次，本条新增了第 4 款，规定本条前三款不适用于物的瑕疵。该款来自旧法第 570 条的但书。拍卖的情形之所以排除物的瑕疵担保责任的适用，系基于以下理由：第一，欠缺债务人的意思。拍卖是在债权人的申请下进行的，债务人并不参与。第二，欠缺债权人的归责性。债权人拍卖的是他人之物，对物的性质并不了解。第三，买受人的自己责任。拍卖的标的物多少会有些瑕疵，买受人对此应当有所了解，并在此之上参加拍卖。[2] 对于旧法第 570 条但书的立法，有反对意见认为，对于物的瑕疵完全不给予买受人任何保护的做法有失平衡。[3]《中间试案》35－9(1)曾经建议在买受人善意、物的瑕疵致使合同目的不能实现

---

〔1〕 柚木馨＝高木多喜男編『新版注釈民法(14)』(有斐閣，1993 年)247 頁(柚木馨＝高木多喜男執筆)参照。

〔2〕 山本敬三『民法講義Ⅳ－1 契約』(有斐閣，2005 年)309 頁参照。

〔3〕 柚木馨＝高木多喜男編『新版注釈民法(14)』(有斐閣，1993 年)371 頁(柚木馨＝高木多喜男執筆)参照。

的前提下，允许拍卖也适用物的瑕疵担保责任。但是，在第三阶段的公众意见中有反对意见提出，拍卖适用物的瑕疵担保责任会增加拍卖结果被推翻的概率，使受领分配的债权人的地位处于不安状态，而且法院为了确保拍卖的安定，会更慎重地组织拍卖，影响拍卖的速度，这会使拍卖变成一个很“难用”的制度。[1] 这是一个以牺牲买受人的利益为代价，确保债权人（主要是银行）迅速安全地受领拍卖价金分配的“公众意见”。最终，新法未采纳《中间试案》的建议，基本维持了旧法第570条。

七、标的物上有抵押权等担保物权时的买受人的费用偿还请求权（新法第570条）

新法第570条 买受的不动产上存在<u>不符合合同内容的</u>先取特权、质权或抵押权的情形下，买受人支出费用而保存该不动产的所有权的，买受人可以请求出卖人偿还该费用。
旧法第567条 <u>（一）买受人因存在于买卖标的不动产上的先取特权或抵押权的行使而丧失其所有权的，买受人可以解除合同。</u> （二）买受人支出费用而保存其所有权的，可以请求出卖人偿还该费用。 <u>（三）于前两款的情形下，买受人受损害的，可以请求损害的赔偿。</u>

本条规定了买受人为消灭标的物上所附的抵押权等担保物权而支出费用时对出卖人所享有的费用偿还请求权。新法删除旧法第567条第1款和第3款，保留并修改了第2款。

1. 旧法第567条第1款和第3款被删除

旧法第567条第1款和第3款规定，不动产的买受人因标的物上所附的抵押权等担保物权的实现而丧失所有权时，可以解除合同或向出卖人请求损害赔

---

〔1〕 部会資料75A，26頁参照。

偿。新法的立场是，财产权移转义务是出卖人的合同义务，标的物上附有的担保物权的实现使买受人丧失所有权的情形属于典型的债务不履行。因此，无论在担保物权的实现之前还是之后，买受人都可以依照债务不履行的一般原则解除合同或请求损害赔偿。[1] 故新法删除了旧法第 567 条第 1 款和第 3 款。在新法中，除了解除和损害赔偿外，补正请求（如出卖人的抵押权消灭义务）和减价（以买受人已为第三人清偿为前提）也成为可能的救济选项。[2]

2. 增添“不符合合同内容的”

旧法第 567 条第 2 款规定，买受人支出费用而保存其所有权时，可以向出卖人请求费用偿还。这里所谓“支出费用而保存其所有权”，即指买受人通过第三人清偿（第 474 条）、代价清偿（第 378 条）或抵押权消灭请求（第 379 条，2004 年现代语改革之前称为“涤除”）等方式使抵押权消灭。不过，在实务中，买受人购买附担保物权的不动产时通常采用“买受人支付扣除债权额后的价金并承担债务”的模式。关于恶意的买受人是否享有基于旧法第 567 条第 2 款的费用偿还请求权，有很大争议。依传统的法定责任说，出卖人的费用偿还义务是法定责任，即使买受人是恶意，也不当然影响费用偿还请求权，除非买受人作出放弃的意思表示。[3] 但是，依合同责任说，买受人可否向出卖人请求费用偿还取决于合同的约定。如果买受人有清偿债务以保存所有权的义务，那么无论买受人是善意还是恶意，都可以向出卖人请求费用偿还。反之，如果买受人承受了被担保债务并因此低价购入了标的物，那么合同的标的就是“附有抵押权的不动产”，而非旧法第 567 条所说的“不动产”，所以不适用旧法第 567 条第 2 款，出卖人不负担保责任。[4] 新法采合同责任说，《中间试案》曾经建议删除旧法第 567 条第 2 款，理由是买受人为保存所有权所支出的费用可以通过债务不履行的损害赔偿或基于第三人清偿的追偿权的一般规则解决。[5] 新法最终还是保留了旧法第 567 条第 2 款，但同时增添“不符合合同内容的”这一限定语，明确其合同责任

---

〔1〕 部会資料 43，39 頁；部会資料 75A，21 頁参照。

〔2〕 部会資料 75A，20 頁参照。

〔3〕 勝本正晃『契約各論第 1 巻』（有斐閣，1947 年）87 頁；大審院 1906 年 7 月 9 日判決，大審院民事判決録 12 巻 1112 頁参照。

〔4〕 中田裕康『契約法』（有斐閣，2017 年）297 頁参照。

〔5〕 部会資料 43，40 頁参照。

的性质。

3. 增添"质权"

旧法第 567 条第 2 款中列举了先取特权和抵押权,但是未提及质权。这涉及旧法第 567 条和第 566 条的适用区分。标的物上附有非占有移转型担保物权时,买受人的使用利益并不受影响,若出卖人清偿了被担保债务,买受人也能够取得完全的所有权,所以"交付的标的物上附有担保物权"这一点并不足以引发旧法第 567 条的担保责任。该责任仅在"买受人因担保物权的实现而丧失所有权"这个要件也满足时才发生(旧法第 567 条第 2 款的双要件)。这和标的物上附有用益物权的情形(旧法第 566 条)有很大不同。也正因如此,旧法第 567 条第 1 款没有规定质权(不动产质权)。标的物上附有不动产质权的情形下,买受人的使用利益也受到限制,所以不待旧法第 567 条第 1 款的要件满足即可寻求旧法第 566 条的救济。[1] 但是,明治民法的起草者遗漏了一点——买受人支出费用消灭不动产质权时,难道不能依照旧法第 567 条第 2 款向出卖人请求费用偿还? 即使在法定责任说的时代,通说也认为,旧法第 567 条第 1 款未列举"质权"纯粹是立法者的遗漏,不动产质权也应当在适用范围内。[2]

八、出卖人的担保责任与同时履行抗辩(旧法第 571 条废止)

> **旧法第 571 条**
>
> 第五百三十三条的规定,准用于第五百六十三条至第五百六十六条及前条的情形。

旧法第 571 条规定,关于出卖人的担保责任与买受人的对价给付的关系,准用同时履行抗辩。此次改革中,本条被删除,内容被并入新法第 533 条(同时履行抗辩)。删除的原因是,新法中的担保责任已不是法定责任,而是债务不履行责任,其与买受人的对价给付的关系直接适用同时履行抗辩的一般规则即可,立法上无须设置准用条款(参见新法第 533 条的解说)。

---

〔1〕 我妻栄『債権各論中巻一』(岩波書店,1957 年)286 頁参照。

〔2〕 来栖三郎『契約法』(有斐閣,1974 年)70 頁;柚木馨 = 高木多喜男編『新版注釈民法(14)』(有斐閣,1993 年)244 頁以下(柚木馨 = 高木多喜男執筆)参照。

九、不负瑕疵担保责任的特约(新法第572条)

> **新法第572条**
>
> 出卖人即使作出旨在不负第五百六十二条第一款本文或第五百六十五条规定情形中的担保责任的特约,但就其明知而不告知的事实及自己为第三人设定或让与第三人的权利,亦不能免去其责任。

> **旧法第572条**
>
> 出卖人即使作出旨在不负第五百六十条至前条规定的担保责任的特约,但就其明知而不告知的事实及自己为第三人设定或让与第三人的权利,亦不能免去其责任。

本条规定了当事人之间的不负担保责任特约的限制。本条只是修正了援用的条文号,其实质内容没有变动。

十、买主的价金支付拒绝权(新法第576条、第577条)

(一)有不能取得权利之虞时的买主的价金支付拒绝权(新法第576条)

> **新法第576条**
>
> 因就买卖的标的存在主张权利的人或其他事由,买受人有不能取得或丧失其买受的权利的全部或一部之虞时,买受人可以按危险的限度,拒绝支付全部或一部的价金。但是,出卖人提供相当的担保的,不在此限。

> **旧法第576条**
>
> 因就买卖的标的存在主张权利的人,买受人有丧失其买受的权利的全部或一部之虞时,买受人可以按危险的限度,拒绝支付全部或一部的价金。但是,出卖人提供相应的担保的,不在此限。

本条规定了在买卖的标的有其他主张权利的人的情形(他人物买卖、二重买卖等),买受人有不能取得标的权利之虞时的买主的价金支付拒绝权。

新法对旧法第576条作了以下两处修改：(1)增加了“其他事由”。原因是，除了旧法第576条明文规定的“存在主张权利的人”之外，存在就标的物主张用益物权的人的情形，以及债权买卖中债务人否认债务的存在的情形，也应当允许买受人拒绝支付价金。(2)增加了“不能取得”。原因是，除了旧法第576条明文规定的“丧失”的情形外，买受人不能取得权利的情形也应当在适用范围内。[1] 整体而言，新法大幅地扩张了本条的适用范围，这和改革之前的学说的倾向一致。“其他事由”和“不能取得”的组合将买受人有不能完整取得权利之虞的各种情形几乎都包含在内，使本条成为一个兜底条款。当然，“之虞”一语并不是说买受人只要对丧失或不能取得权利有主观的疑惧就可以拒绝支付价金，而是要求有客观合理的依据。[2]

这里需要提到的是，本条的规定和不安抗辩权有重合之处。明治民法没有不安抗辩权的规定，此次改革一直有相应的立法计划，但是也在审议的第三阶段搁置了。《中间试案》在规定了不安抗辩权(33)的同时也保留了本条，原因是两者的适用领域各有侧重，不安抗辩权主要处理因信用不安而致履行不能之虞的问题，将本条的适用领域纳入不安抗辩权会过度地扩张其适用范围。

(二)标的物上附有抵押权等登记时的买主的价金支付拒绝权(新法第577条)

> **新法第577条**
>
> (一)买受的不动产上存在<u>不符合合同内容的</u>抵押权登记时，买受人于抵押权消灭请求的程序终结之前，可以拒绝支付其价金。于此情形下，出卖人可以请求买受人及时地作出抵押权消灭请求。
>
> (二)前款的规定，准用于买受的不动产上存在<u>不符合合同内容的</u>先取特权或质权的登记的情形。

〔1〕 部会資料75A,28頁参照。

〔2〕 部会資料75A,29頁参照。

> **旧法第 577 条**
>
> (一)买受的不动产上存在抵押权登记时,买受人于抵押权消灭请求的程序终结之前,可以拒绝支付其价金。于此情形,出卖人可以请求买受人及时地作出抵押权消灭请求。
>
> (二)前款的规定,准用于买受的不动产上存在先取特权或质权的登记的情形。

本条规定了标的物上附有抵押权等担保物权时买主的价金支付拒绝权。

标的物上附有抵押权等担保物权时,买受人可以通过第三人清偿(第 474 条)、代价清偿(第 378 条)或抵押权消灭请求(第 379 条,2004 年现代语改革之前称为"涤除")等方式使抵押权消灭。买受人为保存所有权所支出的费用可以向出卖人请追偿还(新法第 567 条第 2 款)。依本条的规定,即使价金支付义务先到清偿期,买受人也可以拒绝支付价金,直至抵押权消灭请求的程序终结。这便于买受人以费用偿还请求权为主动债权和出卖人的价金支付请求权相抵销。至于价金支付拒绝权为何以抵押权消灭请求的程序终结为限,是因为上述三种使抵押权消灭的方式之中,唯有抵押权消灭请求是对买受人和债权人都有合理性且有强制力的抵押权消灭方式。[1] 当买受人不积极行使抵押权消灭请求时,出卖人可以请求买受人及时地向债权人作出抵押权消灭请求。

此次改革对于旧法第 577 条未作实质变更,只是在第 1 款和第 2 款中加入了"不符合合同内容的"这一限定语。增添这一限定语旨在明确买受人知道抵押权的存在并以此为基础决定合同价格时,出卖人不负担保责任,所以买受人没有费用偿还请求权,相应地也没有本条规定价金支付拒绝权。

---

〔1〕 通过第三人清偿消灭抵押权的金额为债权额,而当债权额高于抵押物的价值时,买受人不会采用这种方式,立法也不应强迫买受人作出第三人清偿。代价清偿是买受人向债权人支付买卖合同价金以消灭抵押权的方式,以债权人的同意为前提,不能强迫债权人接受买受人和出卖人之间的合同价格。道垣内弘人『担保物権法〔第 3 版〕』(有斐閣,2008 年)163 頁以下参照。

十一、回购(新法第 579 条、第 581 条)

(一)回购特约(新法第 579 条)

新法第 579 条 不动产的出卖人,可以依照与买卖合同同时订立的回购特约,返还买受人支付的价金(于另行约定的情形下,依其约定的金额。于第五百八十三条第一款中同)及合同费用而解除买卖。于此情形下,当事人无另行约定的,不动产的孳息与价款的利息视为抵销。
旧法第 579 条 不动产的出卖人,可以依照与买卖合同同时订立的回购特约,返还买受人支付的价金及合同费用而解除买卖。于此情形下,当事人无另行约定的,不动产的孳息与价款的利息视为抵销。

1. 日本法上的回购

回购指附有回购特约,即以出卖人返还合同价金和费用即可解除合同为内容的特约(解除权保留构成)的不动产买卖合同。此为广义的回购,其中包含两种类型:一是狭义的回购,即非以担保为目的的回购,如买卖合同规定若买受人 1 年内不从事土地开发活动,出卖人有权解除合同取回土地;二是以担保为目的的回购,称为“卖渡担保”。关于卖渡担保和让与担保的关系,理论上有峻别论和一元论两大立场。传统判例法理认为,卖渡担保和让与担保有显著区别,让与担保成立后债权还存在,而卖渡担保成立后债权不存在了;出卖人(债务人)决定放弃不动产不清偿债务时,买受人(债权人)不能向其请追偿还债务。[1] 但是自 2006 年起,判例转变立场,认为卖渡担保的性质就是让与担保,不适用本条以下的规定,而适用有关让与担保的判例法理。[2] 这样回购就被纯化为非以担保为目的的狭义的回购。

---

〔1〕 大審院 1933 年 4 月 26 日判决,大審院民事判例集 12 号 767 頁。按照峻别论,卖渡担保不受让与担保的法理的制约,出卖人于回购期间内未行使解除权时,标的物的所有权确定地归于买受人,而买受人就买卖价格和不动产的价值的差额不负清算义务。对此学界一直有强烈的反对意见。

〔2〕 最高裁判所 2006 年 2 月 7 日判决,最高裁判所民事判例集 60 卷 2 号 480 頁。

除了让与担保之外，回购与再买卖的预约亦有相似之处。两者在概念上的区别是，回购特约采解除权保留构成，是对原合同的解除，而再买卖的原合同的效力不受影响，出卖人只是基于再买卖的预约享有预约完结权。问题是，再买卖的预约是类推适用回购的规则，如同时缔约规则（本条）或期间限制（次条），还是适用合同的一般原理（合同自由）。判例的立场是后者。[1] 正因为此，实务中通常以再买卖的约定规避回购的规则。

2. 返还金额规定的任意规范性（新增括号内容）

与旧法相比，本条基本维持了旧法第579的内容，只在前段增加了括号内容，以明确本条关于出卖人应返还的价金数额的规定系任意性规范。理由是，实务中已经在通过约定再买卖规避旧法第579条的适用（强行规范），再以强行法的姿态固定回购的返还金额欠缺合理性。[2]

（二）回购特约的对抗效力（新法第581条）

新法第581条 （一）与买卖合同同时登记回购特约的，回购可以对抗第三人。 （二）前款的登记作出后具备第六百零五条之二第一款规定的对抗要件的承租人的权利，仅限其剩余期间中不超过一年的期间内，可以对抗出卖人。但是，以损害出卖人的目的而订立租赁的，不在此限。
旧法第581条 （一）与买卖合同同时登记回购特约的，回购对第三人亦生其效力。 （二）已登记的承租人的权利，仅限其剩余期间中不超过一年的期间内，可以对抗出卖人。但是，以损害出卖人的目的而订立租赁的，不在此限。

本条规定了回购特约与第三人和承租人之间对抗效力。

本条第1款维持了旧法第581条第1款的基本内容，在表述上将“对第三人亦生其效力”改为“可以对抗第三人”。关于本款，审议中的重要议题是，对第三人的对抗效力是否以“同时登记”为要件。按照起初的立法计划，为了便于回购

〔1〕 大審院1920年9月24日判决，大審院民事判例集26卷1343頁。

〔2〕 部会資料75A，32頁参照。

制度的利用,本条应删除“与买卖合同同时”,但是到了审议的最终阶段(《要纲案》)突然改回来,维持了买卖合同和回购特约的登记之间的同时性要件。[1]

本条第2款维持了旧法第581条第2款的基本内容,并将“已登记”改为“前款的登记作出后具备第六百零五条之二第一款规定的对抗要件”。后者的对抗要件指的是居住(《借地借家法》第10条与第31条)。至于为何在第605条之2第1款规定的对抗要件具备的前提下不发生同款所规定的“合同地位的法定转移”的效果,是因为本款的适用是在回购特约已登记的前提下(旧法第581条第2款未明确表述)。回购特约已登记意味着出卖人的回购权的效力优于承租人,而承租人并不知道出卖人何时会行使回购权。这就导致承租人不敢承租这样的不动产,影响了不动产的利用。所以本款例外地规定了具备对抗要件的承租人在一年期间内对出卖人享有对抗效力。

第三节　消费借贷

一、作为要式合同的诺成性消费借贷(新法第587条之2)

新法第587条之2

(一)虽有前款的规定,以书面订立的消费借贷,因一方当事人约定交付金钱或其他物,相对人约定返还与其受取的物于种类、品质及数量上相同的物,而生其效力。

(二)书面订立的消费借贷的借用人,于自出借人处受取金钱或其他物之前,可以解除合同。于此情形下,出借人因合同的解除而受损害的,可以向借用人请求该损害的赔偿。

(三)书面订立的消费借贷,于借用人自出借人处受取金钱或其他物之前一方当事人受有破产程序开始的裁定时,失其效力。

(四)消费借贷以记录其内容的电磁记录订立的,该消费借贷视为以书面订立,适用前三款的规定。

[1] 部会資料84-3,14頁参照。

本条系新增,规定了作为要式合同的诺成性消费借贷。

1. 要物合同的诺成化(第 1 款)

改革之前,合同分则规定了三种合同:消费借贷、使用借贷和保管。[1] 这是基于罗马法以来的传统。但是这三种要物合同在新法中都面临诺成化(除本条外,参见新法第 593 条和第 657 条的解说)的问题。

关于消费借贷,第 587 条规定,消费借贷因一方当事人约定返还相同种类、品质及数量的物并从相对人处受取金钱或其他物,而生其效力。依该规定,消费借贷为要物合同。学界对此有强烈的批判,传统通说认为有偿的消费借贷合同依合意即可成立。[2] 此外,我妻荣认为,诺成性消费借贷是一种无名合同,尤其是在借据以书面作成时,承认合同的效力更符合当事人的意思。[3] 判例认为,诺成性消费借贷是一种无名合同,并承认其有效性。[4]

新法的立场是,在住房贷款、企业融资等合同中,有必要保障借款人能够确实地受取款项,因此应当承认消费借贷的诺成性;同时,倘若约定借款后一律发生金钱交付义务,对于出借人也过于严苛,因此也有必要留下要物性的空间。所以新法采用了"双开篇规定"的模式,即增设本条(诺成性消费借贷)的同时,也保留了第 587 条(要物性消费借贷)。至于两者的区分标准,法制审议会认为,倘若以"当事人是否有以要物为前提的合意"为标准,会有标准不明确的问题。所以新法采用了"是否以书面订立"的标准。[5] 这里需要注意的是,新法并未采用以有偿性为标准的传统通说的立场。也就是说,只要当事人之间有书面约定,即使是无偿的使用借贷,出借人也有交付借用物的义务。

---

〔1〕 定金(第 557 条)亦为要物合同,但是不是典型合同,而是从合同。

〔2〕 於保不二雄「無償契約之特質」『契約法大系Ⅰ』(有斐閣,1962 年)78 頁以下;来栖三郎『契約法』(有斐閣,1974 年)257 頁以下;広中俊雄『契約法の研究〔増訂版〕』(有斐閣,1964 年)71 頁以下参照。广中俊雄的研究指出,近代民法上的消费借贷以罗马法的"matuum"为原型,而"matuum"是有情谊性的不附利息的消费借贷;反之,罗马法上附利息的消费借贷通常是以要式口约的形式作出的。在合同形式日益解放的现代社会,为何仍以"matuum"为消费借贷的立法原型是有疑问的。广中俊雄的法史学研究从根本上否定了现行法的范式,是学说史上重要一步。广中俊雄的立场是,消费借贷在原则上应予诺成化,在无偿的情形类推适用第 550 条(非依书面的赠与),允许出借人撤销合同[広中俊雄『債権各論講義〔第 6 版〕』(有斐閣,1994 年)68 頁参照]。

〔3〕 我妻栄『債権各論中巻一』(岩波書店,1957 年)354 頁参照。

〔4〕 最高裁判所 1973 年 3 月 16 日判決,金融法務事情 683 号 25 頁参照。

〔5〕 部会資料 70A,50 頁参照。

2. 借用人受取借用物之前的解除权(第 2 款)

虽然本条第 1 款承认了诺成性消费借贷,但是其效力并不具有要物性消费借贷那样完整的拘束力。本条第 2 款规定了对诺成性的缓和规则,即借用人在受取借用物之前有解除权。不过,依本款但书的规定,因借用人行使解除权致出借人遭受损害时,出借人可以向借用人请求损害赔偿。至于赔偿内容为何,需要结合个案进行解释和事实认定,出借人对此负举证责任(损害的存在及因果关系)。可以确定的是,约定的利息并不包含其中,因为利息是履行利益而非现实损害。作为出借人的损害,通常可以想到的是预备资金的成本。但是,在出借人从事经营性贷款业务的情形下,即使一个借款人解除合同,出借人也可以将款项贷与他人,不会发生特别的损害。因此,只有当出借人为特定借用人预备资金会需要特别费用时,该特别费用才该当本款所规定的"损害"。[1] 从这个角度来看,本款但书的适用范围其实相当有限。

3. 一方当事人受破产开始程序的裁定的情形(第 3 款)

依本条第 3 款的规定,即使是书面订立的消费借贷,但是在借用人从出借人处受取金钱或其他物之前一方当事人受有破产程序开始的裁定的,合同失效。本款和旧法第 589 条的立法宗旨相同。在增设本款的同时,旧法第 589 条被删除(详见旧法第 589 条的解说)。

4. 以电子方式订立的诺成性消费借贷合同(第 4 款)

依本条第 4 款的规定,以电子方式订立的诺成性消费借贷合同,视为以书面方式订立。本款和关于保证的新法第 446 条第 3 款的立法宗旨相同。

二、准消费借贷(新法第 588 条)

> **新法第 588 条**
>
> 存在负有给付金钱或其他物的义务的人的情形,当事人约定以该物为消费借贷的标的的,视为因此成立消费借贷。

〔1〕 日本弁護士連合会編『実務解説改正債権法』(弘文堂,2017 年)415 頁参照。

> **旧法第 588 条**
>
> 存在非因消费借贷而负有给付金钱或其他物的义务的人的情形，当事人约定以该物为消费借贷的标的的，视为因此成立消费借贷。

本条规定了准消费借贷。新法删去了旧法第 588 条中的“非因消费借贷”这一限定语，并且不要求书面形式。之所以删去“非因消费借贷”，是因为判例认为“借新偿旧”也构成准消费借贷；之所以不要求书面，是因为书面形式和要物性之间有替代关系，而准消费借贷的特点就是不以要物性为要件，所以也无须以书面形式为要件。[1]

三、消费借贷的预约与破产程序的开始（旧法第 589 条废止）

> **旧法第 589 条**
>
> 消费借贷的预约，于一方当事人之后受有破产程序开始的裁定时，失其效力。

旧法第 589 条规定了两方面的内容：一是承认了消费借贷的预约；二是规定一方当事人受破产程序开始的裁定时消费借贷的预约失效。在此次改革中，本条被废止。

1. 消费借贷的预约

日本法上，预约合同的效力是，预约完结权人可以行使预约完结权，使合同成立。因此，在改革之前，消费借贷合同的预约及预约完结权的行使，发挥着克服消费借贷的要物合同的障碍，使出借人负有“出借的义务”的功能。但是，新法直接承认了诺成性消费借贷的效力（新法第 587 条之 2 第 1 款），消费借贷的预约的功能就不显著了。更重要的是，新法第 587 条之 2 第 1 款规定诺成性消费借贷系以书面为要件，倘若继续承认消费借贷的预约，会导致对书面要件的规避，形成两套不同成立要件下的诺成性消费借贷（书面的诺成性消费借贷和通

---

〔1〕 部会資料 70A，54 頁参照。

过非书面的预约而成立的诺成性消费借贷)。[1]

2. 一方当事人受破产程序开始的裁定时消费借贷的预约的效力

旧法第 589 条之所以规定此种情形下消费借贷的预约失效,是因为一旦借用人行使预约完结权,出借人就有“出借的义务”。当借用人破产时,强迫出借人向偿付能力不足的借用人履行出借义务,对于出借人而言过于苛刻;反之,当出借人破产时,即使认为借用人可以作为债权人参与财产分配,但同时破产财团对借用人也享有返还请求权,承认借用人的“借用权”只会使破产程序复杂化。新法明确承认诺成性消费借贷的效力,就合同成立后一方当事人受破产程序开始的裁定的情形设有类似宗旨的规定(消费借贷失效),即新法第 589 条之 2 第 3 款。

综上,消费借贷的预约自身几乎没有存在意义,而且本条的实质内容也可以从新法第 589 条之 2 第 3 款的立法意旨中推知。故本条被废止。

四、利息(新法第 589 条)

新法第 589 条

(一)若无特约,出借人不得向借用人请求利息。

(二)存在前款的特约时,出借人可以请求借用人受取金钱或其他物之日以后的利息。

本条系新增,规定了消费借贷的利息。

在消费借贷的定义条款(第 587 条)的解释上,消费借贷以无利息为原则,借用人方面仅负有返还所受取的金钱的义务。利息的支付需要一个有别于消费借贷的、单独的合意,而关于这个合意,在改革之前民法中并无规定。[2]

---

〔1〕 按照新法的起草负责人的说明,基于民法第 559 条(买卖合同的准用),有偿的消费借贷可以准用买卖的预约的规定,这在新法中也是承认的[『法制審議会民法(債権関係)部会第 81 回会議議事録』(2013.12.10)5 頁(住友俊介発言)]。此时预约也应当以书面形式做成,否则会导致对本条第 1 款的书面要件的规避。

〔2〕 债权总则部分有法定利率(新法第 404 条)和复利(第 405 条)的规定,但没有关于利息的发生的规定。

依判例法理，利息是本金利用的对价，自借用人受取本金之日起发生。[1]不过，在消费借贷诺成化之后，利息的发生时点是否依旧为受取本金之日，需要新法的确认。《中间试案》37－4 建议规定，在有利息约定的情形，借用人应当支付自借用人受取金钱或其他物之日以后的利息。这一规定有两层含义：一是明确了消费借贷以无利息为原则；二是确认了判例法理在消费借贷诺成化之后的有效性。新法将《中间试案》的规定拆分开来，就上述两层含义分别作了规定，即本条的两款。[2]

五、出借人的交付义务等（新法第 590 条）

新法第 590 条 （一）第五百五十一条的规定准用于无前条第一款特约的消费借贷。 （二）无论有无前条第一款的特约，出借人交付的物在种类或品质上不符合合同内容的，借用人可以返还该物的价额。
旧法第 590 条 （一）于附利息的消费借贷中，物有隐蔽的瑕疵时，出借人应更换为无瑕疵的物。于此情形下，不妨碍损害赔偿的请求。 （二）于无利息的消费借贷中，借用人可以返还有瑕疵的物的价额。于此情形，出借人明知该瑕疵而不告知借用人的，准用前款的规定。

本条规定了使用借贷中的出借人的交付义务。新法立足于合同责任说，对旧法第 590 条作了大幅修改，并将本条的标题从“出借人的担保责任”改为“出借人的交付义务等”。

1. 删除旧法第 590 条第 1 款

旧法第 590 条第 1 款规定，有偿的使用借贷中借用物有隐蔽的瑕疵时，出借人负有代物给付义务和损害赔偿义务。在新法中，买卖合同的部分全面规定了

〔1〕 最高裁判所 1958 年 6 月 6 日判决，最高裁判所民事判例集 12 卷 9 号 1373 頁参照。
〔2〕 部会資料 81－3，12 頁参照。

包括瑕疵修补和代物给付在内的补正请求权(新法第 562 条)及损害赔偿请求权(新法第 564 条)等救济方式。有偿的使用借贷可以基于第 559 条(有偿合同准用买卖),准用买卖合同的上述规定。为避免重复,旧法第 590 条第 1 款被删除。[1]

2. 消费借贷中出借人的交付义务等(本条第 1 款、第 2 款)

本条第 1 款规定,在无偿的消费借贷中,关于出借人的义务准用第 551 条(赠与人的现物交付义务的推定)的规定。本款实际上否定了旧法第 590 条第 2 款后段的规定。原因是,依合同责任说,即便出借人明知瑕疵存在,交付有瑕疵的物也未必不符合合同约定。[2]

本条第 2 款的规定,无论有偿还是无偿,消费借贷的出借人所交付的物不符合合同内容时,借用人都可以返还该物的价额。本款基本维持了旧法第 590 条第 2 款前段的规定,在表述上将"有瑕疵"改为"在种类或品质上不符合合同内容",并将本款的适用范围从无偿的消费借贷扩展至所有的消费借贷。

六、返还期(新法第 591 条)

新法第 591 条 (一)当事人未约定返还期的,出借人可以设定合理的期间催告返还。 (二)无论有无返还期的约定,借用人可以随时返还。 <u>(三)当事人约定返还期的情形下,出借人因借用人于返还期之前返还而受损害的,可以向借用人请求该损害的赔偿。</u>
旧法第 591 条 (一)当事人未约定返还期的,出借人可以设定合理的期间催告返还。 (二)借用人可以随时返还。

〔1〕 部会資料 81 - 3,12 頁参照。
〔2〕 部会資料 70A,57 頁参照。

本条规定了消费借贷的返还期。新法对旧法第591条第2款作了修改,并增补了关于提前返还的损害赔偿的规定(第3款)。

旧法第591条第2款规定,借用人可以随时返还借用物。关于这一规定是否仅适用于当事人未约定返还期的情形,存在争议。传统通说认为,旧法第591条第2款承接了第1款的“当事人未约定返还期”的要件,因此,在当事人约定了返还期时,借用人的提前返还只不过是期限利益放弃(第136条[1])的问题而已。[2] 依照判例,借用人可以通过支付直至还款期的利息等方式填补出借人的损害,从而放弃期限利益。[3] 这样,期限利益的问题就转化为损害赔偿的问题。

新法的起草者承继了上述“提前返还—期限利益的放弃—损害赔偿”的法律构成,在借用人提前返还的问题上持以下立场:(1)即使当事人约定了返还期,借用人也可以提前返还(本条第2款)。理由是,出借人的损害可以通过损害赔偿解决,没有必要否定期限利益的放弃。(2)出借人因提前返还遭受损害时,可以请求损害赔偿(本条第3款)。不过,关于损害赔偿的内容有很大争议。有观点认为是返还期之前的应付利息扣除金钱返还给出借人之后出借人的使用利益的差额,也有观点认为是资金调配的成本。新法的立场是,本条的损害“和出借人因借用人的解除所受的损害系类似问题”。即本条第3款的损害和新法第587条之2第2款的损害有内容上的一致性。[4]

---

〔1〕 第136条规定:(1)期限,推定为为债务人的利益的规定。(2)期限的利益可以放弃。但是,不得因此损害相对人的利益。

〔2〕 我妻栄『債権各論中巻一』(岩波書店,1957年)372頁;幾代通＝広中俊雄編集『新版注釈民法(15)』(有斐閣,1989年)47頁参照。在日本民法中,同一条之中的后款承接前款的适用范围时,通常会使用“于前款规定的情形下”等表述,但是偶尔也未使用相应的表述,直接承接前款的适用范围的情况(如旧法第567条第2款)。

〔3〕 大審院1934年9月15日判决,大審院民事判例集13卷1839号(作为债务人的银行通过放弃定期存款的期限利益从而主张抵销)。

〔4〕 部会資料70A,59頁参照。

第四节 使用借贷

一、使用借贷的成立(新法第 593 条)

新法第 593 条 使用借贷,因一方当事人约定交付某物,相对人约定就受取的物无偿使用及收益并于合同终止时返还,而生其效力。
旧法第 593 条 使用借贷,因一方当事人约定无偿地使用及收益后返还并自相对人处受取某物,而生其效力。

本条规定了使用借贷的定义。新法对旧法第 593 条作了重大修改,将使用借贷从要物合同改为诺成性合同。

旧法将使用借贷规定为要物合同,一方面是基于罗马法以来的传统,另一方面是因为使用借贷有无偿性,从而有情谊恩惠的性质。在日本现代社会中,使用借贷的实例往往是公司向职员许诺免费提供住房。在这种情况下,住房的提供是无偿的,但并无多少情谊恩惠,如果允许公司以要物性为由在交付房屋前任意反悔,会严重影响交易安全。故新法将使用借贷规定为诺成性合同。

二、借用物受取之前的出借人的解除(新法第 593 条之 2)

新法第 593 条之 2 出借人于借用人受取借用物之前可以解除合同。但是,以书面订立的使用借贷,不在此限。

本条系新增,规定了借用物受取前的出借人的解除权。

继前条将使用借贷诺成化之后,本条规定了相应的缓和手段。作为同时具有诺成性和无偿性的合同,非依书面的赠与于赠与人履行之前可以任意解除(新法第 550 条)。本条的构造和立法目的与非依书面的赠与一致,都是为了避免当事人轻率地缔结无偿合同。[1]

三、使用借贷因期间届满等原因而终止(新法第 597 条)

新法第 597 条 (一)当事人约定了使用借贷的期间的,使用借贷因该期间届满而终止。 (二)当事人未约定使用借贷期间,而约定了使用及收益的目的的,使用借贷因借用人依该目的完成使用及收益而终止。 (三)使用借贷因借用人的死亡而终止。
旧法第 597 条 (一)借用人应于合同约定的时期返还借用物。 (二)当事人未约定返还期的,借用人应于依合同约定的目的完成使用及收益时返还借用物。但是,于该使用及收益完成之前,已经过足以使用及收益的期间的,出借人亦可立即请求返还。 (三)当事人未约定返还期以及使用及收益的目的的,出借人可以随时请求返还。 **旧法第 599 条** 使用借贷因借用人的死亡而失其效力。

本条规定了使用借贷的终止事由。本条和次条分别从终止和解除的角度重新整合了旧法第 597 条和第 599 条的内容(条文中不一一画线指出改动之处)。

旧法第 597 条在“借用物的返还期”的标题下规定了各种情形下的借用物的返还。其中,一部分是合同终止的问题(旧法第 597 条第 1 款、第 2 款本文),另一情形是合同解除的问题(旧法第 597 条第 2 款但书、第 3 款)。新法将两种情形区分开来,在本条和新法第 598 条中分别作了规定。就本条而言,本条第 1 款对应的是旧法第 597 条第 1 款;本条第 2 款对应的是旧法第 597 条第 2 款本文;本条第 3 款对应的是旧法第 599 条。

〔1〕 部会資料 70A,61 頁参照。

四、使用借贷的解除(新法第598条)

新法第598条 (一)于前条第二款规定的情形下,已经过足以供借用人依同款的目的使用及收益的期间时,出借人可以解除合同。 (二)当事人未约定使用借贷的期间以及使用及收益的目的时,出借人可以随时解除合同。 (三)借用人可以随时解除合同。
旧法第597条 (一)借用人应于合同约定的时期返还借用物。 (二)当事人未约定返还期的,借用人应于依合同约定的目的完成使用及收益时返还借用物。但是,于该使用及收益完成之前,已经过足以使用及收益的期间的,出借人亦可立即请求返还。 (三)当事人未约定返还期以及使用及收益的目的的,出借人可以随时请求返还。

本条规定了使用借贷的解除事由。

如前条所述,新法将旧法第597条中的终止事由和解除事由分别规定在新法第597条和本条中。就本条而言,本条第1款对应的是旧法第597条第2款但书;本条第2款对应的是旧法第597条第3款;本条第3款系新增,规定了借用人的任意解除权,即借用人于受取借用物之后也可以随时解除合同。第3款的内容可以从使用借贷的合同目的中解释出来,本不必特别规定,但是新法第593条之2明文规定了出借人的解除权,为避免误解遂增设了第3款。[1]

---

〔1〕 部会資料70A,62－63頁参照。

五、使用借贷终止后的收去义务及原状恢复义务(新法第 599 条)

新法第 599 条
(一)借用人受取借用物后于其上附着他物的情形下,使用借贷终止时,借用人负有收去附着其上的物的义务。但是,不能从借用物分离的物,或分离需要过高费用的物,不在此限。 (二)借用人可以收去受取借用物之后附着其上的物。 (三)借用人受取借用物之后借用物发生毁损的情形下,使用借贷终止时,借用人负有将该毁损恢复至原状的义务。但是,该毁损系因不可归责于借用人的事由所致的,不在此限。
旧法第 598 条
借用人可以恢复借用物的原状,收去附着其上的物。

本条规定了使用借贷终止后的收去义务及原状恢复义务。旧法第 599 条的内容并入了新法第 597 条,故第 599 条的条文号空出。新法对旧法第 598 条作了大幅增补,移至本条。

旧法第 598 条只规定了借用人的收去权,但没有规定借用人的收去义务,而且收去义务以及原状恢复义务的范围也不明确。新法对此进行了明文化。首先,本条第 1 款明确规定了借用人的收去义务。关于收去义务所及于的附着物的范围,无论附着物的所有权人是谁,借用人原则上就受取借用物之后附着其上的物负收去义务。作为例外,附着物不能分离的场合或分离需要过高费用的场合(如涂在墙上的油漆、壁纸等),借用人不负收去义务。其次,本条第 2 款规定了借用人的收去权,其实质内容与旧法第 598 条一致。最后,本条第 3 款规定了借用物毁损时的借用人的原状恢复义务,并规定毁损因不可归责于借用人的原因发生时借用人不负原状恢复义务。

这里需要提及的是,本条第 1 款(收去义务)和第 2 款(收去权)的规定准用于租赁的情形(新法第 622 条)。也就是说,在收去义务和收去权上,使用借贷和租赁的规则是一致的。但是,关于原状恢复义务,本条第 3 款和新法第 621 条(承租人的原状恢复义务)并不完全一致。不一致之处在于,在租赁的情形下,依新法第621条的规定,承租人就租赁物的“通常损耗”和“年久老化”不负原状恢复义务。这是因为租赁是有偿合同,而“通常损耗”和“年久老化”通常会被折算在租金里。但是,在使用借贷的情形下,由于使用借贷为无偿,合同可能预设借用人至少就“通常损耗”恢复原状,也可能有相反的预设。这完全是合意的解释问题,作为立法不宜设置任意规范。[1]

六、损害赔偿请求权及费用偿还请求权的期间限制(新法第600条)

新法第600条 (一)违反合同本旨的使用或收益所生的损害的赔偿,以及借用人支出费用的偿还,应于出借人接受返还之时起一年内请求。 (二)关于前款的损害赔偿请求权,于出借人接受返还之时起未经过一年的期间内,时效不完成。
旧法第600条 违反合同本旨的使用或收益所生的损害的赔偿,以及借用人支出费用的偿还,应于出借人接受返还之时起一年内请求。

本条规定了损害赔偿请求权及费用偿还请求权的行使期间限制。本条第1款与旧法第600条的内容一致,本条第2款系新增。

之所以新增本条第2款,是因为借用物的损害赔偿请求权既适用1年的除斥期间,也适用10年的时效(客观起算点),而使用借贷的存续期可能很长,在存续期内借用物处于借用人的管理之下,出借人并不了解租赁物是否发生了损害,而当使用借贷终止时,10年的时效期间可能已经届满了。为了解决这个问题,新法增添了本条第2款的规定。[2]

第五节　租　赁

日本法上,租赁的标的物包括动产和不动产,后者包括土地和房屋。其中,

---

〔1〕 部会資料70A,64頁参照。

〔2〕 部会資料70A,66頁参照。

土地租赁占相当大的比例，是整个土地利用制度的重要一环，这是日本法的特点。明治民法立法时，起草者对土地利用方式的设想是：若长期利用土地就选择永佃权（农业生产）和地上权（建筑物）；若短期利用土地就选择租赁。然而，法律的实际应用形态完全偏离了立法者的设想。自明治民法制定以来，日本的土地利用的基本形态就是土地租赁。原因在于，日本的土地资源稀缺，且融资成本高昂，通常人负担不起取得所有权的费用，而地上权的权能和所有权接近，价格亦不菲。在这样的背景下，土地租赁给普通人提供了权能上缩水但廉价的土地，使其能够建设房屋并享有房屋的所有权（日本法采房地分离原则，土地和房屋之间不发生附和）。[1] 为了保障承租人的安定居住和持续经营，日本的立法、学说和判例不断加强对承租人的保护，使之具有物权的色彩。此次改革中，新法第604条（租赁的存续期间的上限）、新法第605条（不动产租赁的对抗力）、新法第605条之4（不动产承租人的妨害排除请求权）以及新法第622条之2（押金）等规定的修改和增设就是在这一方向上的进展。

一、租赁合同的成立（新法第601条）

新法第601条

租赁，因一方当事人约定以某物供相对人使用及收益，相对人约定对其支付租金并于合同终止时返还所受交付的物，而生其效力。

旧法第601条

租赁，因一方当事人约定以某物供相对人使用及收益，相对人约定对其支付租金，而生其效力。

本条是租赁的定义条款。新法对旧法第601条作了增补。

旧法第601条的规定，租赁于以下两方面的意思表示合致时成立：(1)一方当事人约定以某物供相对人使用及收益；(2)相对人约定对其支付租金。其中，关于承租人一方的意思表示，旧法第601条未规定承租人的返还义务。不过，依据第616条的规定，租赁准用使用借贷的相关规定。其中，关于使用借贷的返

[1] 瀬川信久『日本の借地』（有斐閣，1995年）89頁以下参照。

还期的旧法第597条可以用于解决租赁中的出租人的返还义务问题。诚然，通过准用规则可以解决问题，但是法律适用的透明度不高。新法将承租人的返还义务明文化，明确规定承租人负有“于合同终止时返还所受交付的物”的义务。

二、短期租赁（新法第602条）

新法第602条
无处分权限的人订立租赁的情形下，下列各项所列的租赁，各自不得超过相关各项所定的期间。合同约定了更长的期间的，该期间亦为相关各项所定的期间。 1. 以树木的种植或采伐为目的的山林的租赁：十年； 2. 前项所列租赁以外的土地的租赁：五年； 3. 建筑物的租赁：三年； 4. 动产的租赁：六个月。
旧法第602条
就处分受行为能力限制的人或无处分权限的人订立租赁的情形下，以下各项所列的租赁，各自不得超过相关各项所定的期间。 1. 以树木的种植或采伐为目的的山林租赁：十年； 2. 前项所列租赁以外的土地租赁：五年； 3. 建筑物租赁：三年； 4. 动产租赁：六个月。

本条规定了短期租赁制度，即无处分权限的人作为管理行为能够订立的租赁合同的期间上限。新法删除了旧法第602条中的“就处分受行为能力限制的人”。

首先要说明的是，从“负担行为和处分行为的峻别论”的角度来看，订立租赁合同确非“处分行为”，但是明治民法的立法者并非在这个观念上使用“处分”

一词。[1] 关于旧法第602条,梅谦次郎认为,长期租赁束缚了财产的利用,应属处分行为。[2] 换言之,旧法第602条所说的“处分”指的就是订立长期租赁合同这样的重大财产管理行为。

在此基础上,旧法第602条规定的无处分能力或权限的人,指的是虽有作出一般管理行为的能力或权限,但没有作出处分行为——重大财产管理行为的能力或权限的人。其中,无处分权限的人是指失踪人的财产管理人、遗产管理人等,而无处分能力的人主要指“准禁治产人”,即现行民法中的被保佐人。[3] 未成年人、成年被监护人并不包含在无处分能力的人的范围内,因为其行为可撤销,连从事一般管理行为的能力都没有。不过,在明治民法立法之时,起草者考虑到未来商法等民事特别法中可能会承认未成年人的管理行为能力,所以笼统地使用了“就处分受行为能力限制的人”的表述。[4] 之后,商法也未设相应规定。

可见,旧法第602条的立法宗旨是,对财产虽有管理的能力或权限,但无为处分的能力或权限的人,在订立租赁合同时不能订立长期租赁,只能订立短期租赁。但问题是,在未成年人、成年被监护人、被保佐人和被辅助人等四种行为能力受限制的人中,上文已经提到,未成年人和成年被监护人至今也没有从事管理行为的能力,无论租赁是长期还是短期,都是可撤销的行为,并不适用旧法第602条;而关于被保佐人和被辅助人,民法已经对其能够订立的租赁的范围作了详尽的规定(第13条第1款第9项、第17条第1项),无须另规定租赁期间的上限。这样,旧法第602条所规定的“就处分受行为能力限制的人”已经没有与之相对应的适用对象,倘若继续保留,反而会引起“即使是未成年人或成年被监护人,也能够单独订立有效的短期租赁合同”的误解,故新法将其删除。[5]

---

〔1〕 例如,日本民法第5条第3款规定:“法定代理人设定目的并允许处分的财产,就其目的的范围内,未成年人得自由处分。”这里的“处分”一词即指包括负担行为和处分行为在内的财产相关的法律行为[山野目章夫編集『新注釈民法(1)』(有斐閣,2018年)432頁(小池泰執筆)参照]。

〔2〕 梅謙次郎『民法要義巻之三債権編〔訂正増補第三十四版〕』(有斐閣書房,1914年)629頁参照。

〔3〕 幾代通＝広中俊雄編集『新版注釈民法(15)』(有斐閣,1989年)175頁(望月礼二郎＝水本浩執筆)参照。

〔4〕 部会資料69A,42頁参照。

〔5〕 部会資料69A,43頁参照。

三、租赁的存续期间(新法第604条)

新法第604条 (一)租赁的存续期间不得超过五十年。合同约定了更长的期间的,该期间亦为<u>五十年</u>。 (二)租赁的存续期间可以更新。但是,该期间自更新之时起不得超过<u>五十年</u>。
旧法第604条 (一)租赁的存续期间不得超过二十年。合同约定了更长的期间的,该期间亦为<u>二十年</u>。 (二)租赁的存续期间可以更新。但是,该期间自更新之时起不得超过<u>二十年</u>。

本条规定了租赁的存续期间的上限。新法对旧法第604条规定作了重大修改,将存续期间的上限从20年上调为50年。

如本节前言中所述,明治民法的起草者对土地利用形态的设想是:若长期利用土地就选择永佃权(农业生产)和地上权(建筑物),前者的存续期间的上下限分别为50年和20年(第278条),后者没有时间限制,明治初年甚至出现过长达千年的地上权;若短期利用土地则选租赁,存续期间最长20年(旧法第604条)。然而,立法者失算了,法律的实际应用形态完全偏离了预设。民法制定以来,日本的土地使用的基本形态就是土地租赁。为了保障承租人地位的安定,《借地借家法》将以取得所有权为目的的土地租赁的存续期间的上限上调为30年(《借地借家法》第3条、第9条),而就建筑物租赁,《借地借家法》规定不适用旧法第604条(《借地借家法》第29条),但未另设存续期间的上限。此外,关于动产租赁,在实务中大型机械和成套设备的租赁也有缔结超过20年的承租期的需求。

综上,虽然旧法第604条规定了20年的存续期间的上限,但是其适用对象要么已通过民事特别法摆脱其约束,要么对摆脱约束有实际需求。故新法将存续期间的上限从20年上调为50年。

四、不动产租赁的对抗效力(新法第 605 条)

新法第 605 条 不动产租赁已登记的,可以对抗取得该不动产物权的人及其他第三人。
旧法第 605 条 不动产租赁已登记的,对之后取得该不动产物权的人亦生其效力。

本条规定了不动产租赁对第三人的对抗效力。

关于旧法第 605 条的适用,首先要说明的是,按照旧法第 605 条的字面规定,当租赁满足“登记”这一要件时,承租人可以向取得不动产物权的人主张租赁的效力。这一规定的问题是,承租人一个人无法完成登记,需要出租人的协助,而判例的立场是出租人并无协助义务。[1] 这实际上将旧法第 605 条化作空文,并在立法初期引发了土地所有权人通过买卖消灭土地承租权,威胁土地上的房屋所有权安全的社会问题(俗称“地震买卖”)。为了保障承租人的居住和经营安全,1909 年的《建物保护法》规定,关于土地租赁,只要土地上的建筑物登记了,即使土地租赁未登记,依然能够对抗第三人(现行《借地借家法》第 10 条);1921 年的《借家法》规定,关于房屋租赁,只要承租人取得占有,无须登记亦可对抗第三人(现行《借地借家法》第 31 条)。这样,不动产租赁的承租人可以依特别法的规定,以较为简易的对抗要件取得“买卖不破租赁”的效果。[2] 在上述前提下,新法对旧法第 605 条作了以下两方面的修改。

1. 明确了不动产租赁对“其他第三人”的“对抗效力”

关于旧法第 605 条的适用效力,条文的表述是“对之后取得该不动产物权的人亦生其效力”。这一表述包含双重效力:一是对第三人的对抗效力;二是出租人地位的移转。两种效力之间有明显的区别,前者是消极效力,其对象不仅包括取得所有权、地上权、抵押权等物权的人,还包括扣押不动产的扣押债权人以及

〔1〕 大審院 1921 年 7 月 11 日判決,大審院民事判決録 27 輯 1378 頁参照。

〔2〕 星野英一『民法概論Ⅳ(契約)』(良書普及会,1986 年)216 頁参照。

二重租赁中的二重承租人；反之，后者是积极效力，其对象仅包括所有权的受让人和地上权的受让人。理论上双重效力同时存在，但条文却只有一个，所以容易产生混淆。此次改革对双重效力分别予以规定——对抗效力规定在本条；出租人地位的移转规定在新法第 605 条之 2。[1]

在本条的表述上，新法将“生其效力”改为“可以对抗”。此外，由于对抗效力的对象不仅包括取得不动产物权的人，也包括扣押债权人及二重承租人，所以本条增添了“其他第三人”。

2. 删除“之后”

依据判例，对抗关系的判断取决于对抗要件具备的先后顺序，和法律行为的时间顺序无关，所以具备了对抗要件的承租人也能够对抗于不动产租赁订立之前取得不动产所有权的第三人。[2] 故新法删除了“之后”。

五、不动产出租人地位的移转（新法第 605 条之 2）

> **新法第 605 条之 2**
>
> （一）依前条、借地借家法（平成三年法律第九十号）第十条或第三十一条及其他法律的规定具备租赁的对抗要件的情形，该不动产被让与时，该不动产的出租人地位移转至该受让人。
>
> （二）虽有前款的规定，不动产的让与人及受让人作出旨在保留出租人地位于让与人处以及旨在由受让人向让与人出租该不动产的合意的，出租人地位不移转至受让人。于此情形，让与人与受让人或其承继人之间的租赁终了时，保留于让与人处的出租人地位移转至受让人或其承继人。
>
> （三）第一款或前款后段规定的出租人地位的移转，若未就作为租赁物的不动产进行所有权移转登记，不得对抗承租人。
>
> （四）依第一款或第二款后段的规定，出租人地位移转至受让人或其承继人的，第六百零八条规定的费用偿还的相关债务及第六百二十二条之二第一款规定的押金返还的相关债务，由受让人或其承继人承继。

---

〔1〕 部会資料 69A，45－46 頁参照。

〔2〕 最高裁判所 1967 年 5 月 2 日判決，判例時報 491 号 53 頁参照。

本条系新增,规定了租赁不动产被让与时的出租人地位的移转。

1. 当然承继(第 1 款)

如前条解说中所述,承租人具备对抗要件时,会发生双重效力:一是对第三人的对抗效力;二是出租人地位的移转。新法第 605 条规定了前者,本条规定了后者。关于两者的关系须注意的是,对第三人的对抗效力是出租人地位移转的前提,而非出租人地位转移的效果。至于为何在承租人具备对抗要件时,除了对抗第三人的效力外,还会发生出租人地位移转的效果,判例认为这是"法律上的当然承继",即租赁关系直接移转至受让人,无须当事人的同意。[1] 对此,传统的解释是,这是租赁关系和不动产的所有权结合的一种"状态债务关系"。[2] 本款是对上述判例的明文化。[3]

2. 当然承继的例外:出租人地位的保留(第 2 款)

本条第 2 款规定了当然承继的例外,即不动产的让与人(出租人)和受让人之间有不移转出租人地位的合意。关于这一合意的效力,有严重分歧。

否定意见认为,租赁关系的当然承继(无须承租人的同意)是以承租人的地位不发生实质变化为前提的,如果允许出租人和受让人约定保留出租人地位,那么相当于使承租人的法律地位从承租人变为次承租人,实质性地降低了承租人的法律地位,因此旨在保留出租人地位的约定无效。最高裁判所 1999 年判例秉持这一立场。[4] 此次改革中,《基本方针》3.2.4.06 的立法建议也是无效说。[5]

相反,肯定意见认为,在租赁资产证券化等金融交易中,不动产的让与人(出租人)的融资手段往往是基于信托的所有权移转,而受让人未必具有经营不动产租赁业务的专业能力,在取得所有权后仍然需要让与人继续经营该不

---

〔1〕 大審院 1921 年 5 月 30 日判決,大審院民事判決録 27 輯 1013 頁;最高裁判所 1964 年 8 月 28 日判決,最高裁判所民事判例集 18 巻 7 号 1354 頁参照。

〔2〕 我妻栄『債権各論中巻一』(岩波書店,1957 年)420 頁参照。对于传统解释,近期学说上有反对意见[松尾弘「不動産流動化の要請と賃貸人の地位」松尾弘 = 山野目章夫『不動産賃貸借の課題と展望』(2012 年)412 頁以下参照]。

〔3〕 部会資料 69A,46 頁参照。

〔4〕 最高裁判所 1999 年 3 月 25 日判決,判例時報 1674 号 61 頁(以出卖人保留出租人地位为内容的约定无效,承租人可以请求受让人返还押金)。

〔5〕 民法(債権法)改正検討委員会編『詳解　債権法改正の基本方針Ⅳ各種の契約(1)』(商事法務,2009 年)257 頁参照。

动产。这一需求无法通过让与人和受让人之间的租赁业务管理委托合同来解决,因为即使通过合同使让与人继续保有经营权限,但是按照当然继受的法理,受让人是租赁合同的出租人,对承租人仍然负有修缮和费用偿还的义务。因此,为了满足租赁资产证券化等新型交易模式对法律环境的需求,肯定意见认为有必要承认保留出租人地位的约定的效力。[1] 受以上述观点的影响,《中间试案》38 -4 改采有效说。新法最终也采用了这一立场,在让与人和受让人同时订立租赁合同的前提下,承认旨在保留出租人地位的约定的效力(本条第 2 款前段)。

当然,允许让与人和受让人约定保留出租人地位,意味着承租人的法律地位的恶化。承租人在不知不觉中变成次承租人,其法律地位会受到让与人和受让人之间的法律关系变动的威胁。例如,让与人和受让人之间的租赁合同因债务不履行而被解除时,承租人可能面临受让人要求搬离的危险。为了稳定承租人的地位,新法规定让与人和受让人或其承继人之间的租赁终了时,保留在让与人处的出租人地位移转至受让人或其承继人(本条第 2 款后段)。这保障了承租人的利益不受让与人和受让人或其承继人之间的法律关系变动的威胁。[2]

3. 对承租人的对抗要件(第 3 款)

本条第 3 款规定,出租人地位移转至受让人的情形下,若受让人不进行所有权移转登记,不得对抗承租人。这是对判例法理的明文化。[3]

4. 押金返还义务和费用返还义务的承继(第 4 款)

本条第 4 款规定,出租人地位移转至受让人的情形下,押金返还义务和费用返还义务也移转至受让人。这也是对判例法理的明文化。[4] 不过关于押金返还义务,判例认为押金返还义务随出租人地位一同移转至受让人,但是移转之前

---

〔1〕 荒木新五「賃貸人の地位の譲渡とその対抗」椿寿夫ほか編『民法改正を考える』法律時報増刊(2008)304 頁;松尾弘「不動産流動化の要請と賃貸人の地位」松尾弘 = 山野目章夫『不動産賃貸借の課題と展望』(2012 年)417 頁以下参照。

〔2〕 部会資料 69A,47 頁参照。

〔3〕 最高裁判所 1974 年 3 月 19 日判决,最高裁判所民事判例集 28 卷 2 号 325 頁。

〔4〕 最高裁判所 1969 年 7 月 17 日判决,最高裁判所民事判例集 23 卷 8 号 1610 頁(抵充未付租金后的押金的返还义务);最高裁判所 1971 年 2 月 19 日判决,最高裁判所民事判例集 25 号 1 号 135 頁(必要费用的返还义务)。

承租人有未付租金或损害赔偿的情形的,应当先以押金抵充未付租金或损害赔偿,受让人的押金返还义务仅限于抵充租金后的差额。对此,有意见指出,实务中返还义务全额移转是通行作法,更符合当事人的意思。因此,新法仅就押金返还义务的移转进行了明文化,关于抵充未作具体规定。[1]

六、基于合意的不动产的出租人地位的移转(新法第605条之3)

> **新法第605条之3**
>
> 不动产的让与人为出租人的,其出租人地位无须承租人的承诺即可依让与人和受让人之间的合意移转至受让人。于此情形,准用前条第三款及第四款的规定。

本条系新增,规定了基于合意的不动产的出租人地位的移转。

在承租人不具备对抗要件时,承租人不能对抗受让人(新法第605条),出租人地位也不会被受让人当然承继(前条),此时的租赁关系陷入他人物租赁的状态,由让与人向承租人负债务不履行责任。问题是,如果让与人愿意移转出租人地位,受让人也愿意接受,那么出租人地位是否可以基于双方的合意而移转,还是另需承租人的同意?按照合同地位的移转的一般原则,合同地位的移转需要相对人的同意(参见新法第539条之2的解说)。但是关于租赁关系,最高裁判所1971年判例的立场是,若无特别情事,出租人地位基于让与人和受让人的合意即可移转至受让人,无须承租人的同意。[2] 对于合同地位的移转的一般原则而言,这是非常重要的例外。之所以无须承租人的同意,是因为出租人的债务是以其不动产供承租人使用收益,这个债务几乎没有个人色彩,只要出租人是租赁物的所有权人,就基本履行了作为出租人的义务,具体由谁来履行并不会有太大的区别。对于承租人而言,比起向出租人要求损害赔偿,由受让人继续履行租

[1] 部会資料69A,48頁参照。

[2] 最高裁判所1971年4月23日判決,最高裁判所民事判例集25巻3号388頁。

赁合同,更符合承租人的利益。[1] 新法是对上述学说和判例法理的确认。[2]

七、不动产承租人的排除妨害等请求权(新法第605条之4)

> **新法第605条之4**
>
> 不动产的承租人具备第六百零五条之二第一款规定的对抗要件的,于以下各项所列的情形,可以提出相关各项所规定的请求。
>
> 1. 第三人妨害该不动产的占有的:对该第三人的排除妨害请求;
>
> 2. 第三人占有该不动产的:对该第三人的返还请求。

本条系新增,规定了不动产承租人的排除妨害请求权和返还请求权。

依物债分离的观念,承租权为债权,只能向出租人主张。当租赁物受到第三人的侵占或妨害时,承租人可否或依何种法律构成请求第三人返还租赁物或停止妨害,有解释上的疑义。

在传统理论中,以下法律构成可以提供排除妨害等请求权,但是不能完全满足需求:第一,承租人取得对租赁物的占有之后受到第三人的侵占或妨害时,可以基于占有诉权向第三人主张排除妨害请求权和返还请求权(第198条、第200条)。但是,占有诉权以承租人取得占有为前提,在取得占有之前即受侵占或妨害的情形下,承租人无法主张该诉权。第二,出租人有积极主张排除妨害等请求权,使租赁物处于可供承租人使用收益的状态的合同义务,当出租人怠于行使上述请求权时,承租人可以代位行使(债权人代位权的转用,参见新法第423条之7)。[3] 但是,当第三人对出租人有正当的占有权原因,如第三人为不具备对抗要件的二重承租人时,出租人对第三人并不享有排除妨害等请求权,承租人也无

---

〔1〕 我妻栄『債権各論中巻一』(岩波書店,1957年)448頁参照。严格而言,我妻荣的立场是,出让人和受让人之间的合意足以移转出租人地位,无须承租人的同意,但是承租人可以立即主张异议,表示拒绝。对此星野英一认为,承租人向原所有权人要求履行债务的选择,会使法律关系复杂化(他人物租赁)。此时,租赁关系中的租金债权已经移转至受让人,而作为出租人的义务还留在让与人处,租赁关系出现权利人和义务人相分离的情况,这对于出让人而言有失衡平[星野英一『借地借家法』(有斐閣,1969年)425頁以下参照]。

〔2〕 部会資料69A,49頁参照。

〔3〕 大審院1920年11月11日判決,大審院民事判決録26輯1701頁。

从代位。对此，星野英一明确指出，没有必要借道债权人代位权迂回前行，应当直接承认排除妨害等请求权系承租权自身的效力（不动产承租权的物权化）。[1]

判例也在不动产租赁物权化的方向上推进，未采用迂回的法律构成。判例以对抗要件为决定是否物权化的标准。当承租人具备对抗要件时，可以向第三人主张排除妨害等请求权。[2] 反之，当承租人不具备对抗要件时，即使第三人是非法占有人，也不得向第三人主张排除妨害等请求权。[3] 对此，学界有反对意见认为应当将二重承租人和非法占有人这两类情形分别对待，在后者的情形下不要求具备对抗要件。例如，星野英一指出，允许非法占有人向承租人主张“（因为你不具备对抗要件，所以）没有要求我搬离的权利”是非常怪异的。[4]

关于承租人的排除妨害等请求权及其要件，本条规定，在承租人具备对抗要件的情形下，可以向第三人主张排除妨害请求权和返还请求权。这是对不动产承租权物权化的确认。本条所称“对抗要件”，是指不动产租赁的登记（新法第605条）、土地租赁的情形为地上建筑物的登记（《借地借家法》第10条）、房屋租赁的情形为房屋的交付（《借地借家法》第31条）等。在三种方式中，由于不动产出租人并无协助登记的义务，所以第一种方式并不常用，实践中主要依靠后两种。至于在第三人为非法占有人的情形下，本条的适用是否一定以承租人具备对抗要件为前提，按照立法资料，本条并不否定承租人在不具备对抗要件时亦可主张排除妨害等请求权的解释可能。[5]

八、出租人的修缮义务（新法第606条）

> **新法第606条**
>
> （一）出租人就租赁物的使用及收益负必要的修缮义务。<u>但是，因可归责于承租人的事由致其有必要修缮的，不在此限。</u>

---

〔1〕 星野英一『民法概論Ⅲ（債権総論）』（良書普及会，1978年）130頁以下参照。

〔2〕 最判1953年12月18日民集7卷12号1515頁（二重承租人），最判1955年4月5日民集9卷4号431頁（非法占有人）。

〔3〕 最高裁判所1954年7月20日判決，最高裁判所民事判例集8卷7号1408頁。

〔4〕 星野英一『民法概論Ⅲ（債権総論）』（良書普及会，1978年）132頁参照。

〔5〕『法制審議会民法（債権関係）部会第94回会議議事録』（2014.7.15）第16頁（山本敬三発言、筒井健夫確認）参照。

(二)出租人欲就租赁物的保存为必要行为的,承租人不得拒绝。
旧法第606条 (一)出租人就租赁物的使用及收益负必要的修缮义务。 (二)出租人欲就租赁物的保存为必要行为的,承租人不得拒绝。

本条规定了出租人的修缮义务。新法在旧法第606条第1款中加入了但书规定。依但书规定,因可归责于承租人的事由致租赁物需要修缮的,出租人不负修缮义务。关于这一点存在争议。

日本法上,因可归责于承租人的事由致租赁物需要修缮时,涉及以下四个方面的法理效果:(1)租金是否减额;(2)承租人是否有恢复原状义务;(3)出租人是否负修缮义务;(4)承租人自己修缮后可否向出租人请求必要费用的偿还。其中,关于(1),法律明确规定租金不减额(旧法第611条);关于(2)无争议,承租人无恢复原状义务;关于(3)和(4)有意见分歧,两者系联动关系。肯定说认为,承租人违反妥善保管等义务致租赁物有必要修缮时,承租人向出租人负债务不履行的损害赔偿责任,该责任和出租人的修缮义务是两回事,出租人不得以承租人的可归责性为由拒绝履行修缮义务。[1] 否定说则认为,租赁物的要修缮状态系可归责于承租人的事由所致时,出租人不负修缮义务。[2] 此时,由于出租人并无修缮义务,所以承租人自己修缮后不得向出租人请求必要费用的偿还。关于出租人的修缮,最高裁判所无判例,但是有下级审判决认为,即使租赁物的要修缮状态系可归责于承租人的事由所致,出租人亦应负修缮义务。[3]

在上述背景下,《中间试案》意识到分歧存在,未对旧法第606条第1款作出

---

〔1〕 鳩山秀夫『増訂改版日本債権法各論(下巻)』(岩波書店,1924年)456頁;我妻栄『債権各論中巻一』(岩波書店,1957年)443頁以下;平野裕之『契約法〔第3版〕』(信山社,2007年)490頁以下参照。

〔2〕 末川博『債権各論第1部』(岩波書店,1939年)164頁(承租人因可归责于自己的原因致租赁物需修缮时,不得以出租人未尽修缮义务为由拒付租金);来栖三郎『契約法』(有斐閣,1974年)311頁以下;星野英一『民法概論Ⅳ(契約)』(良書普及会,1986年)200頁;内田貴『民法Ⅱ　債権各論〔第3版〕』(東京大学出版会,2011年)204頁参照。

〔3〕 東京地裁1965年3月16日判决,判例タイムズ885号203頁参照。本案中,从承租人的公寓的厨房流入下水管道的食用油附着在管壁上导致下水管道堵塞,出租人不负修缮义务,承租人拒付租金。对此东京地裁认为,即便租赁物的要修缮状态系可归责于承租人的事由所致,出租人也应在合理期间内修缮,否则承租人可以在租赁物的使用收益受妨碍的限度内拒绝支付租金或请求减额。本案租金获30%的减额。

改动。但是，新法最终还是采用了否定说。理由是，除了否定说更公平外，关于租金的减额以及承租人的恢复原状义务，新法采用的立场是否定租金减额（新法第611条第1款），并肯定承租人的恢复原状义务（新法第621条），所以为了与此相协调，在出租人的修缮义务上采用否定说。[1]

九、承租人的修缮权限（新法第607条之2）

> **新法第607条之2**
>
> 租赁物有必要修缮的，于下列情形下，承租人可以自行修缮。
>
> 1. 承租人已通知出租人租赁物有必要修缮，或出租人已明知此事，而出租人仍未于合理期间内为必要修缮的。
>
> 2. 有紧急的情事的。

本条系新增，规定了承租人的修缮权限。

修缮对于出租人而言，不仅是义务（前条），而且是权利。修缮意味着对租赁物的物理变更，所以原则上由享有处分权限的出租人（所有权人）进行修缮。根据本条，承租人仅在以下情形中享有修缮权限：（1）承租人已通知出租人租赁物有必要修缮之事，或出租人已明知此事，而出租人仍未于合理期间内为必要的修缮时；（2）有紧急的情事时。

十、减收时的租金减价请求权（新法第609条）

> **新法第609条**
>
> 以耕作或畜牧为目的的土地的承租人，因不可抗力致其所得的收益少于租金的，可以请求将租金减至其收益额。

> **旧法第609条**
>
> 以收益为目的的土地的承租人，因不可抗力致其所得的收益少于租金的，可以请求将租金减至其收益额。但是，宅地的租赁，不在此限。

〔1〕 部会資料69A，54頁参照。

本条规定了土地减收时的承租人的租金减额请求权。新法对旧法第609条作了重要修改,大幅限缩了其适用范围。

旧法第609条规定,以收益为目的的土地(宅地除外)的承租人,因不可抗力致其收益少于租金时,可以请求将租金减至收益额。该条主要针对租佃制,处理的是佃农及其家庭在荒年时的生计保障问题。然而,自战后的农地改革之后,租佃制被瓦解,佃农转变为自耕农,该条的适用领域已大幅限缩。现行《农地法》第20条规定:“因农产品价格或生产费用的增减或其他经济情事的变动,或与周边类似农地的租金相较,租金额为不适当时,当事人可以请求增减将来的租金金额。”也就是说,在租金额不适当时,双方当事人都享有增减额请求权,而且减额事由不限于不可抗力。在此背景之下,旧法第609条已基本丧失其功能。

不过,依农地法的规定,除农地之外,采草放牧地(指为了耕作或畜牧的经营而供采草和放牧用的土地)也属于以收益为目的的土地,而采草放牧地的承租人并无租金的增减额请求权。对此,起初的立法计划是直接删除旧法第609条,因为没有必要仅为采草放牧地而在民法典中设置专门规定。[1] 但是在审议的第三阶段,有关省厅提出,为保护采草牧地的承租人的利益,应当保留旧法第609条的规定。最终新法保留了该规定,但是删除了第1款但书,并将“收益”改为“耕作或畜牧”,以显示本条的适用范围已缩小至采草放牧地。[2]

十一、租赁物一部灭失时的租金减价请求权(新法第611条)

> **新法第611条**
>
> (一)租赁物的一部因不可归责于承租人的事由所致的灭失或其他事由而不能使用及收益的,租金按不能使用及收益的部分所对应的比例而减额。
>
> (二)租赁物的一部因灭失或其他事由而不能使用及收益的情形,仅以剩余部分不能达成承租人的承租目的的,承租人可以解除合同。

〔1〕《中间试案》38-9;部会資料69A,55頁参照。

〔2〕部会資料84-3,16頁参照。

> **旧法第 611 条**
>
> (一)租赁物的一部非因承租人的过失而灭失的,承租人可以按灭失的部分所对应的比例,请求租金的减额。
>
> (二)于前款的情形下,仅以剩余的部分不能达成承租人的承租目的的,承租人可以解除合同。

本条规定了租赁物一部灭失时承租人的租金减价请求权。新法对旧法第611 条的两款都作了重要修改。

关于第 1 款有以下三方面的修改:(1)将“非因承租人的过失”改为“因不可归责于承租人的事由”,在表述上和风险负担保持一致;(2)将“灭失”改为“灭失或其他事由而不能使用及收益”,扩大了本款的适用范围;(3)“请求租金的减额”改为“减额”,反映了当然减额的法律构成,即租赁物一部灭失时,与该部分的比例相应的价金自动减额。

关于第 2 款,将“于前款的情形下”改为“租赁物的一部因灭失或其他事由而不能使用及收益的”。这里隐含一个重要的修改。旧法第 611 条第 2 款的“于前款的情形下”指代两个适用条件,一是“灭失”,二是“非因承租人的过失”;而在新法中,“非因承租人的过失”这个条件不存在了。修改的宗旨在于,即使租赁物的一部灭失系可归责于承租人的原因所致,也不妨碍承租人在租赁合同的目的不能实现时解除合同。[1]

十二、转租的法律效果(新法第 613 条)

> **新法第 613 条**
>
> (一)承租人适法地转租租赁物的,次承租人以承租人基于出租人与承租人之间的租赁所负的债务范围为限度,向出租人负有直接履行基于转租的债务的义务。于此情形下,不得以租金的预付对抗出租人。
>
> (二)前款的规定,不妨碍出租人对承租人行使其权利。

---

〔1〕 部会資料 69A,57 頁参照。

（三）承租人适法地转租租赁物的情形，出租人不得以已合意解除与承租人之间的租赁为由对抗次承租人。但是，该解除的当时，出租人因承租人的债务不履行而享有解除权的，不在此限。
旧法第613条 （一）承租人适法地转租租赁物时，次承租人向出租人直接负义务。于此情形，不得以租金的预付对抗出租人。 （二）前款之规定，不妨碍出租人对承租人行使其权利。

本条规定了转租的法律效果。新法对旧法613条第1款作了增改并新增了第3款。

1. 出租人对次承租人的权利（第1款）

日本法上，转租需要出租人的同意（612条第1款），否则出租人可以解除合同（同条第2款，受信赖关系破坏法理的限制）；出租人解除后向次承租人请求返还租赁物时，转租合同因履行不能而终止（判例法理、新法616条之2）。

旧法第613条第1款所称的“适法”，即指出租人的同意。依同款的规定，当承租人适法地转租租赁物时，次承租人向出租人直接负转租合同上的义务。这里需要注意的是，次承租人和出租人之间不发生合同关系，次承租人对出租人不享有合同权利，仅负合同义务。义务内容包括租金支付义务、善良管理人的保管义务、保存行为容忍义务及合同终止时的标的物返还义务等。义务的范围限定在转租合同的范围内，同时也不能超过承租人对出租人基于基础租赁合同所负的义务范围（以两个合同义务之中租金低、义务轻的那个为准）。[1] 这是日本法的通说，新法对此予以确认。

至于本款为何规定次承租人直接向出租人负转租合同上的义务，其立法目的是为了加强出租人的地位。因为出租人一旦同意转租，会形成租赁和转租两个分别的合同关系，使租金的支付义务人和现实使用收益不动产的人相分离。当承租人不支付租金时，尽管次承租人还在从租赁不动产上获益，但出租人除了

---

〔1〕 我妻栄『債権各論中巻一』（岩波書店，1957年）463頁；星野英一『民法概論Ⅳ（契約）』（良書普及会，1986年）213頁以下参照。

解除基础租赁合同外,对次承租人没有直接的法律手段。所以本条规定了出租人对次承租人的直接的债权。[1] 这一债权和承租人对次承租人的债权处于连带债权关系,次承租人可以向任何一方清偿债务。[2]

为了防止承租人和次承租人通谋损害出租人的利益,本款后段规定,次承租人不得以租金的预付对抗出租人。关于预付的判断基准时,通说和判例认为,是转租合同的租金履行期,这是为了避免使次承租人二重清偿。[3] 也有观点认为,应当贯彻保护出租人的立法宗旨,将基准时定在基本租赁合同的租金履行期。[4] 此次改革中,《中间试案》38 – 11(3)和《要纲案(草案)》33 – 11(1)都将预付规定为"在前期租金的清偿期之前支付当期租金",但是未能成为法案。[5]

2. 出租人的解除权的限制(第 3 款)

依本条第 3 款本文的规定,在适法的转租中,出租人和承租人不能以基础租赁合同的合意解除对抗次承租人。对此,理论上有不同的法律构成。(1)权利放弃的限制。合意解除系承租人对承租权的放弃,而在法理上,权利放弃不得损害他人已成立的正当权利。[6] 这是判例的立场(第 398 条的类推适用)。[7] (2)诚实信用原则。因为出租人已经同意转租,所以次承租人对于在基础租赁合同的期限届满之前可以就不动产使用收益有值得保护的信赖,出租人和承租人的合意解除的行为违反了诚实信用原则。[8]

依本条第 3 款但书的规定,如果合意解除时出租人因承租人的债务不履行而取得了法定解除权,那么即使是合意解除,也可以对抗次承租人。这是对判例

---

〔1〕 梅謙次郎『民法要義巻之三債権編〔訂正増補第三十四版〕』(有斐閣書房,1914 年)656 頁参照。有学说指出,这相当于赋予了出租人一个可以优先于承租人的其他债权人的法定优先权[平野裕之『契約法〔第 3 版〕』(信山社,2007 年)527 頁参照]。

〔2〕 星野英一『民法概論Ⅲ(債権総論)』(良書普及会,1978 年)155 頁参照。

〔3〕 我妻栄『債権各論中巻一』(岩波書店,1957 年)463 頁;大審院昭和 7 年 10 月 8 日判決,大審院民事判例集 11 巻 1901 頁。

〔4〕 幾代通 = 広中俊雄編集『新版注釈民法(15)』(有斐閣,1989 年)175 頁参照(篠塚昭次執筆)。

〔5〕 法務省民事局参事官室編『民法改正中間試案の補足説明』(信山社,2013 年)463 頁参照,部会資料 88 – 1,57 頁参照。

〔6〕 我妻栄『債権各論中巻一』(岩波書店,1957 年)464 頁参照。

〔7〕 大審院 1934 年 3 月 7 日判決,大審院民事判例集 13 巻 278 頁。

〔8〕 星野英一『借地借家法』(有斐閣,1969 年)375 頁;広島高裁 1965 年 2 月 10 日判決,高民集 18 巻 1 号 70 頁参照。

的确认。[1] 这一规则从权利放弃的限制和诚实信用原则的角度都能够得到说明。不过需要注意的是,合意解除和法定解除虽然构造不同,但现实中只隔了一层纱。出租人和承租人可以轻易地制造出债务不履行状态(假意拖欠租金),使合意解除"起因于承租人的债务不履行",之后,合意解除或行使法定解除权。对于这种情况,根本性的解决方案是要求出租人在行使法定解除权之前通知次承租人,并确认其是否代位清偿(法定的通知确认义务)。[2]《基本方针》3.2.4.20即采用这种模式。但是,这一模式打破了"出租人对次承租人仅享有权利,不负义务"的基本构造,未被新法所采纳。

十三、承租人的使用及收益(新法第616条)

新法第616条 第五百九十四条第一款的规定,准用于租赁。
旧法第616条 第五百九十四条第一款、<u>第五百九十七条第一款及第五百九十八条的规定</u>,准用于租赁。

本条规定,关于承租人的使用收益,准用使用借贷的规定,即第594条第1款(借用人的使用方法遵守义务)。旧法第616条中的"第五百九十七条第一款及第五百九十八条之规定"的相应规定,在新法中被移至新法第622条(详见新法第622条的解说)。

十四、因租赁物全部灭失所致的租赁的终止(新法第616条之2)

新法第616条之2 租赁物的全部因灭失或其他事由而不能使用及收益的,租赁因此而终止。

〔1〕 最高裁判所1963年2月21日判决,最高裁判所民事判例集17卷1号219頁;最高裁判所1987年3月24日判决,判例時報1258号61頁参照。

〔2〕 星野英一『借地借家法』(有斐閣,1969年)375頁参照。

本条规定，于租赁物全部灭失等情形下，租赁合同的目的不能实现的，租赁合同当然终止。这是对判例法理的明文化。[1]

十五、租赁的解除的效力（新法第620条）

新法第620条 解除租赁的情形下，该解除仅向将来生其效力。于此情形下，不妨碍损害赔偿的请求。
旧法第620条 解除租赁的情形下，该解除仅向将来生其效力。于此情形下，一方当事人有过失时，不妨碍对其请求损害赔偿。

本条规定了租赁的解除的效力。新法删去了旧法第620条后段中的“一方当事人有过失时”，这表示新法不以过失为债务不履行的归责事由（参见新法第415条的解说）。

十六、承租人的原状恢复义务（新法第621条）

新法第621条 承租人受取租赁物后租赁物发生毁损（因通常使用及收益而产生的租赁物的损耗以及租赁物的年久老化除外。以下于本条中同）的情形下，租赁终止时，承租人负有将该毁损恢复至原状的义务。但是，该毁损系因不可归责于承租人的事由所致的，不在此限。

旧法第621条（损害赔偿请求权和费用偿还请求权的行使期间限制）的内容被并入新法第622条，故条文号空出，新增了本条。

本条规定了承租人的原状恢复义务。本条规定的内容和关于使用租赁的新法第599条第3款内容基本一致，不一致之处在于括号内的规定（详见新法第

[1] 最高裁判所1957年12月3日，民集11卷13号2018頁。

599 条的解说)。

十七、租赁因期间届满而终止、承租人的收去义务和收去权、损害赔偿请求权及费用偿还请求权的期间限制(新法第 622 条)

新法第 622 条 第五百九十七条第一款、第五百九十九条第一款及第二款以及第六百条的规定,准用于租赁。
旧法第 616 条 第五百九十四条第一款、第五百九十七条第一款及第五百九十八条的规定,准用于租赁。 **旧法第 621 条** 第六百条的规定,准用于租赁。

第 622 条的条文号原本处于空缺状态,新法将旧法第 616 条的一部分和旧法第 621 条修改合并至本条。

本条规定,关于下述问题,准用使用借贷的规定:(1)关于租赁因期间届满而终止,准用新法第 597 条第 1 款(旧法第 597 条第 1 款);(2)关于承租人的收去义务和收去权,准用新法第 599 条第 1 款及第 2 款(旧法第 598 条);(3)关于损害赔偿请求权及费用偿还请求权的期间限制,准用新法第 600 条(旧法第 600 条)。

旧法第 616 条中对第 594 条第 1 款(借用人的使用及收益的方法)的准用被单独保留下来,成为新法第 616 条(参见新法第 616 条的解说)。

十八、押金(新法第 622 条之 2)

新法第 622 条之 2 (一)出租人受取押金(不论何种名目,以担保租金债务及其他基于租赁产生的以承租人对出租人给付金钱为标的的债务为目的、由承租人向出租人交付的金钱。于本条中下同)的情形下,于以下各项所列之

时,应向承租人返还从受取的押金的金额中扣除基于租赁产生的以承租人对出租人的金钱给付为标的的债务的金额的余额。

1. 租赁终止且受租赁物的返还时;

2. 承租人适法地让与承租权时。

(二)承租人不履行基于租赁产生的以金钱给付为标的的债务的,出租人可以以押金抵充该债务的清偿。于此情形下,承租人不得向出租人请求以押金抵充该债务的清偿。

本条系新增,规定了押金的返还期和抵充。

本条第1款明确规定了押金的定义,即"不论何种名目,以担保租金债务及其他基于租赁产生的以承租人对出租人给付金钱为标的的债务为目的、由承租人向出租人交付的金钱。"

关于押金的返还期,本款规定了以下两个时点:(1)租赁终止且受租赁物的返还时(本款第1项)。在租赁合同终止的情形下,关于押金的返还期有两种观点,一是"终止时说",二是"退房时说"。两者的区别在于:首先,合同终止之后退房之前发生的债务是否可以从押金中扣除(前者不可以,后者可以);其次,押金的返还和退房之间有无同时履行抗辩关系(前者有,后者无)。判例采"退房时说",本项规定是对判例的明文化。[1] (2)承租人适法地让与承租权时(本款第2项)。当承租人发生更替时,关于押金返还请求权是否移转至新承租人(从属性),判例的立场是,承租人经出租人的同意将承租权让与第三人时,除非双方有特别的约定,新承租人不当然承继关于押金的权利义务,出租人在同意的时点负有押金返还义务。[2]

---

〔1〕 最高裁判所1973年2月2日判决,最高裁判所民事判例集27卷1号80頁(合同终止之后退房之前发生的债务可以从押金中扣除);最高裁判所1974年9月2日判决,最高裁判所民事判例集28卷6号1152頁(押金返还和退房之间无同时履行抗辩关系)。

〔2〕 最高裁判所1978年12月22日判决,最高裁判所民事判例集32卷9号1768頁。

第六节　雇　佣

一、按履行比例的劳动报酬请求权(新法第624条之2)

> **新法第624条之2**
>
> 劳动者,于下列情形,可以按已履行的比例请求报酬。
>
> 1. 因不可归责于雇佣人的事由而不能从事劳动的。
>
> 2. 雇佣于履行中途终止的。

本条系新增,规定了劳动者按照履行比例请求劳动报酬的两种情形。

1. 雇佣的定义

雇佣,是指一方当事人从事劳动,另一方当事人对此支付报酬的合同(第623条)。明治民法立法时,起草者对雇佣的理解较为宽泛,医生、律师的业务也被认为是雇佣,但是之后被理解为委托,而雇佣合同被限定在雇佣人对劳动者有指挥命令关系(劳动从属性)的场合。[1] 这样,雇佣合同和劳动合同之间高度重合,只有劳动合同法或劳动基准法不适用或除外适用的情况才会只适用雇佣合同的规定,如雇佣同族雇员、劳动者解约的情形等。总之,本节规定的适用范围相当有限。

2. 劳务提供型合同的立法尝试

在合同分则中,雇佣、委托、承揽和保管这四类合同以行为本身作为合同的标的,同属劳务提供型合同(日语为"役務提供型契約",又译为服务合同、服务提供合同等)。劳务提供型合同在报酬支付、合同终止等方面有诸多共性,因此,《基本方针》建议为劳务提供型合同的一般规则设置专章。[2] 在之后的审议过程中,因实务界的反对,劳务提供型合同未能实现有名化,但是其中关于报酬支付和合同终止的实质内容进入了新法,如关于报酬支付的本条(雇佣)、新法第634条(承揽)、新法第648条及新法第648条之2(委托)等,至少在报酬支付

---

〔1〕 我妻栄『債権各論中巻二』(岩波書店,1962年)532頁参照。

〔2〕 《基本方针》第8章共设置了12条(3.2.8.01~12),其中关于劳务提供的定义、基本义务和总则性有3条,关于报酬支付有6条,关于合同终止有3条。

的层面完成了劳务提供型合同的规则一体化。

3. 本条的规定内容——按履行比例的劳动报酬请求权

第623条对雇佣的定义为“一方当事人约定对相对人从事劳动,相对人约定对此支付报酬”,其中包含了雇佣合同报酬请求权的基本理念——“不劳不得原则”(no work no pay)。但是在改革前,关于履行不能时的报酬支付问题没有具体规定。

依本条的规定,因不可归责雇佣人的原因致合同履行不能的,或雇佣合同中途终止的,劳动者可以按照已履行的比例请求支付报酬。这意味着,一方面,即使合同履行不能或终止系因不可归责于劳动者的原因所致,雇佣人也可以拒绝支付未履行部分的报酬;另一方面,即使合同履行不能或终止因可归责于劳动者的原因所致,雇佣人也不得就已履行的部分解除合同,劳动者可以请求雇佣人支付已履行部分的报酬。

反之,因可归责于雇佣人的原因致合同履行不能或终止时,按照改革前的通说和判例,应参照第536条第2款的规定,允许劳动者请求报酬的全额。[1] 不过,这里有一个理论障碍。第536条第2款规定的是,因可归责于债权人的原因致债务人履行不能时,债权人的对待给付不消灭。但是在雇佣合同的情形下,由于雇佣合同采“不劳不得原则”,所以即使履行不能系雇佣人的原因所致,在确无劳动事实的情形下,报酬请求权并不发生。所以说,通说和判例得出劳动者可以请求全额报酬的结论,只是“参照”第536条第2款的法意而已。如果立法想要确认通说和判例的结论,那么有必要在第536条第2款之外,单独规定这种情形下的劳动者的报酬请求权的基础。例如,《中间试案》42－1(2)就直接规定,这种情形下“*劳动者可以请求反对给付*”(而非“*债务人不失受有对待给付的权利*”或“*债权人不得拒绝履行反对给付*”)。不过,这一立法方案未被新法采纳。[2]

---

〔1〕 我妻栄『債権各論中巻二』(岩波書店,1962年)582頁;幾代通＝広中俊雄『新版注釈民法(16)』(有斐閣,1989年)58頁以下(幾代通執筆);大審院1915年7月31日判決,大審院民事判決録21輯1356頁。

〔2〕 部会資料83－2,49頁参照。

二、有期间约定的雇佣的解除(新法第 626 条)

<table>
<tr><td>

新法第 626 条

(一)雇佣期间超过五年,或其终期不确定的,一方当事人于五年经过后,可以随时解除合同。

(二)欲依前款的规定解除合同的人,其为雇佣人的,应于三个月之前,其为劳动者的,应于两周之前,作出该预告。

</td></tr>
<tr><td>

旧法第 626 条

(一)雇佣期间超过五年,或雇佣应于一方当事人或第三人终身期间继续的,一方当事人于五年经过后,可以随时解除合同。但是,关于以工商业见习为目的的雇佣,该期间为十年。

(二)依前款的规定欲解除合同的,应于三个月之前,作出该预告。

</td></tr>
</table>

本条规定了有期间约定的雇佣的解除。新法在维持旧法第 626 条的基本内容的基础上做了三处修改。首先需要注意的是,依《劳动基准法》第 14 条第 1 款规定,有期间约定的劳动合同,其期间上限为 3 年(例外时 5 年),所以本条的适用范围很窄,仅限于"为完成一定事业必要的期限"或其他适用除外的情形。

关于第 1 款,首先,新法将"雇佣应于一方当事人或第三人终身期间继续的"改为"其终期不确定的"。长期雇佣合同之所以可在 5 年后随时解除,是考虑到长期雇佣合同不当地束缚了人身自由,而且在劳动价格变化时给劳资双方都带来了损害。只不过,终身期间持续的雇佣合同因其不当束缚人身自由的性质,从公序良俗的角度来看有效性存疑(依具体情况也可能有效,如雇佣保姆照顾老人直至其去世),所以旧法第 626 条第 1 款的表述给人以完全承认其有效性的错觉,故新法改为"其终期不确定时"。其次,新法删除了但书规定。旧法第 626 条第 1 款之所以设有但书规定,是因为立法当时在商事习惯上存在大量的基于学徒制的长期见习合同。但是在现代社会中,适于长期合同的未必限于见习,唯独允许订立 10 年期的见习合同不具有合理性,故新法将其删除。[1]

---

〔1〕 部会資料 73A,5 頁参照。

关于第2款，新法新增了“其为劳动者时，应于两周之前”。旧法第626条第2款未区分雇佣人和劳动者，将两方的解除预告期间统一规定为3个月。但是新法认为，对于劳动者而言3个月过长，不利于保障其辞职的自由，故将劳动者的解除预告期间从3个月改为2周（期间设定上与新法627条相整合）。[1]

三、无期间约定的雇佣的解约申请（新法第627条）

新法第627条 （一）当事人未约定雇佣期间的，各当事人可以随时申请解约。于此情形，雇佣于自解约申请之日起经过两周时终止。 （二）按期间确定报酬的情形下，雇佣人的解约申请得就下一期以后的期间作出。但是，该解约申请应于本期的前半期作出。 （三）按六个月以上的期间确定报酬的情形下，前款的解约申请应于三个月之前作出。
旧法第627条 （一）当事人未约定雇佣期间的，各当事人可以随时申请解约。于此情形，雇佣于自解约申请之日起经过两周时终止。 （二）按期间确定报酬的情形下，解约申请得就下一期以后的期间作出。但是，该解约申请应于本期的前半期作出。 （三）按六个月以上的期间确定报酬的情形下，前款的解约申请应于三个月之前作出。

本条规定了无期间约定的雇佣的解约申请。新法对旧法第627条第2款和第3款作了以下修改：新法在第2款的“解约申请”之前增添了“雇佣人的”这一限定语，将第2款的适用限制在雇佣人申请解约的情形；受第2款修改的影响，第3条的适用范围也被限制在雇佣人申请解约的情形。

---

〔1〕 部会資料73A，6頁参照。

第七节　承　揽

一、基于定作人所受利益的比例的报酬请求权(新法第634条)

> **新法第634条**
>
> 于下列情形中,定作人因承揽人已完成的工作结果中可分部分的给付而受有利益的,视为该部分的工作已完成。于此情形,承揽人可以按定作人所受利益的比例请求报酬。
>
> 1. 因不可归责于定作人的事由而致不能完成工作的。
>
> 2. 承揽于工作完成前被解除的。

本条系新增,规定了基于定作人所受利益的比例的报酬请求权。

承揽,是指一方当事人约定完成某项工作,而另一方当事人约定对工作结果支付报酬的合同(第632条)。关于报酬的支付期,日本法将承揽分为以下两类:工作成果需要交付的情形和工作成果无须交付的情形;前者的报酬支付期为工作成果交付时,后者的报酬支付期为工作完成时(第633条)。但是,关于承揽工作未完成时承揽人是否有报酬请求权的问题,旧法中没有规定。

在报酬请求权的理论构造上,承揽和雇佣有很大区别。雇佣以“不劳不得”为原则,劳动者就已履行的部分按照比例享有报酬请求权,而承揽的报酬支付以“完成工作”为前提(第632条),承揽人于工作完成之前陷入不能状态的,无论可归责于谁,均不享有报酬请求权。但是,判例法理有不同的展开方向。(1)当工作内容可分,且定作人就已完成部分的给付受有利益时,定作人不得行使解除权,承揽人就已完成的部分享有报酬请求权。[1] (2)工作不能完成系可归责于定作人的事由所致时,参照第536条第2款(风险负担),承揽人就价金的全额享有报酬请求权。[2] 对此,新法的立场是,“承揽人于工作完成之前一律不享有报酬请求权”的理论归结对于承揽人并不合理,应当考虑工作的进展状况、致工作

〔1〕 大審院1932年4月30日判決,大審院民事判例集11卷8号780頁;最高裁判所1981年2月7日判決,判例時報996号61頁。

〔2〕 最高裁判所1977年2月22日判決,最高裁判所民事判例集31卷1号79頁。

不能完成的归责事由等要素，允许承揽人请求部分或全部报酬。[1]

本条规定，在因不可归责于定作人的事由而致不能完成工作，以及承揽于工作完成前被解除的两种情形下，承揽人已经完成了部分工作，且定作人因已完成的工作结果中可分部分的给付而受有利益时，视为该部分的工作已完成，承揽人可以按照定作人所受利益的比例请求报酬。这样，在“不完成工作，不支付报酬”的基本构造之下，本条补充了一个针对部分履行的新的报酬请求权基础。其中，“因不可归责于定作人的事由而致不能完成工作”包含可归责于承揽人以及不可归责于双方的情形；“承揽于工作完成前被解除”包含合同因承揽人的债务不履行而被解除的情形。[2]

另外，承揽工作因可归责于定作人的事由而不能完成的情形下，如上所述，判例的立场是承揽人对价金的全额享有报酬请求权，但本条只能提供按比例的报酬请求权，不能提供全额报酬请求权。理论上，第536条第2款也不是适当的请求权基础（参见新法第624条之2的解说）。《中间试案》40－1（3）曾经明确规定了这种情形的全额报酬请求权，但是未被新法采纳。[3]

二、承揽人的瑕疵担保责任（旧法第634条、第635条废止）

旧法第634条

（一）工作标的物有瑕疵的，定作人可以设定适当的期间，请求承揽人修补该瑕疵。但是，瑕疵不重要，而修补需要过多费用的，不在此限。

（二）定作人可以代替瑕疵的修补或与该修补一同请求损害赔偿。于此情形，准用第五百三十三条的规定。

旧法第635条

因工作标的物有瑕疵而不能达成合同目的的，定作人可以解除合同。但是，关于建筑物或其他土地工作物，不在此限。

---

〔1〕 部会資料72A，1頁以下。

〔2〕 中田裕康『契約法』（有斐閣，2017年）514頁以下参照。

〔3〕 部会資料81－3，18頁；部会資料83－2，19頁；『法制審議会民法（債権関係）部会第94回会議議事録』（2014.7.15）28頁以下参照。

旧法第 634 条和第 635 条规定了承揽人的瑕疵担保责任。这两条中包含大量(不同于买卖的瑕疵担保责任和合同总则的)承揽所特有的规则。在此次改革中,这些规则要么褪去特殊性升格为一般规则,要么被直接删除。最终,这两个条款因丧失独立的存在意义而被废止。

1. 旧法第 634 条、第 635 条的内容

如前所述,在改革之前,这两条中包含了大量承揽特有的规则。例如,(1)在瑕疵的概念上,承揽的瑕疵担保责任不限于“隐蔽的瑕疵”(旧法第 634 条第 1 款),这不同于买卖(旧法第 570 条);(2)在责任效果上,明确规定了瑕疵修补请求权(旧法第 634 条第 1 款),而买卖并无这一规则;(3)定作人既可以请求瑕疵的修补,也可以同时立即请求填补赔偿(旧法第 634 条第 2 款前段),买卖也没有这一规则;(4)填补赔偿和价金支付处于同时履行抗辩关系(旧法第 634 条第 2 款后段),这是同时履行抗辩的特则(旧法第 533 条);(5)只有标的物的瑕疵使合同目的不能实现时才允许承揽人解除合同(旧法第 635 条本文),而买卖中,只有物的瑕疵担保责任以及标的物上附有他人地上权等情形的权利瑕疵担保责任才有这一限制(旧法第 566 条、第 570 条),其他权利瑕疵担保责任并无此限制;(6)建筑物或其他土地工作物的瑕疵即使致合同目的不能实现,承揽人也不得解除合同(旧法第 635 条但书),而买卖中不存在买主完全无解除权的情况。

2. 旧法第 634 条和第 635 条的去向

在此次改革中,旧法第 634 条和第 635 条被废止,其中部分内容被统合进了买卖或合同总则的规定,部分内容因不具合理性而被删除。这样,在新法中不存在关于瑕疵担保责任的单独规定(关于权利行使期限的第 636 条仍然保留),定作人的救济手段要么须经由第 559 条(有偿合同准用买卖)准用买卖的相应规定,要么适用合同总则的一般规定。

第一,关于瑕疵修补请求权,准用关于买卖的新法第 562 条(买受人的补正请求权)。至于瑕疵修补请求权的边界,旧法第 634 条第 1 款但书规定,瑕疵不重要而该修补需要过多费用时,定作人不享有瑕疵修补请求权。在新法中,这一规则可以通过对新法第 412 条之 2 第 1 款(履行请求权的边界)的解

释得出。[1]

第二,关于减价请求权,承揽的部分本来没有相应规定。在改革前,整个民法体系中也只有买卖标的物的权利的一部属于他人的情形(旧法第563条)以及买卖标的物数量不足或一部灭失的情形(旧法第565条),买受人才享有减价请求权。在新法中,承揽标的物有瑕疵时,可以准用关于买卖的新法第563条(买受人的减价请求权)。这是新法为定作人新增的救济手段。

第三,关于损害赔偿请求权,旧法第634条第2款的规定是,定作人既可以在请求瑕疵修补之后请求填补赔偿,也可以同时立即请求填补赔偿。在新法中,填补赔偿请求权的始点受到新法第415条第2款的限制。定作人不能立即请求填补赔偿,仅在履行不能、承揽人明确拒绝履行、因债务不履行而发生解除权或解除权行使的情形才享有填补赔偿请求权。

第四,关于合同解除,改革前后有重大变化。在旧法中,只有标的物的瑕疵致合同目的不能实现时才允许定作人解除合同(旧法第635条本文),而且在建筑物或其他土地工作物有瑕疵的情形,定作人的解除权被排除(旧法第635条但书)。在新法中,关于承揽合同的解除,最终回归合同总则的一般规定(经由准用条款第599条和第654条)。这样,当标的物的瑕疵无补正可能性时,仅在瑕疵的存在致合同目的不能实现时,定作人可以即时解除合同(新法第542条第1款第3项);当标的物的瑕疵有补正可能性时,即便瑕疵未达到致合同目的不能实现的程度(当然也不是轻微不履行),可以参照履行迟延,允许定作人催告解除(新法第542条第1款第5项)。相应地,旧法第635条但书作为不合理的条款被完全删除,未进入新法。[2]

第五,关于同时履行抗辩,旧法第634条第2款后段规定,填补赔偿和价金支付处于同时履行抗辩关系。在新法中,由于新法第533条(同时履行抗辩)中加入了括号内容“包括替代债务履行的损害赔偿债务的履行”,使“填补赔偿和价金支付处于同时履行抗辩关系”成为合同的一般规定,所以直接适用第533条

---

〔1〕 部会資料81-3,18頁参照。

〔2〕 在改革之前,旧法第635条但书基本被空文化了。当建筑物的瑕疵使建筑物基本丧失存在价值时,判例虽然未直接允许定作人解除合同,但是认可了几乎与退款重建费用相同的高额损害赔偿,其效果与允许解除相差无几(最高裁判所2002年9月24日判决,判例時報1801号77頁)。

的规定即可。与旧法第 634 条第 2 款后段一同被删除的，还有关于买卖的旧法第 571 条。

三、承揽人的担保责任的限制（新法第 636 条）

新法第 636 条 承揽人向定作人交付的工作标的物在种类或品质上不符合合同的内容的（无须交付的情形下，工作终止之时工作标的物在种类或品质上不符合合同的内容的），定作人不得以因自己提供的材料的性质或自己的指示而发生的不符合为由主张履行补正请求、报酬减额请求、损害赔偿请求及合同的解除。但是，承揽人明知该材料或指示不适当而未告知的，不在此限。
旧法第 636 条 工作标的物的瑕疵因定作人提供的材料的性质或定作人的指示而发生的，不适用前两条的规定。但是，承揽人明知该材料或指示不适当而未告知的，不在此限。

本条规定了承揽人的担保责任的限制，即因定作人提供的材料或发出的指示致工作成果不符合合同约定的，定作人不得要求承揽人负担保责任。

新法对旧法第 636 条作了以下三点修改：（1）将"瑕疵"改为"在种类或品质上不符合合同的内容"。这体现了新法在瑕疵概念上的转变。（2）增补了括号内容，即"无须交付的情形下，工作终止之时工作标的物在种类或品质上不符合合同的内容的"。以"工作成果是否需要交付"为标准的分类在瑕疵的判断上也具有意义。（3）将"不适用前两条的规定"改为"不得……主张履行补正请求、报酬减额请求、损害赔偿请求及合同的解除"。这反映了前两条被废止后定作人的救济手段因适用买卖及合同总则的规定而被扩充和调整。

四、标的物不符合合同约定时定作人权利的期间限制(新法第637条)

新法第637条 (一)于前条本文规定的情形下,自定作人知道该不符合之时起一年内未通知承揽人此事的,定作人不得以该不符合为由主张履行补正请求、报酬减额请求、损害赔偿请求及合同的解除。 (二)工作标的物交付至定作人之时(无须交付的情形下,工作终止之时),承揽人明知或因重大过失而不知前款的不符合的,不适用同款的规定。
旧法第637条 (一)前三条规定的瑕疵修补或损害赔偿的请求及合同的解除,应自交付工作标的物之时起一年内行使。 (二)无须交付工作标的物的情形下,前款的期间自工作终止之时起算。

本条规定了定作人请求承揽人负担保责任的期间限制。新法对旧法第637条作了重大修改。修改要旨和关于买卖的新法第566条相同。

1. 起算点以及权利行使方式(第1款)

本条第1款对作了两处修改:一是受前条修改的影响,增补了新的救济方式(报酬减额请求);二是改变了担保责任期间限制的起算点。后者是一个根本性的改动。

按照旧法第637条的规定,定作人可以向承揽人主张的各项请求权及解除权的失权期限的起算点为:(1)工作成果需要交付的情形下,为交付时(同条第1款);(2)工作成果无须交付的情形下,为工作终止时(同条第2款)。之所以这样规定,是考虑到承揽人在交付或完成工作成果之后通常会抱有任务已完结的期待,而且经过相当的时间之后难以确证当时是否存在瑕疵,如果允许定作人在经过相当长的时间后主张上述权利,会影响承揽人的法律地位的稳定。不过问题是,关于买卖的瑕疵担保责任的期间限制,旧法第564条和第566条也是基于同样的考量,但是仍以“买受人知道事实(瑕疵的存在)”为起算点。[1] 这样,买受人和定作人之间就出现了明显的地位失衡。为了求得平衡,新法将承揽的担保责任期间限制的起算点也定在“定作人知道该不符合之时”。

至于权利行使的方式,在改革之前,最高裁判所没有直接关于承揽的案例。关于买卖的瑕疵担保责任,最高裁判所 1992 年判例认为,买受人为了保存瑕疵担保责任的权利,无须在期间内以诉讼的方式行使权利,但是买受人至少要向出卖人表明其欲追究出卖人的瑕疵担保责任的意图,并明示损害赔偿额的依据。[2] 但是,新法的立场是,要求定作人在 1 年的短期限制期间内表明追责的意思以及损害赔偿额的依据,对于定作人而言是过重的负担。定作人只要通知承揽人标的物不符合合同约定一事,那么承揽人就可以寻求应对之策,这就足以保护承揽人的信赖,并可以避免瑕疵判断困难的问题。[3]

2. 担保责任的期间限制的排除(第 2 款)

本条第 2 款规定,工作标的物交付定作人时(无须交付的情形下,于工作终止时),承揽人明知或因重大过失而不知标的物不符合合同约定的,定作人的权利不受 1 年的期间限制。这是因为恶意或有重大过失的承揽人对于合同的履行已完结并无值得特别保护的信赖。这里须注意的是,此时定作人的履行补正、报酬减额、损害赔偿以及解除合同等诸项权利虽然不受本条第 1 款规定的 1 年行使期间的限制,但是仍然服从于各自的消灭时效。[4]

五、建筑物不符合合同约定时承揽人的瑕疵担保责任的期间限制(旧法第 638 条、第 639 条废止)

> **旧法第 638 条**
>
> (一)建筑物或其他土地工作物的承揽人,就该工作物或地基的瑕疵,于交付之后五年内负担保责任。但是,就石造、土造、砖造、混凝土

〔1〕 梅謙次郎『民法要義卷之三債權編〔訂正增補第三十四版〕』(有斐閣書房,1914 年)501 頁以下,509 頁,714 頁以下参照。

〔2〕 最高裁判所 1992 年 10 月 20 日判决,最高裁判所民事判例集 46 卷 7 号 1129 頁。

〔3〕 部会資料 75A,37 頁参照。

〔4〕 山本豊編集『新注釈民法(14)』(有斐閣,2018 年)223 頁(笠井修執筆)参照。

造、金属造或其他类似构造的工作物，该期间为十年。

（二）工作物因前款的瑕疵而灭失或毁损的，定作人应自该灭失或毁损之时起一年内，行使第六百三十四条规定的权利。

旧法第 639 条

第六百三十七条及前条第一款的期间，限于第一百六十七条规定的消灭时效期间内，可以以合同延长。

旧法第 638 条和第 639 条规定了承揽标的物为建筑物时的承揽人的瑕疵担保责任的期间限制的特则。受前条修改的影响，旧法第 638 条和第 639 条在此次改革中被废止。

旧法第 638 条第 1 款规定，工作物或地基的瑕疵担保责任期间为 5 年；石造、土造、砖造、混凝土造、金属造或其他类似构造的工作物的瑕疵担保责任期间为 10 年。这是因为土地工作物的瑕疵往往经过一定期间后才能够被发现。但是，由于新法第 637 条的 1 年期间限制的起算点已改为主观起算点（定作人知道不符合合同约定），所以就土地工作物设置特别的失权期间没有意义。此外，旧法第 638 条第 2 款规定，工作物因瑕疵毁损灭失时，定作人的权利行使期间限制为 1 年。这是考虑到定作人此时应当知道瑕疵的存在，所以采用了短期的期间限制。这一规定的立法宗旨恰好和新法第 637 条一致，所以没有必要重复规定。[1]

旧法第 639 条规定，当事人可以通过合同约定延长旧法第 637 条第 1 款的期间限制（1 年）和旧法第 638 条第 1 款的期间限制（5 年、10 年）。但是新法的立场是，买卖和承揽应当一致化。既然买卖不存在延长担保责任期间的规定，那么承揽也没有特意设置规定的必要。[2]

---

〔1〕 部会資料 75A，39 頁以下。

〔2〕 部会資料 84－3，17 頁以下。

六、不负担保责任的特约(旧法第 640 条废止)

> **旧法第 640 条**
>
> 承揽人即使作出旨在不负第六百三十四条或第六百三十五条规定的担保责任的特约,就其明知而不告知的事实,亦不得免责。

本条规定,当事人之间即使有承揽人不负担保责任的特约,承揽人就其明知而不告知的事实也应负担保责任。这一规定和关于买卖的新法第 572 条内容一致。法制审议会认为,此时经由第 599 条(有偿合同准用买卖)准用新法第 572 条的规定即可,没有必要就承揽专门设置规定。[1]

七、因定作人破产而发生的解除(新法第 642 条)

> **新法第 642 条**
>
> (一)定作人受破产程序开始的裁定时,承揽人或破产管理人可以解除合同。但是,承揽人于完成工作之后欲解除合同的,不在此限。
>
> (二)前款规定的情形下,就已完成的工作的报酬以及未包含其中的费用,承揽人得参见破产财团的分配。
>
> (三)第一款的情形中,因合同的解除而发生的损害赔偿,仅限破产管理人解除合同情形中的承揽人可以请求。于此情形下,承揽人就该损害赔偿参加破产财团的分配。

> **旧法第 642 条**
>
> (一)定作人受破产程序开始的裁定时,承揽人或破产管理人可以解除合同。于此情形,就已完成的工作的报酬以及未包含其中的费用,承揽人得参加破产财团的分配。
>
> (二)前款的情形中,因合同的解除而发生的损害赔偿,仅限破产管

〔1〕 部会資料 84－3,17 頁以下。

> 理人解除合同情形中的承揽人可以请求。于此情形下,承揽人就该损害赔偿参见破产财团的分配。

本条规定了定作人破产时的承揽人和破产管理人的解除权。新法对旧法第642条修改是在第1款中增加了但书规定。

依本条第1款规定,定作人受破产程序开始的裁定时,破产管理人或承揽人可以解除合同。本条是《破产法》第53条的特则。依《破产法》的规定,在双务合同的一方当事人破产而双方均未履行完毕时,破产管理人可以选择解除或继续履行合同(同法第53条);破产管理人选择继续履行合同并向承揽人请求时,承揽人的报酬请求权成为破产财团的共益债务,优先于破产债权而受清偿(同法第148条第1款第7项、第151条)。不过,即使是共益债务,在破产财团资产不足时,依然有不能全额受偿的风险。尤其在承揽合同中,承揽人无法就已履行的部分请求支付相应的报酬,只能继续履行直至工作完成,这就无谓地扩大了承揽人不能回收报酬债权的风险。因此,本条赋予承揽人以解除权,允许承揽人就已履行部分的报酬及费用(分别结算的材料费等)参加破产财团的分配。

从上述立法目的来看,如果承揽人已经完成了工作,只是尚未交付,那么此时承揽人无须继续完成工作,不会出现债权回收风险被扩大的情况。在理论上,已经完成了工作而尚未交付的状态和买卖合同未履行的状态相似,而在买卖的情形下,当买受人受破产程序开始的裁定时,出卖人并不享有解除权。考虑上述立法目的以及制度平衡,法制审议会认为,赋予承揽人以解除权应当仅限于承揽人完成工作之前。[1] 故新法在本条第1款加入了但书规定。

第八节　委　托

一、受托人的自己执行义务(新法第644条之2)

> **新法第644条之2**
>
> (一)受托人,若非得到委托人的许诺或有不得已的事由,不得选任

〔1〕 部会資料72A,8頁以下。

> 转受托人。
>
> （二）授予代理权的委托中，受托人选任有代理权的转受托人的，转受托人对委托人，于其权限范围内，与受托人享有相同的权利，负有相同的义务。

本条系新增，规定了受托人的自己执行义务以及转受托人和委托人的关系。规定内容与复代理基本一致。

1. 受托人的自己执行义务（第1款）

日本法中，委托是指双方当事人约定由受托人为委托人从事法律行为的合同。由受托人处理法律行为之外的事务的，称为“准委托”。

在改革之前，关于受托人能否或者在何种条件下可以选任转受托人，民法只在代理权授予的层面设有复代理的规定（第104条以下），但是在作为代理权授予原因的委托合同的部分未设明文规定。通说认为，委托以当事人之间的信赖关系为基础，受托人原则上应当亲自处理委托事务（自己执行义务）。[1] 至于例外允许受托人转委托的要件，有力说认为，应当类推适用关于复代理的第104条，仅限“得到委托人的许诺或有不得已的事由”时允许受托人转委托。[2] 但是，有反对意见指出，第104条之所以以禁止复代理为原则，是因为明治民法的起草者（主要是富井政章）过于重视委托合同中的“个人信赖”的侧面，而勃瓦索纳多旧民法更重视营业过程中的委托事务的妥善处理，所以旧民法反而以允许复代理为原则。所以，在转委托的问题上，应当区分重视个人信用的委托和重视业务处理的委托，后者应当以允许转委托为原则。[3] 《中间试案》41－1（注）曾经建议将转委托的要件缓和为“得到委托人的许诺或者依合同的目的可以认为适于选任转受托人”，但是因判断内容不明确等原因未被采纳。新法最终还是采用了和第104条相同的规则。

---

〔1〕 我妻栄『債権各論中巻二』（岩波書店，1962年）673頁参照。

〔2〕 我妻栄，前掲673頁；幾代通＝広中俊雄『新版注釈民法（16）』（有斐閣，1989年）228頁以下（中川高男執筆）参照。

〔3〕 山本敬三「受託者の自己執行義務と責任の範囲——復代理制度と履行補助者責任論の再検討を手がかりとして」道垣内弘人＝大村敦志＝滝沢昌彦編『信託取引と民法法理』（有斐閣，2003年）120頁；同『民法講義Ⅳ－1 契約』（有斐閣，2005年）726頁参照。

2. 转受托人和委托人的关系(第2款)

关于转受托人和委托人的关系,就转委托伴随代理权授予的情形,旧法第107条第2款(新法第106条第2款)规定,复代理人对本人及第三人享有与代理人同一的权利,负有同一的义务。严格而言,这一规定只是针对代理权授予的外部关系,而关于内部关系,委托合同的部分未设规定。不过曾有判例认为,旧法第107条第2款中所规定的"复代理人与本人的关系"指的就是内部关系。[1]但是法制审议会并不认同判例的立场,而是认为内部关系和外部关系应当明确区分。故新法在第106条第2款之外,于委托合同的部分另设了处理内部关系的规则,即本款的规定。

二、受托人的按照履行比例的报酬请求权(新法第648条)

新法第648条

(一)若无特约,受托人不得向委托人请求报酬。

(二)受托人应获报酬的情形下,若非履行委托事务之后,不得请求报酬。但是,按期间确定报酬的,准用第六百二十四条第二款的规定。

(三)受托人,于下列情形下,可以按已履行的比例请求报酬。

1. 因不可归责于委托人的事由致委托事务不能履行的。

2. 委托于履行中途终止的。

旧法第648条

(一)若无特约,受托人不得向委托人请求报酬。

(二)受托人应获报酬的情形下,若非履行委托事务之后,不得请求报酬。但是,按期间确定报酬的,准用第六百二十四条第二款的规定。

(三)委托因不可归责于受托人的事由于履行中途终止时,受托人可以按已履行的比例请求报酬。

本条规定了受托人的按照履行比例的报酬请求权。新法在维持旧法第648

[1] 最高裁判所1976年4月9日判决,最高裁判所民事判例集30卷3号208頁(转受托人对委托人负有交付在履行受托事务中所受领的物的义务)。

条第 1 款和第 2 款的基础上，对第 3 款作了修改。

关于委托的报酬支付，旧法第 648 条第 2 款规定了“不履行委托事务，不支付报酬”的基本原则。新法并未直接修改这一原则，而是区分了两种不同类型的委托合意：(1)履行比例型，即对事务处理的劳务按照履行比例支付报酬；(2)成果完成型，即对因处理事务所得的成果支付报酬。关于前者，仍然适用本条的规定，在规则设置上靠近雇佣；关于后者，新法在次条(新法第 648 条之 2)新增了专门规定，在规则设置上靠近承揽。

按照旧法第 648 条第 3 款规定，受托人按履行比例的报酬请求权以“不可归责于受托人的事由于履行中途终止”为前提。新法认为，约定履行比例型支付方式的委托应当和雇佣采用类似规则，即使终止事由可归责于受托人，也不妨碍其按照履行比例主张报酬请求权(参照新法第 624 条之 2 的解说)。[1]

三、受托人的对履行成果的报酬请求权(新法第 648 条之 2)

> **新法第 648 条之 2**
>
> (一)约定对因委托事务的履行所得的成果支付报酬的情形下，该成果需交付的，报酬应与该成果的交付同时支付。
>
> (二)第六百三十四条的规定，准用于约定对因委托事务的履行所得的成果支付报酬的情形。

本条系新增，规定了成果完成型委托中受托人对履行成果的报酬请求权。本条的规则与承揽基本一致。

关于报酬支付的时点，本条第 1 款规定，委托事务的履行成果需交付的，应当在成果交付的同时支付报酬。反之，委托事务的履行成果无须交付的，应当在履行成果完成时支付报酬。

关于不能取得委托事务的成果时的报酬支付，本条第 2 款规定，准用关于承揽的新法第 634 条。详言之，在因不可归责于委托人的事由致受托人不能取得成果的情形，以及在取得成果之前委托被解除的情形，受托人已经处理了部分委

〔1〕 部会資料 72A，14 頁以下。

托事务，且委托人因已处理的委托事务中可分部分的给付而受有利益的，视为该部分的成果已取得，受托人可以按照委托人所受利益的比例请求报酬（参照新法第634条的解说）。

四、委托合同的任意解除权（新法第651条）

新法第651条 （一）各当事人可以随时解除委托。 （二）依前款的规定解除委托的人，于下列情形下，应赔偿相对人的损害。但是，有不得已的事由的，不在此限。 1. 在对相对人不利的时期解除委托的。 2. 委托人解除亦以受托人的利益（单纯因取得报酬所获的利益除外）为目的的委托的。
旧法第651条 （一）各当事人可以随时解除委托。 （二）一方当事人在对相对人不利的时期解除委托的，该方当事人应赔偿相对人的损害。但是，有不得已的事由的，不在此限。

本条规定了委托合同的任意解除权。新法在旧法第651条的基础上增添了新的损害赔偿事由（本条第2款第2项）。

1. 委托人的任意解除权及其限制（第1款）

依本条第1款的规定，委托合同的各当事人都享有任意解除权。明治民法的起草者认为，委托系基于当事人之间的信赖关系，若当事人失去信赖，当然可以解除合同。[1] 但是，学说和判例认为，委托人的任意解除权是有限制的。解除权的限制要素主要包括：(1)有偿还是无偿（有偿委托有完整的法律拘束力）；(2)委托还是准委托（任意解除权仅限于委托事务为法律行为的委托）；(3)委托人的意思（是否明示或默示地放弃了解除权）；(4)受托人的利益保障（委托是否

〔1〕 梅謙次郎『民法要義巻之三債権編〔訂正增補第三十四版〕』（有斐閣書房，1914年）751頁参照。

同时以受托人的利益为目的)；(5)合同关系的继续性自身的价值等。

传统学说和判例是围绕着上述要素三和要素四展开的。(1)对任意解除权的限制。判例很早就承认解除权放弃的效力(要素三)，并认为在委托同时也以受托人的利益为目的情形下，不允许委托人行使任意解除权(要素四)。[1] 对此，我妻荣的解释是，当委托事务的处理不仅包含委托人的利益，也包含受托人的利益时，一般性地推定委托人放弃了任意解除权(要素三和要素四的结合)。[2] (2)对限制的缓和。由于"一般性推定"的打击面过广，战后的判例开始放松对任意解除权的限制。最高裁判所 1968 年判例认为，即使在以受托人的利益为目的委托中，在委托人有不得已的事由时(如受托人的显著背信行为)，也可以解除合同。[3] 最高裁判所 1981 年判例认为，即使是在以受托人的利益为目的的委托中，而且委托人也没有不得已的事由，但如果存在不能认定委托人放弃解除权的事由，委托人也可以解除合同。受托人不能以合同包含使其受益的目的为由，违反委托人的意思继续处理委托事务，这危害了委托人的利益，违反了委托的本旨。[4]

此次改革中，为反映学说和判例的发展，审议初期曾有建议提出，在委托完全以受托人或第三人的利益为目的情形(如以担保、债务整理、权利让与为目的的委托)以及委托为有偿的情形，限制委托人行使任意解除权[《中间论点整理》49－4(1)]。但是，法制审议会在解除权限制的构造上未能达成一致，最终决定不改动第 1 款。由于判例法理是在"推定委托人放弃解除权"的基本构造下展开的，所以保留第 1 款的内容对其并无任何影响。[5]

2. 任意解除后的损害赔偿(第 2 款)

"以受托人的利益为目的的委托"这一视角(上述要素四)虽然没能成为第 1

[1] 大審院 1915 年 5 月 12 日判決，大審院民事判決録 21 輯 687 頁；大審院 1920 年 4 月 24 日判決，大審院民事判決録 26 輯 562 頁。

[2] 我妻栄『債権各論中巻二』(岩波書店，1962 年)693 頁参照。

[3] 最高裁判所 1968 年 9 月 20 日判決，判例タイムズ227 号 147 頁。

[4] 最高裁判所 1981 年 1 月 19 日判決，最高裁判所民事判例集 35 巻 1 号 1 頁。

[5] 法務省民事局参事官室編『民法改正中間試案の補足説明』(信山社，2013 年)498 頁参照。

款中限制任意解除权的标准，但是成为第 2 款中认定损害赔偿的事由。[1]

至于何为“受托人的利益”，最高裁判所 1983 年判例认为，不能单以受托人是否收取报酬为判断标准。[2] 来栖三郎明确指出，不能直接以受托人因合同的解除而不能收取的报酬作为损害赔偿的对象。[3] 这里的“受托人的利益”是指报酬之外的利益。例如，以清偿债务为目的委托催收的情形下，“受托人的利益”并非催收手续费，而是清偿本身；长期税务顾问合同的情形下，“受托人的利益”不是具体每一期的顾问费，而是企业经营的安定性；不动产中介和委托销售的情形下，“受托人的利益”不是佣金，而是事务处理本身。[4] 故新法在将“以受托人的利益为目的委托”作为损害赔偿的事由的同时，在“利益”之后增添了括号规定——“单纯因取得报酬所获的利益除外”。

第九节 保 管

一、保管合同的成立（新法第 657 条）

> **新法第 657 条**
>
> 保管，因一方当事人将某物托付相对人保管，相对人予以承诺，而生其效力。

〔1〕 本条新增的第 2 款第 2 项的措辞为“亦以受托人的利益为目的的委托”。其中的“亦”的含义可以是“委托不仅包含委托人的利益，也包含受托人的利益”，也可以是“委托不仅包含受托人的利益，也包含委托人的利益”。换言之，只包含受托人的利益的委托并不适用第 2 款。相比之下，“也包含”受托人的利益的委托被解除时，受托人都可以请求损害赔偿，那么“仅包含”受托人的利益的委托被解除时，不可能不给予救济。第 2 款的“亦”的言外之意就是，此时的救济不是第 2 款的损害赔偿，而就是对第 1 款的任意解除权的限制。

此外，新法将“以受托人的利益为目的委托”作为任意解除后的损害赔偿的事由，实际上暗示了“以受托人的利益为目的委托”这一事实本身不足以认定委托人放弃了解除权。也就是说，即使委托事务同时包含受托人的利益，委托人也可能解除委托合同，而且解除的原因绝对不止但书所说的“不得已的事由”，否则没有必要作为本文的损害赔偿事由来规定。在解释论上，这一立法方式对于所有采“解除权放弃构成”的观点而言，无异于承认新法接受了最高裁判所 1981 年判例法理。

〔2〕 最高裁判所 1983 年 9 月 20 日判决，集民 139 号 549 頁。

〔3〕 来栖三郎『契約法』（有斐閣，1974 年）553 頁参照。

〔4〕 山本豊編集『新注釈民法（14）』（有斐閣，2018 年）331 頁以下（一木孝之執筆）。

> **旧法第 657 条**
>
> 保管，因一方当事人约定为相对人保管并受取保管物，而生其效力。

本条规定了保管合同的成立要件。新法将保管合同诺成化。

1. 保管合同的诺成化

在旧法中保管为要物合同，其成立以保管人“受取保管物”为要件。这一源自罗马法的规则在现代社会已失去合理性。日本法上，当事人之间可以有效订立保管的预约或作出诺成性保管合同的约定。实践中广泛使用的仓储营业(《商法》第 59 条以下)，通说认为其性质即诺成性的仓库保管合同。除此之外，存款合同也是一种保管(消费保管)，存款人开立账户时有零元开户的可能。因此，法制审议会认为以保管为要物合同的立法已不符合现代交易的实务，应予诺成化。[1] 故新法将“受取保管物”改为“相对人予以承诺”。

2. 关于“保管物返还义务”的定位

关于保管物返还义务究竟是保管合同的内容(以下简称合同内容构成)，还是保管合同解除的效果(以下简称任意解除构成)，存在严重分歧。

合同内容构成认为，保管物返还义务是保管合同的固有内容，当保管人请求返还时，保管人依合同负有返还义务。保管合同并不因此而终止(返还义务尚未履行)，而是在保管物实际返还时才因履行而终止。旧法第 662 条(新法第 662 条第 1 款)规定，当事人约定保管物的返还期时，寄存人亦可随时请求返还。这里的措辞是“请求返还”，而非“解除”，与合同构成更为接近。

但是，任意解除构成认为，旧法第 662 条所规定的保管物返还义务是以寄存人行使任意解除权为前提的。在法律构成上，寄存人“请求返还”构成解约的通知，从而导致合同终止，继而引起了保管人的保管物返还义务。[2] 认为合同自保管物实际返还时才终止的立场，只不过是保管合同系要物合同的观念的反射而已。无论认为保管合同自返还请求之时终止，还是自保管物返还之时终止，实

〔1〕 部会資料 73A,9 頁参照。

〔2〕 我妻栄『債権各論中巻二』(岩波書店,1962 年)723 頁参照。

际上区别不大。[1]

不过,从合同内容构成的视角来看,两者有明显的差异。(1)在合同性质上,保管是为寄存人的利益存在的合同,除了保管义务外,返还义务也是保管的本质要求。保管不同于租赁、使用借贷等借贷型合同。在后者的情形下,合同不仅为出租人(或出借人)的利益而存在,更为承租人(借用人)的利益存在,合同若不因解除等原因终止,承租人(借用人)并无返还义务。反之,在保管合同中,认为非得等到寄存人解除合同之后保管人才负有返还义务的想法违背了保管的本质。(2)依合同构成,在寄存人请求返还之后,保管人有返还义务,寄存人有取回义务,但保管合同并不因此而终止。在寄存人请求返还之后而保管物实际返还之前的这段时间内,双方的法律关系仍然受保管合同的约束。寄存人不履行取回义务时,保管人继续依合同收取价金;保管人不履行返还义务时,保管人负与新增价金等额的损害赔偿义务。(3)在无偿保管的情形下,依合同内容构成,无论是在寄存人请求返还之前还是之后,无偿保管人的保管义务一直是程度较低的注意义务(第659条,与对自己的财产同一的注意义务)。反之,依任意解除构成,即使是无偿保管人,其保管义务也会在寄存人请求返还后突然变为程度较高的注意义务(第400条,善良管理人的注意义务)。[2]

在此次改革中,《中间试案》43-1(1)建议将保管定义为"一方当事人约定为相对人保管某物的同时,约定将保管物返还给相对人,而相对人予以承诺"的合同(合同内容构成)。但是,在第三阶段的审议中,法制审议会决定不将"保管物返还义务"明定为保管的成立要件。理由是,"一方当事人将某物托付相对人保管,相对人予以承诺"这一表述本身就包含着保管人约定将所保管的物返还给寄存人的意思,所以无须重复表述。[3]

---

〔1〕 来栖三郎『契約法』(有斐閣,1974年)604頁参照。

〔2〕 民法(債権法)改正検討委員会編『詳解　債権法改正の基本方針V各種の契約(2)』(商事法務,2009年)185頁以下;中田裕康『契約法』(有斐閣,2017年)548頁以下参照。

〔3〕 部会資料81-3,23頁参照。

二、保管物受取前寄存人和保管人的解除权（新法第 657 条之 2）

> **新法第 657 条之 2**
>
> （一）寄存人于保管人受取保管物之前可以解除合同。于此情形下，保管人因该合同的解除而受有损害的，可以向寄存人请求损害的赔偿。
>
> （二）无报酬的保管人于受取保管物之前可以解除合同。但是，书面的保管不在此限。
>
> （三）应受取保管物的时期已经过而寄存人未交付保管物的情形下，保管人（无报酬而承担保管的情形下，限于书面保管的保管人）可以设定适当的期间催告寄存人交付，寄存人于该期间内仍未交付的，保管人可以解除合同。

本条系新增，在保管合同诺成化的基础上，规定了保管物受取前的寄存人和保管人的解除权。《中间试案》43－1（1）的条款安排以有偿和无偿为视角，而新法以寄存人和保管人的区分为视角。

1. 保管物受取前的寄存人的解除权（第 1 款）

本条第 1 款允许寄存人在保管人受取保管物之前随时解除合同，无论合同是有偿还是无偿。这是因为，一方面，保管是为寄存人的利益的合同，如果寄存人已无寄存的需要，那么不应当向寄存人强加寄存的义务；另一方面，为了和新法第 662 条的规定保持评价上的平衡。依新法第 662 条的规定，即使寄存物交付保管人之后，寄存人尚可以随时请求返还，遑论交付之前。

不过，当保管人因寄存人的解除而遭受损害时，依本款后段的规定，保管人可以向寄存人请求损害赔偿。这是保管合同诺成化之后必然的归结。新法对于合同在保管人受取保管物之前被解除的场合和之后被解除的场合，都增添了关于损害赔偿的规定（本款后段和新法第 662 条第 2 款）。至于损害赔偿的内容为何，存在严重分歧。首先，机会损失说认为，此时保管人没有报酬请求权，其损害赔偿请求仅限于机会损失，即因承诺接受寄存人的寄存物而拒绝他人的寄存要约所生的损害。[1] 在此基础上也有观点认为,在双方之间有"一定期间内不解除合同"的特约时,允许保管人请求相当于报酬金额的损害赔偿。[2] 其次,报酬金额说认为,此时保管人虽然没有报酬请求权,但是应当以本来可以获得的报酬金额作为损害赔偿额,但是需要扣除保管人因合同解除所免于支出的费用,以及因免于保管义务而从事其他替代交易所获的利益。[3] 新法的立场是,本款后段中的"损害"是指"若合同不被解除,保管人将获得的利益,但是要从中扣除保管人因免去保存义务所得到的利益"。简言之,就是从相当于报酬的金额中扣除损益相抵的部分。[4]

2. 保管物受取前的无偿保管人的解除权(第 2 款)

本条第 2 款规定,在保管人受取保管物之前,无偿保管人享有解除权,但是保管合同采书面形式时,无偿保管人也不得解除合同。之所以赋予无偿保管人以解除权,是为了保护无偿保管人的利益,防止当事人轻率地订立无偿保管。但是,当保管以书面形式作成时,保管人的意思已经明确化,足以防范未来的纠纷,所以解除权应当受到限制。本款的规则和此次改革中同样被诺成化的使用借贷的规则(新法第 593 条之 2)是一致的。[5]

3. 保管物收取前的有偿或书面保管的保管人的解除权(第 3 款)

依本条第 1 款和第 2 款的规定,在有偿保管或书面形式的无偿保管的情形下,保管人受保管合同的拘束力的约束,负有接受保管物的义务。不过,在寄存人始终不移交保管物也不解除合同的情形下,新法认为此时不能让保管人一直受合同约束,故本条第 3 款赋予保管人一个特别的催告解除权。[6]

---

〔1〕 我妻栄『債権各論中巻二』(岩波書店,1962 年)706 頁参照。

〔2〕 来栖三郎『契約法』(有斐閣,1974 年)606 頁参照。

〔3〕 幾代通 = 広中俊雄『新版注釈民法(16)』(有斐閣,1989 年)351 頁(打田畯一 = 中馬義直執筆);内田貴『民法Ⅱ　債権各論〔第 3 版〕』(東京大学出版会,2011 年)286 頁以下参照。内田貴的观点是以保管人在寄存人解除合同时有寻找替代交易从而减少损害的义务为前提的(减损规则)。此次改革中,《基本方针》3.1.1.73 曾经建议直接规定减损规则,但是之后遭遇挫折,未能实现明文化(参见新法第 418 条的解说)。

〔4〕 部会資料 73A,11 頁参照。部会資料所显示的内容即是如此。从议事录的记载来看,本条起草负责人(松尾博宪)的立场的确倾向于报酬金额说,但是非常不稳定。起草负责人起初认为,在这个问题上保管的规则应当和承揽(第 641 条)一致,但之后改口说,本款的规定并不意味着保管的规则和消费借贷(第 591 条第 3 款)一定有实质差异,这要视每个合同的具体情况而定。

〔5〕 部会資料 73A,11 頁参照。

〔6〕 部会資料 73A,11 頁参照。

三、保管人的自己执行义务(新法第658条)

<table>
<tr><td>

新法第658条

(一)保管人,非经寄存人的承诺,不得使用保管物。

(二)保管人,非经寄存人的承诺,亦非有不得已的事由时,不得令第三人保管保管物。

(三)再保管人于其权限范围内,向寄存人享有与保管人同一的权利,负有同一的义务。

</td></tr>
<tr><td>

旧法第658条

(一)保管人,非经寄存人的承诺,不得使用保管物,或令第三人保管。

(二)第一百零五条及第一百零七条第二款的规定,准用于保管人可以令第三人保管保管物的情形。

</td></tr>
</table>

本条规定了保管人的保管物使用禁止义务以及自己执行义务。关于前者,本条第1款和旧法之间并无实质变动。关于后者,新法作了以下修改。

1. 自己执行义务的限制(第2款)

保管人有自己执行义务,原则上必须自己亲自实施保管行为,不得令第三人代行保管义务(再保管),除非得到寄存人的同意。但是,在急需再保管的情形下,保管人难以及时得到寄存人的同意,此时仍不允许再保管,并不符合寄存人的利益。实务中,关于仓储的格式合同中通常包含允许保管人"在有不得已的事由时"委托他人再保管的条款。此外,即使是重视当事人的信赖关系的委托合同,也允许受托人"在有不得已的事由时"将委托事务转托他人(新法第644条之2第1款)。故本条第2款对保管人的自己执行义务进行单独规定,并允许保管人"在有不得已的事由时"令他人实施再保管。[1]

2. 再保管的情形中保管人对寄存人的责任(第3款)

本条第3款规定的内容相当于旧法第658条第2款所准用的旧法第107条

〔1〕 部会資料73A,13頁参照。

第2款(新法第106条第2款)的规定,除了增加了“于其权限范围内”这一提示性的规定外,并无实质变化。

本款对旧法第658条第2款的重要修改,是删除了旧法第658条第2款所准用的旧法第105条。在新法中,旧法第105条本身即被废止。本款删除对旧法第105条的准用与旧法第105条本身被废止系基于同一原因(参见旧法第105条的解说)。若准用旧法第105条的规定,那么在保管人依法选任再保管人的情形下,保管人仅负选任和监督的责任。对此新法认为,寄存人允许保管人选任再保管人,并没有减轻保管人责任的意思。再保管人是辅助保管人履行合同义务的第三人,所以就保管人应就再保管人的行为向寄存人负何种责任,依债务不履行的一般规则处理即可,没有必要在此设置旨在减轻保管人责任的特则。[1]

四、无偿保管人的注意义务(新法第659条)

新法第659条 无报酬的保管人,负有以与对自己的财产相同的注意,保管保管物的义务。
旧法第659条 无报酬<u>而承担保管</u>的人,负有以与对自己的财产相同的注意,保管保管物的义务。

本条规定了无偿保管人的注意义务的减轻。新法将旧法第659条中的“无报酬而承担保管的人”的表述改为“无报酬的保管人”。条文的实质内容并无变化。

五、保管人的通知义务等(新法第660条)

新法第660条 (一)就保管物主张权利的第三人向保管人提起诉讼,或申请扣押、财产保全或行为保全的,保管人应及时通知寄存人该事实。<u>但是,寄存</u>

〔1〕 部会資料73A,13-14頁参照。

人已知道的,不在此限。

(二)即使有第三人就保管物主张权利的情形下,只要寄存人无指示,保管人亦应向寄存人返还其保管物。但是,保管人于作出前款通知的情形或依同款但书的规定无须通知的情形下,有生效判决(包括与生效判决具有同一效力者)命令向该第三人交付保管物,而保管人因此向该第三人交付保管物的,不在此限。

(三)依前款规定应向寄存人返还保管物的情形下,保管人因向寄存人交付该保管物致第三人发生损害的,亦不负赔偿责任。

旧法第 660 条

就保管物主张权利的第三人向保管人提起诉讼,或申请扣押、财产保全或行为保全的,保管人应及时通知寄存人该事实。

本条规定了第三人对保管物提出权利主张时保管人的通知义务和责任限制。新法对旧法第 660 条第 1 款增添了但书规定,并增设了第 2 款和第 3 款。

1. 保管人的通知义务(第 1 款)

依保管合同,保管人仅向寄存人负保管物的返还义务。第三人对保管物提出权利主张时,即使该第三人是真正的所有权人,保管人也不得向第三人移交保管物,除非因强制执行而丧失占有。旧法第 660 条规定,在遇有诉讼、强制执行或保全程序时,保管人有义务通知寄存人。这是为了保障寄存人的程序利益,使寄存人能够及时参加诉讼或者就执行或保全程序提出异议。[1] 但是,当寄存人已经知道上述诉讼、执行及保全的事实的,应由寄存人自己实现其自身的程序利益,无须保管人另行通知。故新法对旧法第 660 条第 1 款增添了但书规定。

2. 保管人的返还义务及责任限制(第 2 款、第 3 款)

如前所述,当第三人对保管物提出权利主张时,即使该第三人是真正的所有权人,保管人也仅基于保管合同向寄存人负保管物的返还义务。不过,这只是一个基于合同视角的理论归结。由于第三人可能是真正的所有权人,所以

---

〔1〕 梅謙次郎『民法要義巻之三債権編〔訂正增補第三十四版〕』(有斐閣書房,1914 年)770 頁参照。

保管人在拒绝第三人的主张时,也在承担着因妨害所有权的行使而对第三人负有损害赔偿责任的风险。在何种条件下保管人可以不必继续卷入寄存人和第三人的权属纷争,有权将保管物移交第三人,需要法律的明确规定。从法解释推导出的规则不足以保障保管人的利益。[1] 在改革之前,由于民法未设明确规定,实务中保管人时常会陷入这一法律陷阱,夹在寄存人和第三人之间进退维谷。[2]

本条第2款和第3款就保管人的返还义务的消灭以及保管人对第三人的免责作了明确规定:(1)只要寄存人无指示,保管人原则上应当向寄存人返还保管物(第2款本文)。(2)但是,在保管人通知寄存人或因寄存人知道诉讼等事实而无须通知的情形下,有生效判决(含与生效判决具有同一效力者)命令向第三人交付保管物的,保管人对寄存人不再负返还义务,可以将寄存物交付第三人(第2款但书)。(3)于保管人应当向寄存人返还保管物的情形,保管人对第三人不负损害赔偿责任(第3款)。其中最关键的是(2)。这里的"生效判决"不能是确权判决,只能是给付判决。"与生效判决具有同一效力者"包括裁判上的和解。这意味着保管人通过和第三人的和解就可能将保管物交付第三人,这有损害寄存人利益的可能。正因如此,第2款但书要求以保管人履行通知义务等为要件。[3]

六、寄存人的返还请求权(新法第662条)

> **新法第662条**
>
> (一)当事人约定保管物的返还期的,寄存人亦可随时请求返还。
>
> (二)于前款规定的情形下,保管人因寄存人于返还期之前请求返还而受损害的,可以向寄存人请求损害的赔偿。

---

〔1〕 部会資料73A,16頁参照。

〔2〕 最高裁判所1967年11月17日判決,判例時報509号63頁参照。本案中,寄存人并非所有权人,保管人将保管物返还给真正的所有权人。对此,最高裁判所判决保管人向寄存人支付相当于保管物价值的损害赔偿。

〔3〕 中田裕康『契約法』(有斐閣,2017年)545頁参照。

> **旧法第 662 条**
>
> 当事人约定保管物的返还期的,寄存人亦可随时请求返还。

本条规定了寄存人的返还请求权。新法在旧法第 662 条的基础上增添了第 2 款的规定。

本条第 1 款规定,即使当事人约定了保管物的返还期,寄存人也可以随时请求返还。关于寄存人的返还请求权究竟是保管合同的固有内容,还是寄存人通过"返还请求"这一解约告知而解除合同后的效果,有很大争议。新法的立场倾向于前者(参见新法第 657 条的解说)。

本条第 2 款规定,寄存人于返还期之前请求返还的情形下,保管人因此受有损害的,可以向寄存人请求损害赔偿。关于损害赔偿的内容究竟是保管人的机会损失,还是相当于报酬的相当金额,也存在争议。部会资料显示,本款的"损害"指"若合同不被解除,保管人将获得的利益,但是要从中扣除保管人因免去保存义务所得到的利益"。[1] 从这一表述来看,新法的立场倾向于后者(关于意见对立和立法细节,参见新法第 657 条之 2 的解说)。

七、损害赔偿及费用偿还请求权的期间限制(新法第 664 条之 2)

> **新法第 664 条之 2**
>
> (一)因保管物的一部灭失或毁损所发生的损害的赔偿及保管人所支出的费用的偿还,应自寄存人受返还之时起一年内请求。
>
> (二)关于前款的损害赔偿请求权,自寄存人受返还之时起未经过一年的期间内,时效不完成。

本条系新增,规定了基于保管合同的损害赔偿请求权及费用偿还请求权的期间限制。

本条第 1 款规定了上述请求权的 1 年的行使期间限制及该期间的起算点,即受返还之日。在改革之前,商法中规定了仓储营业的损害赔偿请求权的短期

---

〔1〕 部会資料 73A,21 頁参照。

期间限制(《商法》第625条、第626条),但是民法中并无规定。法制审议会认为,商法设置短期期间限制的宗旨在于,保管物的一部毁损或灭失是否发生于保管期间需要早期确定,这一宗旨不仅适用于仓储,还适用于一般的保管。基于类似的理由,使用借贷和租赁也规定了1年的短期权利行使期间限制(新法第600条、第622条)。[1]

本条第2款规定,因保管物的一部毁损或灭失而发生的损害赔偿请求权,自寄存人受返还之日起享有1年的时效缓期。本款也是参照使用借贷及租赁的相应规定(新法第600条、第622条)。[2] 申言之,保管合同的存续期间较长,而且存续期间内寄存人并不把握保管物的情况,当保管物发生一部毁损或灭失时寄存人可能并不知情,而待保管合同终止时时效期间可能已经届满。

八、混合保管(新法第665条之2)

新法第665条之2

(一)数人的寄存物于种类及品质上同一的情形下,仅限经各寄存人承诺时,保管人可以混合保管。

(二)基于前款的规定,保管人混合保管来自数个寄存人的保管物的,寄存人可以请求返还与其寄存物相同数量的物。

(三)于前款规定的情形下,保管物一部灭失的,寄存人可以请求按其寄存物占被混合保管的总保管物的比例返还相应数量的物。于此情形,不妨碍损害赔偿的请求。

本条系新增,规定了混合保管。混合保管是一种特殊的保管,是指数个寄存人的寄存物于种类及品质上同一且各寄存人均同意的情形下,保管人可以进行混合保管,当寄存人请求返还时,保管人返还与寄存物相同数量的物即可。于混合保管的情形下,保管人无须返还寄存物本身,这一点不同于普通的保管;保管人虽无需返还寄存物本身,但不得消费保管物,这一点亦不同于消费保管。

---

〔1〕 部会資料73A,20頁参照。
〔2〕 部会資料81-3,25頁参照。

关于混合保管，明治民法中并无明文规定，但是学说上承认其独立的意义及有效性。[1] 在实务中，混合保管可以节省保管的空间和人力，降低保管的成本，在仓储营业，尤其是石油的贮藏等方面适用广泛。为了明确法律关系，此次改革予以明文化。[2]

本条第1款确认了混合保管的有效性，并明确规定混合保管以"得到各寄存人的承诺"为前提。

本条第2款明确规定，于混合保管的情形下，当寄存人请求返还时，保管人只需返还与寄存物相同数量的物。本款不仅明定了返还义务的内容，更关键的意义在于厘清了混合保管人的返还义务与寄存人的物上请求权的关系。在物权上，混合保管人不取得保管物的处分权（不同于消费保管），数个寄存人对于处于混合状态的保管物形成按份共有关系。在立法上，直接按照按份共有的效果来规定混合保管的返还义务也是可能的选项。对此，新法的立场是，混合保管的返还义务的内容原则上不取决于寄存人之间的物权关系，即使寄存人不是所有权人，不享有共有物的份额，也不妨碍其向保管人请求保管物的返还。

本条第3款特别规定了保管物一部灭失时的寄存人的返还请求权，即只能请求按其寄存物占被混合保管的总保管物的比例返还相应数量的物。当然，若一部灭失因可归责于保管人的事由所致，那么寄存人可以向保管人请求损害赔偿。依本款的规定，即使一部灭失本身非因可归责于保管人的事由所致，保管人有按比例返还保管物的义务。如果保管人对某个寄存人甲多返还了保管物，导致对其他寄存人乙履行不能，那么保管人对乙负损害赔偿责任。同时，乙也对甲取得不当得利返还请求权；在乙对共有物享有财产份额时，乙对甲也可以行使原物返还请求权。

---

〔1〕 我妻栄『債権各論中巻二』（岩波書店，1962年）716頁以下参照。

〔2〕 部会資料73A，22頁以下。

九、消费保管(新法第666条)

新法第666条 (一)保管人依合同可以消费保管物的情形下,保管人应返还与保管物在种类、品质及数量上相同的物。 (二)第五百九十条及第五百九十二条的规定,准用于前款规定的情形。 (三)第五百九十一条第二款及第三款的规定,准用于依有关存储款的合同保管金钱的情形。
旧法第666条 (一)第五节(消费借贷)的规定,准用于保管人依合同可以消费保管物的情形。 (二)虽有前款中准用的第五百九十一条第一款的规定,前款的合同未约定返还期的,寄存人可以随时请求返还。

本条规定了消费保管。新法对旧法第666条作了根本性的修改(条文中不一一画线指出修改之处)。

1. 何为消费保管

消费保管也是一种特殊的保管,是指当事人约定保管人可以消费保管物的合同。消费保管中最重要的莫过于存款和储蓄合同(以下简称存储款合同)。存储款合同与消费借贷有相似之处,例如,保管人可以取得保管物的所有权并消费保管物。但是,存储款合同在定性上仍属保管,这是因为存储款合同的目的是由保管人(如银行)为寄存人(如存款人)的利益而保管金钱的价值,而非由寄存人以其金钱供保管人使用收益。

在改革之前,旧法第666条(消费保管)虽然位列“保管”一节,但其规定模式是:一般性地准用消费借贷的规定;仅在合同未定返还期的情形下,不再准用消费借贷(旧法第591条第1款,设定合理期限催告返还),而是回归保管的一般规定(旧法第662条,随时请求返还)。新法对此作了根本性的修改,将对消费借贷的一般准用改为特别准用,即原则上适用保管的一般规定,仅在特定情形下个别准用消费借贷的规定(本条第 2 款、第 3 款)。

2. 保管人的返还义务的内容等(第 1 款)

依本条第 1 款的规定,消费保管的保管人应当返还与保管物在种类、品质及数量上相同的物。这是消费保管的核心给付内容。在改革之前,这一内容是通过准用第 587 条(消费借贷的开篇规定)得出的。新法的立场是,消费保管归根结底是寄存人委托保管人"保管"保管物,以避免自己保管的风险,而非"供"保管人使用收益,因此,保管物的返还和借用物的返还有性质差异,不宜准用。故本款直接规定了保管人的返还义务,强调消费保管作为保管的属性。[1]

在新法中,除了第 587 条外,下述消费借贷的规定也被排除出准用的范围:(1)旧法第 588 条(准消费借贷)。新法的立场是,关于合同成立的规则,全面适用保管的规定;(2)旧法第 589 条本身即被废止,此处不再赘言;(3)旧法第 591 条第 1 款。如前所述,旧法第 591 条第 1 款本来就不在准用之列(旧法第 666 条第 2 款)。但是,对旧法第 591 条的反对解释是否准用于消费保管,有很大争议。这里涉及的问题是,当存储款合同定有返还期(如定期存款)时,寄存人可否提前请求保管人返还保管物?旧法第 591 条第 1 款的规定是,消费借贷合同未定返还期时,出借人可以设定合理期限催告借用人返还。该规定的反对解释的结论为,消费借贷合同定有返还期时,出借人不得请求返还。这一结论对于消费借贷合同而言固然得当,因为消费借贷是为借款人的利益而缔结的合同,借款人享有使用收益的期限利益。但是,关于该结论能否准用于消费保管,颇有疑问。学说上,有认为应当准用者,也有认为不应准用者。[2] 依新法的立场,关于返还期没有准用消费借贷的余地,应当适用保管的一般规定(新法第 662 条),允许寄存人随时请求返还。

3. 保管物的交付义务及价额偿还义务(第 2 款)

本条第 2 款规定,关于消费借贷的新法第 590 条(出借人的交付义务以及标的物有瑕疵时的价额返还)和第 592 条(标的物返还不能时的价额偿还义务)准用于消费保管。之所以能够准用,是因为在保管人(或借用人)可以取得标的物

〔1〕 部会資料 75B,24 頁参照。

〔2〕 鳩山秀夫『増訂日本債権法各論(下巻)』(岩波書店,1924 年)661 頁(应当准用);我妻栄『債権各論中巻二』(岩波書店,1962 年)743 頁参照(不应准用)。

的占有和处分权这一点上,消费保管和消费借贷有共通之处。[1]

4. 保管物的返还期(第3款)

关于约定返还期的消费保管,有以下两方面的问题:一是寄存人可否随时请求返还保管物,这在上文已有说明,此处不再赘言;二是保管人可否随时返还保管物,本条第3款对此有所规定。依本条第3款,关于存储款合同,准用关于消费借贷的新法第591条第2款和第3款,即保管人也可以随时返还保管物,但是应当就因提前返还给寄存人带来的损害负赔偿责任。

关于本款的规定,审议过程中有较大争议。《中间试案》43－11(2)未规定对消费借贷的准用,原因是消费借贷是为借用人的利益的合同,返还期是合同赋予借用人的期限利益,所以借用人可以选择享受,也可以选择放弃,而消费保管是为寄存人的利益的合同,返还期是合同赋予寄存人的利益,保管人原则上不得提前返还保管物。[2] 按照保管的一般规定,保管合同约定了返还期时,保管人只能在"有不得已的事由"时才能提前返还保管物(第663条第2款)。但是,在第三阶段的审议中,有公众意见提出,银行在以(已到期的)贷款债权为主动债权、以(未到期的)存款债权为被动债权行使抵销权时,必须先放弃被动债权的期限利益(参见新法第505条的解说);倘若在存款合同的领域,法律认为银行根本不享有可以放弃的期限利益,只能在"有不得已的事由"时才能提前返还存款,那么会妨碍银行及时行使抵销权。[3] 法制审议会最后改变了立场,认为消费保管是以保管人可能使用保管物为前提的,和其他保管合同确有不同,不完全是为寄存人的利益而存在的合同,保管人对此也享有一定的利益,所以在保管人可否随时返还这一点上,不宜适用保管的一般规定。[4] 故本款规定准用消费借贷的规定,允许保管人随时返还保管物,只不过要求保管人就因提前返还给寄存人带来的损害负赔偿责任。

由于本款是为了银行的抵销利益而设置的具有妥协性质的规定,所以即便允许准用消费借贷的规定,也不可能完全复制。例如,关于新法第591条第3款

---

〔1〕 部会資料81－3,25頁参照。

〔2〕 法務省民事局参事官室編『民法改正中間試案の補足説明』(信山社,2013年)525頁参照。

〔3〕 部会資料75B,24頁参照。

〔4〕 部会資料81－3,26頁参照。

规定的损害赔偿,其内容就未必一致。此外,关于排除新法第 591 条第 3 款的适用的特约,在消费借贷的场合,倘若银行和借款人约定即便借款人提前还款也无须支付损害赔偿,那自然皆大欢喜;反之,在存储款合同的场合,倘若银行和存款人约定即使银行提前返还定期存款也无须支付损害赔偿,该约定有无效之嫌。[1]

第十节　合　伙

一、其他合伙人的债务不履行(新法第 667 条之 2)

> **新法第 667 条之 2**
>
> (一)第五百三十三条及第五百三十六条的规定,不适用于合伙合同。
>
> (二)合伙人,不得以其他合伙人不履行基于合伙合同的债务为由解除合伙合同。

本条系新增,规定了合伙人不得以其他合伙人的债务不履行为由,主张适用合同总则中的关于双务合同的同时履行抗辩、风险负担及解除等制度。

关于合伙合同的性质,学说上存在分歧。(1)双务合同说认为,合伙人的出资义务之间有对价性质,原则上可以适用同时履行抗辩、风险负担和解除等关于双务合同的制度,只不过在特殊情况下需要考虑合伙的团体性,对原则做适当修正。[2] (2)共同行为说认为,合伙人的出资之间不是交换关系,而是为了达成合伙事业的目的而共同作出的行为,因此原则上不适用上述双务合同三制度,只在例外的情形下允许类推适用。所谓例外的情形,主要指合伙事务执行人未确定,各合伙人都有合伙事务执行权限时,被请求出资的合伙人可以以其他合同人未

---

[1] 中田裕康『契約法』(有斐閣,2017 年)551 頁参照。

[2] 鳩山秀夫『増訂日本債権法各論(下巻)』(岩波書店,1924 年)665 頁以下参照。

履行出资义务为由拒绝出资。[1] 上述两者之中,后者为通说。判例也重视合伙的团体性,认为合伙有关于退伙、除名和解散的规定,合伙人不得以其他合伙人未履行出资义务为由主张解除合伙合同。[2]

《基本方针》3.2.13.02 的立法建议和通说完全一致,不仅以共同行为说为原则,还为合伙事务执行人未确定的情形设置了例外规定。但是在审议过程中,有意见指出,为了保障合伙事务的顺利推进,在合伙事务执行人未确定的情形下,即使请求出资的合伙人自己也未履行合伙事务,也不应当允许被请求的合伙人拒绝履行出资义务,因此,《中间试案》44 – 2(1)删除了例外规定。[3] 自此,法制审议会在这一问题上全面采用了共同行为说,而且扩展了本条的适用范围(不限于出资义务)。[4]

依新法的规定,新法第 533 条(同时履行抗辩)及新法第 536 条(风险负担)的规定不适用于合伙合同(本条第 1 款),而且合伙人不得以其他合伙人不履行合伙合同债务为由解除合伙合同(本条第 2 款)。

二、合伙人之中一人的意思表示无效或可撤销(新法第 667 条之 3)

> **新法第 667 条之 3**
>
> 就合伙人的一人有意思表示无效或可撤销的原因时,于其他合伙人之间,合伙合同的效力不受妨碍。

本条系新增,规定了就合伙人的一人所发生的意思表示无效或可撤销的事由(如错误、欺诈、胁迫等)对合伙合同的效力的影响。

日本法上,关于因意思表示瑕疵而设立的公司,有设立撤销之诉的制度安排(《公司法》第 832 条第 1 款、第 839 条、第 845 条以及《一般法人法》第 267 条第 1 款、第 274 条、第 276 条第 1 款),而关于合伙合同没有明文规定。由于合伙合

---

〔1〕 我妻栄『債権各論中巻二』(岩波書店,1962 年)759 頁以下;星野英一『民法概論Ⅳ(契約)』(良書普及会,1986 年)302 頁以下参照(若请求的合伙人自己已履行,被请求的合伙人不得以其他合伙人未履行出资义务为由拒绝出资)。

〔2〕 大審院 1939 年 6 月 20 日判決,大審院民事判例集 18 巻 666 頁。

〔3〕 法務省民事局参事官室編『民法改正中間試案の補足説明』(信山社,2013 年)528 頁参照。

〔4〕 部会資料 75A,40 頁以下;部会資料 81 – 3,26 頁参照。

同的成立也是基于当事人的意思表示,似乎可以适用意思表示瑕疵的一般规定。但是,合伙合同具有团体性,如果仅因某一个合伙的意思表示瑕疵而否定整个合伙合同的效力,一方面会损害信赖合同有效而进入交易关系的第三人,另一方面也会损害其他合伙人对合伙存续的期待。

对此,传统通说认为,应当区分合伙是否与第三人有交易关系。如果合伙尚未与第三人进行交易,那么不妨允许适用关于意思表示瑕疵的规定;如果合伙已经与第三人进行了交易,那么为了维持团体的存续,也为了保护第三人对于合伙外观的信赖,不应当允许适用关于意思表示瑕疵的规定。[1]

此次改革中,法制审议会未采用通说的立场。原因在于,即使合伙尚未与第三人进行交易,其他合伙人对于合伙设立和存续的意思也应当受到尊重,而且在实践中,关于合伙是否已经与第三人进入交易关系易生纷争。[2] 依新法的规定,无论合伙是否已经与第三人进入交易关系,就合伙人的一人发生的瑕疵事由,于其他合伙人之间,不影响合伙合同的效力。换言之,发生瑕疵事由的合伙人,可以对合伙主张无效或可撤销的效果,就出资的财产请求恢复原状,但是无效或可撤销的效果不及于其他合伙人,不影响合伙合同的存续。至于除了有瑕疵事由的合伙人之外,不存在其他合伙人或只有一个合伙人的情形,可以作为有合伙解散事由的问题来处理。[3]

三、合伙事务的决定及执行的方法(新法第 670 条)

> **新法第 670 条**
>
> (一)合伙事务,经合伙人过半数决定,由各合伙人执行。
>
> (二)合伙事务的决定及执行,依合伙合同的约定,得委托给一名或数名合伙人或第三人。
>
> (三)受前款委托的人(以下称"事务执行人"),决定合伙事务并予执行。于此情形,事务执行人为数人的,合伙事务经事务执行人过半数

〔1〕 我妻栄『債権各論中巻二』(岩波書店,1962 年)762 頁以下参照。
〔2〕 法務省民事局参事官室編『民法改正中間試案の補足説明』(信山社,2013 年)527 頁参照。
〔3〕 部会資料 75A,43 頁以下。

<table>
<tr><td>决定,由各事务执行人执行。
(四)虽有前款的规定,关于合伙事务,不妨碍经全体合伙人的同意决定,或由全体合伙人执行。
(五)虽有上述各款的规定,合伙的日常事务,得由各合伙人或各事务执行人单独执行。但是,于事务完成前其他合伙人或事务执行人提出异议的,不在此限。</td></tr>
<tr><td>旧法第670条
(一)合伙事务的执行,经合伙人过半数决定。
(二)前款事务的执行,通过合伙合同委托执行事务的人(于次款称"事务执行人")有数人的,经其过半数决定。
(三)虽有前两款的规定,合伙的日常事务,得由各合伙人或各事务执行人单独执行。但是,于事务完成前其他合伙人或事务执行人提出异议的,不在此限。</td></tr>
</table>

本条规定了合伙的内部事务执行(决定及执行)的方法。新法对旧法第670条作了重大修改。

明治民法所使用的"合伙事务执行"的概念广泛地包括以下三种权限:(1)合伙事务的决定;(2)事实行为层面的执行;(3)与第三人之间的法律行为层面的执行。在这个框架中,合伙事务执行权和代理权是挂钩的。但是通说认为,合伙的内部事务执行(第一种和第二种情形)和外部事务执行(第三种情形)应当明确区分开来。[1] 此外,意思决定程序(第一种情形)和意思执行程序(第二种情形)也应予以区分。[2] 此次改革反映了上述学说,将合伙外部事务执行(合伙代理)分离出来,单独规定在次条(新法第670条之2),而且在若干条文的表述上将"事务的执行"改为"事务的决定及执行"或"决定合伙事务并予执行"(本条、新法第671条、第672条、第673条)。

本条第1款在"经合伙人过半数决定"之后增补了"由各合伙人执行"。这

〔1〕 我妻栄『債権各論中巻二』(岩波書店,1962年)777頁参照。

〔2〕 来栖三郎『契約法』(有斐閣,1974年)636頁;星野英一『民法概論Ⅳ(契約)』(良書普及会,1986年)311頁参照。

反映了意思决定程序和意思执行程序的区分。

本条第2款规定，合伙事务的决定及执行，依合伙合同的约定，得委托给一名或数名合伙人或第三人。之所以新设这一补充性规定，是因为旧法第670条第2款只提到事务执行人有数人的情况，关于事务执行人可否仅为一人或为合伙人之外的第三人，需要立法予以明确。

本条第3款规定事务执行人可以“决定合伙事务并予执行”。这明确了事务执行人有数人的情形下，该数人不仅具有决定权，还有事务执行权。

本条第4款规定，即使是选任了事务执行人的情形下，关于合伙事务，不妨碍经全体合伙人的同意决定，或由全体合伙人执行。原则上，合伙人选任了事务执行人时，非事务执行人的合伙人丧失事务执行权。但是，本款明确指出，即使在此情形下，全体合伙人不会丧失共同决定和共同执行的权限。这样，在事务执行合伙人不明时，全体合伙人可以共同行使权限，避免合伙事务停滞。[1]

本条第5款和旧法第670条第3款内容一致。

四、合伙的代理(新法第670条之2)

> **新法第670条之2**
>
> (一)各合伙人，于执行合伙事务的情形下，经合伙人过半数同意的，可以代理其他合伙人。
>
> (二)虽有前款的规定，有事务执行人的，仅事务执行人可以代理合伙人。于此情形下，事务执行人有数人的，仅限经事务执行人过半数同意时，各事务执行人可以代理合伙人。
>
> (三)虽有前两款的规定，各合伙人或各事务执行人于执行合伙的日常事务时，可以单独代理合伙人。

本条系新增，规定了合伙的代理。新法将合伙的代理从前条(合伙事务的决定与执行)中分离出来作了单独规定。

如前条所述，日本法区分了内部的事务执行和外部的事务执行，认为后者在

---

〔1〕 部会資料75A，49頁参照。

本质上是代理关系。在理论上,“合伙的代理”的表述有比喻的色彩,因为合伙不具有法人人格,“合伙的代理”只是对合伙人的代理而已。关于合伙人的代理权的依据,有两种基本的法律构成:一是合伙人的代理权来自其他合伙人基于合伙决议的授权,只不过日常事务上无须授权;二是合伙合同本身就赋予各个合伙人以相互之间的代理权限,只不过在非日常事务上需要其他合伙人的同意。新法的立场与后者更为接近。

本条第1款规定了未定事务执行人时的合伙的代理,即各合伙人经全体合伙人(包括自己)过半数同意时,可以代理其他合伙人。依早期判例,关于非日常事务,合伙人的对外代理行为须经由旧法第670条的决定程序(过半数合伙人的决议)。[1] 此后,最高裁判所1960年判例认为,合伙的对外代理的意思决定程序不必采用决议的形式,过半数的合伙人同意即可。[2] 新法是对上述判例法理的确认。依新法的立场,在内部关系上有事务执行权的人在外部关系上也享有代理权,但是代理权的决定程序较为缓和,仅要求过半数合伙人的同意,而非决议。

本条第2款规定了有事务执行人时的合伙的代理,即仅事务执行人可以代理合伙人,非事务执行人的合伙人丧失代理权;事务执行人有数人时,仅限经事务执行人过半数同意时,各事务执行人可以代理合伙人。虽然没有明文规定,但是和内部事务执行的情形一样,事务执行人的选任不妨碍全体合伙人共同决定和共同执行对外事务。[3]

本条第3款规定了合伙的日常事务的代理,即无论是否选任了事务执行人,各合伙人或各事务执行人在执行合伙的日常事务时可以单独代理合伙人。这里需要注意的是,和合伙的内部事务执行的情况不同,合伙人就日常事务从事代理行为时,其他合伙人或事务执行人没有异议权。

最后必须提到的是,合伙人无上述代理权限而从事代理行为时,无论代理权限的欠缺是否来自于合伙合同的内部限制,按照新法的立场,都按照表见代理的

〔1〕 大審院1907年6月13日判決,大審院民事判決録13輯648頁。
〔2〕 最高裁判所1960年12月9日判決,最高裁判所民事判例集14巻13号2994頁。
〔3〕 山本豊編集『新注釈民法(14)』(有斐閣,2018年)530頁(西内康人執筆)参照。

规则(新法第 110 条)给予第三人保护。[1] 故新法就第三人保护未设置专门规定。

五、准用委托的规定(新法第 671 条)

新法第 671 条 第六百四十四条至第六百五十条的规定,准用于决定或执行合伙事务的合伙人。
旧法第 671 条 第六百四十四条至第六百五十条的规定,准用于执行合伙事务的合伙人。

本条规定了合伙事务的执行对委托的部分规定的准用。以本条的规定,第 644 条(善良管理人的注意义务)、新法第 644 条之 2(自己执行义务)、第 645 条(报告义务)、第 646 条(受取物交付义务)、第 647 条(损害赔偿义务)、新法第 648 条(履行比例型报酬支付请求权)、新法 648 条之 2(成果完成型报酬支付请求权)、第 649 条(费用的预付请求权)以及第 650 条(必要费用偿还请求权等)适用于合伙事务的执行。

新法将"执行合伙事务"增补为"决定或执行合伙事务"。这反映了新法对意思决定程序和意思执行程序的区分。

六、事务执行合伙人的辞任或解任(新法第 672 条)

新法第 672 条 (一)依合伙合同的约定委托一名或数名合伙人决定及执行事务时,该合伙人无正当事由的,不得辞任。

〔1〕 部会資料 75A,51 - 52 頁参照。有判例认为,以合伙规约限制事务执行权限的,不得对抗善意无过失的第三人(最高裁判所 1963 年 5 月 31 日判决,最高裁判所民事判例集 17 卷 4 号 600 頁),但是该判例究竟采用的是表见代理构成,还是法人的代表权限制构成,立场并不明确。对此,新法明确表示,关于合伙的代理不采用和法人同水准的第三人保护规定,无论何种情形都依表见代理处理。

（二）前款的合伙人，仅限有正当事由的情形，可以依其他合伙人的一致决定而解任。
旧法第672条 （一）通过合伙合同委托一名或数名合伙人执行事务时，该合伙人无正当事由的，不得辞任。 （二）前款的合伙人，仅限有正当事由的情形，可以依其他合伙人的一致决定而解任。

本条规定了事务执行合伙人的辞任或解任。新法将“执行事务”增补为“决定或执行事务”。这反映了新法对意思决定程序和意思执行程序的区分。

七、合伙人检查合伙事务及财产状况（新法第673条）

新法第673条 各合伙人，即使不享有决定及执行合伙事务的权利，亦可检查合伙事务及合伙财产的状况。
旧法第673条 各合伙人，即使不享有执行合伙事务的权利，亦可检查合伙事务及合伙财产的状况。

本条规定了合伙人对合伙事务及财产状况的检查权。新法将“执行合伙事务”增补为“决定或执行合伙事务”。这反映了新法对意思决定程序和意思执行程序的区分。

八、合伙债权人的权利行使（新法第675条）

新法第675条 （一）合伙的债权人，可以就合伙财产行使其权利。 （二）合伙的债权人，依其选择，可以向各合伙人按损失分担比例或

均等比例行使其权利。但是,合伙的债权人于其债权发生时已知各合伙人的损失分担比例的,依该比例。

旧法第 675 条

合伙的债权人,于其债权发生时不知道合伙人的损失分担比例的,可以向各合伙人按均等比例行使其权利。

本条规定了合伙债务。旧法第 675 条的解释论完全偏离了立法时所预设的法律构成,发展出全新的理论构造,新法对此予以确认。

1. 合伙债务与合伙财产(第 1 款)

关于旧法第 675 条,明治民法的起草者并不认为这是一个很特别的条款。按照当时所采用的法律构成,合伙债务归属于全体合伙人,从而构成多数人之债,所以原则上采分属主义,旧法第 675 条只不过是确认合伙债务在合伙人之间的分割及其比例而已。[1]

但是,在旧法第 675 条的解释论上,学说和判例走向了新的方向。大审院 1936 年判例指出,以合伙财产清偿合伙债务才是"正道"。对此,我妻荣提出了合伙债务的"合有的归属论",即"一个债务,两种责任"。详言之,合伙债务的标的即便可分,也不应当在合伙人之间分割,而是应当像合伙财产的情形那样,作为一个债务以合有的形态整体地归属于全体合伙人。合有的归属在效果上有两种责任:(1)合伙作为合伙债务的债务人,应当以合伙财产为债务承担责任;(2)合伙人并非合伙债务的债务人,但是依照旧法第 675 条的法定,以其个人财产为合伙债务承担并存的、分割的无限责任("无债务的责任")。关于后者的性质和理论依据,通说认为,合伙人之所以同时负个人责任,是因为合伙虽有团体性,但是其财产的独立性不完整,不足以为合伙债务提供信用。一方面,合伙财产的公示并不充分,即使合伙财产不足以清偿债务,债权人也难以把握;另一方面,无论合伙财产处于何种状态,合伙人及合伙事务执行人都可以处分财产或分配收益,而债权人却不能像对公司那样可以申请破产,从而享受破产法上的债权

---

〔1〕 梅謙次郎『民法要義卷之三債權編〔訂正增補第三十四版〕』(有斐閣書房,1914 年)802 頁参照。

人保护。[1] 正因如此,尽管以合伙财产承担合伙债务是“正道”,但是同时也需要合伙人以其个人财产承担具有保证性质的个人责任。[2]

在上述背景之下,新法对旧法第 675 条作了重大修改。新法增设了本条第 1 款,在确认合伙债务的“合有的归属”的基础上,规定了合伙债务原则上以合伙财产承担。[3]

2. 合伙债务与合伙人的个人责任(第 2 款)

如上所述,依“合有的归属论”,以合伙财产承担的合伙债务和合伙人为合伙债务承担的个人责任是两种不同性质的责任(或债务)。在明治民法立法时,旧法第 675 条的内容只是分属主义下关于分割比例的特则,但是在新法中,第 2 款构成了债权人请求合伙人承担个人责任的独立的请求权基础。

本条第 2 款调整了旧法第 675 条的表述方式。旧法第 675 条的本意是,合伙的债权人在原则上按照合伙人之间的损失分担比例进行请求,只不过债权人在债权发生时不知道合伙人的损失分担比例的,“至少”可以向各合伙人按均等比例行使其权利。但是,旧法第 675 条的表述给人以“如果债权人在债权发生时不知道损失分担比例,即使事后知道了,也只能按照均等比例向合伙人请求”的错觉。因此,新法调整了表述,明确了债权人的权利内容和举证责任的分配。[4]

九、合伙人的财产份额的处分及合伙财产的分割(新法第 676 条)

> **新法第 676 条**
>
> (一)合伙人就合伙财产处分其份额的,不得以其处分对抗合伙及与合伙进行交易的第三人。

---

〔1〕 我妻栄『債権各論中巻二』(岩波書店,1962 年)812 頁;星野英一「いわゆる『権利脳力なき社団』について」同『民法論集第一巻』(有斐閣,1970 年)294 頁以下参照。

〔2〕 关于合伙人的个人责任在法律构成上究竟是“无债务的责任”,还是“有保证性质的债务”,存在争议。这在合伙人的抗辩权的援用、对退伙合伙人的追责程序等问题上有重要影响。后者有通说化的趋势。若采用后者的构成,那么作为合伙债务的“合有的归属”的效果,就不是我妻荣所说的“一个债务,两种责任”,而就是“两个债务”。在这一点上的争议不影响新法的基本立场,在此不做展开。

〔3〕 部会資料 75A,45 頁参照。

〔4〕 部会資料 75A,46 頁;部会資料 84-3,18 頁参照。

(二)合伙人不得就作为合伙财产的债权,单独行使其份额相应的权利。 (三)合伙人不得于清算之前请求合伙财产的分割。
旧法第676条 (一)合伙人就合伙财产处分其份额的,不得以其处分对抗合伙及与合伙进行交易的第三人。 (二)合伙人不得于清算之前请求合伙财产的分割。

本条规定了合伙财产份额在处分、扣押和分割上的限制。新法在旧法第676条的基础上新增了第2款。

合伙财产是合伙事业经营的基础,是合伙债权的一般责任财产。如果允许合伙人自由处分合伙财产的份额,会出现合伙人之外的人享有合伙财产的持份的情况,这不仅影响合伙事业的正常经营,也影响合伙的交易相对人的利益。在日本法上,合伙人对合伙财产的所有权形式不是普通的按份共有,而是合有(第668条);合伙人不得处分合伙财产的份额,也不得于清算之前请求分割合伙财产(旧法第676条、本条第1款和第3款)。至于“财产份额”指的是合伙财产的整体份额(概括财产份额),还是合伙财产中具体财产的份额(个别财产份额),有意见分歧,多数说和新法的立场是后者。[1] 当合伙人处分合伙财产份额时,若未得到其他合伙人的同意,合伙财产份额的处分不发生物权效力,合伙人和受让人之间仅存在债权关系;即使得到其他合伙人的同意,合伙财产份额的处分在合伙存续期内也不发生物权效果,受让人仅取得在合伙关系终止时请求分割合伙剩余财产的权利。[2]

关于合伙财产中的债权,也同样适用“合有的归属”,而不适用关于多数人之债的分属主义(第427条)。旧法第677条明确规定,合伙的债务人不得以其

---

〔1〕《中间试案》44－3(1)所使用的表述就是“属于合伙财产的财产”“属于合伙财产的债权”,明确表达了个别财产份额说的立场。虽然之后修改措辞,重新使用“合伙财产”“作为合伙财产的债权”的表述,但理由是“合伙财产”一词在多数情况下都是指个别财产。法務省民事局参事官室編『民法改正中間試案の補足説明』(信山社,2013年)531頁;部会資料81－3,28頁参照。

〔2〕我妻栄『債権各論中巻二』(岩波書店,1962年)804頁以下参照。

债务抵销对合伙人的债权。这正是以属于合伙财产的债权不适用分属主义为前提的。判例也认为,属于合伙财产的债权应由合伙人共同行使,个别合伙人不得就债权上的份额单独行使权利。[1] 本条第2款是对学说和判例的确认。[2]

十、合伙人的债权人对合伙财产的权利行使的禁止(新法第677条)

新法第677条 合伙人的债权人,不得就合伙财产行使其权利。
旧法第677条 合伙的债务人,不得以其债务抵销对合伙人的债权。

本条规定合伙人的债权人不得就合伙财产行使其权利。新法扩充了旧法第677条的内容,从禁止合伙人的债权人就合伙财产行使权利的角度重新作了规定。

旧法第677条规定,合伙的债务人,不得以其债务抵销对合伙人的债权。详言之,合伙人的债权人不得以对合伙人的债权为主动债权,以合伙债权中合伙人的财产份额为被动债权,主张两者之间的抵销。如前条的解说所述,该条是以合伙债权合有地归属于合伙人为前提的,表明了合伙债权不适用分属主义(第427条)。倘若适用分属主义,允许合伙债权在合伙人之间分割,那么合伙人的债权人(合伙的债务人)当然可以主张抵销。第668条和前条规定合伙财产(含合伙债权)的合有归属,并限制合伙人单独就财产份额行使其权利,但是就抵销而言,前条的规定只能限制合伙人一方的抵销权,而不能限制合伙人的债权人(合伙的债务人)一方的抵销权。旧法第677条对后者直接作了规定。

除了抵销权的限制外,关于合伙人的债权人可否扣押合伙人在合伙财产上的份额,存在争议。通说认为,按照旧法第676条的规定,合伙人自身都不得自由处分合伙财产的份额,其债权人也不得实施扣押,而且扣押没有意义,因为拍

[1] 大審院1938年2月12日判決,大審院民事判例集17卷132頁。
[2] 部会資料75A,47頁参照。

卖的物权效力也受到旧法第676条的限制。[1] 新法确认了通说的立场,规定合伙人的债权人不得对合伙财产实施扣押或保全。当然,这一立场对于合伙人的债权人的利益确有影响,因为日本法没有为合伙财产的合有形态提供专门的登记制度,即使是不动产,合伙财产也只能登记为普通的共有,所以合伙人的债权人难以察知合伙人的某项财产的共有份额实际上是不能自由处分的合伙财产份额。在新法的审议过程中,也有公众意见指出,在登记制度不完备的现状下,合伙人可能会利用合伙财产制度制造出债权人不能扣押的财产,妨碍强制执行。对此,法制审议会的立场为:(1)这个问题不是合伙所特有的,无权利能力社团的财产登记在第三人名义下的情形,也不允许第三人的债权人实施强制执行;(2)如果合伙合同的缔结以损害债权人为目的,债权人可以主张债权人撤销权;(3)"债权人不得就合伙财产行使权利"的规定并不直接限制债权人的扣押,其制度目的是通过允许合伙方面对强制执行提起第三人异议之诉来实现的,如果法官认为合伙方面的主张妨碍执行,可以驳回异议。[2]

综上,在合伙事业经营的稳定和个别合伙人的债权人的利益之间,新法更偏重于前者。本条对合伙人的债权人的权利作了一般性限制,不仅禁止抵销权的行使,而且禁止扣押、保全等其他权利的行使。

十一、新合伙人的加入(新法第677条之2)

新法第677条之2

(一)合伙人,经其全体同意或依合伙合同的约定,可以使新合伙人加入合伙。

(二)依前款的规定于合伙成立后加入的合伙人,就其加入前所发生的合伙债务,不负清偿责任。

---

〔1〕 来栖三郎『契約法』(有斐閣,1974年)641頁;星野英一『民法概論Ⅳ(契約)』(良書普及会,1986年)306頁参照。

〔2〕 部会資料75A,46-47頁参照。这个问题的最终解决有赖于登记制度的完备。有学者指出,财产的按份共有须登记各共有人的份额,而合有状态之下合伙人并不享有按份共有意义上的份额,所以只要登记制度上允许合伙人不登记份额,就能显示出合有状态。

本条系新增,规定了新合伙人的入伙。

1. 新合伙人的入伙(第1款)

改革之前,民法中没有关于新合伙人入伙的规定,但是有关于合伙人的退伙和除名的规定。考虑到合伙人的退伙和除名并不影响合伙的同一性,通说和判例认为,新合伙人可以加入合伙合同。[1] 本条第1款是对通说和判例的确认。根据本款的规定,除合伙合同另有规定外,入伙以全体既有合伙人的同意为要件。

2. 新合伙人的责任(第2款)

关于新合伙人是否就入伙前既有的合伙债务承担责任,分为两个层面:(1)新合伙人应当以因入伙而取得的合有的财产份额为入伙前的合伙债务承担责任,这一点没有争议;(2)至于新合伙人是否以其个人财产为合伙前的合伙债务承担责任,通说采否定立场。[2] 本条第2款是就上述第二个层面对通说的确认。[3]

十二、退伙的合伙人的责任等(新法第680条之2)

新法第680条之2

(一)退伙的合伙人,就其退伙前所发生的合伙债务,于之前的责任范围内负清偿责任。于此情形下,债权人未获全部清偿的期间,退伙的合伙人可以要求合伙提供担保,或请求合伙使自己得到免责。

(二)退伙的合伙人清偿了前款规定的合伙债务的,对合伙享有追偿权。

本条系新增,规定了退伙合伙人的责任,以及担保提供请求权、免责请求权及追偿权等权利。

---

〔1〕 大審院1910年12月23日判決,大審院民事判決録16輯982頁。

〔2〕 鳩山秀夫『増訂日本債権法各論(下巻)』(岩波書店,1924年)714頁;我妻栄『債権各論中巻二』(岩波書店,1962年)840頁;山本敬三『民法講義Ⅳ-1契約』(有斐閣,2005年)793頁参照。

〔3〕 部会資料75A,53頁参照。

1. 退伙及退伙的合伙人的责任(第1款前段)

关于退伙,日本民法规定了两种退伙的方式,即任意退伙(第678条)和非任意退伙(第679条)。前者又分为两类:(1)合伙未定存续期间的情形,合伙人原则上可以随时退伙,但是在退伙不利于合伙的时期,合伙人仅在有不得已的事由时才可以退伙(第678条第1款);(2)合伙规定了存续期间的情形,合伙人仅在有不得已的事由时才可以退伙(第678条第2款)。依判例,合伙合同规定"即使有不得已的事由时也不得退伙"的,该规定无效。[1] 退伙后,退伙的合伙人须为退伙前的合伙债务以其个人财产承担清偿责任。这是无争议的通说。

《中间试案》44-7曾经计划将上述判例法理和关于退伙合伙人的责任的通说都明文化。但是有反对意见认为,如果关于合伙只明示了一个强行规范,则会引起"其他规定都是任意规范"的误解。最终,只有后者被明文化,这就是本条第1款前段。

2. 退伙人的担保提供请求权、免责请求权及追偿权(第1款后段、第2款)

如前所述,合伙人在退伙之后仍须为退伙前的合伙债务负清偿责任。但是在通常情形下,合伙人在退伙时不会只取得积极财产,而是会扣除包括合伙债务在内的消极资产,从合伙的净资产中分配其份额。在第681条(退伙合伙人的剩余财产分配请求权)的解释上,通说也认为,在没有特别约定的情形下,退伙的合伙人仅就合伙的净资产享有剩余财产分配请求权。既然在分配剩余财产时已经扣除了合伙债务,那么至少在退伙的合伙人和合伙之间,退伙的合伙人无须为退伙前的合伙债务负清偿责任。在这个意义上,本条第1款前段所规定的退伙合伙人的清偿责任,只是一种法定的"他人债务的清偿"。[2] 既然是他人债务,在债权人未受清偿时,退伙的合伙人可以要求合伙提供担保,或者请求合伙使自己免责(本条第1款后段,规定方式参考第461条第1款);退伙的合伙人代替合伙清偿了合伙债务的,可以向合伙追偿(本条第2款)。总之,本条第1款后段和第2款的规定是以退伙合伙人的清偿责任实为"他人债务的清偿"为理论前提的。[3]

---

〔1〕 最高裁判所1999年2月23日判决,最高裁判所民事判例集53卷2号193頁参照。

〔2〕 部会資料75A,54頁参照。

〔3〕 山本豊編集『新注釈民法(14)』(有斐閣,2018年)599頁(西内康人執筆)参照。

十三、合伙的解散事由(新法第682条)

新法第682条 合伙,因下列事由而解散。 1. 合伙目的事业的成功或不能成功。 2. 合伙合同约定的存续期间的届满。 3. 合伙合同约定的解散事由的发生。 4. 全体合伙人的同意。
旧法第682条 合伙,因其目的事业的成功或不能成功而解散。

本条规定了合伙的解散事由。新法在旧法第682条的基础上增添了三个新的解散事由,即合伙合同约定的存续期间的届满、合伙合同约定的解散事由的发生,以及全体合伙人的同意(本条第2~4项)。关于这三个事由,学说上无异议。

除了上述三个事由外,"合伙人仅剩一人"是否为解散事由,也在审议之列。但是有意见提出,在企业联营建设工程项目时,如果其中一家企业破产时,不等新的合伙人加入就强制合伙进入清算程序,则会妨碍实务的经营,故新法未予明文化。[1]

十四、合伙的清算及清算人选任(新法第685条)

新法第685条 (一)合伙解散时,清算由全体合伙人共同或由选任的清算人进行。 (二)清算人之选任,经合伙人过半数决定。

〔1〕 部会資料75A,56頁参照。

旧法第 685 条 （一）合伙解散时，清算由全体合伙人共同或由选任的清算人进行。 （二）清算人的选任，经全体合伙人过半数决定。

本条规定了合伙的清算及清算人选任。新法对旧法第 685 条未作实质性修改，只是在表述上将第 2 款的“全体合伙人”改为“合伙人”。这使本条在用语上和第 670 条以及第 670 条之 2 保持一致。

十五、清算人决定及执行事务的方法（新法第 686 条）

新法第 686 条 第六百七十条第三款至第五款以及第六百七十条之二第二款及第三款的规定，准用于清算人。
旧法第 686 条 第六百七十条的规定，准用于清算人有数人的情形。

本条规定了清算人决定及执行事务的方法。新法对旧法第 686 条作了两方面的修改：一方面，更改了条文表述，只准用了合伙事务执行人为数人时的规则；另一方面，在新法第 670 条之外，还规定准用新法第 670 条之 2 的相关规定，这反映了新法对合伙的内部事务执行和外部事务执行的区分。

十六、作为合伙人的清算人的辞任和解任（新法第 687 条）

新法第 687 条 第六百七十二条的规定，准用于依合伙合同的约定自合伙人中选任清算人的情形。
旧法第 687 条 第六百七十二条的规定，准用于通过合伙合同自合伙人中选任清算人的情形。

本条规定了作为合伙人的清算人的辞任和解任。新法对旧法第 687 条未作实质修改，只是在表述上将"通过合伙合同"改为"依合伙合同的约定"。这使本条的用语和新法第 670 条第 2 款、第 672 条第 1 款以及新法第 677 条之 2 第 1 款保持一致。

补节　侵权行为

一、损害赔偿的方法、中间利息扣除及过失相抵（新法第 722 条）

新法第 722 条
（一）第四百一十七条及第四百一十七条之二的规定，准用于基于侵权行为的损害赔偿。 （二）被害人有过失时，法院可以考量其情事而确定损害赔偿额。
旧法第 722 条
（一）第四百一十七条的规定，准用于基于侵权行为的损害赔偿。 （二）被害人有过失的，法院可以考量其情事而确定损害赔偿额。

本条第 1 款规定了在侵权损害赔偿的计算上准用第 417 条（损害赔偿的方法以金钱赔偿为原则）和新法第 417 条之 2（中间利息扣除），第 2 款规定了过失相抵。新法就第 1 款增加了对新法第 471 条之 2 的准用，确认了因侵权行为而发生的将来损害（如将来的收入损失、护理费用等）也适用中间利息扣除的规定。

二、因侵权行为而发生的损害赔偿请求权的消灭时效（新法第 724 条）

新法第 724 条
因侵权行为而发生的损害赔偿请求权，于下列情形下，因时效而消灭。 1. 自受害人或其法定代理人知道损害及加害人之时起三年不行使的。 2. 自侵权行为之时起二十年不行使的。

> **旧法第 724 条**
>
> 因侵权行为而发生的损害赔偿请求权,自被害人或其法定代理人知道损害及加害人之时起三年不行使的,因时效而消灭。自侵权行为之时起经过二十年的,亦同。

本条规定了因侵权行为而发生的损害赔偿请求权的特别消灭时效。新法确认了旧法第 724 条后段所规定的 20 年为时效期间,而非除斥期间。

1. 主观起算的 3 年时效期间(第 1 项)

日本法对因侵权行为而发生的损害赔偿请求权一直规定有特别的消灭时效:关于消灭时效的一般规定,采用客观起算的 10 年时效期间(旧法第 166 条);而关于侵权行为,采用主观起算的 3 年时效期间(旧法第 724 条)。在新法中,关于消灭时效的一般规定改为由主观起算的 5 年时效期间和客观起算的 10 年时效期间所构成的双重时效期间,而关于侵权行为,依然采用主观起算的 3 年时效期间(本条第 1 项)。审议过程中有意见提出延长侵权行为的 3 年的时效期间,实现侵权和合同在时效上的一致化。法制审议会未予采纳,而是重申了侵权行为的短期时效的意义,即侵权关系通常发生于互不相识的当事人之间的偶然事故,所以加害人处于极其不安定的法律地位,为了保护加害人,要求受害人在知道损害以及加害人之后的适当期间内行使权利。[1]

2. 客观起算的 20 年时效期间(第 2 项)

在改革之前,旧法第 724 条后段规定:"自侵权行为之时起经过二十年的,亦同。"关于这里的 20 年是时效期间还是除斥期间,存在争议。在文义上,"亦同"既可以理解为时效(因时效而消灭),也可以理解为除斥期间的效力(消灭)。判例的基本立场是除斥期间。[2] 除斥期间意味着:(1)不适用中止和中断的规定;(2)当事人即便不援用,法院也必须适用;(3)当事人的援用不可能该当权利滥用或违反诚实信用。对此,学说上有反对意见认为,将 20 年解释为除斥期间对于受害人过于苛刻,关于侵权行为的损害赔偿,没有以牺牲对受害人的救济为代

〔1〕 部会資料 78A,16 頁参照。

〔2〕 最高裁判所 1989 年 12 月 21 日判决,最高裁判所民事判例集 43 卷 12 号 2209 頁。

价而取得权利一律消灭的法律效果的必要性。[1] 此外,尽管判例的基本立场是除斥期间,但同时也存在在承认20年系除斥期间的基础上,参照时效中止的法旨,认为除斥期间并不完成的判例。[2] 对此,新法接受了反对意见,在条文表述上不再使用"亦同"这种模棱两可的说法,而是对主观起算的3年时效和客观起算的20年时效进行并列规定,明确表示20年为时效期间。[3]

三、因人身侵害而发生的损害赔偿请求权的消灭时效(新法第724条之2)

> **新法第724条之2**
>
> 前条第一项的规定适用于因侵害他人的生命或身体而发生的损害赔偿请求权的消灭时效时,该项中的"三年"替换为"五年"。

本条系新增。在改革之前,关于人身损害赔偿请求权的消灭时效,日本法未设置特别规定,和其他侵权行为一样,都服从于3年的短期时效期间(旧法第724条)。

法制审议会认为,人的生命、身体是要保护性程度更高的法益,应当确保人身损害赔偿请求权的行使机会。一方面,在生命、身体遭受侵害时,受害人往往会陷入生活困难,更难于期待其采取阻碍时效完成的措施。另一方面,加害人侵害的是他人的生命、身体等重要法益,令加害人承担更重的负担也是合理的。因此,新法为人身损害赔偿请求权设置了更长的时效期间。[4]

人身损害赔偿请求的特殊时效期间包括:(1)主观起算的短期时效期间从3年延长至5年,即本条的规定。(2)客观起算的长期时效期间和侵权行为的特别长期时效期间一致,都是20年(参见新法第724条的解说);侵权行为之外的

---

〔1〕 河上正二『民法総則講義』(日本評論社,2007年)594頁参照。

〔2〕 最高裁判所1999年6月12日判决,最高裁判所民事判例集52卷4号1087頁(侵权行为致受害人精神失常,20年除斥期间经过时受害人的法定代理人尚未确定);最高裁判所2009年4月28日判决,最高裁判所民事判例集63卷4号853頁(加害人杀害受害人后隐匿尸体致受害人的法定继承人不知道受害人已死亡,20年除斥期间经过时尚未确定继承人,无法行使损害赔偿请求权)。

〔3〕 部会資料69A,10頁参照。

〔4〕 民法(债权法)改正检讨委员会编『債権法改正の基本方針』(别册NBL 126号(2009年),192頁以下;部会資料69A,12頁参照。

人身损害赔偿,如违反保护义务、安全照顾义务等的合同义务所致的损害赔偿的时效期间,则从 10 年延长至 20 年(一般债权的长期时效期间为 10 年。参见新法第 166 条、第 167 条的解说)。这样一来,无论人身损害赔偿系基于合同还是侵权,主观起算的短期时效期间都是 5 年(基于合同的,新法第 166 条;基于侵权的,本条)客观起算的长期时效期间都是 20 年(基于合同的,新法第 167 条;基于侵权的,新法第 724 条)。

第六章 亲 属

第一节 适婚年龄

一、适婚年龄(新法第731条)

新法第731条 未满18岁者,不得缔结婚姻。
旧法第731条 男子未满18岁,女子未满16岁者,不得缔结婚姻。

本条规定了适婚年龄。新法将女子的适婚年龄提高到18岁,使男女两性的适婚年龄一致。

在改革之前,旧法第731条对男性和女性分别规定了不同的适婚年龄(男子18岁,女子16岁),两者都低于当时的成年年龄(20岁)。这一规定有两方面的问题:(1)在宪法上,婚姻仅基于两性的合意而缔结(日本《宪法》第24条)。从宪法的原理来看,适婚年龄至少应为成年年龄。明治民法规定低于成年年龄的适婚年龄,并规定已届适婚年龄的未成年人在父母的同意下可以结婚(旧法第737条),这本身就是宪法的例外。(2)对男女设定不同的适婚年龄欠缺合理性。法制审议会在20世纪90年代就有过审议,1996年公布的法案草案曾经建议将男女的适婚年龄统一定在18岁。[1] 原因在于,以前为男女设定不同的适婚年龄是考虑女性在身体和精神发育上成熟较早,但是婚姻生活的经营不仅要求身

〔1〕 1996年2月26日法制審議会総会決定(民法の一部を改正する法律案要綱)。

体和精神的成熟,更要求社会和经济的成熟,而在后者的层面男女之间并无显著差异,而且学校和社会在对未成年人的教育上也从未显示过成熟度上的差异。因此,从男女平等以及防止早婚的角度来看,应当将适婚年龄统一定在18岁。[1]

此次改革中,成年年龄整体下调至18岁(新法第4条)。男性的适婚年龄和成年年龄实现了一致化。如果不上调女性的适婚年龄,会形成更明显的反差,即男性未届成年不得结婚,而女性未成年人却可以在父母的同意下结婚。[2] 因此,新法将女性的适婚年龄上调至18岁。这样,适婚年龄低于成年年龄以及男女适婚年龄的差异的问题都得到了解决。

二、父母对未成年人的婚姻的同意(旧法第737条废止)

> **旧法第737条**
>
> (一)未成年子女的婚姻,须经父母的同意。
>
> (二)父母的一方不同意的,有另一方的同意即可。父母一方亲子关系未定、死亡或不能表示其意思的,亦同。

该条规定了父母对未成年子女结婚的同意。由于新法第4条下调了成年年龄,且新法第731条上调了女性的适婚年龄,所以新法中已不存在未成年人结婚的情况,故旧法第737条被废止。

三、婚姻登记的受理(新法第740条)

> **新法第740条**
>
> 婚姻的登记,非于认定该婚姻不违反第七百三十一条至<u>第七百三十六条</u>及前条第二款或其他法律规定之后,不得受理。

---

〔1〕 法務省民事局参事官室「婚姻制度等に関する民法改正要綱試案の説明」ジュリスト1050号(1994)223頁参照。

〔2〕 法制審議会民法成年年齢部会第15回会議配布資料47,民法の成年年齢の引下げについての最終報告書(第2次案),24頁参照。

旧法第 740 条
婚姻的登记,非于认定该婚姻不违反第七百三十一条至第七百三十七条及前条第二款或其他法律规定之后,不得受理。

本条规定了婚姻登记的受理条件。由于旧法第 737 条被废止,所以本条也作了相应修改。

四、因结婚而拟制成年(旧法第 753 条废止)

旧法第 753 条
未成年人缔结婚姻的,视为其因此而成年。

该条规定了未成年人因结婚而被拟制成年。由于新法第 4 条下调了成年年龄,且新法第 731 条上调了女性的适婚年龄,所以新法中已不存在未成年人结婚的情况,故旧法第 753 条被废止。

第二节　收养关系

一、收养人的年龄限制(新法第 792 条)

新法第 792 条 已达二十岁的人,可以收养子女。
旧法第 792 条 已达成年的人,可以收养子女。

本条规定了收养人的最低年龄。

旧法第 792 条规定:“已达成年的人,可以收养子女。”这里的“成年”指 20 岁。在新法中,成年年龄已降至 18 岁。问题是,收养人的最低年龄是否随之一起降低。法制审议会认为,成年年龄是年轻人可以离开监护人的保护,自己从事订立合同等行为的年龄,而收养人的最低年龄则是将他人的子女作为自己的子女养育的年龄，两者未必一致。即便成年年龄下调至 18 岁，在维持收养人的最低年龄为 20 岁并不会产生任何问题的情况下，没有必要随之一起下调。[1] 故新法维持了旧法第 792 条的内容，在表述上将“已达成年”改为“已达二十岁”。

二、特别收养中的被收养人的年龄（新法第 817 条之 5）[2]

新法第 817 条之 5 （一）第八百一十七条之二规定的请求作出时已满十五岁者，不得成为被收养人。特别收养成立之前已满十八岁者，亦同。 （二）被收养人自十五岁之前一直受收养人的监护的情形下，收养人就其未能于被收养人十五岁之前作出第八百一十七条之二规定的请求存在不得已的事由的，不适用前款前段的规定。 （三）被收养人已满十五岁的，成立特别收养应经其同意。
旧法第 817 条之 5 第八百一十七条之二规定的请求作出时已满六岁者，不得成为被收养人。但是，若其未满八岁，且自六岁之前一直受收养人的监护的，不在此限。

本条规定了特别收养中的被收养人的年龄。新法大幅缓和了特别收养中被收养人的年龄限制。

（一）何为特别收养

日本的收养制度分为普通收养与特别收养。两者之间最重要的区别在于，普通收养的被收养人和生父母之间的亲子关系仍然存续，而特别收养则终止了被收养人和生父母之间的亲子关系。

明治民法中本来并无特别收养，只规定了普通收养。普通收养的成立基于收养人和被收养人之间的合意以及向民政户籍窗口的申报（普通收养的被收养

---

〔1〕 法制審議会民法成年年齢部会第 15 回会議配布資料 47，民法の成年年齢の引下げについての最終報告書（第 2 次案），23 頁参照。

〔2〕 本条的修改系基于 2019 年法律第 34 号，自 2019 年 7 月 1 日起实施。

人可以是成年人;以未成年人为被收养人时,需要家事法院的许可),主要用于成立以继承家业为目的的成年养子关系以及和继子女之间的抚养继承关系。

特别收养制度是于1987年导入日本法的。制度设立之初是为了应对现实中频发的"产褥上的养子(藁の上からの養子)"的问题,即收养人将他人刚出生的孩子作为自己的孩子申报户籍。[1] 有的产妇并无养育的意愿,希望他人抚养,而一些想要孩子但不能生育的夫妻希望认养刚出生的孩子,于是请医生帮忙开具虚假的医学出生证明,在户籍上直接申报为自己的"亲生子女"。[2] 为了在收养人和被收养人之间创设比普通收养更为稳固的亲子关系,为未成年人提供安定健全的成长环境,日本法导入了特别收养制度。

正因为特别收养旨在终止被收养人和生父母之间的亲子关系,在收养人和被收养人之间创设出类似于血亲的关系,所以民法为特别收养设置了相当严格的条件:特别收养必须经家事法院的裁定(第817条之2);特别收养的收养人的必须有配偶,且夫妻双方必须成为收养人(旧法第817条之3);特别收养的被收养人原则上只能是未满6岁的未成年人(旧法第817条之5);等等。

由于特别收养的条件过于严格,所以实际利用率并不高。据调查显示,2017年法院裁定认可的案件数为616件,这仅占到儿童养育设施中需保护儿童数量的1%。[3] 现实中,很多孩子和原生家庭长期没有来往,将来也不会回归自己家庭,但仅仅因为年龄超过限制而无法成立特别收养关系。因此,为了应对儿童虐待、儿童无家可归等社会问题,降低特别收养关系的成立门槛,此次民法修改缓和了被收养人的年龄限制。

(二)新法对被收养人的年龄限制的修改

本条第1款大幅提高了特别收养中被收养人的年龄上限,扩大了特别收养关系的成立可能性。被收养人的年龄上限分为以下两种:(1)申请裁定时的年

---

〔1〕 大村敦志『家族編:女性と子どもの法(新基本民法7)』(有斐閣,2014年)160頁参照。

〔2〕 1986年发生了轰动社会的菊田医生事件。菊田医生作为中介人,曾为220多个新生儿伪造了医学出生证明。围绕吊销其行医资格的行政处罚的合法性问题,案件一直上诉到日本最高裁判所,最后以菊田医生的败诉而告终。这一事件从侧面反映了立法当时的背景。窪田充見『家族法:民法を学ぶ〔第4版〕』(有斐閣,2019年)272頁以下参照。

〔3〕 喜友名菜織「親子断絶型の児童福祉制度の目的と機能:特別養子縁組制度の見直しに関する民法等の一部改正を踏まえて」法学セミナー778号(2019年)1頁参照。

龄上限从 6 岁提到 15 岁(本款前段)。之所以定在 15 岁,是因为特别收养制度旨在为难以回归原生家庭的未成年人提供稳固的成长环境,若年龄上限过于宽松,有些养子女被收养后不久就要离开养亲,利用该制度的意义不大,而且依第 797 条第 1 款的规定,如果被收养人已满 15 岁,依自己的意思可以同意被收养,从而成立普通收养关系。[1] (2)收养成立时的年龄上限为 18 岁(本款后段)。新法已将成年年龄下调为 18 岁(新法第 4 条),以成年人为对象成立特别收养与制度目的不符。

本条第 2 款规定,若收养人从被收养人 15 岁之前就开始了监护,而且对未及时申请特别收养的裁定有正当事由的(如刚刚开始照顾被收养人,对于是否收养还未考虑成熟),即使被收养人已满 15 岁,仍然允许收养人申请成立特别收养关系。

本条第 3 款系新增。在普通收养中,15 岁以上的被收养人可以依自己的意思单独做出同意被收养的表示。考虑到法条之间的平衡,本条规定在成立特别收养的情形下,若被收养人已经满 15 岁,家事法院必须取得本人的同意。

---

〔1〕 山口敦士「特別養子縁組制度の改正」論究ジュリスト32 号(2020 年)20 頁参照。

第七章　继　承[1]

第一节　遗产的相关费用(新法第 885 条)

新法第 885 条 遗产的相关费用,自该遗产中支付。但是,因继承人的过失所致的,不在此限。
旧法第 885 条 (一)遗产的相关费用,自该遗产中支付。但是,因继承人的过失所致的,不在此限。 (二)前款的费用,无须以特留份权利人因赠与的扣减而取得的财产支付。

本条规定了遗产的相关费用。新法删除了旧法第 885 条第 2 款。

遗产的相关费用,是指为了保存、清算以及相应的附随行为而支付的费用(不包括继承人个人的继承税和丧葬费用)。依照旧法第 885 条的规定,遗产的相关费用从遗产中支付(第 1 款),但是无须以特留份权利人因赠与的扣减而取得的财产支付(第 2 款)。其中,第 2 款的规定意图并不明确,可以认为是不将因赠与的扣减而取得的财产视为遗产,也可以认为是为特留份权利人维持完整的特留份。无论何种理解,第 2 款的规定给人以"特留份请求权的行使使被赠与的

〔1〕 本条的修改系基于 2018 年法律第 72 号,原则上自 2019 年 7 月 1 日起实施(关于自书遗嘱方式缓和的修改自 2019 年 1 月 13 日起实施;关于配偶居住权和配偶短期居住权的新规自 2020 年 4 月 1 日起实施)。

财产复归于遗产”的印象。然而,在此次继承法改革中,特留份请求权的效力已从物权效力变为债权效力(仅产生金钱债权),特留份权利人不会因权利的行使而取得“财产”。为消除误解,旧法第885条第2款被删除。

第二节 继承的效力

一、共同继承中权利承继的对抗要件(新法第899条之2)

新法第899条之2

(一)因继承而承继权利的,不论是否基于遗产分割,就超过依次条及第九百零一条的规定算定的继承份额的部分,若未具备登记、注册或其他对抗要件,不得对抗第三人。

(二)前款的权利为债权的情形下,超过依次条及第九百零一条的规定算定的继承份额而承继该债权的共同继承人,公开了涉及该债权的遗嘱的内容(基于遗产的分割而承继该债权的情形下,为涉及该债权的遗产分割的内容)并通知债务人其承继权利之事的,视为共同继承人全体向债务人作出通知,并适用前款的规定。

本条系新增,规定了继承人和第三人之间的对抗问题。

1. 立法目的

在改革之前,依照判例,除法定继承之外,依特定财产继承遗嘱或继承份额的指定等方式而承继权利的情形也不适用第177条。换言之,即使继承人不具备登记等对抗要件,也可以对抗第三人。[1] 但是,判例的立场有严重的弊端:(1)由于无须具备对抗要件即可取得对抗第三人的效力,继承人没有尽早取得对抗要件的动力,导致实体权利和公示相龃龉的场合增多,影响交易安全。(2)当遗产为债权的情形,其他继承人的债权人会按照法定继承份额扣押其他继承人的债权,债务人也会应催收清偿债务,但是和遗嘱不一致的部分会陷入无

[1] 最高裁判所1963年2月22日判决,最高裁判所民事判例集17卷1号235頁(依法定继承份额继承);最高裁判所1993年7月19日判决,家庭裁判月報46卷5号23頁(依指定继承份额);最高裁判所1991年4月19日判决,最高裁判所民事判例集45卷4号477頁(依特定财产承继遗嘱)。

效,损害继承人的债权人以及被继承人的债务人的利益。[1] 故新法规定,继承人不具备对抗要件的,不得就超出法定继承份额的部分对抗第三人。

2. 权利的承继与对抗要件(第 1 款)

本条第 1 款规定了因继承而承继权利时的对抗要件,即"登记、注册或其他对抗要件"。具体而言,是指不动产的登记(第 177 条)、动产的交付(第 178 条)、债权让与的通知或承诺(第 467 条)以及车辆的注册(《道路运送车辆法》第 5 条第 1 款)等。本条的适用对象包括遗嘱(继承份额的指定、特定财产承继遗嘱)和遗产分割两种情形,不包括遗赠。遗嘱依财产法的一般对抗规则处理。[2]

本款中的"不论是否基于遗产分割"是理解新法的关键。依新法的立场,就继承人与第三人之间的对抗问题,不受具体继承方式的影响,而是统一根据继承人所继承的权利是否超过其法定继承份额为标准,决定是否采用对抗要件规则。申言之,就法定继承份额(依次条及第 901 条确定)之内的继承部分,继承人无须具备对抗要件,即可主张优先于第三人;就超过法定继承份额的部分,继承人若未取得对抗要件,则不得对抗第三人。新法对判例法理作了重要变更。

新法之所以以法定继承份额为分界线,原因在于:(1)在法定继承份额之内承继的权利,可以通过继承人与被继承人之间的身份关系客观地确定,至少在此限度内不受被继承人意思表示的扰动,因此不采用对抗要件规则具有其合理性。[3] (2)对于超过法定继承份额的承继部分,该部分的物权变动实际上借助了遗嘱的意思表示,因此与其他因意思表示发生权利变动的情况并无不同,不应当区别对待,此时应当保障无法知晓遗嘱内容的第三人的交易安全。[4]

3. 债权转让与对抗要件(第 2 款)

本条第 2 款规定,当某一继承人继承的债权超过其法定继承份额时,可以由该受益继承人单独向债务人作出通知以取得债权的对抗要件。这是考虑到发生债权继承时,因全体继承人接替被继承人的位置而处于债权让与人的地位,债权转让的通知本应由全体继承人作出;但是,一旦继承人之间出现对立,只要有一

---

〔1〕 堂薗幹一郎 = 神吉康二『概説改正相続法』(きんざい,2019 年)139 頁。

〔2〕 潮見佳男『民法(相続関係)改正法の概要』(きんざい,2019 年)3 頁参照。

〔3〕 民法(相続関係)部会資料 17,5 - 6 頁参照。

〔4〕 法務省民事局参事官室編『民法(相続関係)等の改正に関する中間試案の補足説明』(法制審議会民法(相続関係)部会第 13 回会議資料)39 - 40 頁参照。

人不配合债权转让的通知，受益继承人就难以取得债权的对抗要件。需要注意的是，本条的适用范围仅限于继承人，不包括受遗赠人。[1]

在具体实现方法上，为达成“共同继承人全体向债务人作出通知”的拟制效果，受益继承人需要通知债务人自己已承继权利一事。这是为了降低继承人对债务人进行虚假通知的风险。至于遗嘱应开示到何种程度，本款未予明定。在审议过程中，曾有意见要求受益继承人向债务人提交关于遗嘱或遗产分割协议的书面材料，但由于阻力较大，最终未被采纳。[2] 尽管如此，审议中至少形成了以下共识，即虽然不一定要提交遗嘱等原件，但至少应该拿出能够让债务人客观地判断债权已经发生了承继的书面材料（例如，受益继承人可以向债务人展示遗嘱的原件，并应债务人的要求提供关于债权承继部分的复印件）。

二、继承份额（新法第 902～903 条）

（一）遗嘱指定继承份额（新法第 902 条）

新法第 902 条 （一）虽有前两条的规定，被继承人可以订立遗嘱，确定共同继承人的继承份额，或委托第三人确定。 （二）被继承人仅确定或委托第三人确定共同继承人中的一人或数人的继承份额的，其他共同继承人的继承份额依前两条的规定而确定。
旧法第 902 条 （一）虽有前两条的规定，被继承人可以订立遗嘱，确定共同继承人的继承份额，或委托第三人确定。<u>但是，被继承人或第三人不得违反关于特留份的规定。</u>

[1] 按照起草负责人的解释，不可以类推适用。这意味着，在债权遗赠的情形下，只能通过遗赠义务人通知债务人或债务人承诺的方式，受遗赠人才可以以通过遗赠取得的债权对抗债务人。此为判例的立场（最高裁判所 1974 年 4 月 26 日判決，最高裁判所民事判例集 28 卷 3 号 540 頁）。

[2] 民法（相続関係）部会資料 26－2，10 頁参照。

> （二）被继承人仅确定或委托第三人确定了共同继承人中的一人或数人的继承份额的，其他共同继承人的继承份额依前两条的规定而确定。

本条规定了遗嘱指定继承份额的情形。新法删除了旧法第 902 条第 1 款但书。

依照旧法第 902 条第 1 款但书的规定，被继承人指定的继承份额侵害了特留份时，被指定的继承份额将因特留份权利人行使特留份扣减请求权而缩减。[1] 此次继承法改革中，特留份请求权的效力被修改为仅发生金钱债务（参见新法第 1046 条的解说），而不会影响继承份额的效力，故本条第 1 款但书被删除。

（二）指定继承份额时债权人权利的行使（新法第 902 条之 2）

> **新法第 902 条之 2**
>
> 即使于依前条的规定已指定继承份额的情形下，被继承人于继承开始时所负债务的债权人，亦可按照依第九百条及第九百零一条的规定所算定的继承份额，向各共同继承人行使其权利。但是，该债权人已向共同继承人中的一人认可了按照指定的继承份额承继债务的，不在此限。

本条系新增，明确规定被继承人指定了继承份额时，被继承人的债权人仍可以要求各继承人按法定继承份额的比例承担债务。这是对判例的明文化。[2]

本条并非对共同继承人的债务负担的内部关系的规定。当指定继承份额少于法定继承份额的继承人向外清偿了超过自己本应承担的债务时，可以就超过部分向其他继承人追偿。

此外，本条但书也允许被继承人的债权人按照指定继承份额要求各继承人履行债务。不过，被继承人的债权人一旦向共同继承人中的任何一人承认按照

〔1〕 最高裁判所 2012 年 1 月 26 日决定，金融法務事情 1947 号 108 頁。

〔2〕 最高裁判所 2009 年 3 月 24 日判决，最高裁判所民事判例集 63 卷 3 号 427 頁。

这种方式承担债务，就不得再按照法定继承份额行使权利。反之，被继承人的债权人先按照法定继承份额行使债权的，不妨碍其之后按照指定继承份额主张债权。

（三）特别受益人的继承份额（新法第903条）

新法第903条

（一）共同继承人中，有从被继承人处受遗赠，或者因婚姻、收养或作为生计的资本而受赠与的人的，在被继承人于继承开始时所拥有的财产的价额之上加算该遗赠或赠与的价额，将其总额视为遗产；从依第九百条至九百零二条的规定所算定的继承份额中扣除该遗赠或赠与的价额，以其余额为该人的继承份额。

（二）遗赠或赠与的价额，等于或超过继承份额的价额的，受遗赠人或受赠人不得获取其继承份额。

（三）被继承人作出与前两款规定不同的意思表示的，从其意思。

（四）被继承人为婚姻期间二十年以上的夫妻的一方，其向另一方作出关于供其居住的建筑物或其用地的遗赠或赠与时，就该遗赠或赠与，推定被继承人作出了旨在不适用第一款规定的意思表示。

旧法第903条

（一）共同继承人中，有从被继承人处受遗赠，或者因婚姻、收养或作为生计的资本而受赠与的人的，在被继承人于继承开始时所拥有的财产的价额之上加算该遗赠或赠与的价额，将其总额视为遗产；从依前三条的规定所算定的继承份额中扣除该遗赠或赠与的价额，以其余额为该人的继承份额。

（二）遗赠或赠与的价额，等于或超过继承份额的价额的，受遗赠人或受赠人不得获取其继承份额。

（三）被继承人作出与前两款规定不同的意思表示的，该意思表示，于不违反有关特留份的规定的范围内，有其效力。

本条规定了共同继承人中的特定继承人曾获特别受益时的继承份额的计算问题（归扣制度）。新法修改了旧法第903条第1款和第3款的表述，并新增了第4款。

1. 条文表述的变化(第1款、第3款)

本条第1款将“依前三条的规定”改为“依第九百条至第九百零二条的规定”。这是因为新法新增了新法第902条之2。

本条第3款将“于不违反特留份相关规定之范围内”改为“从其意思”。这是因为,在新法中特留份请求权的行使只对受赠人或受遗赠人发生债权效力,而不会影响被继承人的意思表示(归扣豁免)的效力。

2. 归扣豁免的推定(第4款)

本条第4款为重要的新增条款,规定了针对配偶的归扣豁免的推定。本款旨在保障年迈的配偶,使其生活不因被继承人的死亡而遭受过大影响,有着鲜明的政策指向。

本款的要件如下:(1)婚姻期间存续20年以上;(2)遗赠或赠与的标的物为供配偶“居住的建筑物或其用地”。[1] 这是考虑到婚姻持续长久的夫妻一方向另一方赠与或遗赠居住用不动产时,通常有为配偶养老的考虑,因此通常不会有在遗产分割时再从配偶的继承份额中扣除不动产价值的意图。[2]

本款的问题意识实际上肇始于如何评价配偶对遗产价值形成的贡献。在改革之前,配偶对遗产维持的贡献只能在第902条之2规定的“贡献分制度”下作出评价,有评价不充分之嫌。在审议的最初阶段有两种提案:一种是在区分被继承人的固有财产和潜在的夫妻共同财产的基础上,提高后者中的配偶的分配比例(就共同财产的分配比例大于原先的1/2);另一种则是在婚姻存续期间较长的情形下,直接提高配偶的法定继承份额,不过,具体应当以何种因素为适用前提尚存在分歧。由于这两种提案各自存在“短板”,所以在中间试案阶段均被搁置。[3] “实质评价配偶的贡献”的讨论方向受阻。此后的讨论开始聚焦于如何

---

〔1〕 本条的要件设计参考了继承税法上关于赠与税的规定(日本《继承税法》第21条之6)。后者对于婚姻持续期间超过20年的夫妻之间赠与居住不动产赠与或为购入居住不动产而赠与金钱的情形,允许在基本扣除110万日元的基础上,在最高2000万日元的范围内对应纳税额进行扣除。法務省民事局参事官室編『中間試案後に追加された民法(相続関係)等の改正に関する試案(追加試案)の補足説明』(法制審議会民法(相続関係)部会第23回会議資料)5-6頁参照。

〔2〕 民法(相続関係)部会資料18,1-2頁参照。

〔3〕 民法(相続関係)部会資料14,5-7頁参照。

保护长期婚姻关系的配偶利益的问题，经过一番曲折，最终形成了本款所示的方案。

三、遗产分割（新法第 906 条之 2、第 907 条、第 909 条之 2）

（一）遗产分割之前属于遗产的财产被处分时的遗产范围（新法第 906 条之 2）

> **新法第 906 条之 2**
>
> （一）遗产分割之前属于遗产的财产被处分的情形下，共同继承人亦可基于全体的同意，视被处分的财产于遗产分割时作为遗产存在。
>
> （二）虽有前款的规定，同款的财产被共同继承人之中的一人或数人处分的，就该共同继承人，无须取得同款的同意。

1. 立法目的

本条系新增，规定了在一定条件下可以将遗产分割之前被处分的财产视为遗产的一部分，从而防止共同继承人通过提前处分遗产而获益。在日本法上，继承开始之后，各继承人有权处分遗产上各自享有的共有份额，而遗产分割的对象并非继承开始时的财产，而是遗产分割时的财产。在剩余遗产仍按照各自继承份额进行分割的情况下，处分人最终取得的财产会大于其他继承人，导致不公平。[1] 为了避免这样的局面，可以考虑由其他继承人向处分遗产的继承人主张不当得利或侵权行为。但是，由于遗产分割之前具体的财产归属并未确定，所以损失和得利的金额不能确定，损害额也不能确定，无论是不当得利还是侵权行为，均无法有效解决问题。[2] 此次修改未采用对处分遗产的继承人课以金钱负担的方式，而是在遗产分割的框架内，将被处分的遗产视为于遗产分割时仍存在。这样处理的好处是避免遗产分割程序和民事程序分别在家事法院与地方法院同时进行，造成不必要的负担。

2. 共同继承人全体同意（第 1 款）

本条第 1 款规定，在以下条件下，可以将提前处分的财产视为分割时仍存在

---

〔1〕 民法（相続関係）部会資料 20，7 頁。

〔2〕 潮見佳男『詳解相続法』（弘文堂，2018 年）245 頁参照。

的遗产:(1)被处分的财产于继承开始时属于被继承人的遗产;(2)继承人或第三人的财产处分行为(处分要件);(3)全体继承人同意将被处分的财产作为遗产分割的对象(同意要件)。对于要件二,判断是否构成“处分”的关键,在于财产是否从遗产范围内逸出。[1] 对于要件三,一般认为全体同意应当在遗产分割终了之前作出。[2]

3. 无须处分人同意的特则(第2款)

本条第2款是对第1款原则的修正,即关于要件二(处分要件),若处分人是继承人的,则关于要件三(同意要件),无须经过该处分人的同意。

(二)遗产分割协议或裁定(新法第907条)

新法第907条
(一)除了被继承人依次条的规定以遗嘱禁止的情形外,共同继承人可以随时依其协议分割全部或部分遗产。 (二)就遗产分割,共同继承人之间协议不成或不能协议的,各共同继承人可以向家事法院请求全部或部分的分割。但是,若遗产的部分分割有损害其他共同继承人利益之虞的,就该部分的分割,不在此限。 (三)前款本文的情形中有特别事由的,家事法院可以设定期间,禁止全部或部分遗产的分割。
旧法第907条
(一)除了被继承人依次条的规定以遗嘱禁止的情形外,共同继承人可以随时依协议分割遗产。 (二)就遗产的分割,共同继承人之间协议不成或不能协议的,各共同继承人可以向家事法院请求分割。 (三)于前款的情形中有特别事由的,家事法院可以设定期间,禁止全部或部分遗产的分割。

[1] 『法制審議会民法(相続関係)部会第25回会議議事録』(2017.12.19)10頁(神吉関係官発言)。

[2] 中込一洋『実務解説改正相続法』(弘文堂,2019年)43頁参照。

本条规定了遗产分割协议或裁定。新法修改了旧法第 907 条的表述，并新增了额第 2 款但书。

1. 部分遗产分割(第 1 款)

本条第 1 款在“遗产”之前增添了“全部或部分”，明确承认共同继承人也可以就遗产进行部分分割。这是考虑到在个别情况下继承人之间一次性完成遗产分割存在困难，有必要承认部分分割。依据是共同继承人对遗产的处分权限。尽管第 1 款作了上述修改，但是这一修改并不改变遗产分割应以全部遗产为对象的原则。[1]

2. 不得部分分割的情形(第 2 款)

本条第 2 款允许继承人申请家事法院就遗产的部分分割作出裁定。当然，如果有的继承人提出部分分割的申请，有的继承人提出全部分割的申请，那么家事法院将就全部遗产的分割作出裁定。[2] 本款新增但书规定，“若遗产的部分分割有损害其他共同继承人利益之虞的，就该部分的分割，不在此限”。也就是说，即使全体继承人都同意部分分割，家事法院也可以不允许该项请求。这指的是以下情形：经过部分分割之后，对于剩下未分割的遗产，并不存在清晰明了的分割方法，或者让部分继承人取得超过具体继承份额的遗产后难以通过现金补偿的方式调整回来，以至于就遗产整体无法作出适当的分割。

此外，由于本款新增但书规定，第 3 款中的“前款”被修改为“前款本文”。

(三) 遗产分割前存储款债权的行使(新法第 909 条之 2)

新法第 909 条之 2

就属于遗产的存储款债权，各共同继承人可以就继承开始时的债权额的三分之一乘以依第九百条及第九百零一条的规定算定的该共同继承人的继承份额得出的金额(以斟酌标准的当下必要生活费用、平均丧葬费用或其他情事由法务省令为存储款债权的各个债务人所确定的金额为限)，单独行使其权利。于此情形下，就行使了上述权利的存储款债权，视为该共同继承人基于遗产的部分分割而取得该债权。

---

〔1〕 民法(相続関係)部会資料 18,37 頁参照。

〔2〕 民法(相続関係)部会資料 21,13 頁参照。

1. 立法目的

本条系新增，规定了存储款债权可以成为遗产分割的对象。关于存储款债权是否构成遗产分割的对象，早先的判例认为，存储款债权系可分债权，自继承开始时即分属于继承人（当然分割），不构成遗产分割的对象。但是，2016 年最高裁判所作出判例变更，认为存储款债权并不按照继承份额当然分割，而应当成为遗产分割的对象。[1] 这样一来，想在遗产分割前划扣被继承人存款以清偿债务或者满足其他需求的，就不得不经过全体继承人的同意，滋生诸多不便。尽管继承人也可以通过向家事法院申请保全以实现单独划扣（《家事事件程序法》第 200 条第 3 款），但是这给继承人造成了不小的负担。因此，为了避免上述判例变更引起的不便，新法增设了本条，允许部分继承人在一定要件下单独行使部分的存储款债权。

2. 要件和效果

本条前段规定，继承人可以单独行使部分的存储款债权，而无论其行使的目的。这是因为依支取的目的而确定行使金额非常困难，同时金融机构也可以免去谨慎审查的义务。继承人可以单独行使的上限为“继承开始时的存储款债权额 × 1/3 × 该继承人的法定继承份额”与“由法务省令为存储款债权的各债务人所确定的金额”两者之中的较小值。

本条后段规定，依前段规定已经行使存储款债权的，在遗产分割阶段没有必要使之归属于该继承人之外的其他继承人，就该部分视为已完成分割并取得。

第三节　遗　嘱

一、概括遗赠和特定遗赠（新法第 964 条）

> **新法第 964 条**
>
> 遗嘱人可以以概括或特定的名义，处分全部或部分财产。

---

〔1〕 最高裁判所 2016 年 12 月 19 日判决，最高裁判所民事判例集 70 卷 8 号 2121 頁。

> **旧法第 964 条**
>
> 遗嘱人可以以概括或特定的名义,处分全部或部分财产。但是,不得违反关于特留份的规定。

新法删除了旧法第 964 条但书,即"不得违反关于特留份的规定"。这是因为新法中特留份请求权仅产生对受赠人或受遗赠人的金钱债权效力,不会影响遗嘱的效力。

二、遗嘱方式(新法第 968 条、第 970 条、第 982 条)

(一)自书证书遗嘱(新法第 968 条)

> **新法第 968 条**
>
> (一)以自书证书订立遗嘱的,遗嘱人应亲笔书写遗嘱全文、日期及姓名,并加盖印章。
>
> (二)虽有前款的规定,作为和自书证书一体的文书,于自书证书上附有全部或部分继承财产(包括第九百九十七条第一款规定的情形中同款所规定的权利)的目录的情形下,就该目录不要求自书。于此情形下,遗嘱人应于目录的每页(双面都有非自书的记载的情形下,于双面)上签名并盖章。
>
> (三)自书证书(包括前款的目录)中的增删或其他变更,若遗嘱人未指明其位置、备注已变更之事并为此做特别签名且于变更处加盖印章的,不生其效力。

> **旧法第 968 条**
>
> (一)以自书证书订立遗嘱的,遗嘱人应亲笔书写遗嘱全文、日期及姓名,并加盖印章。
>
> (二)自书证书中的增删或其他变更,若遗嘱人未指明其位置、备注已变更之事并为此特别签名且于变更处加盖印章的,不生其效力。

本条规定了自书遗嘱。新法增设了第 2 款,放宽了自书遗嘱的形式,并对第

3 款(原第 2 款)的表述作了修改。

1. 自书遗嘱的形式的缓和(第 2 款)

自书遗嘱原则上应由遗嘱人亲笔书写全文(本条第 1 款)。不过,依新增的本条第 2 款前段规定,对于“全部或部分继承财产的目录”的部分,例外地允许遗嘱人不必自书,从而缓和了自书遗嘱的形式要件。具体而言,遗嘱人可以通过电脑打字或请他人代笔,也可以通过附加财产权利证明书或存折的复印件等方式制作财产目录。[1] 根据本款后段,财产目录仍然需要遗嘱人在目录的每一页上签名并盖章,这是为了防止他人通过更换非自书的财产目录进行伪造。

2. 增删或其他变更(第 3 款)

关于对自书遗嘱的增删或其他变更,法制审议会也讨论过放宽形式要件,即由遗嘱人“签名或盖章”即可。但是,考虑到和自书遗嘱的制作的要件保持一致更便于民众理解,这一提案未被采纳,第 3 款仍采用“签名并印章”的要件。[2] 此外,对目录进行增删或其他变更的,尽管不要求以自书的方式完成(可以通过删去旧目录增加新目录的方式加以实现),但仍然适用本条第 3 款,否则就财产目录所作的变更不生效力。

(二)密封证书遗嘱(新法第 970 条)

新法第 970 条

(一)以密封证书订立遗嘱的,应遵循下列方式。

1. 遗嘱人于证书上签名并盖章。

2. 遗嘱人密封该证书,并以用于证书的印章加盖于密封处。

3. 遗嘱人于一名公证人及两名以上证人的面前提交密封文书,并申述其为自己的遗嘱文书以及笔者的姓名及住所。

4. 公证人于封纸上记载该证书的提交日期及遗嘱人的申述后,与遗嘱人及证人一同于封纸上签名并盖章。

(二)第九百六十八条第三款的规定,准用于密封证书遗嘱。

---

〔1〕『法制審議会民法(相続関係)部会第 24 回会議議事録』(2017. 10. 17)42 頁(倉重関係官)。

〔2〕民法(相続関係)部会資料 17,4 頁参照。

旧法第970条 （一）以密封证书订立遗嘱的，应遵循下列方式。 1. 遗嘱人于证书上签名并盖章。 2. 遗嘱人密封该证书，并以用于证书的印章加盖于密封处。 3. 遗嘱人于一名公证人及两名以上证人的面前提交密封文书，并申述其为自己的遗嘱文书以及笔者的姓名及住所。 4. 公证人于封纸上记载该证书的提交日期及遗嘱人的申述后，与遗嘱人及证人一同于封纸上签名并盖章。 （二）第九百六十八条第二款的规定，准用于密封证书遗嘱。

本条规定了密封证书遗嘱。新法对旧法第970条未作实质修改，仅配合上述关于自书遗嘱的修改，将第2款中的“第九百六十八条第二款”改为“第九百六十八条第三款”。

（三）准用普通方式遗嘱的规定（新法第982条）

新法第982条 第九百六十八条第三款及第九百七十三条至第九百七十五条的规定，准用于第九百七十六条至前条规定的遗嘱。
旧法第982条 第九百六十八条第二款及第九百七十三条至第九百七十五条的规定，准用于第九百七十六条至前条规定的遗嘱。

本条规定了特别方式的遗嘱在增删订正等问题上准用普通方式的遗嘱的规则。新法对旧法第982条未作实质修改，仅配合上述关于自书遗嘱的修改，在表述上将“第九百六十八条第二款”改为“第九百六十八条第三款”。

三、遗嘱的效力(新法第 998 条,旧法第 1000 条废止)

(一)遗赠义务人的交付义务(新法第 998 条)

新法第 998 条 遗赠义务人负有以继承开始时(物或权利之后才作为遗赠标的特定的情形下,为其特定时)的状态交付或移转遗赠标的物或权利的义务。但是,遗嘱人于遗嘱中另有意思表示的,从其意思。
旧法第 998 条 (一)以不特定物为遗赠标的的情形,受遗赠人受第三人追夺的,遗赠义务人对此负有与出卖人相同的担保责任。 (二)以不特定物为遗赠标的的情形下,物有瑕疵的,遗赠义务人应以无瑕疵的物替代。

1. 与债权法改革的联动

在此次改革之前,在旧法第 998 条的解释上,特定物和不特定物之间有显著区别:遗赠标的为不特定物时,遗赠义务人(一般情况下为继承人)负有担保责任;遗赠标的为特定物时,遗赠义务人按照现状交付即可。这是以特定物理论为背景的规定。[1] 然而,在 2017 年债权法改革之后,关于买卖合同,特定物理论被全面废除,代之以合同责任说。同样,关于赠与合同,赠与人所负义务的内容依合同解释确定,无论赠与标的是特定物还是不特定物,原则上推定当事人约定赠与人仅负现状交付义务,不负担保责任(参见新法第 551 条的解说)。与此相应,遗赠和赠与同为无偿行为,也应当废弃特定物理论,改用和赠与相同的框架,不区分特定物和不特定物。倘若继续延用旧法第 998 条的规定,唯独在遗赠标的为不特定物时要求遗赠义务人负担保责任,将与赠与的规则发生失衡。

因此,新法不再区分遗赠标的的种类,而是统一规定了遗赠义务人的交付义务。[2] 当遗赠财产为特定物时,应当以继承开始时的状态交付;当遗赠财产为

〔1〕 潮見佳男『民法(相続関係)改正法の概要』(きんざい,2019 年)45 頁参照。

〔2〕 民法(相続関係)部会資料 10,19 頁参照。

不特定物时,应当以其被特定时的状态交付(本条前段的括号内容)。

2. 他人物遗赠

关于本条的适用范围,条文中只规定了"遗赠标的物或权利",并不要求必须属于遗产。换言之,他人物亦可成为遗赠标的。然而,第996条规定了他人物遗赠在原则上无效,第997条规定了遗赠有效时遗赠义务人的取得移转义务。问题是,能够适用本条的他人物遗赠是何种情形?

具体而言,他人物遗赠包含以下四种情形:(1)遗嘱时是遗嘱人的财产,但死亡时不属于遗产;(2)遗嘱时遗嘱人有取得的意思,但死亡时未能取得;(3)遗嘱时遗嘱人误以为是自己的财产;(4)遗嘱时不是遗嘱人的财产,但遗嘱人有令遗赠义务人取得的意思。在以上四种情形中,第一、三种情形遗赠很可能无效(第996条本文);第四种情形遗赠有效(第996条但书),但是遗赠义务人有取得移转义务;在第二种情形中,若遗赠人有令遗赠义务人继续取得的意思时,按照第四种情形处理,但若遗赠人无上述意思,则遗赠义务人仅负现状交付义务。正因为存在这种情况,所以本条不要求遗赠标的必须属于遗产。[1]

(二)以附有第三人权利的财产为标的的遗赠(旧法第1000条废止)

> **旧法第1000条**
>
> 遗赠标的物或权利于遗嘱人死亡时为第三人权利的标的时,受遗赠人不得请求遗赠义务人使权利消灭。但是,遗嘱人于其遗嘱中表示了相反的意思的,不在此限。

依新法第998条的规定,即便遗赠标的物或权利上附有第三人权利,遗赠义务人也仅负现状交付义务,不再负有消灭第三人权利的义务。故本条被删除。[2]

---

〔1〕 民法(相続関係)部会資料24-2,24-25頁参照。

〔2〕 民法(相続関係)部会資料24-2,25-26頁参照。

四、遗嘱的执行(新法第1007条、第1012～1016条)

(一)遗嘱执行人的任务的开始(新法第1007条)

新法第1007条 (一)遗嘱执行人承诺履职的,应立即执行其职务。 (二)遗嘱执行人开始执行其职务的,应及时将遗嘱的内容通知继承人。
旧法第1007条 遗嘱执行人承诺履职的,应立即执行其职务。

本条第1款同旧法第1007条,第2款为新增。

本条第2款规定,遗嘱执行人对继承人负有通知义务。这是考虑到如果遗嘱执行人在继承人不知情的情况下,按照后述法条所赋予的权限对存款合同进行解约或作出其他处分行为,有可能滋生与继承人之间的矛盾。该通知义务以本条第1款中的遗嘱执行人承诺履职为前提,其通知内容即遗嘱内容。[1]

(二)遗嘱执行人的权利义务(新法第1012条)

新法第1012条 (一)遗嘱执行人,为实现遗嘱的内容,有从事遗产管理及遗嘱执行上的一切必要行为的权利和义务。 (二)有遗嘱执行人的情形下,仅遗嘱执行人可以履行遗赠。 (三)第六百四十四条,第六百四十五条至第六百四十七条及第六百五十条的规定,准用于遗嘱执行人。
旧法第1012条 (一)遗嘱执行人,有从事遗产管理及遗嘱执行上的一切必要行为的权利和义务。

〔1〕 民法(相続関係)部会資料24-2,27頁参照。

> （二）第六百四十四条至第六百四十七条及第六百五十条的规定，准用于遗嘱执行人。

本条规定了遗嘱执行人的权利义务。本条第1款增添了“为实现遗嘱的内容”，第2款为新增规定，第3款同旧法第2款。

本条第1款新增了“为实现遗嘱的内容”，是为了明确遗嘱执行人并不一定是为了继承人的利益而行事，这一点在此前的判例已有明示。[1] 在遗嘱人的意思和继承人的利益相对立的场合（如遗嘱侵害了继承人的特留份权），遗嘱执行人只需依照遗嘱人的意思执行职务即可。

本条第2款系新增，规定了在有遗嘱执行人的情形下，仅遗嘱执行人可以履行遗赠。依照判例，在特定遗赠的情形下，继承人为第一位的遗赠义务人，不过在设有遗嘱执行人时，只能由遗嘱执行人担任被告。[2] 本条是对判例法理的明文化，并且不区分遗赠的类型是特定遗赠还是概括遗赠。[3]

本条第3款即旧法第2款。新旧条文表述的差异是因为在债权法改革时，第644条之下新增了第644条之2。

（三）禁止妨害遗嘱执行的行为（新法第1013条）

> **新法第1013条**
>
> （一）有遗嘱执行人的情形下，继承人不得作出继承财产的处分及其他妨害遗嘱执行的行为。
>
> （二）违反前款规定的行为无效。但是，不得以之对抗善意的第三人。
>
> （三）前两款的规定，不妨碍继承人的债权人（包括继承债权人）就继承财产行使其权利。

[1] 最高裁判所1955年5月10日判决，最高裁判所民事判例集9卷6号657頁。

[2] 最高裁判所1968年5月31日判决，最高裁判所民事判例集22卷5号1137頁。

[3] 堂薗幹一郎＝野口宣大編著『一問一答　新しい相続法——平成30年民法等（相続法）改正、遺言書保管法の解説』（商事法務，2019年）114頁参照。

旧法第 1013 条

有遗嘱执行人的情形下，继承人不得作出继承财产的处分及其他妨害遗嘱执行的行为。

本条规定了对妨害遗嘱执行的行为的禁止。新法新增了第 2 款和第 3 款。

1. 继承人妨害遗嘱执行的效果(第 2 款)

本条第 2 款处理的问题是，当继承人违反第 1 款的规定擅自处分遗产时，该行为的效力如何，以及第三人能否顺利取得该财产。对此，判例的立场是，继承人的此类行为均绝对无效，而且第三人无论善意与否均无法取得权利。[1] 本款的本文将判例的立场明文化，明确规定此类行为绝对无效，以实现限制继承人的处分权限、使遗嘱执行人能够顺利执行遗嘱的政策目的。

同时，本款但书规定，在第三人为善意时，保护第三人的交易安全。此处的"善意"不要求无过失，仅善意即可。这是因为要求第三人就遗嘱中是否存在有关遗赠或者遗嘱执行人的内容负调查义务，难谓合理。

2. 债权人的权利行使(第 3 款)

本条第 3 款旨在确认继承人的债权人的权利行使并不因遗嘱执行人的存在而有所改变。尽管依本条的第 1 款和第 2 款，继承人的处分权受到限制，但是无论是否存在遗嘱执行人，继承人都各自按继承份额的比例从被继承人处取得财产份额。[2] 因此，无论是继承人的债权人还是(括号中的)遗产的债权人，都可以扣押继承人的财产份额。

(四) 执行关于特定财产的遗嘱(新法第 1014 条)

新法第 1014 条

(一) 前三条的规定，于遗嘱系关于继承财产中特定财产的情形下，仅适用于该财产。

(二) 作为遗产分割方式的指定，遗嘱的内容为由共同继承人的一人或数人承继遗产中的特定财产的(以下称"特定财产承继遗嘱")，遗

〔1〕 大審院 1930 年 6 月 16 日判決，大審院民事判例集 9 巻 550 頁。

〔2〕 潮見佳男『詳解相続法』(弘文堂，2018 年)454 頁参照。

嘱执行人可以作出为使该共同继承人具备第八百九十九条之二第一款规定的对抗要件所必要的行为。

(三)前款的财产为存储款债权的情形,除同款规定的行为外,遗嘱执行人可以请求该存储或储蓄的返还,以及就该存款或储蓄所涉合同申请解约。但是,解约申请仅限该存储款债权整体为特定财产承继遗嘱的标的的情形。

(四)虽有前两款的规定,被继承人于遗嘱中另有意思表示的,从其意思。

旧法第 1014 条

前三条的规定,于遗嘱系关于继承财产中特定财产的情形下,仅适用于该财产。

本条规定了特定财产承继遗嘱的执行。本条第 2 款至第 4 款均为新增。

1. 特定财产承继遗嘱(第 2 款)

本条第 2 款规定的"特定财产承继遗嘱",是指被继承人指定由某个继承人取得特定遗产的遗产分割方式(日语称"相続をさせる遺言")。该遗嘱所涉遗产自继承开始时直接由受益继承人承继。对于此类遗嘱所涉及的遗产,受益继承人本来可自行单独完成不动产的登记(《不动产登记法》第 63 条第 2 款)或者实现动产交付,但是本款特别赋予遗嘱执行人以相应权限,便于特定遗产的移转取得对抗要件。本款有两方面的考虑:一是落实遗产的登记,以应对当下日本社会大量存在的不动产所有人不明的问题;二是由于新法第 899 条之 2 的新增,特定财产承继遗嘱的继承人对于超过其法定继承份额的部分若未取得对抗要件,则无法对抗第三人,因此很有必要让遗嘱执行人处理对抗要件事宜。

2. 存储款债权的特则(第 3 款)

依本条第 3 款的规定,当特定财产承继遗嘱所指向的遗产为存储款债权时,遗嘱执行人除了可以作出本条第 2 款的行为,也有权请求返还存款,或者申请存储款合同的解约。在银行实务中,多数情况下不是将存款账户的名义变更为受益继承人,而是应遗嘱执行人的要求返还存款或解约。另外,当特定财产承继遗嘱只涉及存储款的一部分时,若允许遗嘱执行人就整个存储款合同申请解约,则会超出遗嘱执行的必要权限,故新法设置了本款但书。

3. 被继承人的相反的意思(第4款)

依本条第4款的规定,前两款的规定属于任意规范。

(五)遗嘱执行人的行为的效果(新法第1015条)

新法第1015条 遗嘱执行人于其权限范围内显示其为遗嘱执行人而作出的行为,对继承人直接生其效力。
旧法第1015条 遗嘱执行人,视为继承人为代理人。

本条规定了遗嘱执行人的行为的效果归属。

旧法第1015条规定:"遗嘱执行人,视为继承人之代理人。"但是,判例则认为,遗嘱执行人的任务是为了实现遗嘱人的意思,因而不只是为继承人的利益而执行任务。[1] 新法实际上删除了旧法第1015条,直接规定遗嘱执行人的行为效果归属于继承人。这也与新法第1012条的内容相契合。

(六)遗嘱执行人的复任权(新法第1016条)

新法第1016条 (一)遗嘱执行人,可以以自己的责任令第三人执行其职务。但是,遗嘱人于遗嘱中表示了相反的意思的,不在此限。 (二)于前款本文的情形下,关于令第三人代行其职务有不得已的事由的,遗嘱执行人对继承人仅负选任及监督的责任。
旧法第1016条 遗嘱执行人,非有不得已的事由,不得令第三人代行其职务。但是,遗嘱人于遗嘱中表示了相反的意思的,不在此限。

本条规定了遗嘱执行人的复任权。新法对旧法第1016条第1款作了根本

〔1〕 最高裁判所1955年5月10日判决,最高裁判所民事判例集9卷6号657頁。

性的修改,并增设了第 2 款。

1. 基于自己责任的复任权(第 1 款)

旧法第 1016 条规定,遗嘱执行人要转托第三人处理事务,如同处于意定代理人的地位(第 104 条),需要本人的同意。但是在有些情况下,遗嘱执行人难以得到继承人的同意,这导致遗嘱执行困难。因此,本条第 1 款修改了旧法的规定,以遗嘱执行人承担自己责任为转托第三人执行任务的要件;同时,本款但书允许遗嘱人在遗嘱中进行限制。新法通过对遗嘱执行人规定与法定代理人选任复代理人(新法第 105 条后段)相同的要件,扩大了遗嘱执行人的复任权的范围,有利于遗嘱执行人灵活选任律师等专业人士处理遗嘱事务。

2. 责任限制(第 2 款)

依本条第 2 款的规定,遗嘱执行人对于复任第三人执行任务有不得已的事由时,遗嘱执行人仅负选任监督的责任。这一规定与关于法定代理人的相关规定(新法第 105 条后段)内容一致。

五、撤回遗嘱的效力(新法第 1025 条)

新法第 1025 条 依前三条的规定被撤回的遗嘱,其撤回行为又被撤回、撤销或不发生效力时,亦不恢复其效力。但是,该行为系因错误、欺诈或强迫所致的,不在此限。
旧法第 1025 条 依前三条的规定被撤回的遗嘱,其撤回行为又被撤回、撤销或不发生效力时,亦不恢复其效力。但是,该行为系因欺诈或强迫所致的,不在此限。

本条规定了被撤回的遗嘱的效力。本条所处理的问题是,在遗嘱人撤回遗嘱的行为本身又被撤回、撤销或不生效力的情形下,被撤回的遗嘱是否因此恢复效力。新法在本条但书中新增了“错误”这一可撤销事项,明确表示若遗嘱的撤回系因意思表示的错误而作出时,不适用本条本文的规定,被撤回的遗嘱例外地恢复其效力。

这一表述上的修改只是为了与债权法改革相配合(错误的效果从“无效”变为“可撤销”。参见新法第 95 条的解说)。本条的修改并不会对旧法下的结论造成任何实质性的变动。在改革之前,错误的效果是法律行为自始无效;相应地,撤回遗嘱的行为因发生错误而自始不生效力。换言之,遗嘱始终有效状态。这一效果和新法是一致的,即均不适用本条的本文。[1] 之所以在表述上新增“错误”,是为了避免出现反对解释的疑义,即错误经债权法改革已经与欺诈、胁迫同列为可撤销事由,那么在但书若不增加此项,则会给解释者造成“错误”情形不在但书之列的错觉。

第四节 配偶的居住权利

一、配偶居住权(新法第 1028 ~ 1036 条)

此次继承法改革的一大亮点,就是新增了配偶居住权(第 1028 条以下)与配偶短期居住权(第 1037 条以下)两项制度,旨在保障被继承人配偶的长期和短期的居住利益。其中,配偶居住权以对居住建筑物进行无偿使用、收益为权利内容,但是同时,若取得该项权利原则上需要从配偶的继承份额中扣除居住权所对应的财产价额,因此又包含有偿的一面。

实际上,如何同时保障继承开始后配偶的居住环境和生活资金,是摆在此次改革面前的一大难题。一方面,对于被继承人的配偶,尤其是老年配偶而言,有必要尽量满足其继续居住在原处的需求;另一方面,又有必要尽可能让配偶在继承份额一定的情况下多分得现金、存款等,以保障其具有充足的生活资金。[2] 为了达到上述双重目的,让配偶独自取得房屋所有权的模式,或者让配偶与房屋所有权继承人缔结租赁合同的模式,效果均不理想。

此次新设的配偶居住权将居住建筑物所有权的价值分割为使用权部分和剩余部分,从而达到以下效果:(1)允许配偶以低于所有权的价格取得居住的权利,从而在继承份额一定的前提下,可以获得更多的存款或现金;(2)同时,不像缔结租赁合同的方式那样,合同能否顺利缔结取决于其他继承人的意愿,具有不

---

〔1〕 潮見佳男『民法(相続関係)改正法の概要』(きんざい,2019 年)57 頁参照。

〔2〕 民法(相続関係)部会資料 1,1 頁参照。

确定性;(3)此外,也不妨碍被继承人实现将房屋所有权交接给子孙后代的愿望,特别是对于那些再婚家庭而言。[1]

为了实现上述双重立法目的,配偶居住权在制度设计上面临的问题就是,应当设计为用益物权还是债权?在审议初期,考虑到配偶居住权需要具备对第三人的对抗效力,并且配偶居住权的内容表现为所有人容忍配偶使用建筑物,因此,有意见认为应当将配偶居住权构建为一种新型的用益物权。[2] 但是,也有意见指出,若构建为一种强力的物权则很可能会阻碍不动产的正常流通,所以只需要认可一种具有属人性的居住权即可,无须对原先并无建筑物用益物权的民法典物权编的框架进行改动。[3] 最终,配偶居住权未采用用益物权构成,而是采用了类似承租权的法定债权构成。

(一)配偶居住权(新法第1028条)

> **新法第1028条**
>
> (一)被继承人的配偶(以下于本章略称"配偶")于继承开始时居住于属于被继承人财产的建筑物的情形下,该当下列各项中任何一项的,就其居住的建筑物(以下于本节称"居住建筑物")的全部,取得无偿使用及收益的权利(以下于本章称"配偶居住权")。但是,被继承人于继承开始时与配偶以外的人共有居住建筑物的情形,不在此限。
>
> 1. 依遗产分割而取得配偶居住权的。
>
> 2. 配偶居住权为遗赠标的的。
>
> (二)居住建筑物已属于配偶的情形,他人持有共有份额的,配偶居住权亦不消灭。
>
> (三)第九百零三条第四款的规定,准用于配偶居住权的遗赠。

本条系新增,规定了配偶居住权的取得原因。

---

〔1〕 大村敦志=窪田充見编『解説民法(相続法)改正のポイント』(有斐閣,2019年)38頁(石綿はる美執筆)参照。

〔2〕 民法(相続関係)部会資料6,8頁参照。

〔3〕『法制審議会民法(相続関係)部会第2回会議議事録』(2015.5.19)36、41頁(堂薗幹一郎発言)参照。

本条第1款明确了配偶居住权的取得原因仅为遗产分割和遗赠。此处的遗产分割既包括继承人之间自愿形成遗产分割协议,也包括法院裁定遗产分割,后者由次条(新法第1029条)详细规定。遗赠则是依被继承人的意思由配偶取得居住权的情形,其中包括死因赠与(第554条),[1]但是不包括特定财产承继遗嘱(新法第1014条第2款)。[2] 此外,第1款但书从居住建筑物的权属角度规定了成立配偶居住权的除外情形,即被继承人和配偶之外的人共有居住建筑物。因为此时若成立配偶居住权,共有人会因无法收取对价而承受过大的负担。

本条第2款明确了当配偶就居住权建筑物只取得共有份额时并不发生混同,配偶居住权有存续的必要。

本条第3款经过新法903条之4的准用,将产生如下效果,即婚姻存续期间超过20年的夫妇之间相互通过遗赠或死因赠与设立配偶居住权的,推定作出了归扣豁免的意思表示,即配偶居住权的价值不必从配偶的继承份额中扣除。

(二)依裁定取得配偶居住权(新法第1029条)

> **新法第1029条**
>
> 受理遗产分割请求的家事法院,限于下列情形,可以决定由配偶取得配偶居住权。
>
> 1. 共同继承人之间成立由配偶取得配偶居住权的合意的。
>
> 2. 配偶对家事法院作出希望取得配偶居住权的申请的情形,考虑居住建筑物的所有权人所受不利益的程度,仍然认为有为维持配偶的生活而使其取得居住权的特别必要(前项所列情形除外)。

本条系新增,规定了遗产分割时,法院可以裁定配偶取得配偶居住权的两种情况。

---

〔1〕 民法(相続関係)部会資料26-1,4頁参照。

〔2〕 特定财产承继遗嘱是被继承人对遗产分割方法的指定。在法律效果上,配偶若拒绝接受特定财产承继遗嘱中关于配偶居住权的安排,则意味着放弃继承。所以,允许被继承人仅就配偶居住权作出特定财产承继遗嘱,实际上反而对配偶不利。至于被继承人的遗嘱内容究竟是普通遗赠,还是特定财产承继遗赠,是意思表示解释的问题[大村敦志=窪田充見编『解説民法(相続法)改正のポイント』(有斐閣,2019年)43頁参照]。

1. 共同继承人之间的合意(第 1 项)

本条第 1 项处理的情况是,全体继承人对设立配偶居住权无异议,但是对居住建筑物之外的遗产分割未达成一致。既然其他继承人无异议,那么法院可以裁定配偶取得居住权。

2. 配偶希望取得且有必要性(第 2 项)

依本条第 2 项的规定,即使居住建筑物所有人反对,法院也可以裁定配偶取得配偶居住权。关于"维持配偶生活的特别必要"的判断,存在两种可能的解释:一种认为,除了"居住"要件外不需要其他要件;另一种则认为,居住权的主要目的是保障高龄配偶的居住利益,避免搬家引起的身心负担,因此,在"居住"要件之外,尚需参考配偶的年龄、婚姻存续期间等因素。[1]

(三)配偶居住权的存续期间(新法第 1030 条)

> **新法第 1030 条**
>
> 配偶居住权的存续期间,为配偶的终身。但是,遗产分割协议或遗嘱中另有规定,或家事法院于遗产分割裁定中另有规定的,依其规定。

本条系新增,规定了配偶居住权的存续期间。

依本条本文的规定,无论配偶居住权的取得原因是遗嘱还是遗产分割协议,都推定配偶居住权存续期间为配偶的终身。

法制审议会曾经考虑过就配偶居住权的不同取得原因——遗嘱还是遗产分割协议而规定不同的存续期间,毕竟两者背后有不同的利益状态。这样,在因遗嘱取得配偶居住权的情形下,被继承人虽然未明定居住权的存续期间,但通常有让配偶依其自身意愿使用建筑物的意图,而且法律上推定被继承人有归扣豁免的意思表示(新法第 1028 条第 3 款),终身期间的居住权的估值再大也不会给配偶造成难以预计的负担,因此有必要设置终身期间推定规则。反之,在因遗产分割协议而取得配偶居住权的情形下,配偶居住权的价值将计入配偶可取得的继承份额之中,如果设定为终身期间,那么配偶只能取得较少的流动资产,对配偶未必有利,因此不设置期间推定规则。不过,在审议的后期,考虑到现实中难以

---

〔1〕 潮見佳男『民法(相続関係)改正法の概要』(きんざい,2019 年)65 – 66 頁参照。

认定遗产分割协议对居住权存续期间有默示的合意,若因此使配偶居住权归于无效,将对配偶极其不利,最终新法对于上述两种情况都推定存续期间为配偶终身。[1]

(四)配偶居住权的登记(新法第1031条)

> **新法第1031条**
>
> (一)居住建筑物的所有权人,对配偶(仅限已取得配偶居住权的配偶。以下于本节同)负有使其具备配偶居住权设定登记的义务。
>
> (二)第六百零五条的规定准用于配偶居住权;第六百零五条之四的规定准用于已具备配偶居住权设定登记的情形。

本条系新增,规定了配偶居住权的登记。

1. 登记请求权(第1款)

配偶居住权的法律地位仅为债权,故本条第1款赋予配偶以登记请求权,使配偶居住权经由本条第2款对不动产承租权的准用,取得对抗第三人的效力。

这里需要注意的是,本条并未赋予配偶单独向不动产登记机关申请登记的权利,只是规定了居住建筑物所有权人的设定登记的义务。配偶居住权的登记仍然需要双方的共同申请。这与日本法关于不动产权利登记的共同申请原则相一致(《不动产登记法》第60条)。当所有权人不履行登记义务时,若配偶居住权系依据遗产分割裁定而设立的,则该裁定可视为义务人申请登记的意思表示(拟制),从而使配偶可以持该裁定单独申请登记。[2]

2. 准用不动产租赁权的相关规定(第2款)

本条第2款规定,配偶居住权经登记可以准用关于不动产承租权的对抗效力的规定(新法第605条),对抗包括买受人、抵押权人、继承人的债权人等在内的第三人。另外,已登记的配偶居住权也可以准用排除妨害请求权等规定(新法第605条之4),要求第三人停止妨害或返还不动产的占有。

---

〔1〕『法制審議会民法(相続関係)部会第22回会議議事録』(2015.5.19)2頁(倉重関係官発言)参照。

〔2〕潮見佳男『民法(相続関係)改正法の概要』(きんざい,2019年)70頁参照。

（五）配偶对居住建筑物的使用及收益（新法第1032条）

> **新法第1032条**
>
> （一）配偶应按照从前的使用方法，以善良管理人的注意对居住建筑物进行使用及收益。但是，对于从前未供其居住的部分，不妨碍以之供其居住。
>
> （二）配偶居住权不得让与。
>
> （三）配偶非经居住建筑物的所有权人的承诺，不得改建、扩建居住建筑物，或者允许第三人使用或收益居住建筑物。
>
> （四）配偶违反第一款或前款规定的情形，居住建筑物的所有权人设定适当期间而催告其复原而于该期间内未复原的，居住建筑物的所有权人可以通过对该配偶的意思表示而使配偶居住权消灭。

本条系新增，规定了配偶对居住建筑物的使用及收益的方法。

1. 善良管理人的注意义务（第1款）

本条第1款明确规定，配偶对居住建筑物的利用不得超出原先利用方式的范围（用法遵从义务）。本款但书也设置了例外。即使居住建筑物的一部分在继承开始之前并非用于居住（如用于出租或经营店铺），配偶在“居住目的”的范围之内，仍然可以对这些部分进行利用，无须所有权人的同意。因为配偶居住权的效力范围本来就及于居住建筑物的整体。

2. 转让禁止（第2款）

配偶居住权不得转让的原因在于，配偶居住权旨在保障配偶本人的长期居住环境，与其身份上的地位紧密相连，如果承认该权利可转让，则与制度目的不相符。此外，配偶居住权会因配偶死亡而消灭，因此对权利受让人而言，也存在权利存续方面的不安。

不可否认的是，现实中会出现配偶无法长期居住，中途不得不搬出居住建筑物的情况。此时，客观上有必要在一定条件下允许配偶对外转让居住权以回收居住权价值，筹措资金。但是，这一构想最终未能明文化。法制审议会认为，在转让配偶居住权的方法之外，还有其他方法回收居住权的价值，如由建筑物所有人购买或者经所有权人同意出租给第三人。[1]

3. 第三人的使用或收益(第3款)

由于配偶的权限仅限于使用及收益,所以即使出于居住目的,也不得对居住建筑物进行改建、扩建或者出租给第三人,除非事先经建筑物所有权人的同意。

4. 所有权人的消灭请求权(第4款)

本条第4款规定,所有权人的居住权消灭请求以事先"催告"为前提。这是因为配偶居住权在实质上是配偶以扣除自己相应的继承份额为条件而取得的权利,在利益结构上和预付租金的租赁相似,因此与租赁的解除一样,原则上需要事先的催告。同样,在催告无意义的情形(如居住权人违反用法遵守义务造成建筑物损毁或对建筑物实施了改造),也允许所有权人实施无催告解除。

(六)居住建筑物的修缮(新法第1033条)

新法第1033条

(一)配偶为使用及收益居住建筑物可以为必要的修缮。

(二)居住建筑物的修缮为必要的情形下,配偶于适当期间内未为必要修缮的,居住建筑物的所有权人可以修缮。

(三)居住建筑物需要修缮的(除依第一款的规定由配偶自己修缮的情形外),或就居住建筑物有主张权利的人的,配偶应及时向居住建筑物所有权人通知此事。但是,居住建筑物所有权人已经知道的,不在此限。

本条系新增,规定了居住建筑物的修缮。依本条的规定,配偶享有第一次修缮权(第1款);在配偶未实施必要修缮时,所有权人享有第二次修缮权(第2款);在居住建筑物需要所有权人修缮,或者就居住建筑物有主张权利的人时,和租赁合同中的承租人一样,配偶向所有权人负有通知义务(第3款)。配偶未履行通知义务本身并不发生任何法律效果。只不过,若因配偶未履行通知义务而致所有权人未能及时实施修缮,进而导致修缮费用增加的,所有权人可以请求

[1] 民法(相続関係)部会資料26-2,2頁参照。

损害赔偿。[1]

(七)居住建筑物的费用的负担(新法第1034条)

> **新法第1034条**
>
> (一)配偶负担居住建筑物的通常必要费用。
>
> (二)第五百八十三条第二款的规定,准用于前款规定的通常必要费用以外的费用。

本条系新增,规定了居住建筑物的费用负担方式。

本条第1款规定,因居住建筑物产生的通常必要费用由配偶负担,如因日常修缮而支出的费用,或建筑物的固定资产税。[2]

本条第2款中的"通常必要费用以外的费用",主要是指配偶为建筑物支出的有益费用与特别费用。关于前者,在增加价值尚存的情形下,配偶可以请求所有权人选择返还自己支出的费用或者偿还增加的价额。[3] 关于后者,如因自然灾害造成的毁损而支出的修缮费用,也由建筑物所有权人负担。

(八)居住建筑物的返还(新法第1035条)

> **新法第1035条**
>
> (一)配偶居住权消灭的,配偶应返还居住建筑物。但是,配偶就居住建筑物持有共有份额的情形下,居住建筑物的所有权人不得以配偶居住权已消灭为由,要求返还居住建筑物。
>
> (二)第五百九十九条第一款及第二款以及第六百二十一条的规定,准用于配偶依前款本文的规定返还继承开始后有附属物或继承开始后发生损伤的居住建筑物的情形。

本条系新增,规定了居住建筑物的返还。

---

〔1〕『法制審議会民法(相続関係)部会第23回会議議事録』(2017.7.18)31頁(堂薗幹一郎発言)参照。

〔2〕固定资产税的纳税义务人为建筑物所有人,但是在内部关系上由居住权人(配偶)负担。中込一洋『実務解説改正相続法』(弘文堂,2019年)125頁参照。

〔3〕民法(相続関係)部会資料15,8頁参照。

依本条第 1 款的规定,配偶居住权消灭时,配偶负有返还义务(本文);若配偶就居住建筑物享有共有份额的,则基于其共有份额可以继续享受使用收益的权能,无须返还居住建筑物(但书)。

依本条第 2 款的准用规定,配偶在应返还居住建筑物之际,有权且有义务收回继承开始后附属于居住建筑物的物;配偶对于继承开始后的居住建筑物的损伤负有原状恢复义务,不过,因通常使用或经年损耗而发生的损伤不在此限。

(九)使用借贷及消费借贷规定的准用(新法第 1036 条)

> **新法第 1036 条**
>
> 第五百九十七条第一款及第三款、第六百条、第六百一十三条以及第六百一十六条之二的规定,准用于配偶居住权。

本条系新增,规定了关于配偶居住权可以准用使用借贷及消费借贷的规定。(1)准用第 597 条第 1 款及第 3 款的规定,意味着配偶居住权因期间届满和配偶死亡而消灭。(2)准用新法第 600 条的规定,意味着对于配偶因违反用法遵守义务造成的损害以及配偶为居住建筑物支出的费用,必须在所有权人受领返还后 1 年内请求赔偿或偿还。(3)准用新法第 613 条的规定,意味着从配偶处承租建筑物的第三人,可以在配偶对所有权人所负债务的范围内,对所有人直接履行义务。由于配偶实际上并不对所有权人负担债务,所以此处实际上只能解释为第三人对建筑物造成毁损时,将直接对所有权人负损害赔偿义务。(4)准用新法第 613 条之 2,意味着居住建筑物全部灭失或不能使用收益时,配偶居住权随之消灭。

二、配偶短期居住权(新法第 1037 ~ 1041 条)

配偶短期居住权也是此次继承法改革中的新设制度(新法第 1037 ~ 1041 条)。依据该项制度,被继承人的配偶有权在继承开始后至少 6 个月内,无偿居住在被继承人生前的房屋内,不至于继承一开始就立即失去居所。配偶短期居住权与配偶居住权的区别在于其成立的法定性以及权利内容中不包括“收益”。

配偶短期居住权的设立参考了之前的判例法理。依据判例,在被继承人生前有继承人与其共同居住的,则自被继承人死亡时起,该继承人可以继续居住在属于遗产的该建筑物中，直至遗产分割完成。[1] 该判决有以下两个特征：第一，在法律构成上推定被继承人和共同居住继承人之间有“默示的使用借贷关系”，从而实现对继承人居住利益的保护；第二，适用的主体范围不限于被继承人的配偶，比配偶短期居住权的保护范围更宽。

不过，该判例法理的局限也是显而易见的。若采用意思表示推定的构成方式，那么在被继承人有相反的意思表示时（如将居住建筑物遗赠给第三人），共同居住的继承人的居住利益便无法得以保障。考虑到判例法理对居住利益的保护有不确定性，立法创设了配偶短期居住权，明确配偶在短期内可以继续居住，无须借助意思表示的推定。

（一）配偶短期居住权（新法第1037条）

新法第1037条

（一）配偶于继承开始时无偿居住于属于被继承人财产的建筑物的情形下，按照下列各项所列的区分，分别于各项规定的时点前，对依继承或遗赠取得配偶所居住的建筑物（以下于本节称“居住建筑物”）所有权的人（以下于本节称“居住建筑物取得人”），享有无偿使用居住建筑物的权利（仅无偿使用了居住建筑物的部分的情形，就该部分无偿使用的权利。以下于本节称“配偶短期居住权”）。但是，配偶于继承开始时已就居住建筑物取得配偶居住权的，或者因该当第八百九十一条的规定或因废除而丧失继承权的，不在此限。

1.就居住建筑物，含配偶在内的共同继承人之间可以作出遗产分割的情形：依遗产分割而确定居住建筑物的归属之日或自继承开始时起经过六个月之日，两者中较迟者；

2.前项所列情形以外的情形：自第三款的申请日起经过六个月之日。

（二）于前款本文的情形，居住建筑物取得人不得以向第三人让与居住建筑物或其他方法妨碍配偶使用居住建筑物。

[1] 最高裁判所1996年12月17日判决，最高裁判所民事判例集50卷10号2778頁。

> （三）居住建筑物的取得人，除第一款第一项所列的情形外，可以随时申请消灭配偶短期居住权。

本条系新增，规定了配偶短期居住权的成立要件、权利内容及其消灭。

本条第1款规定了配偶短期居住权的成立要件，即“配偶于继承开始时无偿居住于属于被继承人财产的建筑物”。具体而言，（1）配偶短期居住权的主体仅限于“配偶”，不包括事实婚配偶。（2）作为“被继承人财产的建筑物”，不仅包括被继承人享有所有权的建筑物，还包括持有共有份额的建筑物，但不能是租赁的建筑物。（3）继承开始时须“无偿”居住。若配偶与被继承人之间有租赁合同，那么在被继承人死后也将对建筑物享有占有权原，没有保护其短期居住利益的必要。（4）“居住”意味着配偶将该建筑物作为生活的中心。不过，继承开始时配偶暂时外出或者住院，并不影响“居住”的认定。

同时，第1款但书从反面规定了配偶短期居住权的消极要件，即配偶在继承开始时已取得配偶居住权的，或欠缺继承资格的，或被废除继承权的，将不能取得短期居住权。但书并不否定放弃继承的配偶可以取得短期居住权。这是考虑到夫妻之间负有相互扶助的义务，作为婚姻关系解消的余后效力，不一定以配偶享有继承权为必要。〔1〕 此外，关于配偶短期居住权的成立范围，如果配偶于继承开始时仅无偿使用建筑物的一部分，那么成立范围仅限于该部分（第1款本文括号内容）。这是考虑到短期居住权只是为了保障短时期内的配偶的居住利益，所以配偶只能以与之前相同的形态进行居住，而不能获取更多的利益。〔2〕

依存续期间的不同，配偶短期居住权可以分为两类。一类是基于（包括配偶在内的）共同继承人之间的遗产分割而成立的情形（第1款第1项），其存续期间为依遗产分割而确定建筑物归属之日与继承开始后6个月这两个时点中更晚的时点。另一类是配偶不参与遗产分割而取得的情形（第1款第2项），其存续期间为居住建筑物的取得人提出消灭短期居住权的意思表示之日起6个月。依本条第3款的规定，因继承或遗赠而取得建筑物所有权的人可以随时提出消

---

〔1〕 最高裁判所1996年12月17日判決，最高裁判所民事判例集50巻10号2778頁。

〔2〕 民法（相続関係）部会資料15，3頁参照。

灭短期居住权。需要注意的是,以上两类短期配偶居住权在理论上均无存续期间的上限,不排除其实际上长期存在的可能性。

(二)配偶对居住建筑物的使用(新法第1038条)

> **新法第1038条**
>
> (一)配偶(仅限享有配偶短期居住权的配偶。以下于本节同)应按照从前的使用方法,以善良管理人的注意,使用居住建筑物。
>
> (二)配偶非经居住建筑物取得人的承诺,不得令第三人使用居住建筑物。
>
> (三)配偶违反前两款的规定的,居住建筑物取得人可以通过向该配偶作出意思表示,消灭配偶短期居住权。

本条系新增,规定了配偶就短期居住权所负的用法遵守义务。本条第1款强调配偶“应当按照从前的使用方法”使用居住建筑物。这与使用借贷的规则相同(第594条第1款)。本条第2款明确规定,未经建筑物所有权人的同意,配偶不得将居住建筑物给第三人使用。这也与使用借贷的规则相同(第594条第2款)。当然,如果出现某亲属为了照顾配偶而与配偶同居的情形,则该亲属不在本款的禁止之列。本条第3款规定,配偶违反用法遵守义务时,居住建筑物的所有人可以行使消灭请求权,使配偶短期居住权消灭。

(三)因取得配偶居住权而消灭配偶短期居住权(新法第1039条)

> **新法第1039条**
>
> 配偶取得了有关居住建筑物的配偶居住权的,配偶短期居住权消灭。

本条系新增,规定当配偶取得配偶居住权时,配偶短期居住权因被更强力的权利所替代而消灭。[1]

---

〔1〕 民法(相続関係)部会資料22-2,2頁参照。

(四)居住建筑物的返还等(新法第 1040 条)

> **新法第 1040 条**
>
> (一)除前条规定的情形外,配偶短期居住权消灭的,配偶应返还居住建筑物。但是,配偶就居住建筑物持有共有份额的情形下,居住建筑物取得人不得以配偶短期居住权已消灭为由,要求返还居住建筑物。
>
> (二)第五百九十九条第一款及第二款以及第六百二十一条的规定,准用于配偶依前款本文的规定返还继承开始后有附属物或继承开始后发生损伤的居住建筑物的情形。

本条系新增,规定了居住建筑物的返还等。

本条第 1 款规定了短期居住权消灭后配偶返还居住建筑物的义务。在以下例外情形,配偶无须返还居住建筑物:(1)配偶取得居住权的情形(前条的规定);(2)配偶享有“共有份额”的情形(本条但书)。

本条第 2 款规定,继承开始后居住建筑物上有附属物的情形,准用使用借贷的终止后的借用人的收去义务和收去权的规定(新法第 599 条第 1 款和第 2 款);继承开始后居住建筑物发生损伤的情形,准用承租人的原状恢复义务的规定(新法第 621 条)。

(五)准用使用借贷等的规定(新法第 1041 条)

> **新法第 1041 条**
>
> 第五百九十七条第三款、第六百条、第六百一十六条之二、第一千零三十二条第二款、第一千零三十三条及第一千零三十四条的规定,准用于配偶短期居住权。

本条通过对使用借贷合同规定的准用,以及对配偶长期居住权规定的准用,就居住建筑物的修缮、费用负担等事项作了规定。

第五节　特留份

特留份,是指在被继承人的财产中,依法预留给特定继承人的遗产份额。就这部分遗产份额,被继承人不得通过遗赠、赠与等方式侵害。

在明治民法中,特留份的制度目的是防止家产外流,在功能上和当时的家督继承制相配合,为单独继承家督的长子确保支撑家业的财产。但是到了战后,家督继承制度被废止。特留份制度的存在意义颇受质疑。对此,我妻荣指出,特留份制度至少有两方面的功能不容否认:一方面,作为私人所有权的功能的延伸,特留份制度为依存于被继承人的财产而生活的人保留了必要的生活财产;另一方面,由于各个继承人可能以各种形式为被继承人的财产形成和维持做出过贡献,所以特留份制度还发挥着清算潜在共有份额的功能。[1]

包括我妻荣的学说在内,传统理论重视的是特留份制度"将特定财产份额留给继承人"的层面,关注的是继承人和非继承人之间冲突。然而自 20 世纪 90 年代起,新的继承法理论开始重视特留份制度"将特定财产份额留给特定继承人"的层面,视角开始转向继承人的内部冲突。铃木禄弥认为,特留份制度具有确保共同继承人之间的公平的功能。[2] 从宪法的平等权的角度来看,特留份制度至少保证了继承人之间的"最低限度的公平性",使遗嘱不至于沦为歧视女性继承人、非婚生子女的工具。[3] 在此次继承法改革中,关于特留份制度的存续不再有疑问,变动之处主要在于其法律构成,即特留份请求权行使的效果。

新法对于特留份制度的最大修改,在于否定了特留份请求权的物权效力,而改用金钱债权效力(新法第 1046 条 1 款)。依传统判例和通说,特留份权利人可以对受遗赠人或受赠人作出"扣减"的意思表示,使遗赠或赠与在扣减的范围内失其效力,继而使遗产复归于遗产(物权效力)。基于特留份扣减请求权的物权效力,特留份权利人会与受遗赠人或受赠人就遗赠或赠与的标的形成共有关系。[4] 在遗赠标的物为不动产时,受遗赠人原则上须返还原物或者进行共有物的分割,例外地允许通过支付相当于原物的价额而免于返还(旧法第 1041 条)。然而,这种物权效力的制度设计早已失去了其历史形成的依据,而且在现实中不

---

〔1〕 我妻栄=有泉亨『民法Ⅲ親族法・相続法』(一粒社,1963 年)438 頁参照。

〔2〕 鈴木禄弥『相続法講義〔改訂版〕』(創文社,1996 年)296 頁参照。

〔3〕 青竹美佳「遺留分制度の機能と基礎原理——ドイツにおける遺留分権論の憲法論的基礎付けによる新展開(2・完)」法学論叢 115 巻 3 号(2004)37 頁。

〔4〕 最高裁判所 1976 年 8 月 30 日判决,最高裁判所民事判例集 30 巻 7 号 768 頁;最高裁判所 1982 年 3 月 4 日判决,最高裁判所民事判例集 36 巻 3 号 241 頁。

断产生问题。一方面,明治立法之所以将特留份权利设计为物权效力,是因为战前日本的继承以长子的家督继承为主,物权效力有助于家产的维持,而战后的继承以共同继承为常态,而且特留份制度更多以保障家庭成员的基本生活为目的,只要确保权利价值的实现即可。[1] 另一方面,物权效力所引发的共有状态并不利于物的使用收益,当对象财产为公司股权时,特留份扣减请求权的行使会使股权陷入共有状态,导致公司经营陷入僵局;当对象财产为住宅时,被赠与住宅的被继承人的配偶将与特留份权利人形成复杂的共有关系,给权利行使平添不便。[2]

如上所述,特留份扣减请求权的物权效力饱受诟病,在此次改革中被改为金钱债权效力(新法第 1046 条 1 款)。相应地,由于旧法中的"扣减"一词即带有使赠与或遗赠部分无效的含义,所以随着特留份权的债权效力化,"扣减"一词今后将不再使用。[3] 基于相同的原因,除了旧法第 1031 条接受了根本性的修改之外(新法第 1046 条 1 款),旧法第 1032 条、第 1036 条、第 1040 条、第 1041 条同时被废止。

一、特留份的归属及其比例(新法第 1042 条)

新法第 1042 条

(一)兄弟姐妹以外之继承人,作为特留份,受取次条第一款规定的用于算定特留份的财产价额,按下列各项所列的区分,分别乘以各项规定的比例所得的价额。

1. 仅有直系尊亲属为继承人的情形:三分之一;

2. 前项所列情形以外的情形:二分之一。

(二)继承人有数人的情形下,前款各项规定的比例,为该比例乘以依第九百条及第九百零一条规定算定的各自继承份额所得出的比例。

---

〔1〕 高木多喜男『遺留分制度の研究』(成文堂,1981 年)118 – 127 頁参照。

〔2〕 法務省民事局参事官室編『民法(相続関係)等の改正に関する中間試案の補足説明』(法制審議会民法(相続関係)部会第 13 回会議資料)55 頁参照。

〔3〕 『法制審議会民法(相続関係)部会第 23 回会議議事録』(2017. 7. 18)46 頁(堂薗幹一郎発言)参照。

旧法第 1028 条

兄弟姐妹以外的继承人，作为特留份，按下列各项所列的区分，分别受取各项规定的比例的相当价额。

1. 仅有直系尊亲属为继承人的情形：被继承人财产的三分之一；

2. 前项所列情形以外的情形：被继承人财产的二分之一。

本条规定了继承人的特留份。新法对旧法第 1028 条作了表述上的修改，并新增了第 2 款。

1. 总体特留份（第 1 款）

本条第 1 款规定了享有特留份权的继承人对遗产整体所享有的总体特留份。本条维持了旧法第 1028 条的基本内容，在表述上作了以下两处改动：（1）增加了"次条第一款规定的用于算定特留份的财产价额"；（2）从各项中删去"被继承人财产的"。这两处改动与后述的特留份的财产价额的计算方法相衔接。

2. 个别特留份（第 2 款）

本条第 2 款系新增，旨在明确继承人的个别特留份的比例与法定继承份额的对应关系。该关系并不因本款的新增而发生实质变化。在改革之前，关于法定继承份额的规定（第 900 条、第 901 条）即经由旧民法第 1044 条准用于特留份。据此，继承人的个别特留份额的计算方式如下：

个别特留份额 = 用于计算特留份的财产价额（新法第 1043 条第 1 款）× 总体特留份率（新法第 1042 条第 1 款各项比例）× 个别特留份率（新法第 1042 条第 2 款规定的法定继承份额）。

二、用于算定特留份的财产价额（新法第 1043 条）

新法第 1043 条

（一）用于算定特留份的财产价额，为被继承人于继承开始时所有财产的价额加上其已赠与的财产的价额，并从中扣除债务的全额之后的价额。

（二）附条件的权利或存续期间不确定的权利，依家事法院选任的鉴定人的评估而决定其价格。
旧法第 1029 条 （一）特留份，将被继承人于继承开始时所有财产的价额加上其已赠与的财产的价额，并从中扣除债务的全额而算定。 （二）附条件的权利或存续期间不确定的权利，依家事法院选任的鉴定人的评估而决定其价格。

本条至第 1045 条是关于特留份财产价额计算的规范群。本条规定了用于算定特留份的财产价额。

本条第 1 款维持了旧法第 1029 条第 1 款的基本内容，同时修改了原标题，将“特留份的算定”改为“用于算定特留份的基础财产”。用于算定特留份的财产价额，为继承开始时的财产价额加上被继承人的生前赠与，并扣除其债务全额之后的余额。其计算公式如下：

用于算定特留份的财产价额 = 继承开始时被继承人所有的财产价额 + 被继承人的生前赠与（新法第 1044 条、第 1045 条）- 继承债务的全额。

本条第 2 款维持了旧法 1029 条第 2 款的内容。同时，与本款相关的旧法 1032 条被废止（参见下文关于旧法第 1032 条的解说）。

三、继承开始前所作的赠与（新法第 1044 条）

新法第 1044 条 （一）赠与，以继承开始前一年内作出者为限，算入前条规定的价额。当事人双方明知有损于特留份权利人而作出的赠与，即使为一年前作出者，亦同。 （二）第九百零四条的规定，准用于前款规定的赠与的价额。 （三）第一款的规定适用于对继承人的赠与时，同款中的“一年”更换为“十年”，“价额”更换为“价额（限于因婚姻、收养或作为生计的资本所受赠与的价额）”。

旧法第1030条

赠与,以继承开始前一年内作出者为限,算入前条规定的价额。当事人双方明知有损于特留份权利人而作出的赠与,即便为一年前作出者,亦同。

本条规定了生前赠与的加算,与前条密切相关。新法在维持旧法第1030条的基础上新增了第2款和第3款。

1. 生前赠与的加算(第1款)

本条第1款对旧法第1030条未作改动。不过,由于本条第3款新增,所以受赠人为继承人时,不再适用本款的规定。

2. 第904条的准用(第2款)

本条第2款规定,第904条准用生前赠与财产价额的算定,即赠与发生后,赠与物因受赠人的行为而灭失或者价格波动时,不考虑受赠人行为的影响,而是以赠与物在继承开始时本应处的状态作为评价基准。

3. 对继承人为赠与的特则(第3款)

本条第3款规定了受赠人为继承人的情形,系第1款的特则。本款与第1款的区别体现在以下方面:第一,在赠与的发生时间上,对继承人的赠与只要在继承开始之前10年内作出,均须算入新法第1043条的财产价额。在设定期间限制这一点上,本款构成对判例的变更。[1] 根据此前的判例,继承人接受生前赠与只要构成特别受益的,不问赠与发生时间有多遥远,赠与价额均须算入用于算定特留份的财产中。这一立场会给特留份义务人造成意料之外的损害,有损于法律的安定性。在审议过程中,中间试案提出的方案为5年的期间限定。之后有意见认为5年期间过短,不足以实现继承人之间的分配公平,所以最终定为10年的期间限定。[2] 第二,对继承人的生前赠与构成加算对象的前提是,构成第903条第1款规定的特别受益,即括号中的"因婚姻、收养或作为生计的资本所受赠与"。这里的问题是,如果继承人的接受赠与发生在继承开始之前1年内,但又不构成特别受益的,能否重返第1款,将赠与数额加算其中?对此,存在

〔1〕 最高裁判所1998年3月24日判决,最高裁判所民事判例集52卷2号433頁。

〔2〕 民法(相続関係)部会資料16,13-14頁参照。

限定说（继承开始之前1年内的赠与也应限于特别受益）和非限定说（继承开始之前1年内的赠与不应该限于特别受益）两种立场，但没有定论，留待未来的解释。[1]

四、赠与或遗赠附条件权利时的部分扣减（旧法第1032条废止）

> **旧法第1032条**
>
> 以附条件的权利或存续期间不确定的权利为赠与或遗赠标的的情形下，该赠与或遗赠的部分应予扣减的，特留份权利人应按照依第一千零二十九条第二款的规定所确定的价格，立即向受赠人或受遗赠人给付剩余部分的价额。

本条规定了被继承人赠与或遗赠附条件的权利或存续期间不确定的权利时的扣减问题。具体方式为，先扣减赠与或遗赠的“全部价值”，然后向受赠人或受遗赠人返还鉴定人的评估价值与应扣减价值之间的差额。不过，此次改革之后，特留份请求权的行使效果已从物权效力变为金钱债权效力，因此，以“全部价值”的扣减为前提的本条规定即失去存在意义，故被废止。

五、受赠人返还孳息（旧法第1036条废止）

> **旧法第1036条**
>
> 受赠人，除应返还的财产外，还应返还请求扣减之日以后的孳息。

作为特留份扣减请求权的效果，本条规定了受赠人返还孳息的义务。但是，在新法中特留份请求权不再具有物权效力，因此关于孳息的规定也失去存在意义，故被废止。

---

〔1〕 潮見佳男『民法（相続関係）改正法の概要』（きんざい，2019年）111頁参照。

六、受赠人已让与赠与标的的情形等(旧法第 1040 条废止)

> **旧法第 1040 条**
>
> (一)应受扣减的受赠人已将赠与标的让与他人的,应向特留份权利人偿还其价额。但是,受让人于让与时明知有损于特留份权利人的,特留份权利人亦可向其请求扣减。
>
> (二)前款的规定,准用于受赠人就赠与标的设定权利的情形。

本条规定了受赠人已让与受赠财产或者在受赠财产上设定了权利的情形中特留份请求权的效力。在新法中,特留份请求权不再具有物权效力,因此,关于将赠与标的转让他人或设定权利的规定即失去存在意义,故被废止。

七、对特留份权利人偿还价额(旧法第 1041 条废止)

> **旧法第 1041 条**
>
> (一)受赠人及受遗赠人,于应受扣减的限度内,可以向特留份权利人偿还赠与或遗赠标的的价额,从而免去返还义务
>
> (二)前款的规定,准用于前条第一款但书的情形。

本条规定了受赠人及受遗赠人可以通过价额补偿而免去返还义务。但是,随着特留份请求权的效果从物权效力改为金钱债权效力,这一规定已无重复存在的必要,故被删除。

八、附负担赠与及不相当对价的有偿行为(新法第 1045 条)

> **新法第 1045 条**
>
> (一)附负担赠与的情形中,<u>第一千零四十三条第一款规定的赠与的财产价额,为从标的价额中扣除负担价额之后的余额</u>。
>
> (二)以不合理的对价作出的有偿行为,仅限双方当事人明知有损于特留份权利人而作出者,<u>视为以该对价为负担价额的附负担赠与</u>。

> **旧法第 1038 条**
>
> 关于附负担的赠与,可以就从标的价额中扣除负担价额的余额请求扣减。
>
> **旧法第 1039 条**
>
> 以不合理的对价作出的有偿行为,仅限双方当事人明知有损于特留份权利人而作出者,视为赠与。于此情形下,特留份权利人请求扣减的,应偿还其对价。

本条规定了被继承人作出附负担的赠与以及不合理低价的有偿行为时的特留份权利问题。本条第 1 款和第 2 款分别对应旧法第 1038 条和第 1039 条的规定内容,并对这两条作了实质性的修改。

1. 附负担的赠与(第 1 款)

关于附负担的赠与,旧法第 1038 条规定了扣减请求权的对象,即标的价额中扣除负担价额的余额。但是,在将赠与价额计入算定特留份的基础财产时,究竟仅计入从赠与价额中扣除负担价额的余额(部分算入说),还是计入全部赠与价额(全部算入说),存在争议。对此,新法明确采用部分算入说。原因在于,若采用全部算入说,可能会出现受赠与的继承人反而比未获赠与的继承人取得的遗产更少的情况。[1]

2. 对价不合理的有偿行为(第 2 款)

依照旧法第 1039 条的规定,对价不合理的有偿行为视为赠与;其全部价额计入算定特留份的基础财产,并成为扣减对象,只不过特留份权利人须偿还对价。对此,法制审议会的立场是,没有必要允许特留份权利人超过本来可以行使权利的价额主张扣减;尤其是就特留份请求权采金钱债权效力说的场合,先请求赠与财产的全部价额之后再偿还对价的构造欠缺合理性。[2] 故新法直接按照附负担的赠与处理,即将特留份请求权的对象限定为标的价额中扣除负担价额的余额。

---

〔1〕 民法(相続関係)部会資料 16,15 – 17 頁参照。

〔2〕 法務省民事局参事官室編『民法(相続関係)等の改正に関する中間試案の補足説明』(法制審議会民法(相続関係)部会第 13 回会議資料)78 – 79 頁。

九、特留份侵害额的请求(新法第1046条)

新法第1046条 (一)特留份权利人及其承继人,可以向受遗赠人(包括依特定财产承继遗嘱承继财产或受继承份额指定的继承人。以下于本章同)或受赠人请求支付相当于特留份侵害额的金钱。 (二)特留份侵害额,从第一千零四十二条规定的特留份中扣除第一项及第二项所列的价额,并加算第三项所列的价额而算定。 1.特留份权利人所受遗赠或第九百零三条第一款规定的赠与的价额; 2.按照依第九百条至第九百零二条、第九百零三条及第九百零四条的规定而算定的继承份额,应由特留份权利人取得的遗产价额; 3.被继承人于继承开始时所负债务中,依第八百九十九条的规定由特留份权利人承继的债务(于次条第三款称“特留份权利人承继债务”)的价额。
旧法第1031条 特留份权利人及其承继人,于保全特留份的必要限度内,可以请求扣减遗赠及前条规定的赠与。

本条规定了特留份权的效力及特留份侵害额的计算。新法对旧法第1031条作了根本性的修改。

1.相当于特留份侵害额的金钱债权(第1款)

在此次改革之前,特留份扣减请求权具有物权效力,并以原物返还为原则,而新法中的特留份权经行使后只产生相当于特留份侵害额的金钱债权。不过,特留份权自身的形成权性质并未改变,本条第1款的请求权的行使会直接产生金钱债权。[1] 该金钱债权是特留份权利人对特留份侵害人享有的个别权利,并

〔1〕 法務省民事局参事官室編『中間試案後に追加された民法(相続関係)等の改正に関する試案(追加試案)の補足説明』(法制審議会民法(相続関係)部会第23回会議資料)60頁参照。

不指向继承财产。新法在条文中明确指出,特留份权的相对人是“受遗赠人”和“受赠人”。新增的括号内容明确“受遗赠人”包括依特定财产承继遗嘱承继财产或受继承份额指定的继承人。这是对改革前的判例法理的确认。[1]

2. 特留份侵害额的计算(第2款)

本条第2款是计算个别特留份侵害额的完整公式,是对司法实务中的计算方式的明文化。[2] 计算方式如下:

(e)特留份侵害额 = (a)依第1042条算出的特留份权利人的个别特留份 - (b)特留份权利人所获遗赠及构成特别受益的赠与的价额(第2款第1项) - (c)特留份权利人根据继承份额应取得的遗产价额(第2款第2项) + (d)特留份权利人承继债务的数额(第2款第3项)

以下举例加以说明。[3] 例如,被继承人甲共有遗产4500万元,并有债务1000万元,生前留有遗言“将遗产中的4000万元赠与乙”。继承人有妻子丙与儿子丁两人,其中妻子丙在甲死亡半年之前,从甲处接受了500万元的生前赠与(构成特别受益)。这里,丙与丁可以向乙请求的特留份侵害额是多少?

(a)根据第1042条的规定,丙与丁的个别特留份如下:

丙(4500 + 500 - 1000) × 1/2 × 1/2 = 1000

丁(4500 + 500 - 1000) × 1/2 × 1/2 = 1000

(b)构成特别受益的赠与价额如下:

丙 500　　丁 0

(c)丙与丁双方的法定继承份额比例如下:

丙(4500 + 500) × 1/2 - 500 = 2000

丁(4500 + 500) × 1/2 = 2500

丙 : 丁 = 2000 : 2500

剩余可分割遗产500万元按上述比例在丙和丁之间分配的结果如下:

丙 222　　丁 278

---

〔1〕 最高裁判所1991年4月19日判决,最高裁判所民事判例集45卷4号447頁(依特定财产承继遗嘱承继财产);最高裁判所2012年1月26日决定,家庭裁判月報64卷7号100頁(受继承份额指定)。

〔2〕 最高裁判所1996年11月26日判决,最高裁判所民事判例集50卷50号2747頁;最高裁判所2009年3月24日判决,最高裁判所民事判例集63卷3号427頁。

〔3〕 潮見佳男『詳解相続法』(弘文堂,2018年)549頁以下参照。

(d)丙与丁双方按照法定继承份额比例分配继承债务,结果如下:

丙　500　　　　　　丁　　　500

(e)丙与丁各自可向乙主张的特留份侵害额如下:

丙 1000 − 500 − 222 + 500 = 778

丁 1000 − 0 − 278 + 500 = 1778

十、受遗赠人或受赠人的负担额(新法第1047条)

新法第1047条

(一)受遗赠人或受赠人,按照下列各项的规定,以遗赠(包括基于特定财产承继遗嘱的财产承继或基于继承份额指定的遗产取得。以下于本章同)或赠与(仅限被算入特留份算定财产的价额中者。以下于本章同)标的的价额(于受遗赠人或受赠人为继承人的情形,从相关价额中扣除作为第一千零四十二条规定的特留份而由相关继承人应受取的价额后的价额)为限,负担特留份侵害额。

1. 有受遗赠人和受赠人的,受遗赠人先负担。

2. 受遗赠人有数人的,或受赠人有数人的情形中其赠与系同时作出的,受遗赠人或受赠人按标的价额的比例负担。但是,遗嘱人于遗嘱中另有意思表示的,从其意思。

3. 受赠人有数人的(除前号规定的情形外),从在后的赠与所涉的受赠人起,依次由在前的赠与所涉的受赠人负担。

(二)第九百零四条、第一千零四十三条第二款及第一千零四十五条的规定,准用于前款规定的遗赠或赠与的标的的价额。

(三)受有前条第一款请求的受遗赠人或受赠人,就特留份权利人承继债务作出清偿或其他使债务消灭的行为的,于已消灭的债务额的限度内,可以向特留份权利人作出意思表示而消灭依第一款规定所负担的债务。于此情形下,因该行为而对特留份权利人取得的求偿权,于已消灭的债务额的限度内消灭。

(四)因受遗赠人或受赠人无资力而发生的损失,归于特留份权利人负担。

(五)依受遗赠人或受赠人的请求,法院可以就依第一款规定所负担的债务的全部或部分的支付,许与合理期间。

旧法第1033条(赠与与遗赠扣减的顺序)

非于扣减遗赠之后,不得扣减赠与。

旧法第1034条(遗赠扣减的比例)

遗赠,按其标的的价额的比例扣减。但是,遗嘱人于遗嘱中另有意思表示的,从其意思。

旧法第1035条(赠与扣减的顺序)

赠与的扣减,从在后的赠与起,依次向在前的赠与作出。

旧法第1037条

因应受扣减的受赠人无资力而发生的损失,归于特留份权利人负担。

本条规定了特留份义务人应以何种顺序、在何种范围内承担特留份侵害额。本条关于受遗赠人或受赠人的负担额(第1款、第2款)以及受遗赠人等无资力时的处理方式(第4款),基本维持了旧法的规定。同时,本条新增了关于受遗赠人等清偿继承债务时的法律关系的规定(第3款),以及关于债务支付期限的规定(第5款)。

1. 负担顺序及负担额(第1款)

本条第1款的3项分别对应旧法第1033条、第1034条和第1035条,在特留份侵害额的负担顺序及负担比例上并无改变旧法的意图。关于负担顺序,可以分为以下3种情况:(1)同时存在受遗赠人和受赠人时,由受遗赠人先负担(本款第1项)。这考虑到赠与财产在继承开始之前就离开了继承财产。本项为强行规定。(2)当受遗赠人有数人时,[1]或受赠人有数人且所获赠与系同时作出时,受遗赠人之间或受赠人之间按其标的的价额的比例负担(本款第2项)。

---

〔1〕 受遗赠的场合不需强调"同时",是因为民法第985条第1款规定"遗嘱自遗嘱人死亡之时起生效",故数份遗赠同时生效,在受遗赠人之间无法区分时间先后。

本项为任意规定(本项但书)。(3)当受赠人有数人且所获赠与系异时作出时,从在后的受赠人到在前的受赠人的顺序,依次负担(本款第3项)。本项为强行规定。

本条第1款本文规定了受遗赠人、受赠人所要负担的债务限度,且于受遗赠人、受赠人自身为继承人的情形下,适用特则。对于受遗赠人而言,其负担额是通过遗赠所获的财产价额;括号中的依特定财产继承遗嘱或依继承份额的指定继承财产的,准照遗赠处理。对于受赠人而言,其负担额是通过赠与所获的财产价额,并且只限于应算入特留份基础财产价额的那部分赠与(参见关于新法第1044条的解说)。例外地,在受遗赠人或受赠人为继承人的情形下,在计算其负担额时,还需要从遗赠或赠与标的物的价值中再扣除继承人基于自身特留份所对应的价额(依新法第1042条第2款)。这一特则是对判例的明文化。[1] 其立法目的是避免陷入扣减的循环。[2]

2. 准用条款(第2款)

本条第2款是为确定遗赠财产或赠与财产的价额而新设的准用条款。这里,可以被准用的三个规定分别是新法第904条、第1043条第2款及第1045条。

3. 对特留份权利人的求偿权(第3款)

本条第3款系新增,规定受遗赠人或受赠人若清偿了特留份权利人所应承继的债务时,可以通过对特留份权利人作出意思表示,使受遗赠人等根据第1款所负的债务在相同额度内归于消灭。

4. 设定合理的支付期限(第5款)

由于特留份请求权的行使将产生金钱债权,所以受遗赠人或受赠人可能出现无法立即支付的情形。为了应对这一问题,本条第5款允许法院经受遗赠人或受赠人的申请,对金钱债权的部分或全部设定支付期限。在此支付期限内,受遗赠人或受赠人不陷入履行迟延,因此也不会产生迟延损害赔偿。[3]

---

〔1〕 最高裁判所1998年2月26日判決,最高裁判所民事判例集52卷1号274頁。

〔2〕 法務省民事局参事官室編『中間試案後に追加された民法(相続関係)等の改正に関する試案(追加試案)の補足説明』(法制審議会民法(相続関係)部会第23回会議資料)62頁参照。

〔3〕 潮見佳男『詳解相続法』(弘文堂,2018年)559頁参照。

十一、特留份侵害额请求权的期间限制(新法第 1048 条)

新法第 1048 条

特留份侵害额请求权,自特留份权利人知道继承开始及存在侵害特留份的赠与或遗赠之时起一年不行使的,因时效而消灭。自继承开始之时起经过十年的,亦同。

旧法第 1042 条

扣减请求权,自特留份权利人知道继承开始及存在应扣减的赠与或遗赠之时起一年不行使的,因时效而消灭。自继承开始之时起经过十年的,亦同。

本条对旧法第 1042 条未作实质变更,仅修改了条文表述。关于本条需要注意的是,因行使特留份侵害额请求权而产生的金钱债权并不适用本条,而适用关于消灭时效的一般规定(参见新法第 166 条第 1 款的解说)。

十二、代位继承及继承份额规定的准用(旧法第 1044 条删除)

旧法第 1044 条

第八百八十七条第二款及第三款、第九百条、第九百零一条、第九百零三条以及第九百零四条的规定,准用于特留份。

旧法第 1044 条的内容已经拆分至新法第 1042 条第 2 款(关于法定继承份额与代位继承人的继承份额)和新法第 1044 条第 2 款、第 3 款(关于特别受益人的继承份额)之中,故被删除。

第六节　特别贡献费(新法第1050条)

新法第1050条

(一)因对被继承人无偿提供疗养护理或其他劳务而使继承人的财产得以维持或增加的,对此作出特别贡献的被继承人的亲属(除继承人、放弃继承的人及因该当第八百九十一条的规定或因废除而丧失继承权的人之外。以下于本条称"特别贡献者"),可以于继承开始之后对继承人请求支付与特别贡献者的贡献相应价额的金钱(以下于本条称"特别贡献费")。

(二)关于前款规定的特别贡献费的支付,当事人之间协议不成或协议不能的,特别贡献者可以向家事法院请求替代协议的处分。但是,自特别贡献者知道继承开始及继承人之时起经过六个月的,或自继承开始之时起经过一年的,不在此限。

(三)前款本文的情形中,家事法院考量贡献的时期、方法及程度、继承财产的价额等一切情事,确定特别贡献费的金额。

(四)特别贡献费的金额,不得超过从被继承人于继承开始时所有财产的价额中扣除遗赠价额之后的余额。

(五)继承人有数人的情形下,各继承人负担特别贡献费的金额乘以依第九百条至第九百零二条的规定所算定的该继承人的继承份额之后的金额。

1. 立法背景

本条系新增,应对的是高龄化社会中,对老年人的照顾护理作出贡献的非继承人的行为的评价问题。在继承法改革之前,第904条之2规定了贡献份制度,但是该制度存在短板。贡献份制度旨在赋予对继承财产的维持和增益做出重大贡献的继承人以分得更多财产的权利。但是,若贡献人为非继承人(如继承人的配偶），则无法主张该贡献份。这样的区别对待被认为有违实质公平。[1]

在改革之前，有下级审判决通过"视继承人的配偶为继承人的履行辅助人"的法律构成，将继承人的配偶的贡献行为纳入第904条之2的考量之列。但是，这一构成的局限在于，若继承人先于被继承人死亡，则其配偶的贡献份即随之失去法律依据。此次继承法改革新设特别贡献制度，其目的是让贡献人本人可以自己主张贡献份利益，即特别贡献费。[2]

本条规定的特别贡献费和第904条之2规定的贡献份有显著的区别。第904条之2规定的贡献份仅适用于继承人，系遗产分割程序中的考量事项；本条规定的特别贡献费不是遗产分割的问题，而是赋予继承人之外的贡献人的金钱请求权。之所以不纳入遗产分割程序，主要是为了避免因继承人以外的人员意见不统一，而使遗产分割协议陷入僵局。[3]

2. 特别贡献费的请求权人及行使要件（第1款）

依本条第1款的规定，特别贡献费的请求权人限于被继承人的亲属。这是因为如果允许请求权人扩张至与被继承人无身份关系的人，有可能引起纠纷的复杂化。[4]

在行使要件上，特别贡献费和贡献份的要件基本保持一致，即要求"对被继承人无偿提供疗养护理或其他劳务而使继承人的财产得以维持或增加"。具体而言：（1）贡献方式仅限疗养护理等劳务，不像贡献份制度那样，还包括财产给付行为在内。（2）本款明确要求特别贡献人的贡献系"无偿"作出，若取得对价则没有必要再借助该制度。（3）关于"特别贡献"的判断标准，第904条之2和本条都在使用"特别贡献"这一表述，但是含义有别。第904条之2规定的"特别贡献"，是指继承人的贡献超出其与被继承人之间的身份关系通常所能期待的程度。相反，本款规定的"特别贡献"只要达到一定程度即可。[5]

3. 其他规定（第2款至第5款）

本条第2款规定，关于特别贡献费无法达成协议的，特别贡献人可以请求家

---

〔1〕 民法（相続関係）部会資料1，4頁参照。

〔2〕 潮見佳男『民法（相続関係）改正法の概要』（きんざい，2019年）129頁参照。

〔3〕 民法（相続関係）部会資料7，16頁参照。

〔4〕 民法（相続関係）部会資料25－2，20頁参照。

〔5〕 民法（相続関係）部会資料23－2，23頁参照。

事法院作出裁决以代替协议。同时,本条但书还设计了权利行使的期间限制,这是为了避免争议的长期化。而且特别贡献人通常也知道继承的开始,所以设置短期限制并无不妥。

本条第 4 款的规定与现行贡献份制度下的第 904 条之 2 第 3 款相同。

本条第 5 款规定,继承人为数人时,各继承人按法定继承份额或者指定继承份额的比例负担特别贡献费。